현실적 수학교육의 이론과 실제

Realistic Mathematics Education

정영옥 · 이경화 · 나귀수 지음

KYOWOO

머리말

현실적 수학교육 이론은 프로이덴탈의 인간 활동으로서의 수학을 강조하는 철학을 바탕으로 네덜란드에서 발전되어온 수학 교육 이론으로 1970년대에 발생되어 지금까지 계속 발전되어 왔다. 우리나라에 현실적 수학교육 이론이 알려진 것은 1980년대였고, 많은 이론적인 연구와 논의가 이루어진 것은 1990년대 후반이었으며, 다른 여러 수학교육 이론과 더불어 우리나라의 수학교육 연구와 수학 교육과정과 교과서에 영향을 미쳐왔다. 현실적 수학교육 이론은 오랜 세월에 거쳐 이론적인 변화도 이루어졌고, 방법론적인 구체화가 이루어졌다. 그러나 우리나라의 경우 현실적 수학교육 초기의 이론에 대해서는 잘 알려져 있으나, 그 이후의 변화에 대해서는 그다지 많이 알려져 있지 않다.

이 책은 이러한 점을 고려하여 현실적 수학교육 이론의 재정립과 더불어 이 이론이 구체적으로 수학교육 실제에 어떻게 적용되는지 그리고 평가에는 어떤 관점의 변화를 촉구하는지 살펴보았다.

이 책은 네 개의 장으로 이루어졌다. 1장 '현실적 수학교육의 이론'에서는 프로이덴탈의 관점인 수학을 확실성을 추구하는 인간 활동으로 보는 수학관과 교수학적 현상학에 기초한 설계 과학으로서의 수학교육관을 살펴본 후에, 현실적 수학교육 이론에서 제시하는 수학 교수와 학습의 원리로 활동의 원리, 현실성의 원리, 수준의 원리, 혼합의 원리, 상호작용의 원리, 안내의 원리를 살펴본다.

2장 '현실적 수학교육의 실제'에서는 현실적 수학교육 이론이 실제에 어떻게 적용되는지를 알아보기 위해 교수학적 현상학에 기초한 개발연구를 통해 설계된 소수 개념 지도, 분포 개념 지도, 미적분 개념 지도를 위한 단원 사례를 살펴보고, 함수 개념 지도를 위한 초기 단원을 설계하고, 이 단원을 활용하여 우리나라 학생들과 교사가 함수의 초기 개념을 교수 · 학습한 사례를 살펴본다.

수학 교수와 학습의 개선은 평가의 개선 없이는 이루어지기 어렵다. 이에 3장에서는 현실적 수학교육 철학을 바탕으로 수학교육을 개선하기 위한 적절한 평가가 무엇인가를 탐색하는 평가의 관점과 원리, 평가 문제와 맥락, 수학적 역량, 평가 방법, 학생의 응답 해석과 피드백에 대해 살펴본다.

4장 '전망과 과제'에서는 우리나라에서는 현실적 수학교육에 대해 어떤 관점을 취해 왔는지를 살펴보고, 현실적 수학교육의 이론과 실제, 평가에 대한 논의를 바탕으로 현실적 수학교육 연구의 미래에 대한 전망과 우리나라 수학교육의 환경과 문화적 특성을 살린 우리나라 고유의 현실적 수학교육 이론을 위한 과제를 제시한다.

이 책이 현실적 수학교육 이론을 연구하고, 이 이론을 실제에 접목해보기를 원하는 모든 연구자와 교사들을 포함하여 수학교육에 관심이 있는 모든 분들에게 조금이라도 도움이 될 수 있기를 기대한다.

차 례

I
현실적 수학교육의 이론

1. 수학과 수학교육에 대한 관점
2. 수학 교수와 학습의 원리

1 수학과 수학교육에 대한 관점

프로이덴탈Freudenthal은 학술 세미나와 학회지 창간 등을 통해 수학교육학의 학문적 위상을 구축하는 데에 매우 큰 기여를 하였다. 그의 저작은 한편으로는 수학교육 현상에 주목하여 발견한 연구 성과를 담고 있으며, 다른 한편으로는 어떻게 그 발견이 이루어졌는지 또는 이루어질 수 있는지에 대한 메타적인 논의를 담고 있다. 이하에서는 이러한 두 갈래의 논의 결과를 기초로 하여 프로이덴탈과 그의 동료들 그리고 제자들이 도달한 수학교육에 대한 관점인, 이른바, 현실적 수학교육Realistic Mathematics Education[1] 이론에 대해 살펴본다.

수학교육 연구 분야에는 수리철학, 수학 교육과정, 수학 학습 심리학, 수학 교수 방법, 정의적 영역, 수학교육 평가, 수학교사 전문성 개발 등이 있다. 현실적 수학교육 이론은 이들 여러 분야의 논의들을 토대로 정립되었으며, 특히, 교수학적 현상학Didactical phenomenology에 의한 수학적 지식의 분석[2]과 수학교육 내용의 설계 그리고 개발 연구Developmental research[3]라는 연구 방법론에서 그 독자성을 인정받고 있다. 교수학적 현상학과 개발 연구는 수학의 본질과 의미를 학생들의 사고에 의해 창조하도록 하면서 수학을 배우도록 지도하는 방법과 이론을 구축하는 데에 목표를 두고 있다. 그러므로 현실적 수학교육 이론을 이해하기 위해서는 먼저 수학에 대한 관점을 파악해야 하며, 다음으로 이 관점이 수학교육의 여러 논점과 어떻게 관련을 맺으면서 수학교육학의 한 관점으로 발전하였는지를 알아볼 필요가 있다. 이 절에서는 현실적 수학교육 이론에서 상정하고 있는 수학에 대한 관점과 수학교육에 대한 관점을 살펴본다.

가. 수학에 대한 관점

현실적 수학교육 이론에서는 수학의 발생적인 측면 또는 역동적인 측면에 주목한다. 달리 말하여, 수학적 지식은 고정되고 완성된 것이 아니라 지속적으로 발달하고 있으며, 이러한 발달의 과정이 수학의 본질이자 의미라고 본다. 학교수학에도 이러한 발생적인 측면 또는 역동적인 측면을 반영할 필요가 있으며, 수학을 가르치고 배울 때에도 이러한 측면의 고려에 가장 많은 노력을 기울여야 한다는 입장이다. 이하에서 이러한 입장을 취하게 된 배경과 구체적인 의미를 살펴본다.

1) 확실성을 추구하는 학문으로서의 수학

프로이덴탈은 많은 국가의 수학교육 연구자들과 치열한 논쟁을 즐겼다. 그는 이와 같은 논의 결과를 바탕으로 수학교육 연구의 수준을 끌어올리는 데 주력했다. 말년에는 사회와 문화, 철학이 다른 중국의 학자들과도 교류했으며, 중국 방문 후 자신의 이론을 이해하고 적용하려는 외국 학자들 그리고 학문 후속세대들을 위해 간결하고 명확한 방식으로 자신의 연구내용을 정리한 것이 사후 출판된 프로이덴탈의 마지막 저서 「수학교육 다시 보기: 중국에서의 강연Revisiting Mathematics Education: China Lectures」이다. 프로이덴탈이 이 책의 첫 문장으로 제시한 것은 "수학이란 무엇인가?"이다. 그가 수 십 년 동안 자신이 했던 수학교육 연구를 회고하며 저술한 책의 첫 문장으로 이 질문을 택했다는 점에 주목할 필요가 있다. 프로이덴탈은 수학교육 연구가 수학에 대한 입장의 정립으로부터 가능하다고 본 것이 아닐까 생각한다. 수학을 가르치는 교사, 수학 교육과정과 교과서를 개발하는 연구자 역시 이 질문의 답을 고민해야 하며, 그 답에 따라 다른 수업과 다른 교육과정, 다른 교과서가 나올 것이다.

그런데 다음 인용문에서 프로이덴탈도 말했듯이 수학이란 무엇인가라는 질문은 매우 심오하여 금방 답하기 어렵다. 지금 몇 시인가라는 질문과 달리 시간이란 무엇인가라는 질문에 답하기 어려운 것과 비슷하다.

> 수학이란 무엇인가? 이것은 내답하기 곤란한 질문이다. 사전에서 수학의 뜻을 찾지 마라. 내가 그렇게 했는데 헛수고였다. 영어와 불어로 수학을 나타내는 단어는 각각 'mathematics'와 'Les Mathématiques'로 둘 다 복수형이다. 옛날에 교양교육을 위한 수학이 4 자유학과, 즉, 산술, 기하, 천문학, 음악으로 이루어졌으니 복수가 맞다. 이것은 문법, 수사학, 논리학으로 이루어진 3 자유학과보다 더 중요하게 생각되었다. 그러나 물리학도 경제학도 그리고 다른 여러 학문들도 복수형으로 나타내게 되었으니, 이제 수학이 복수형이라는 것은 별다른 의미를 갖지 않는다.[4)]

영어와 불어로 수학이 모두 복수형이라는 것은 흥미롭다. 이는 서로 성격이 달라 보이는 여러 분야가 수학을 이루고 있다는 것을 뜻하는 것이 아닐까 생각한다. 가령, 대수와 기하는 그 성격이 상당히 다른 수학의 두 분야이다. 수학의 역사에서 두 분야가 어떻게 발생하고 발달하였는지를 보아도 상당히 다르다는 것을 알 수 있다. 그런데 이렇게 서로 다른 두 분야를 모두 수학이라고 부르고 있으니 그들을 아우르거나 관통하는 아이디어 또는 특성이 있다고 생각하는 것이 자연스럽다. 우리말사전에서는 수량 및 공간의 성질에 관하여 연구하는 학문 또는 대수학, 기하학, 해석학 및 이를 응용하는 학문을 통틀어 이르는 말이 수학이라고 설명한다.[5] 수학의 여러 분야를 아우르거나 관통하는 아이디어 또는 특성에 의해 수학의 의미를 제시한 것이 아니라 그냥 여러 분야를 나열하는 것에 그치고 있다. 프로이덴탈이 말한 대로 우리말사전에서 수학의 의미에 대한 깊은 통찰을 찾기는 어렵다. 그런데 네덜란드어 사전에서는 매우 의미 있는 설명이 제시되고 있는 것으로 보인다. 프로이덴탈에 의하면, 네덜란드어로 수학을 뜻하는 용어인 Wiskunde는 16세기와 17세기에 걸쳐 활동했던 네덜란드의 수학자 스테빈의 노력에 의해 만들어졌다. 스테빈은 수학과 공학을 연구하여 실생활에 적용하였으며 다양한 용어와 개념을 정돈하는 데에도 크게 기여했다. 특히, 어려운 그리스어나 라틴어가 아니라 네덜란드어로 수학과 과학을 연구하기 위한 기반을 다지는 데에 힘을 쏟았다. 그리하여 수학을 확실한 기술the art of what is certain이라는 뜻을 담은 Wiskunst로 명명하였다.[6] 여기서 기술이라는 것은 마치 예술 분야의 장인이 가지고 있는 능력을 연상시키는데다가, 수학 자체가 아니라 다른 무언가를 위한 도구로서의 수학에 주목하는 느낌을 준다. 이 때문에 수학 그 자체가 목표이고 학문이라는 의미를 담기 위해 확실한 기술 대신 확실한 과학 또는 확실한 학문이라는 뜻의 Wiskunde로 수학을 지칭하게 된 것으로 보인다.

프로이덴탈은 스테빈이 수학을 확실한 학문으로 정의한 것이 모두의 동의를 얻을 수는 없었겠지만 매우 깊은 통찰을 반영하여 성공적으로 그 의미를 담은 경우에 해당한다고 보았다. 그리고 그 이유로 수학은 다른 어떤 학문보다 확실성을 추구하는 학문이라는 점에 주목했다. 여기서 확실성을 추구하는 학문이라는 의미는 후기 현대 수리철학의 입장과 관련지어 이해할 필요가 있다. 후기 현대 수리철학은 대체로 비유클리드 기하의 발견을 계기로 형성된 수학에 대한 관점을 가리킨다. 널리 알려져 있듯이 비유클리드 기하의 발견은 수학의 역사에서 획기적인 사건이며 이로 인해 수리철학에 거대한 변화가 나타났다. 그 변화는 확실성이 더 이상 수학의 특징이 아니며, 수학도 다른 학문과 마찬가지로 어느 정도의 불확실성을 가지고 있다고 생각하게 되었다는 것이다. 이를 포함하여 후기 현대 수리철학에서 설명하는 수학에 대한 관점을 허쉬Hersh는 다음과 같이 설명한다.

(1) 수학적인 대상은 인간이 발명하거나 창조한 것이다.
(2) 수학적인 대상을 아무렇게나 창조하는 것이 아니라, 이미 존재하는 수학적 대상을 다루는 과정에서 그리고 과학과 일상생활에서의 필요에 의해서 그 대상들을 창조하게 된다.
(3) 일단 창조한 수학적인 대상들에는 발견하기가 매우 어렵고 기존의 지식과는 독립적인 잘 조직된 성질들이 내재해 있다.[7)]

오늘날 수학적인 대상을 인간이 발명하거나 창조한 것으로 보는 것은 대다수 의견이지만 1960년대만 하더라도 매우 파격적이고 비판의 대상이 되는 입장이었다. 전통적인 수리철학에서는 수학적인 지식이 절대적으로 확실하고 객관적이며 모든 지식의 기초로 간주했기 때문이다. 수학적인 대상도 인간과 무관하게 존재하는 것으로 보았다.[8)] 수학적인 대상이 인간의 발명품이라는 것에는, 수학도 문화, 역사, 사회적 맥락 등에 영향을 받아 창조된 것이라는 뜻이 담겨 있다. 절대적으로 참이거나 객관적인 진리체계가 아니라는 것이다. 수학의 역사에서 이 주장을 뒷받침하는 근거들을 찾을 수 있다. 이에 대한 상세한 내용은 후기 현대 수리철학의 하나인 준경험주의를 표방한 라카토스Lakatos의 저서 「증명과 반박: 수학적 발견의 논리Proofs and Refutations: The Logic of Mathematical Discovery」에 서술되어 있다. 라카토스는 이 책에서 수학의 역사가 단선적으로 전개되지 않았으며, 지그재그로 뒤틀리면서 오류에 빠지고 그 오류를 수정하여 그 다음 단계로 나아가는 과정이었음을 극적으로 기술하였다. 대화체로 서술된 이 책에서 한 등장인물은 "아직도 확실성에 대한 갈망을 포기하지 않았군요. 아무 것도 확실히 알 수는 없다고 그렇게나 여러 번 말했는데도 말이지요."[9)]라고 말했다. 이 말은 한편으로는 수학자들이 확실성을 추구해왔음을 그리고 다른 한편으로는 그것이 성공할 수 없었음을 수학의 역사에 빗대어 표현한 것이다.

프로이덴탈은 수학을 확실한 지식으로 간주했던 스테빈의 입장에 약간의 과장이 있다고 보았지만, 그렇다고 수학이 더 이상 확실한 지식이 아니라는 현대 후기 수리철학의 입장을 그대로 따르지도 않았다. 오히려 현대 후기 수리철학의 하나인 급진적 구성주의에서 지식의 확실성과 객관성을 거부하는 것에 대해 다음과 같이 강하게 비판하였다.

과학자들이 지식의 객관성을 믿지 않는다면 그렇게나 멀리 있고 거대한 해왕성을 탐사하겠다고 보이저 2호를 발사했겠는가? 소립자의 존재를 확인하기 위해 그토록 거대한 가속기를 개발하겠는가? 길고 긴 DNA 구조를 어떻게 분석하겠는가? 고대 도시를 발굴하고

고대 비문을 판독하겠는가? 이 일들은 수도 없이 많은 예들의 일부에 지나지 않는다.[10)]

프로이덴탈은 수학자들도 지식이 객관적이라는 믿음을 가지고 있으며, 그 믿음이 있기 때문에 수학적 지식을 창조할 수 있다고 보았다. 프로이덴탈은 급진적 구성주의를 표방한 글라저스펠트[Glasersfeld]가 과학을 직접 하는 배우가 아니라 과학을 단지 구경하는 관객이기 때문에 그렇게 잘못된 가정을 했다고까지 비판했다.[11)] 이렇게 급진적 구성주의에 강한 반감을 드러냈지만 기본적으로 프로이덴탈은 전통적인 수리철학의 입장보다는 후기 현대 수리철학의 입장, 특히, 라카토스가 제시한 준경험주의에 입각하여 수학을 바라보았던 것으로 보인다. 그런데 프로이덴탈이 처음부터 준경험주의를 받아들인 것은 아니었으며, 초창기에는 전통적인 수리철학의 입장에 있었다.

프로이덴탈은 위상 분야에서 박사학위를 취득한 후, 전통적인 수리철학의 입장 중 하나인 직관주의 수리철학을 이끌었던 네덜란드의 수학자 브라우어[Brouwer]로부터 초청을 받아 교수직을 얻는 것으로 학문적 생애를 시작했다. 그러므로 자연스럽게 고정불변의 진리체계로서 수학을 받아들였을 것으로 추정된다. 직관주의는 수학이 직관에서 비롯되며, 직관에 의해 그 진리성을 판단하게 되는 것이라고 생각하지만 여전히 객관적이고 확실한 지식 체계로서의 수학을 고수하는 입장을 가리킨다. 직관에 의해 수학적 대상의 진리성을 파악하기 위해서는 유한한 구성에 의해 그 존재성을 입증할 수 있어야 하며, 과거에 인정했던 배중률을 사용하지 말아야 한다는 주장을 핵심으로 하고 있다. 특히, 브라우어는 직관적으로 자명하게 보이는 자연수를 바탕으로 이러한 제약조건을 준수하면서 새롭게 수학을 구성하려고 했다. 프로이덴탈은 직관주의를 옹호하다가 수학교육 현상을 연구하는 과정에서는 직관주의로부터 벗어나게 되었는데, 그 배경을 다음 언급에서 확인할 수 있다.

> 내가 다른 사람들에게서 얼마나 중요한 것을 배웠는지 이루 형언할 수 없다. 그들에게 진 빚이 많으니 항상 감사할 따름이다. 처음으로 교육현상을 이론의 관점에서 바라 본 것은 아내가 교육학 이론을 공부할 때였다. 당시 교육심리학자 데크롤리[Decroly]로부터 많은 것을 배웠다. 그리고 마침내 교육내용으로서 수학을 바라보게 되면서, 나는 브라우어르의 관점을 배반하게 되었다.[12)]

프로이덴탈은 교육내용으로서의 수학, 곧 학교수학의 성격을 정립할 때 수학적 지식이 인간과 무관하게 독립적으로 존재하는 고정된 진리체계로 보아서는 안 된다는 생각에 도달하였다. 라카토스가 그렇게 설명했듯이, 수학도 인간이 하는 여러 활동의 하나이며 그렇기 때문에 언어, 사회, 문화 등 시대에 따른 제반 환경의 변화가 끊임없이 수학에도 영향을 미치는 가운데 수학의 내용과 형식이 발달한다고 보는 것이 적절하다고 생각한 것이다. 특히, 수학의 역사를 깊이 탐구한 후, "역사 없는 과학철학은 공허하고, 철학 없는 과학의 역사는 맹목이다"라는 라카토스의 입장[13)]에 적극 공감한 것으로 보인다. 수학의 역사를 고려하여 수학에 대한 관점을 정립하는 것이 필요하다는 점을 인식했고, 결국 수학이 인간의 활동에 의한 역동적인 변화와 발전의 결과라는 입장에 도달하였다. 그리고 수학의 역사에 나타난 역동성과 변화가 학교수학에 적극적으로 반영되어야 한다고 생각했다. 예를 들어, 그리스 수학에서 '비[ratio]'가 어떻게 다루어졌고, 중세 수학과 현대 수학에서 각각 어떤 변화를 겪었는지 살펴보고 그것을 바탕으로 학교수학에서 비 개념 지도가 어떠해야 하는지를 설명했다. 결국 프로이덴탈은 자신의 스승인 브라우어가 아니라 후기 현대 수리철학자 라카토스의 수학관을 따르지만, 수학적 지식의 확실성을 의심하고 객관성을 부정하려는 의도가 아니라 수학의 역동적인 발달 과정에 주목하기 위해 관점을 전환했던 것이다. 수학의 역동적인 발달은 시대를 막론하고 확실성을 추구하려했던 수많은 수학자들의 헌신과 노력에 의해 가능했던 것이며, 단편적인 사실이나 고립된 절차의 학습으로는 결코 경험하거나 이해할 수 없다. 요컨대, 현실적 수학교육 이론에서는, 확실성을 추구하려고 노력했던 수학자들의 특별한 사고 활동에 의해 수학이 만들어졌다는 것을 수학에 대한 관점의 핵심으로 제시한다.

2) 확실성 추구의 활동, 수학화

현실적 수학교육 이론에서 말하는 수학자들의 특별한 사고 활동은 수학화라고 불린다. 수학화를 나타내는 단어 mathematising은 현실적 수학교육 연구진이 최초로 사용한 것이 아니라 1950년대 이후부터 수학교육 연구 공동체에 회자되던 것이었다. 프로이덴탈이 처음 이 용어를 사용한 것은 1962년에 발표한 보고서 「Report on the Relations Between Arithmetic and Algebra in Mathematical Education Up to the Age of 15 Years」에서였다. 여기서 그는 산술로부터 대수로 나아가는 과정을 수학화로 설명했다. 특히, 수학자들은 왜 산술에 머무르지 않고 대수로 나아갔는가에 주목했는데, 생활 속의 문제를 해결하려는 의도라면 산술로도 충분했기 때문이다. 수학자들은 생활 속의 대상과 그 대상 사이의 특수한 관계에서 벗어나 더 일반적이고 더 추상적인 대상과 관계를 다루려고 했고, 그렇게 하는 활동이 바로 수학화였다는 것이다. 프로이덴탈은 여기서 일상생활로부터 수학으로 이동하려는 지향성의 중요성을 강조했으며, 이것이 수학을 가르치고 배울 때 본질적인 역할을 해야 한다고 생각했다. 한편, 프로이덴탈이 수학화라는 용어를 사용하는 초창기부터 수학적 모델의 구성이라는 측면이 부각되었는데, 산술에서 대수로의 이동 또는 생활맥락에서 수학적인 맥락으로의 이동이 수학적 모델의 구성에 의해 이루어지기 때문이다.[14)]

mathematising은 mathematics와 'tise' 그리고 'ing'의 합성어로, 무언가를 수학으로 만드는 과정이라는 의미가 담겨 있다. 수학으로 만들어 도달한 것이 무엇인가에 따라 여러 종류의 수학화가 가능하다. 가령, 공리, 형식, 도식, 모델에 이르는 수학화가 가능하며, 이를 각각 공리화axiomatising, 형식화formalising, 도식화schematising, 모델화modelling라고 한다. 여기서 공리화, 형식화, 도식화는 수학화라는 용어보다 더 오래전부터 사용되었던 것으로 보인다. 프로이덴탈은 아마도 공리화가 가장 먼저 등장한 용어일 것이라고 추측했다. 유클리드 원론에 이미 공리가 포함되어 있고, 수학의 발견 과정을 거꾸로 뒤집어 공리부터 제시하는 활동이 오래전부터 이루어져 왔기 때문이다. 그러나 본격적으로 공리화에 의해 수학을 구조화하는 것은 현대수학의 접근방식이다. 형식화 역시 오래전부터 수학자들이 해왔던 활동이나 현대수학에 와서 그 경향이 두드러졌다. 예를 들어, 대수학의 군론은 전형적으로 공리화와 형식화를 거쳐 만들어진 수학이다. 프로이덴탈은 18세기부터 이미 사상mapping 그리고 사상의 합성에 의한 변환 개념이 만들어졌고, 19세기에는 케일리Cayley가 이를 이용하여 군을 정의하였던 역사에 주목했다. 군론은 공리화와 형식화를 거듭하면서 오늘날의 형태로 발전하였고, 그 과정에서 더 확실하고 객관적인 언어체계가 발달하였다. 그러니까 공리화와 형식화는 내용보다 그 내용을 조직하는 도구로서의 언어체계의 발달에 기여한 바가 크다. 도식화는 이와 달리 형식이나 언어보다 내용에 더 관련되는데, 경험과 행동을 일반화하고 추상화해서 규칙으로 나타내고 다시 현실에 적용하기 위해 만들어내는 것이 도식이기 때문이다. 수학화는 이와 같은 공리화, 형식화, 도식화와 유사하며, 일상생활, 과학을 포함한 다양한 분야의 경험과 상황에서 수학 내용과 수학 언어로 포착하여 조직화하는 모든 활동을 포함한다.

수학화의 사례로 현실적 수학교육 이론에서 제시하는 수학적인 대상은 매우 다양하다. 그 대표적인 사례는 자연수인데, 일상생활에서 사물을 체계적으로 세는 행동을 조직화한 후, 점차 형식화하고 공리화하여 수학적 귀납법의 원리에 의한 체계로서의 자연수에 도달한 것이 대략적인 수학화 과정이다. 여기서 주목해야 할 점은 최초의 조직화로부터 여러 수준을 거쳐 형식화되고 공리화되는 방식으로 수학화가 진행된다는 것이다. 단번에 수학화가 완성되는 것이 아니라 여러 수준을 거치기 때문에 최초의 조직화에 사용한 초기 상식과 최후에 도달한 형식화된 수학은 매우 다르다. 그 사이에 여러 수준의 내용과 형식이 교대되는 것이다. 자연수의 경우, 가령, 5개의 사물을 2개와 3개로 분리하여 세거나 1개와 4개로 분리하여 세더라도 그 결과가 같다는 내용을 발견하고 이를 2+3=5, 1+4=5와 같이 형식화하게 된다. 이렇게 얻은 수학적 표현을 내용으로 하여 덧셈의 성질을 탐구하고 형식화하여 다시 새로운 형식을 얻을 수 있다. 이와 같이 내용이 형식이 되고, 그 형식이 다시 내용이 되는 과정을 거듭하는 것이 수학화이다.[15] 내용과 형식의 교대에 의한 수학화를 거듭하는 것은 확실성을 추구하는 수학자의 사고습관 때문이며, 그 과정에서 수학적인 대상들은 추상성과 형식성을 갖추게 된다.

현실적 수학교육 이론에서는 수학화를 구조를 활용한 연이은 조직화로도 설명한다. 프로이덴탈은 물리적 현상은 물론이고 수학적 현상 그리고 수학 자체를 구조에 의해 조직화할 수 있다고 보았다.[16] 현상을 조직하는 초기에는 조직할 내용이 많고 그러므로 조직화의 수단이 되는 구조도 풍부하다. 그러나 점차 조직화가 진행되어 많은 내용이 형식으로 바뀌고 나면 조직화의 수단이 되는 구조는 더 이상 풍부하지 않다. 조직화의 초기에는 구조화의 대상이 풍부하지만 조직화가 거듭된 이후에는 구조화의 대상이 줄어든다. 클라인의 에어랑엔 프로그램^Erlangen program^을 예로 하여 구조화의 의미와 과정을 살펴보자. 클라인은 기하학의 역사에 등장한 여러 종류의 기하가 결국 변환 이후 불변인 관계가 어떠한가의 입장에서 구분된다고 설명했다. 유클리드 기하에는 각과 거리 등 변환 이후 불변인 관계가 다른 기하에 비해 많다. 아핀 기하에서는 유클리드 기하와 달리 거리와 각이 변환 이후 보존되지 않는다. 사영 기하에서는 평행성이 변환 이후 보존되지 않으며, 위상 기하에서는 다시 직선성과 오목 및 볼록 관계가 보존되지 않는다. 유클리드 기하, 아핀 기하, 사영 기하, 위상 기하로 나아가면서 점차 변환 이후 보존되는 관계가 줄어드는 것이다. 이 말은 조직화의 수단이 되는 구조가 점차 줄어든다는 것을 뜻한다. 유클리드 기하에서 조직화의 수단이었던 거리와 각, 평행성, 직선성과 오목 및 볼록 관계는 위상 기하에서 더 이상 조직화의 수단이 되지 않는다. 클라인은 변환 이후 보존되는 관계를 기준으로 매우 명쾌하고 간단하게 기하학의 발달을 설명했던 것이다. 결론적으로, 내용과 형식의 교대에 의한 수학화는 풍부하고 구체적인 구조로부터 추상적이고 형식적인 구조로의 이동을 가능하게 한다.

다른 학문에서도 내용과 형식의 교대, 구조에 의한 조직화를 시도하지만 수학에서만큼 성공적인 경우는 매우 드물다. 그래서 수학은 여전히 상대적으로 확실하고 객관적인 지식 체계로 간주되고 있는 것이다. 지금까지 등장한 유사한 용어들을 다시 한 번 짚어보자. 먼저 수학화는 구조에 의한 조직화 또는 구조화와 동의어이다. 그리고 구조화에 의해 수학은 풍부한 구조에서 빈약한 구조로 이동한다. 여기서 한 가지 주의할 점이 있다. 현실적 수학교육 이론에서는 구조화를 구조의 발생이 아니라 구조의 제거로 설명한다는 것이다. 위에서 살펴본 바와 같이 유클리드 기하로부터 아니 그 전에 일상맥락으로부터 구조에 의한 조직화가 진행되면서 점차 구조가 제거되어 매우 추상적이고 형식적인 특성만 남은, 빈약한 구조의 위상 기하가 만들어졌다. 구조화는 수학자들이 확실성을 확보하기 위해 추구했던 고차적인 사고 활동이지만, 다양하고 풍부한 구조를 제거함으로써 초기 맥락과 동떨어지게 되었다. 그리하여 수학이 마치 인간의 문화, 환경, 사회와 무관하게 존재하는 지식 체계인 것처럼 보이게 만들었다. 프로이덴탈은 구조화가 매우 중요하다는 것을 인정하면서도 그 결과로 얻은 수학의 추상성과 형식성이 수학교육을 도전적으로 만드는 주된 요인이라고 주장했다.

세부적인 분야에서 하는 수학화 또는 구조화를 산술화, 대수화, 기하화, 해석화, 통계화, 등으로 표현한다. 수학의 모든 분야에서 구조화가 진행되었으며, 구조화가 진행되면서 각 분야가 분화되고 발달하였다고 볼 수 있다. 각 분야에서 공통적으로 풍부한 구조에서 빈약한 구조로의 이동이 이루진 것인데, 이러한 이동을 학습 과정에서도 자연스럽게 경험하도록 지도하자는 것이 수학화 학습 지도론의 핵심적인 주장 중 하나이다. 현실적 수학교육 이론에서는 이 주장이 피아제의 인식론에 근거한 지도 방법과 정면으로 배치된다고 본다. 피아제는 활동의 최후 단계가 반성적 사고의 최초 단계가 된다고 보았고, 이에 근거한 지도 방법은 빈약한 구조로부터 풍부한 구조로 나아가도록 하는 것이었다. 가령, 위에서 살펴본 위상 기하를 유클리드 기하보다 먼저 지도할 수 있다는 입장이다. 이에 대해 프로이덴탈은 강하게 비판했으며, 이와 같이 빈약한 구조로부터 풍부한 구조로 나아가는 것은 불가능하고 바람직하지도 않다고 주장했다.[17] 이와 달리 현실적 수학교육 이론에서는 풍부한 구조에서 빈약한 구조로의 이동을 제안하는 것이다.

3) 수학화의 대상과 결과로서의 현실

현실적 수학교육 이론의 주요어가 현실인 만큼 그 의미가 무엇인지를 이해하는 것이 현실적 수학교육 이론을 이해함에 있어 중추적인 역할을 한다. 프로이덴탈은 현실을 다음 두 가지 의미로 사용한다. 첫째, 수학화의 대상이 되는 현실 세계를 가리킨다. 누구나 상식적으로 상상할 수 있는 바로 그 세계에서 수학이 탄생했고, 수학을 가르치고 배울 때 그 세계는 여전히 출발점이 되어야 한다는 것이다. 둘째, 수학화의 결과, 곧, 수학화의 산물이 현실성을 획득하였다는 뜻이다. 예를 들어, 허수는 오랫동안 많은 수학자들에게 현실이 되지 않았는데, 방정식의 해를 구하는 과정에서 등장했지만 상식 또는 기존의 인식과 조화를 이루지 못했기 때문이다. 그러다가 점차 그 의미가 드러나고 복소평면 위에 나타내어 다각도로 다룰 수 있게 되면서, 비로소 수학자들은 허수의 현실성을 획득하였다.[18]

현실적 수학교육 이론에서는 수학이 다른 학문과 차별된다고 본다. 수학에서 고려하는 현실 세계도 그 원시성과 보편성의 측면에서 독특하다고 본다. 가령, 자연수와 그 계산이나 측량 등은 인류문명이 발생한 곳에서는 모두 그 흔적을 찾을 수 있을 만큼 원시적이고 보편적인 현실에서 출발했다.

> 수학은 다르다. 수학교육에 대해 생각할 때도 그 차이를 고려해야 한다. 시작부터 달랐다. 수학은 가장 먼저 탄생한 학문이다. 비교적 일찍부터 연구되었다고 하는 천문학보다 2천년도 넘게 먼저 연구되기 시작했다. 그리고는 아주 간단한 상식이었던 개념이 점차 조직화되어, 고도의 추상적인 구조를 이루게 되었다.[19]

위에서 원시적인 현실에 대한 최초의 조직화가 상식에 의해 이루어진다는 점에 주목할 필요가 있다. 수학의 역사가 상식에서 그리고 그것으로 구조화한 현실 맥락에서 출발했다는 것이며, 수학교육에서도 마찬가지로 학생의 상식을 활용할 수 있어야 한다는 것을 시사한다. 원초적인 현실에는 많은 소음이 혼합되어 있었는데, 그 소음을 골라내고 모종의 메시지를 감지하면서 본질을 찾는 것이 수학화의 과정이었다. 예를 들어, 확률론의 역사에서 소음과 더불어 제기된 현실 맥락은 다음과 같다.

> A, B 두 사람이 게임을 한다. 이길 확률은 같고, 5점을 먼저 얻는 사람이 상금을 모두 가지기로 했다. 그런데 A가 4점 그리고 B가 3점일 때, 게임을 중단하게 되었다. 상금을 어떻게 분배해야 할까? [20]

사람들의 생각은 다양했고, 다양한 해석과 구조에 의한 수학화가 진행되었다. 얻은 점수가 4 : 3이니 상금도 4 : 3으로 분배해야 한다는 해석, 5점을 얻으려면 각각 1점과 2점이 남았으니 1 : 2로 분배해야 한다는 해석 등이 있었다. 이외에도 다양한 구조로 현실 맥락을 조직화하려는 시도가 있었다. 의견이나 개인적인 선호도, 단지 선택의 문제라고 보는 입장까지 나왔다. 이와 같이 현실 맥락은 상식을 포함하여 풍부한 해석과 구조로 조직화될 여지를 가지고 있다. 당대의 수학자들조차 소음 속에서 확률의 본질을 포착하는 데에 어려움을 겪었으며, 스스로의 상식을 동원하여 일부만 조직화하기도 하였다. 여기서 다시 왜 수학이 확실한 지식이 아니라 확실성을 추구하는 지식이며, 왜 수학의 역사를 풍부한 구조에서 빈약한 구조로의 이동으로 볼 수 있는지 알 수 있다.

이제 현실의 두 번째 의미인 현실성의 획득에 대해 살펴볼 차례이다. 현실적 수학교육 이론이라고 하면, 현실 세계를 줄여 현실이라고 말하는, 첫 번째 의미에서의 현실을 생각하기 쉽다. 그러므로 실생활과의 연계를 강조하는 다른 수학교육 이론들과 현실적 수학교육 이론이 유사하다고 생각하는 경우가 왕왕 있다. 그러나 현실적 수학교육 이론은 단지 현실 세계를 줄여 말하는 그 현실만을 강조한 것이 아니며, 오히려 이제부터 설명하고자 하는 두 번째 의미에서의 현실을 고려하려는 데에 주안점을 둔 관점이다. 프로이덴탈은 '현실에서 출발하고 현실에 머무르는 수학Mathematics starting and staying in reality'[21]이라는 명칭의 강좌를 운영했다. 여기서 앞부분, 곧 현실에서 출발하는 수학은 이미 설명한 현실의 첫 번째 의미를 담고 있다. 그리고 뒷부분, 곧 현실에 머무르는 수학이 현실의 두 번째 의미와 관련된다. 앞서 언급한 바와 같이, 수학자들이 허수의 현실성을 획득하기까지는 상당한 시간과 노력이 필요했다. 허수를 방정식의 근으로 대면했을 때는 당황스러워하거나 의미를 두지 않았는데, 이는 허수의 현실성을 획득하지 못한 상태이다. 허수를 좌표평면에 나타내고 기호로 표현하고, 다양한 맥락에서 다루는 방법을 체계화한 후, 수학자들은 허수의 현실성을 획득했다. 이와 같이 수학적인 대상이 현실성을 획득하게 되는 것도 수학화의 중요한 과정이자 결과이다. 이 점을 감안하면, 두 번째 의미에서의 현실은 실재라고 번역되어 온, 철학적인 개념 reality와 밀접한 관련이 있다. 현실성을 획득한 수학적인 대상들을 객관적으로 외부세계에 존재하는 지식으로 볼 수 있다. 그러나 프로이덴탈은 수학자들이 현실성을 획득하여 구축한 실재가 하나의 패러다임일 뿐 다른 가능성도 충분히 있을 수 있다고 보았다. 마찬가지로 학생들이 각자의 수준과 맥락에서 자신의 사고 활동을 통해 각자에게 의미 있는 수학적 실재를 구축할 수 있다.

자신의 사고 활동을 통해 의미 있는 수학적 실재를 구축하지 못한 경우는 수학교육의 안팎에서 자주 발견된다. 프로이덴탈은 수학을 이제 배우는 학생들이나 수학을 자주 사용하는 과학자들이 수학적 대상의 현실성을 획득하지 못한 사례가 많다고 하면서 다음과 같이 그 심각성을 설명하였다.

> 어떤 화학자가 철학 논문에 쓰인 수학 기호에 대해 말하는 것을 보고 놀란 적이 있다. 그는 수학 기호를 매우 이상하게 해석했는데, 가령, 2+7=9라는 식을 2와 7이 상호작용해서 9가 만들어졌다고 했다. 이런 식으로는 9=2+7을 해석할 수 없다. 이 화학자는 필요에 따라 수학 기호를 만들어내는 입장에 있었는데도 이와 같이 했다. 이제 처음 대수적 언어를 배우기 시작한 학생들은 훨씬 더 어려울 것이다. 안타깝게도 놀랄 만큼 많은 교과서가 이 문제를 외면하고 있다.[22]

등호는 위의 화학자가 설명한 것과 같이 좌변에서 덧셈을 실행한 결과를 표시하기 위한 동적인 의미뿐만 아니라, 양변이 같은 상태를 나타내는 정적인 의미를 담은 기호이다. 정적인 의미로 등호를 이해하고 사용할 수 있을 때 등호의 대수적인 의미, 특히, 그 일반성과 구조를 이해할 수 있다. 위의 화학자는 등호의 의미와 용법을 적절히 알지 못했던 것으로 보이며, 이러한 경우는 학생들에게서도 흔히 발견된다. 수학자들 역시 수학적인 대상을 최초로 창조하여 그 의미를 파악하기 전에는 유사한 혼란에 빠졌는데, 음수, 허수, 집합, 극한 등 다양한 개념들에 대해 그러했다. 수학적인 대상들의 현실성을 획득하기 위해서는 기존의 관점에 따른 그리고 그 관점을 넘어서는 해석과 감각적인 경험을 혼합할 수 있어야 한다. 예를 들어, 음수는 자연수에 대한 논의 그리고 자연수 범위를 넘어서는 해석을 하면서 동시에 감각적인 경험을 혼합하여 음수의 현실성을 획득할 수 있다.

지금까지 현실적 수학교육 이론에서 현실이라는 용어를 두 가지 의미로 사용하고 있다는 점을 확인했다. 하나는 수학화의 대상이 되는 현실 맥락이며, 다른 하나는 수학화의 결과로 구축되는 체계적인 사유 방식, 수학적인 의미에서의 상식과 해석, 언어 체계 등으로 이루어진 수학적인 현실이다. 현실적 수학교육 이론이 단지 실생활에의 응용 또는 적용을 강조한 수학교육 관점이 아닌 이유는 두 번째 의미에서의 현실 때문이다. 프로이덴탈이 수학은 다른 학문과 다르다는 점에 그토록 천착했던 것도 두 번째 의미에서의 현실을 이해하지 못하면 수학을 할 수 없으며, 그것은 수학자나 학생 모두에게 동일하게 적용된다고 생각했기 때문이다.

현실적 수학교육 이론의 수학에 대한 관점이자 수학의 역사에 대한 해석을 다음과 같이 요약할 수 있다. 수학은 확실성을 추구하는 인간의 활동이다. 그 출발은 현실 세계이며, 그 방법은 내용과 형식의 교대에 의한 수학화이다. 수학화의 과정과 결과로부터 수학적 대상의 현실성을 획득할 수 있으며, 현실성을 획득한 수학적 대상에 대해 추상적이고 형식적인 추론과 표상체계를 정립할 수 있고, 이런 순환 과정을 통해 수학은 계속 발달한다. 이와 같은 수학에 대한 관점은 현실적 수학교육 이론의 전반적인 기조는 물론이고 세부적인 주장과 원리에 깊이 반영되어 있다.

나. 수학교육에 대한 관점

2013년 옥스퍼드 대학에서 열린 국제수학교육위원회 ICMI[23] STUDY22에서 프로이덴탈 연구소를 대표하여 기조강연을 했던 드 랑어De Lange는 자신이 연구자로서 했던 일들이 마치 진흙탕에서 헤매는 것과 같다고 말했다. 이 말은 현실적 수학교육 이론에서 수학교육에 대해 어떤 관점을 가지고 있고 어떻게 연구하고 있는지를 비유적으로 표현한다. 이하에서 이 비유의 의미와 배경을 살펴본다.

1) 설계과학으로서의 교수학

현실적 수학교육 이론에서는 교수학적 현상학에 의해 수학 과제와 수업을 분석하고 설계한다. 그런데 교수학적 현상학이 구체적으로 무엇을 어떻게 하는 방법인지에 대해서는 명확한 설명이 제시되지 않았으며, 다만 그 사례들이 지속적으로 개발되어 왔다. 현실적 수학교육 이론에서 말하는 교수학의 의미는 다음과 같다.

> 어떤 교과를 적절히 가르치고 배우는 과정을 조직하는 것이 곧 그 교과의 교수학이다. 그리고 교수학자는 조직하는 사람이며, 교육과정 개발에 참여하거나, 교과서를 집필하거나, 교사, 심지어 학생까지도 만약 개별적인 또는 집단적인 학습 과정을 조직하는 사람이면 모두가 교수학자라고 할 수 있다.[24]

위의 설명에 비추어보면, 교육과정 개발, 교과서 집필, 그리고 수업을 설계하는 것이 모두 교수학에 포함된다. 랑어가 자신의 생애를 진흙탕에서의 삶이라고 비유한 것은 교수학자로서 수학 교육과정을 개발하고, 과제와 수업을 설계하는 일이 매우 어려웠음을 암시한다. 실제로 모든 학생들에게 적절한 교육과정, 과제, 수업을 설계한다는 것은 거의 불가능한 일로 보인다. 교수학자는 매우 복잡하고 다양한 요인들 모두를 고려하지 못하기 때문에 타협안을 찾아야 하는데, 프로이덴탈은 이를 지속적인 시행착오와 성찰에 의한 교수학화로 표현했다. 현실적 수학교육 이론에서 수학화와 교수학화는 밀접한 관계가 있는데, 이를 [그림 Ⅰ-1]과 같이 나타낼 수 있다.

수학이 현실 맥락에서 출발했으므로 교수학화는 학생에게 적합한 현실 맥락 그리고 그 맥락에서 출발하는 교수·학습 과정을 설계하는 것에 주안점을 둔다. 학생에게 적합한 현실 맥락의 의미에 대해서는 다음절에서 논의한다. 또한 수학화가 구조에 의한 조직화에 의해 이루어지므로 교수학화는 구조에 의한 조직화 과정의 설계로 이루어진다. 구조에 의한 조직화는 내용과 형식의 교대 과정으로도 볼 수 있으며, 그러므로 교수학화는 학생에게 적합한 내용과 형식의 교대 경로를 설계하여 구조에 의한 조직화가 효과적으로 이루어지도록 하는 것이다. 여기서 경로의 의미는 역사 발생적 원리와 관련지어 다시 설명한다. 이와 같이 현실적 수학교육 이론에서는 수학화와 교수학화의 평행성을 추구한다. 그리고 현실적 수학교육 이론에서는 수학의 본질이 수학화인 것처럼 교수학의 본질은 교수학화라고 간주한다.

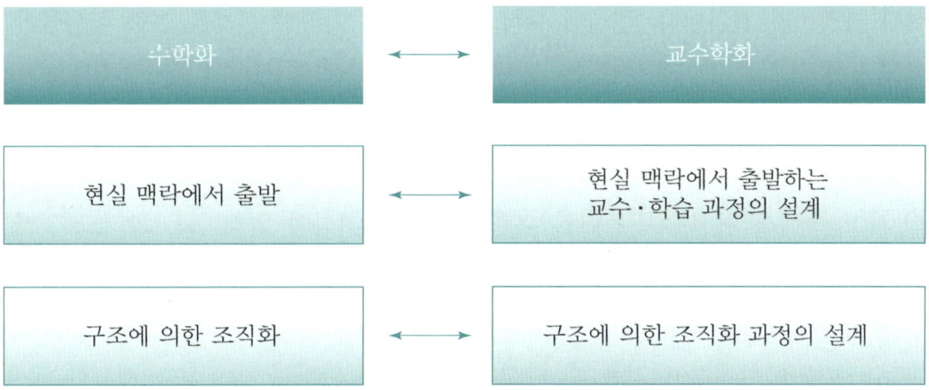

그림 Ⅰ-1 **수학화와 교수학화의 관계**

교수학화의 주요 내용이 현실 맥락의 설계, 구조에 의한 조직화 과정의 설계, 곧 내용과 형식의 교대 경로 설계라는 것에서 알 수 있듯이, 현실적 수학교육 이론에서 교수학은 일종의 설계과학이다.[25] 설계에는 건축하기 전에 미리 세밀한 계획을 세우는 것처럼 수학을 지도하기 위한 세밀한 계획을 세운다는 의미가 그리고 과학에는 지도 계획이 체계적이고 이론적인 근거를 가져야 한다는 의미가 담겨있다. 현실적 수학교육 이론에서는 어떤 현실 맥락을 왜 그리고 어떻게 설계하여 수업의 출발점으로 택할 것인지, 어떤 구조를 어떤 과정에 의해 활용하여 조직화를 할 것인지, 내용과 형식의 교대 경로를 왜 그리고 어떻게 설계하여 안내해야 하는지에 대한 체계적이고 정교한 연구를 수행해왔다. 예를 들어, 함수 개념을 지도하기 위한 현실 맥락으로 비례 현상을 설계하여 제시했는데, 여기에 변수 사이의 종속성이라는 함수 개념의 본질이 내재해 있기 때문이다. 이 현실 맥락에서 변수 사이의 종속성을 인지하여 다양한 방식으로 표현하고, 설명하며, 형식화하고 일반화하도록 하는 경로를 설계하여 함수 관련 내용과 형식의 교대를 경험하도록 한다. 이를 위해, 화살표 기호, 표, 그래프와 같이 직관적으로 종속 관계를 표현할 수 있게 하는 모델을 만들도록 하여 비례 현상을 조직화하도록 한다.[26)] 이와 같은 일련의 설계가 함수 개념의 교수학화 과정이자 결과이다. 현실적 수학교육 이론은 이러한 설계를 통해 학생들에게 기계적이고 수동적으로 수학을 배우는 것이 아니라 스스로의 상식과 판단, 경험에 비추어 수학을 재발명하도록 지도하는 데에 초점을 둔다. 이와 같이 수학적인 대상마다 어떤 현실 맥락, 모델, 내용과 형식의 교대 경로가 학생들에게 적합하고 쉽게 받아들여지거나 학생들의 사고 속에서 저절로 만들어질 수 있는지를 고려하여 설계한다. 그리고 설계 결과를 적용한 후 다시 수정하고 보완하여 이론화한다. 설계자의 주관적 의사결정에 그치지 않고 적용가능성과 실효성을 갖춘 이론적 관점이 되도록 체계화하는 것이다. 이렇게 의미 있는 교수 실행을 설계하고 적용 후 다시 수정하고 보완하여 실효성을 제고한 교수이론을 개발하는 체계가 현실적 수학교육 이론의 핵심적인 방법론이라고 할 수 있는 개발 연구이다. 개발 연구에 대해서는 이장의 4절에서 논의한다.

2) 교수학적 현상학에 의한 교수학화

현실적 수학교육 이론에서 설계과학으로서의 교수학을 연구하고, 그 방법론으로 개발 연구를 택한 배경에는 현상학적 고려가 포함되어 있으며, 이를 교수학적 현상학에 의한 교수학화라고 부른다. 이절에서는 교수학적 현상학의 관점에서 교수학적 설계를 하는 것, 곧 교수학화를 수행하는 것이 어떤 의미인가를 알아본다.

이미 확인한 바와 같이, 현실적 수학교육 이론에서 교수학화를 강조하게 된 것은 수학의 본질을 수학화로 파악한 것과 관련이 깊다. 수학의 본질이 수학화인 것처럼 교수학의 본질도 교수학화이고, 수학화의 출발이 현실 맥락이기 때문에 교수학화의 출발도 현실 맥락의 설계여야 한다. 수학화에서 구조에 의한 조직화, 내용과 형식의 교대가 중요하므로, 교수학화에서도 구조의 역할을 하는 모델의 설계, 내용과 형식의 교대 경로 설계를 중시한다. 이렇게 수학화와 교수학화 사이에는 평행성이 있다. 그런데 수학화와 교수학화 사이에는 중요한 차이점도 있다. 수학화가 수학을 현상학적으로 파악하여 얻은 '결과'인 데 반해, 교수학화는 수학에 대한 직관과 분석에 기초하여 얻은 일종의 현상학적 '가정'이라는 점이 그것이다.[27] 그러므로 현실 맥락의 설계, 구조의 역할을 하는 모델의 설계, 내용과 형식의 교대 경로 설계는 수학을 현상학적으로 파악하여 얻은 결과를 교수와 학습을 위한 가정의 형태로 바꾸는 것을 뜻한다.

현실적 수학교육 이론이 정립되기 시작한 70년대 초에는 교육학을 포함한 많은 분야에 현상학이 영향을 미쳤던 것으로 보인다. '현상학적인'이라는 형용사를 붙인 다양한 분야가 파생되었는데, 현상학적 교육학[28]도 그 중 하나이다.

> 현상학적 교육학의 기본 가정은, 우리 교육학자들이 아동이 살고 있는 세계 속으로 걸어 들어가서, 그들이 살 만한 가치가 있는 삶을 사는 방법을 배우도록 해야 한다는 것이다. 이 세계 속에서 교육학이 할 일은, 아동이 풍부한 형식을 발견하게 하고 구성하게 하도록 하는 것이다. 여기서 풍부하다는 수식어는, 다양하고도 책임 있는 그리고 문제로 뒤얽힌 삶을 살아가는 한 인간으로 성장한다는 것이 무엇을 뜻하는지에 대해 생각할 기회가 많아야 함을 뜻한다.[29]

현상학적 교육학에서는 아동과 무관하게 존재하는 지식 체계가 아니라 아동에게 현상이 되도록 맥락을 제공하는 가운데 그리고 그 현상을 생생하게 경험하며 다루는 가운데 지식인으로 성장하는 것을 중시한다. 달리 말하면, 아동이 자신의 세계와 삶을 경험하고 반성하는 가운데 자신의 기존 지식을 바꾸어나가는 것이 학습이고, 이를 가능하도록 돕는 것이 교육이라는 것이다. 물론 이와 같은 관점은 철학에서의 현상학으로부터 아이디어를 얻은 것이다. 그러나 헤겔Hegel, 하이데거Heidegger, 후설Husserl이 논의한 현상 그리고 그들의 현상학과는 다른 의미에서 현상학적 탐구를 시도한다.[30] 벨기에의 교육학자 데크롤리의 관점에서 현실적 수학교육 이론의 현상학적 탐구에 대한 입장을 확인할 수 있다. 데크롤리는 이른바 공간과 시간의 원리에 따라, 아동의 참여 공간과 아동의 학습 시간을 고려해야 한다고 주장했다. 현실적 수학교육 이론에서는 이를 수학교육에 적용하여 현실 또는 현실적인 맥락에서 출발하여 아동의 참여를 촉진하고, 점진적으로 또는 적절한 시간에 걸쳐 수학적 개념이나 절차를 발명하는 방식으로 학습하도록 해야 한다고 주장했다. 현실적 수학교육 이론에서는 수학자들의 수학화와 학생들의 수학화를 '발명'과 '재발명'의 과정으로 구분한다. 학생들은 자신의 현실에서 출발하여 수학자가 발명한 수학과 본질적으로 유사한 수학을 재발명하게 된다. 교사는 이 재발명을 설계하고 촉진하는 '안내자'로, 그리고 학교수학은 현상학적 가정을 담고 있는 원초적 현실과 다양한 수학화의 도구와 원천의 보고(寶庫)로 이루어져야 한다고 본다.

현실적 수학교육 이론에서 현실 맥락, 모델, 내용과 형식의 교대 경로를 설계할 때, 가장 중요하게 하는 분석 중 하나가 수학의 역사이다. 수학의 역사에서 교수학화를 위한 설계의 핵심적인 단서인 현상과 본질, 현상과 본질의 교대 과정을 포착할 수 있기 때문이다.

> 물리적 현상, 사회적 현상, 정신적 현상을 조직하는 도구로 발명된 수학적 개념, 구조, 아이디어가 본질이며, 어떤 수준에서 현상을 조직했던 본질은 그 다음 수준에서 다시 현상이 된다. 예를 들어, 삼각형, 평행사변형, 마름모, 직사각형 등으로 이루어진 형의 현상을 도형이라는 본질로 조직하고, 양의 현상을 수라는 본질로 조직할 수 있다. 다음 수준에서 도형은 현상이 되며 작도와 증명이라는 본질로 그 현상을 조직하고, 수의 경우에도 그 다음 수준에서 현상이 되어 십진법이라는 본질로 조직하게 된다. 이렇게 함으로써 수학을 더 높은 수준으로 발전시키면서 추상화를 거듭하면 수학적 현상을 군, 체, 위상 공간과 같은 개념을 본질로 하여 조직하게 된다.[31)]

위에서 현상의 의미가 무엇인지에 좀 더 주목하면 교수학적 현상학의 의미 또는 의도를 파악하는 데 도움이 된다. 가령 양을 조직한다고 하지 않고 양의 현상을 조직한다고 표현하고 있는데, 이 말은 양에 관련된 지식의 구조를 번역하여 인위적인 상황을 제시하는 것이 아니라 양을 경험할 수 있는 현실 맥락을 제시하고 그 맥락에서 수로 양의 맥락을 조직화하도록 해야 한다는 것을 뜻한다. 양이라는 기성의 수학이 아니라 양의 현상이라는 생생한 맥락을 제시해야 하며, 적절한 모델을 이용하여 그 맥락을 이해하고 조직하는 자연스러운 경로를 준비해야 한다. 이렇게 이미 조직화된 상태가 아니라 조직화를 효과적으로 촉구하도록 하는 조건으로 현실 맥락을 제공하고, 적절한 모델을 만들도록 안내하고, 현상과 본질의 교대가 적절하게 이루어지도록 이끄는 것이 교수학적 현상학의 목표이다. 이와 같은 설계의 주안점은 현실적 수학교육 이론이 구조주의에 의한 수학교육의 입장과 다르다고 주장하는 가장 핵심적인 특징이다.

현실적 수학교육 이론에서는 구조주의를 기반으로 하는 새 수학 운동의 실패 원인을 분석하고 구조주의와 다른 입장을 취했다. 프로이덴탈은 새 수학 운동의 실패 원인을 반교수학적 전도anti-didactic inversion라는 말로 표현했다.[32)] 반교수학적 전도는 목표와 수단이 거꾸로 되었으므로 교수학에 반한다는 뜻이다. 구조조의에서는 구조의 학습을 목표로 하며 발견학습에 의한 수학 탐구는 그 수단으로 본다. 구조를 가르치는 것이 중요하다고 보며, 구조가 추상적이고 형식화되어 있으므로 활동적Enactive 표현, 영상적Iconic 표현, 상징적Symbolic 표현으로 번역하여 차례로 학습하도록 한다. 구조는 고정된 도달점이고 그것을 표현만 바꾸어 차례로 배우도록 한다는 것이다. 현실적 수학교육의 이론에서는 이것이 바로 목표와 수단이 전도된 사태이고 교수학에 반한다고 본다. 구조는 목표가 아니라 현실 맥락을 조직하는 수단이어야 하고, 목표는 수학화여야 한다는 것이다. 구조가 현실 맥락을 조직하는 수단이 될 수 있는 것은 이것이 학생 나름의 수준에서 만드는 모델의 형태를 띠기 때문이다. 현실 맥락을 제공하고 교사가 적절히 안내하면 학생이 다양한 형태와 수준의 모델을 만들어 현실 맥락을 점차 조직하고 형식화하여 수학화할 수 있게 된다. 이렇게 구조를 수단으로 수학화를 경험하게 하는 것이 교수학이라고 보기 때문에 이와 반대로 접근하는 구조주의의 지도 원리를 반교수학적 전도라고 비판하는 것이다.

반교수학적 전도가 일어나지 않도록 하려면 적합한 현실 맥락을 제공하고, 적합한 여러 형태의 모델로 그 현실 맥락을 조직화하도록 안내하는 것이 필요하다. 이 조직화 과정이 바로 내용과 형식의 교대 또는 현상과 본질의 교대에 의해 진행된다. 현상과 본질의 교대가 학생의 사고활동에 의해 잘 이루어지도록 하는 적합한 모델들을 설계하려면 수학적 대상에 대해 역사적으로 고찰한 것을 학습심리학의 관점과 연결해야 한다. 수학의 역사에 나타난 수학화 과정을 모두 그리고 원래 수준과 형태로 경험시키는 것이 아니라 학생의 수준과 학습 목표를 고려하여 그 중 일부를 선택적으로 경험하도록 해야 하기 때문이다. 이것은 역사 발생적 원리에 따른 교육과정 설계로 불리는데, 완성된 형태로 지식을 학습하게 하는 대신 학생들이 조직화의 수단을 찾아 현상을 수학화함으로써 수학적 대상을 만들어내도록 하려는 의도에서 역사를 활용하는 원리이다. 이를 수학자들이 발명한 수학을 학생들이 재발명하도록 지도하는 방법이라고도 한다. 수학적 지식의 재발명을 설명할 때 중요한 개념 중 하나가 심상mental object이다. 구체물이 언어나 기호가 아니어도 모종의 감각을 사용하여 수학을 학습하도록 하는 것처럼, 심상은 수학적 언어나 기호가 아니지만 사고활동의 대상이 되고 수학 학습을 촉진할 수 있다. 수학적 지식의 재발명은 적절한 심상을 찾거나 만들고 그것을 대상으로 사고하여 수학화를 진행하면서 일어난다. 심상은 수학적 개념의 이전 단계에 해당하는 것으로, 직관적으로 다룰 수 있으면서도 본질적인 아이디어와 관련되어 수학화에 이르도록 하는 것을 가리킨다. 사고활동의 대상으로서 심상을 형성하고 활용하도록 하려면 다양한 표상과 모델을 창안하도록 하거나 제공해야 한다.

예를 들어, 함수 개념을 수학화하는 과정에서 변화 현상을 제공하고, 전반적인 관찰을 하도록 한 후 비수량적으로 표현하게 할 수 있다. 구체적인 수치가 없이 대략적으로 관찰한 결과를 표현하다보면 언어나 그림 등 행동적인 또는 시각적인 표상 또는 모델을 만들어내게 된다. 이를 현상에 비추어 다시 해석한 후 세련시키면 국소적인 관찰을 하도록 유도할 수 있고, 수량적으로 표현할 필요성을 인식하도록 할 수 있다. 그리고 학생들이 수량적 표상 또는 모델을 구성하게 되면 그것을 대상으로 사고활동을 하여 함수에 대한 심상을 형성할 수 있다. 이를 그림으로 [그림 Ⅰ-2]와 같이 나타낼 수 있다.[33]

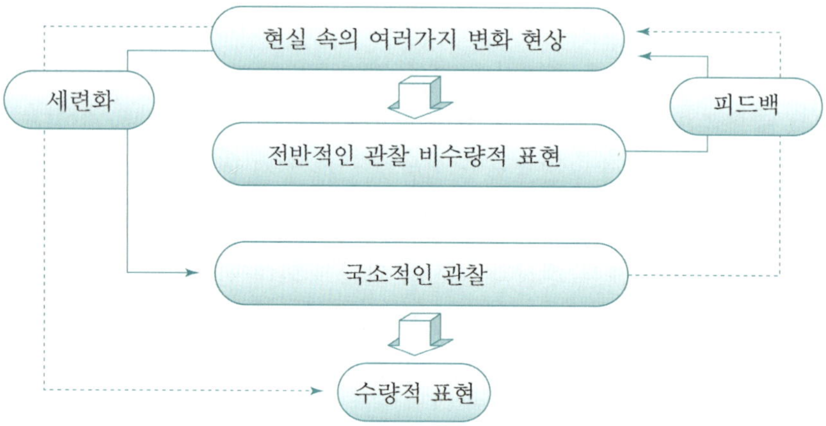

그림 Ⅰ-2 **두 가지 표현에 의한 변화 현상의 조직**

위의 사례에서와 같이 심상을 형성하도록 하려면 학생들에게 먼저 정의를 지도하는 것이 아니라, 여러 가지 현실 맥락에서 출발하여 그 본질을 행동적으로 또는 시각적으로 표현하도록 해야 한다. 수학적인 모델 이전에 행동적인 모델 또는 시각적인 모델을 이용하여 현상을 이해하고 기술하도록 하는 것이다. 이렇게 학생들이 경험할 내용과 형식의 교대 경로를 설계하면서 그 교대 과정에서 학생들에게 만들도록 하거나 제시할 모델들도 설계해야 한다.[34]

모델에는 MO와 MF의 두 종류가 있다. MO는 '…의 모델model of'을, MF는 '…을 위한 모델model for'을 가리킨다. MO는 출발점이 되는 현실 맥락에서 이루어지는 학생들의 사고 활동을 압축하여 나타낸 것이며, 그 현실 맥락에서의 활동에 대한 사후 이미지라고 할 수 있다. MF는 일반성을 갖춘 형식 수학의 사전 이미지라고 할 수 있다.[35] 수학의 학습은 학생들이 MO를 창조하고 다시 MF를 창조하는 과정을 반복하면서 점차 수학화를 진

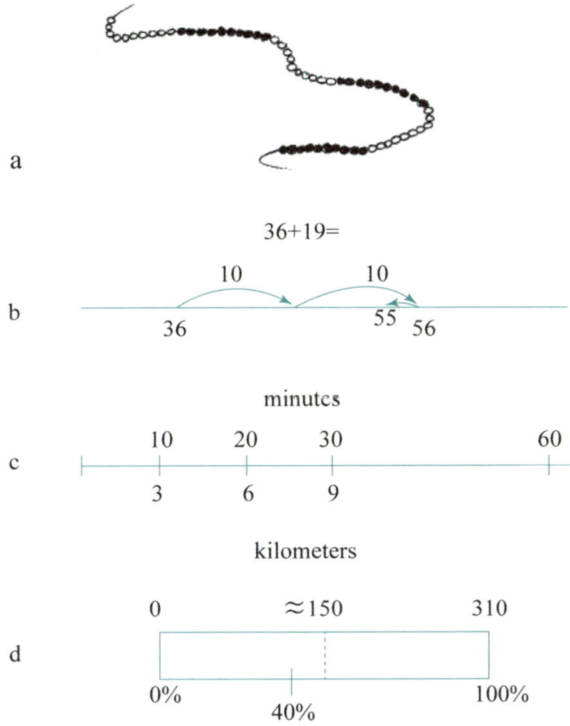

그림 Ⅰ-3 **다양한 모델들**

행하는 것으로 설명할 수 있다. 학생이 적절한 모델들을 창조하면서 수학을 학습하도록 하려면, 학생이 어떤 모델을 어떤 시점에 만들어 활용하도록 할 것인지를 연구해야 하며, 이것이 현실적 수학교육 이론에서 말하는 모델 설계의 의미이다. 다음은 교수학적 현상학에 의해 설계한 다양한 MO와 MF의 예이다.[36]

[그림 Ⅰ-3]은 구슬을 열 개씩 묶어 세는 현실 맥락의 모델, 36과 19의 합을 구하기 위해 36에서 20만큼 뛰어 센 후 다시 1만큼 되돌아오는 추론을 위한 모델, 시간과 거리 정보를 비율적으로 추론하기 위한 모델, 실제 양과 백분율을 함께 나타내어 추론하기 위한 모델을 제시한 것이다. 이들 모델로 현실 맥락에 포함되어 있는 수학적인 문제 또는 수학적인 추론의 주요 아이디어를 시각화할 수 있으며, 시각화된 모델로 현실 맥락을 상당 부분 조직하고 그 다음 조직을 위한 추론을 시도할 수 있다. 이들 모델을 대상으로 사고활동을 하고 그 결과를 더 형식화된 표현으로 바꾸어 지속적으로 다른 모델들을 만들 수 있으면, 현상과 본질의 교대 또는 내용과 형식의 교대를 통해 수학화하게 되는 것이다.

한편 수학화에는 수평적 수학화와 수직적 수학화가 있다. 수평적 수학화는 현실 세계에서 수학의 세계로의 이동, 수직적 수학화는 수학의 세계에서 더 세련된 수학의 세계로의 이동을 뜻한다. 현실적 수학교육 이론에서는 기존의 수학수업에 대한 관점을 수평적 수학화와 수직적 수학화에 의해 다음과 같이 구분할 수 있다고 주장했다.37)

	수평적 수학화	수직적 수학화
기계적인 지도	−	−
경험적인 지도	+	−
구조적인 지도	−	+
현실적인 지도	+	+

위의 표에 제시한 네 입장은 각각 연합심리학, 경험중심 교육, 학문중심 교육, 현실적 수학교육의 고유한 학습심리학과 교수이론을 배경으로 한다. 쏜다이크Thorndike와 스키너Skinner 등이 제안한 연합심리학에서는 모방과 훈련 등에 의해 수학을 지도하는 입장을 지지한다. 이를 배경으로 하는 관점을 뜨레퍼스Treffers는 기계적으로 수학을 지도하는 입장으로 분류했으며, 수평적 수학화와 수직적 수학화 모두 고려하지 않는다고 보았다. 듀이의 주장을 기초로 하여 전개한 경험적인 수학 지도 관점에서는, 학생들이 필요로 하는 바와 경험한 바를 고려함으로써 현실 세계에서 수학의 세계로 이동하는 과정을 고려한다. 그러나 수학의 세계에서 더 세련된 수학의 세계로 상승하는 과정, 곧 수직적 수학화는 간과한다. 피아제와 브루너를 주축으로 하여 전개된 구조주의 또는 학문중심 수학교육관에서는 수학의 구조에 초점을 두고 수학을 지도하고자 한다는 점에서 수직적 수학화를 고려한다. 그러나 수평적 수학화는 적절히 고려하지 않는다. 이들과 다르게 현실적 수학교육 이론에서는 수평적 수학화와 수직적 수학화를 모두 고려하면서 수학을 지도한다.

한 가지 주목해야 하는 점은 수평적 수학화가 단 한 번 일어나고, 이후에는 계속해서 수직적 수학화만 일어나는 것이 아니라는 것이다. 수평적 수학화와 수직적 수학화는 교대로 일어날 수도 있고, 한 유형의 수학화가 거듭되다가 다른 유형의 수학화로 옮겨갈 수도 있다. 이 과정에서 MO와 MF를 풍부하게 만들거나 활용하도록 도와야 학습을 효율적으로 촉진할 수 있다. 또한 수평적 수학화는 수직적 수학화보다 수준이 낮은 것이라고 생각할 수도 있는데, 이것도 오해이다. 현실 맥락에서 수학의 세계로 이동하기 위해서는 현실 맥락에 포함된 소음을 모두 제거하고 구조화의 단서가 되는 관계를 찾아야 한다는 점에서 상당히 높은 수준의 사고를 필요로 하기 때문이다. 이렇게 다양한 조합과 수준에 의해 수평적 수학화와 수직적 수학화를 거듭해가는 것이 수학 학습의 과정이어야 한다는 기본적인 관점을 충분히 이해하고 적절하게 교수학화를 하는 것이 필요하다.

학생이 현실 맥락에서 모종의 구조를 감지하고 그것을 표현하는 수단이 되는 모델을 지속적으로 창조하면서 수학화를 거듭한다면, 기성 수학이 아니라 '학생의 눈앞에서 창조되는' 수학을 경험하게 된다.[38] 현실적 수학교육 이론에서 말하는 모델은 다른 이론들에서 말하는 것과 다음과 같은 점에서 다르다.[39]

> 현실적 수학교육 이론에서 보는 모델은 정보처리 이론 또는 Gal'perin이 제시한 문화－역사적 입장에서 보는 모델과 사뭇 다르다. 정보처리 이론이나 문화－역사적 입장에서는 가르쳐야 할 형식적인 수학을 구체화한 교수학적 모델을 주로 이야기한다. 다시 말하면, 형식적이고 추상적인 수학을 학생들이 배울 수 있도록 구체화한 것을 모델이라고 지칭한다. 이 때 학생들이 하는 일은 미리 설계하여 구체화한 모델을 발견하는 것이다. 반면에, 현실적 수학교육 이론에서는 가르쳐야 할 수학에서 모델을 도출하지 않는다. 대신에 학생이 해결해야 할 맥락 문제에 모델이 들어 있도록 설계한다. 이렇게 하여 현실적 수학교육 이론에서는 주어진 모델이 아니라 모델을 만들어가는 활동에 초점을 둘 수 있다. 모델을 창조하는 활동의 첫 단계는 해결해야 할 문제의 맥락을 파악하는 것이다. 학생은 스스로 이해하고 있는 모델을 활용하여 문제를 해결하면서 동시에 문제를 모델화하게 된다. 여기에는 학생이 모델을 창조하여 활용하는 가운데 자신이 알고 있는 것보다 더 형식적인 수학을 발명 또는 재발명할 수 있다는 기본가정이 들어 있다.

위에서 모델은 학생이 만든 것으로 현실 맥락을 조직화하는 수단이다. 현실적 수학교육 이론에서는 학생이 스스로 모델 또는 모델의 의미와 역할을 창조할 수만 있다면, 표준적인 알고리듬을 배우지 못하더라도 충분히 가치가 있는 수학을 배운 것으로 본다.[40] 모델을 이용한 조직화 활동의 결과 심상을 형성하게 되고, 결국 수평적 수학화와 수직적 수학화를 할 수 있게 되면 그것이 수학의 본질을 학습한 것이 되기 때문이다.

3) 심상의 형성에 의한 개념 지도

앞에서 교수학은 일종의 설계과학이며, 교수학적 현상학은 현상과 본질의 교대가 이루어지는 가운데 심상을 형성하여 수학화를 하도록 설계하는 교수학적 관점이라는 것을 알아보았다. 이제 개념 지도를 위해 교수학적 현상학에 의한 수업을 설계한다는 것이 어떤 의미인지, 어떤 원리와 조건을 고려해야 하는지를 살펴볼 차례이다.

수학적인 개념의 지도가 중요하다는 것에는 이의를 제기하는 이론이 없다. 현실적 수학교육 이론에서도 개념의 지도를 위한 다각도의 고찰을 시도했다. 먼저 개념이 개념 정의와 개념에 대한 감각의 합으로 이루어져 있다고 보았다. 가령, 함수 개념은 함수의 정의만이 아니라 함수에 대한 다종다양의 감각이 합해져 있는 것이다.[41] 함수의 정의를 정확하게 알고 있는 학생들이라 해도 함수에 대한 감각에 있어서는 천차만별일 수 있다. 마찬가지로 함수의 정의를 모르지만 감각적으로는 수준 높은 이해에 도달한 학생들이 있을 수 있다. 앞서 도입한 심상이 바로 이렇게 감각적으로 이해하고 있는 함수 개념의 일부분이라고 할 수 있다. 명시적으로 함수를 정의하지 못하더라도 좋은 심상을 가지고 있다면 내용과 형식의 교대, 현상과 본질의 교대에서 충분히 수학화로 이르는 길에 들어설 수 있다. 오히려 함수의 정의만 암기하여 앵무새처럼 되풀이하는 것보다는 적절한 심상을 가지고 필요한 상황에서 활용할 수 있는 것이 수학화의 과정에서는 유리한 것이다. 현실적 수학교육 이론에서 함수 개념을 지도한다고 할 때 심상의 형성 기회가 중요한 것도 이 때문이다.

심상의 형성이 아니라 정의에 의해 개념 지도를 시도한 사례는 구조주의에 의한 수학 지도에서 찾아볼 수 있다. 이미 언급한 바와 같이 개념 정의를 제시하고 그로부터 표상만 구체적인 것으로 하면서 그 정의를 적용해보게 하는 것으로는 개념을 발견하게 하지 못한다. 개념 정의를 적용하는 장면에서 구체물 또는 시각적인 표상을 활용하도록 하는 것이 교육적으로 의미 있는 조치라고 기대하기 어려운 것은, 그렇게 해서는 개념의 의미를 제대로 다룰 수 없고 그 인위성이 학생의 사고를 가로막기 때문이다.[42] 현실적 수학교육 이론에서는 이와 같은 접근을 전면 부정하며, 개념 정의가 아니라 심상의 형성이 우선적으로 고려되도록 지도 과정을 설계한다. 말하자면 심상은 스스로 현상을 이해하고 그것을 조직하는 도구이자 관점으로 형성한 것이어서 부분적이거나 제한된 의미를 담고 있어도 수학화를 촉진한다. 또, 심상은 암묵적이며 언어화하지 못한 일종의 감각으로 존재하기 때문에 학생이 그 의미를 포착하고 시각적으로 또는 행동적으로 표현하는 데에도 추진력을 유지할 수 있다. 교사의 적절한 안내를 받을 수 있다면 학생이 자신의 사고에서 비롯된 심상을 형식화할 수 있게 되고 결국 개념 형성으로 나아갈 수 있다. 이러한 일련의 과정을 그림으로 나타내면 다음 [그림 Ⅰ-4]와 같다.[43]

정영옥은 현실적 수학교육 이론에서 말하는 심상이 개념 이미지와 유사하다고 주장했다. 개념 이미지는 개념에 대해 생각할 때 마음에 떠오르는 모종의 표상을 뜻하는데, 비너Vinner와 드리퍼스Dreyfus가 개념 정의와 구분하여 제시한 것이다.[44] 앞서 말했듯이 개념 정의는 언어화 그리고 형식화된 명확한 지식이다. 전통적인 교과서에서는 개념 정의를 먼저 제시한 후 그것을 적용하는 방식으로 학습을 유도하며, 전통적인 수업에서도 마찬가지 흐름으로 진행한다. 그런데 비너와 드리퍼스가 제시했듯이 많은 학생들은 개념 정의를 배운 후에도 그것을 회상하거나 적용할 때 정확한 정의가 아니라 개념 이미지를 만들어 사용한다. 그러므로 개념 정의로부터 출발하는 개념 지도는 개념 형성에 효과적이지 않으며, 부적절한 개념 이미지를 형성하게 하는 면도 있다. 현실적 수학교육 이론에서는 개념 이미지와 유사한 심상을 개념 정의를 도입하기 전에 학생 스스로 형성하도록 기회를 제공한다는 점에서 전통적인 교과서 그리고 전통적인 수업과 정반대의 진행을 제안한다.

현상 → 적용 → 심상 → 반성 → 개념

그림 Ⅰ-4 **심상 형성에 의한 개념 지도 과정**

심상은 현상으로서의 현실 맥락을 조직화하는 가운데 형성되는 것이므로 학생에게 적절한 현실 맥락을 제공하는 것이 매우 중요하다. 여기서 어떤 현실 맥락이 적절한지는 누가 그리고 어떻게 그것을 다루는가, 어떤 환경에서 다루는가에 따라 달라진다. 그러므로 수학교사의 전문성 중 하나는 자신이 현재 지도하는 학생들에게 어떤 현실 맥락이 적절한지를 판단하는 것 그리고 기존의 현실 맥락을 자신의 학생들에게 적절하도록 수정하고 보완할 줄 아는 것이다.[45] 이는 앞서 제시한 현상학적 교육학의 기본 가정, 특히 학생이 살고 있는 세계 속으로 걸어 들어가서 그들이 살 만한 가치가 있는 삶을 사는 방법을 배우도록 하는 것이 교육이라는 관점을 수학교육의 용어로 설명한 것이다. 이렇게 현실적 수학교육 이론에서는 수학이 학생들의 삶과 유리된 것이 아니라 각자의 삶 속에 녹아 있는 것으로 느끼도록 현실 맥락을 설계하고, 학생들이 각자의 수준과 상식에 따라 점진적으로 수학화를 경험하면서 세상을 바라보는 안목을 생성하여 한 인간으로 성장한다는 의미를 구현하고자 했다.

현실적 수학교육 이론에서는 현상과 본질의 교대가 이루어지는 가운데 심상을 형성하고 수학화하도록 하는 교수학적 현상학의 주요 전략 또는 절차로 다음을 제시하였다. 첫째, 수학적 지식의 생성과 발달에 관련된 역사를 분석하는 것이다. 역사를 분석함으로써 인류라는 거대한 학습자가 수학적 지식을 깨달았던 과정, 달리 말하여, 수학적 지식의 자연스런 발생과정을 확인하고, 그 과정의 핵심을 경험하도록 학습 내용을 조직하기 위해서이다. 예를 들어, 도형을 지도한다고 하면, 역사의 출발이 그러했던 것처럼 토지를 측정하여 재분배하는 등의 현실적인 맥락을 제공하고, 그것을 형의 현상으로 하여 본질인 도형으로 조직하며 도형을 성질에 의해 다시 조직하는 등의 과정을 거쳐 수학화하도록 한다. 학생들이 수학적으로 더 적절하고 더 확실한 근거를 찾아 다양한 문제를 해결하는 동안 다양한 도형의 모양에 주목하고, 각각의 도형의 구성 요소와 성질, 도형 내의 또는 도형 사이의 성질과 성질 간의 관계를 탐구하게 되며, 이 때 심상을 형성하여 활용하게 된다. 성질과 성질 사이의 관계를 명제로 나타내고 그 진리성을 판단하며, 그들 중 기본적인 성질들을 추출하여 공리로 택할 수 있고 공리를 바탕으로 관련 개념과 성질 전체를 체계화할 수 있음을 알도록 한다.[46] 이와 같이 수학적 대상의 역사적 발생 과정을 고려한 내용 조직은 학생들에게 생생한 경험과 심상의 형성을 가능하게 한다. 그래서 이렇게 배우는 수학을 실행수학이라고 부른다. 실행수학과 달리 이미 구조화가 완료되어 수학화를 필요로 하지 않는 수학을 기성수학이라고 부른다.

둘째, 현실 맥락, 모델, 내용과 형식 또는 현상과 본질의 교대 경로를 현상학적 가정의 형태로 설계하고 적용하여 그 결과를 지속적으로 관찰하고 연구함으로써 기존 설계를 수정하고 보완한다. 현실적 수학교육 이론은 설계과학으로서의 교수학을 표방하고 있으며, 실제로 대부분의 연구가 교육과정, 교과서, 과제, 수업을 설계하는 것이다. 그런데 여기서 설계는 말 그대로 설계가 아니라 실제로 적용하고 그 효과 분석을 통해 기존의 설계를 수정하고 보완하는 것까지를 포함한다. 프로이덴탈은 2차 세계대전의 혼란 속에도 자신의 두 아들에게 직접 수학을 가르치고 학습과정을 면밀하게 관찰하면서 많은 통찰을 얻었다고 한다. 무엇보다 이 때 교육학 이론이나 방법론이 수학을 지도하는 데에 크게 도움이 되지 않는다는 것을 깨달았다고 한다.[47] 교육학 이론이나 방법론에는 수학 고유의 특성, 곧 수학의 본질을 제대로 다루는 전략이 포함되어 있지 않았기 때문이다. 프로이덴탈에 의하면, 수학은 상식에 깊이 뿌리를 내리고 있다가, 더 나은 조직화의 방법을 찾아 역사를 거듭하며 발전하여 고도로 추상적인 구조를 이루었는데, 이 점을 적절히 고려하는 교육학 이론이나 방법론이 없다. 동일한 현상에 대해 무수히 더 조직적이고 더 체계적인 설명을 찾는 활동이 수학의 본성인데, 이것을 수학의 지도에 반영해야 한다는 것을 교육학에서 고려하지 못했다는 것이다. 더욱이 각각의 수학적 개념마다 고유한 심상의 형성이 가능하고 필요하기 때문에 그것을 체계적으로 다루는 별도의 방법과 전략이 필요하다.[48] 결국 각각의 수학적 개념에 대해 다양한 학생에게 적절한 여러 종류의 현실 맥락을 설계하고, 현상과 본질의 교대 경로와 적절한 모델을 설계한 후 되풀이하여 적용한 후 관찰하고 그 결과를 반영하여 기존의 설계를 수정하고 보완해야 한다. 이와 같은 교수학적 현상학의 전략은 개발 연구의 주요 단계이기도 하다.

4) 개발 연구의 의미와 방법

개발의 사전적 의미는 토지나 천연자원 등을 유용하게 만드는 것이다.[49] 토지나 천연자원이 그 자체로 유용한 것이 아니라 모종의 조치, 가령 개간이나 발굴 등 인위적인 조치를 통해 유용성을 확보한다는 뜻이 담겨 있다. 그렇다면 수학교육 연구에서의 개발은 어떤 자원을 대상으로 하는 것일까? 수학 그리고 수학자들이 함께 기여하여 이루어낸 수학화의 과정과 결과, 곧, 현실 맥락, 현상과 본질의 교대, 구조 또는 모델 등이다. 이들을 발굴하고 유용하게 만들며 이로부터 이론화를 시도하기 위해 현실적 수학교육 이론에서 고안한 연구방법론이 바로 개발 연구이다.

개발 연구는 자연과학이나 공학 등의 분야에서 널리 사용하는 이른바, 연구와 개발 Research and Development, R&D이라는 연구방법론과 유사하다. 이론과 실제가 적극적으로 연결된다는 점에서 그러한데, 실험실이나 제한된 조건에서 만든 이론적 가정을 실제에 적용하고 그 결과를 분석하여 이론도 개선하는 방식으로 진행한다. 현실적 수학교육 이론에서 개발 연구를 주요 방법론으로 택한 배경은 다음과 같다.

> 경제학을 제외하면 사회과학의 경우는 다르다. 이론에서 영감을 얻을 수는 있지만, 이론을 적용하여 무언가를 개발한 사례가 거의 없다. 개념, 절차, 검증 방법, 통계적 처리 등 정보를 조직하고 처리하는 방법으로 연구하기는 한다. 이러한 방법들을 이용하여 어떤 현상을 기술하거나 발견하기는 하지만, 무언가를 개발하는 데에 이 방법을 적용하지는 않는다. 화학이나 생물 분야의 연구 결과를 산업 개발에 적용하는 경우와 비교해보자. 가령, 건물을 설계하는 데에 화학이나 생물 분야에서 이루어진 연구 결과를 적용한다면, 건물의 구조(형식)가 아니라 건물의 내장이나 활용(내용)을 위해 연구 결과를 적용한다. 그러나 교육 분야에서의 연구와 개발은 교육의 내용이 아니라 형식적인 요소만을 대상으로 한다.[50]

위에서 다시 내용 기반 수학교육 연구가 왜 필요한지 언급하고 있다. 수학을 가르치고 배울 때 중요하게 고려해야 할 것은 내용인데, 일반적인 교수와 학습 원리 등 형식에 대한 이론만 있고 그것을 적용하는 것으로 교육 분야의 연구와 개발이 이루어진다는 것을 비판하고 있다. 내용과 무관한 교수와 학습 형식에 대한 논의는 수학교육 실제에 구체적으로 도움을 주지 않는다는 것이다. 현실적 수학교육 이론에서는 이러한 문제의식에 의해, 수학 고유의 특성을 고려하여 가르치고 배울 지식으로서의 수학 그리고 그것을 지도하는 구체적인 방법을 건전하게 개발하며, 개발한 것을 적용하여 그로부터 국소적인 이론을 도출하는 것에 주안점을 두고 있다. 그리고 이러한 의미에서 개발 연구는 순환성을 가진다고 설명한다.[51)]

개발 연구가 순환성을 가진다는 것은 이론을 적용하여 개발하는 과정 못지 않게 개발로부터 다시 이론으로 회귀하는 과정이 중요함을 뜻한다. 이론으로부터 개발로 나아가는 과정은 사고 실험Thought experiment의 성격을 띤다. 이론을 구체적인 실제에 적용할 때 어떤 사태가 발생할지를 머릿속에서 미리 예측해본다는 의미이다. 현실적 수학교육 이론에서는 교육과정 개발자, 교과서 저자, 교사가 얼마나 체계적이고 의미 있게 사고 실험을 하는가에 따라 교육과정, 교과서, 수업의 설계가 얼마나 의미 있고 실효성 있게 이루어질 것인지가 결정된다고 본다. 예를 들어, 대수식을 지도하려는 교사가, 대수의 역사와 핵심적인 개념, 주요 오개념과 오류, 인식론적 장애 등을 적절히 고려하여 사고 실험한 결과를 바탕으로 수업의 주요 장면을 설계한다면 그 수업은 의미 있는 개발의 사례가 될 것이다. 이미 잘 구축된 관련 이론이 있더라도 구체적인 실제를 고려하여 사고 실험을 충분히 하지 않으면 해당 실제에 적합한 교육과정, 교과서, 수업을 적절히 설계할 수 없다. 이와 같이 사고실험의 과정을 보면 그 결과로 얻는 설계의 의미와 수준을 파악할 수 있다는 뜻에서 현실적 수학교육 이론에서는 과정에 의한 증명이라는 표현을 사용한다. 사고실험에 의한 개발 과정을 기술하는 것이 왜 중요한가를 다음 언급에서 알 수 있다.

> 스푸트니크 쇼크 이후, 교육을 바꾸려는 강한 열망에서 새로운 수학교육 프로그램, 새로운 수학 교재, 새로운 수학과 교육과정들을 개발했었다. 이 모두가 연구실에서 이루어진 후, 공청회를 거쳐 곧바로 현장에 투입되었다. 그리고는 거의 그 결과를 검증하지 않았는데, 유익한 측면조차도 제대로 확인하지 않았다. 사실, 개혁은 너무나 어렵고, 신중하게 예측한 것마저 어긋나는 경우가 많다. 새 수학 운동을 위해 연구실에서 개혁안을 마련했다는 점을 비판하려는 것이 아니다. 달리 방법이 없었을 것이기 때문이다. 그러나 그 개혁안에 이르게 된 배경이 되는 사고 실험 자료가 없다는 것은 비판 받아 마땅하다. 연구자들은 종종 어떤 과정에 의해 연구 결과에 이르렀는지를 제시하지 않는다. 과정에

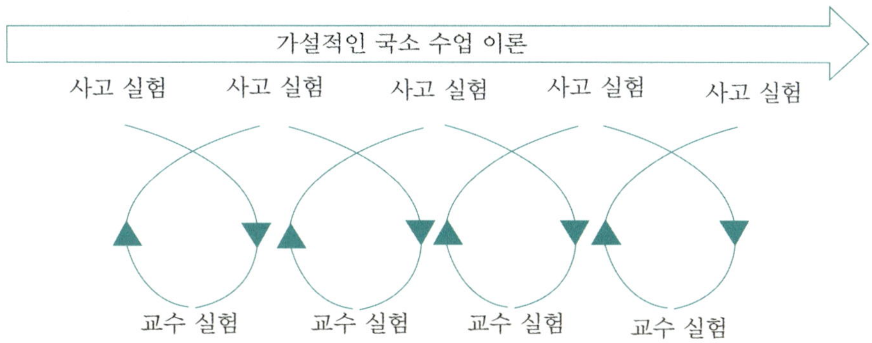

그림 Ⅰ 5 **개발 연구에서 사고실험과 교수실험의 순환**

대한 정보를 사적인 것이라고 생각하기 때문인 것 같은데, 새 수학 운동의 경우에도 그랬던 것으로 보인다.52)

수학교육 연구의 역사가 거듭되면서 개발의 결과만 제시하는 경우는 드물어졌다. 어떤 자료를 어떻게 수집하고 분석하여 결론을 도출했는지 기술하지 않으면 개발 연구라고 할 수 없을 만큼, 개발 연구의 방법과 결과 서술 양식이 정립된 것으로 보인다. 현실적 수학교육 이론에서는 교수학적 현상학에 의해 수학의 역사를 분석하여 교육과정, 교과서, 과제, 수업을 설계하고, 그것을 적용 후 지속적으로 관찰하고 수정하며 보완하는 방식으로 개발 연구를 진행해왔다. 이 중 이론과 선행 연구 결과에 근거하여 학습 목표, 내용, 방법을 도출하는 것은 사고실험 단계로, 수학 교육과정, 교재, 수업에 사고실험 결과를 반영하여 지도하고 분석하는 것은 교수실험 단계로 명명했다. 이 두 단계를 교대로 거치면서 가설적인 국소 수업 이론을 구축하게 되는데, 이를 다음 [그림 Ⅰ-5]와 같이 나타낼 수 있다.53)

정영옥은 위의 그림에 제시한 미시적인 순환과 더불어 다음 그림에 제시한 바와 같은 거시적인 순환을 통해 국소 수업 이론과 영역-특수 수업 이론이 지속적으로 재구성된다고 설명했다.54) 이러한 순환과 이론의 재구성을 필수로 하는 개발 연구는 현실적 수학교육 이론의 수학교육 철학을 구체적으로 실현하는 연구 방법론이다.

그림에서 알 수 있듯이, 매일 매일의 미시적 순환과정을 통해 사고실험과 교수실험을 반복하고, 이를 장기적인 순환과정으로 체계화하며, 세부 과정에 대한 이론 그리고 더 나아가 수학의 내용영역별 수업 이론을 구축함으로써 인간 활동으로서의 수학을 지도한다는 것이 현실적 수학교육 이론의 입장이다. 수학의 역사를 분석하여 얻은 수학에 대한 관점, 곧 인간 활동으로서의 수학이라는 철학적 입장을 이와 같은 체계적인 연구 방법론에 입각하여 실현하고자 하였다. 그 동안 프로이덴탈 연구소를 중심으로 한 현실적 수학교육 연구진에서는 이러한 입장에 입각하여 기하, 대수, 함수, 통계 등 영역별 국소 수학 수업 이론을 구축해왔다. 이 이론들은 여러 나라의 수학교육 개혁과 실천에 영향을 미치고 있으며, 그것이 가능한 이유를 다음과 같은 개발 연구의 의미에 대한 설명에서 짐작할 수 있다.

> 개발 연구란 개발과 연구의 순환을 의식하면서 각각을 경험하고, 진솔하게 자신의 경험내용을 보고함으로써 그 정당성을 확보하며, 경험한 바를 널리 전파하여 다른 사람들도 각자 나름대로 같은 과정을 경험하도록 하는 것을 뜻한다.[55]

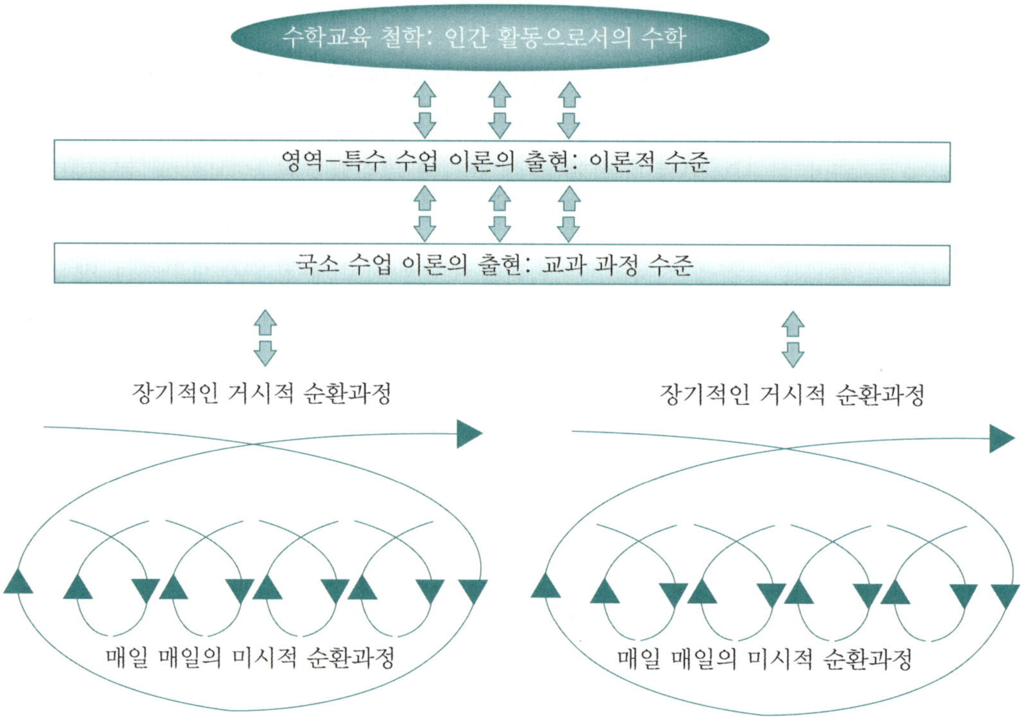

그림 Ⅰ-6 **개발 연구의 순환과정**

현실적 수학교육 이론에서는 개발 연구에 의해 국소 수학 수업 이론을 구축하여 제시하는 한편, 국소 수학 수업에서 추구할 수학화의 학습 사이클을 [그림 Ⅰ-7]과 같이 제안하였다.

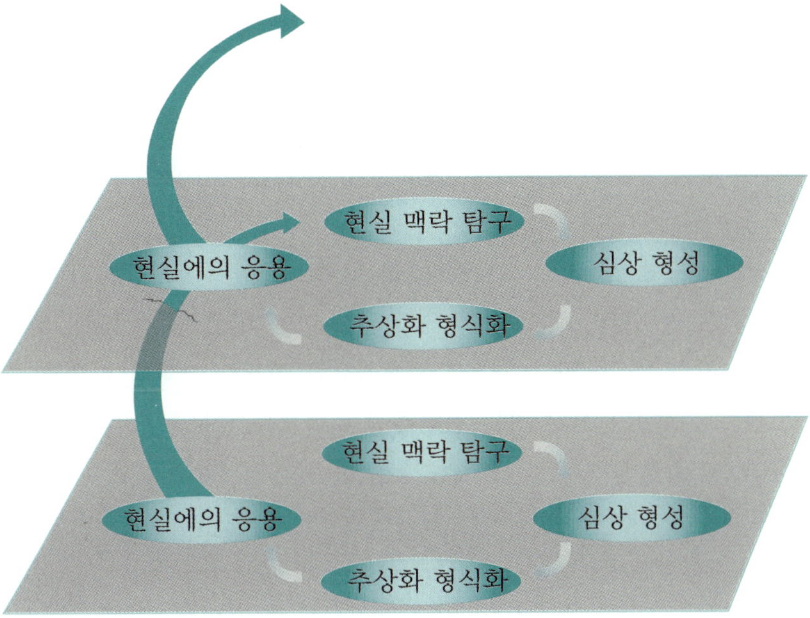

그림 Ⅰ-7 **수학화 학습 사이클**

수학화 학습 사이클은 현실 맥락을 다루면서 그 맥락에 내포된 수학적 측면들을 직관적으로 탐구하며, 이를 통해 관련된 수학적 개념에 대한 심상을 형성하고, 그것에 대해 반성적으로 사고한 후 형식화·추상화하는 과정을 거치게 됨을 의미한다. 그 결과 추상적인 형식 수학을 이해하고 다룰 수 있게 되며 이를 새로운 현실 맥락에 적용함으로써 강화되고 일반성을 얻게 된다. 그 결과 다른 현실 맥락도 조직할 수 있게 되며, 이에 대한 피드백을 통해 더 넓은 현실 맥락으로 나아가게 되고, 이것이 다시 새로운 더 높은 수준의 학습 사이클의 출발점이 된다. 이 때 현실 맥락이 처음에만 활용되는 것이 아니라 심상을 형성하고 형식화 · 추상화하고 적용하는 수학화의 전 과정에 필수적이다. 또한 사이클의 각 단계를 거쳐 가는 과정에서 수평적 수학화와 수직적 수학화가 교대 작용이 계속 반복된다. 이 사이클은 한 차시나 한 주제의 수업 내에서 실현될 수도 있고, 한 단원, 한 학기, 한 학년 동안의 학습에서 실현될 수도 있다. 또한 하나의 큰 사이클 안에 여러 개의 작은 사이클이 포함되며, 각각의 사이클은 이상적으로는 네 단계를 다 포함하는 것이지만 기계적으로 네 단계를 적용하는 것이 아니라 일부 단계만 반영될 수도 있다. 중요한 것은 현실 맥락을 수학화하여 직관적으로 탐구하도록 기회를 제공해야 한다는 점이다. 맥락의 수학적인 측면들에 주목하고, 규칙성이나 불변성 등을 발견하도록 해야 학생들이 심상을 형성할 수 있고 수학을 재발명할 수 있다. 학생들 간에 그리고 교사와 학생들 간에 활발한 상호작용 역시 매우 중요하다. 형식화와 추상화도 중요한데, 그 활동에 의해 일반성을 획득할 수 있기 때문이다.[56] 수학화 학습 사이클이 계속되면서 학생들의 현실은 더욱 확장되며 질적으로도 높은 수준으로 발전하게 되며, 수학적 렌즈로 볼 수 있는 수학적 안목이 확대된다.

요약하면, 개발 연구는 한 차시, 한 단원, 한 영역, 한 학기 또는 한 학년 동안의 수학 학습 전반에서 학습 사이클이 잘 실현될 수 있도록 하는 현실 맥락, 모델, 현상과 본질의 교대 경로를 교수학적 현상학의 입장에서 체계적으로 설계하고 실행한 후 분석하여 기존의 설계를 보완하는 것을 목표로 하는 실행중심 수학교육 연구방법론이라고 할 수 있다.

참고문헌

정영옥(1997). **Freudenthal의 수학화 학습-지도론 연구**. 서울대학교 대학원 박사학위 논문.

______(2005). 교과과정 개발을 위한 기초로서의 개발 연구에 대한 고찰. **수학교육학연구** 15(3), 353~374.

Ernest, P. (1994). *Constructing mathematical knowledge: Epistemology and mathematics education* (Vol. 4). Abingdon, UK: Taylor & Francis.

Freudenthal, H. (Ed.). (1962). *Report on the Relations Between Arithmetic and Algebra in Mathematical Education Up to the Age of 15 Years.* JB Wolters.

____________ (1973). *Mathematics as an Educational Task*. Dordrecht: Kluwer Academic Publishers.

____________ (1983). *Didactical Phenomenology of Mathematical Structures*. Dordrecht: D. Reidel Publishing Company.

____________ (1991), *Revisiting Mathematics Education: China Lectures.* Dordrecht: Kluwer Academic Publishers.

Goffree, F. (1993). HF: Working on mathematics education. In L. Streefland (Ed.) *The Legacy of Hans Freudenthal* (pp. 21~49). Dordrecht: Kluwer Academic Publishers.

Gravemeijer, K. P. E. (1998). Developmental research as a research method. In A. Sierpinska, & J. Kilpatrick (Eds.). *Mathematics education as a research domain: A search for identity*(pp. 277~295). Dordrecht: Kluwer Academic Publishers.

Gravemeijer, K., & Terwel, J. (2000). Hans Freudenthal: A mathematician on didactics and curriculum theory. *Journal of Curriculum Studies* 32(6), 777~796

Hersh, R. (1979). Some proposals for reviving the philosophy of mathematics. *Advances in mathematics*, 31(1), 31~50.

Lakatos, I. (1991). 수학적 발견의 논리. 우정호 역, 서울: 민음사. (영어 원작은 1976년 출판).

Langeveld, M. J. (1983). Reflections on phenomenology and pedagogy, *Phenomenology + Pedagogy*, 1(1), 5~7.

Treffers, A. (1987). *Three dimensions: A model of goal and theory description in mathematics education: The Wiskobas project.* Dordrecht: D. Reidel Publishing Company.

Van den Akker, J., Gravemeijer, K., McKenney, S., & Nieveen, N. (Eds.). (2006). *Educational design research*. Abingdon, UK: Routledge.

Van den Heuvel-Panhuizen, M. (2000). *Mathematics education in the Netherlands: A guided tour*. Freudenthal Institute CD-rom for ICME9, 1~32.

Vinner, S., & Dreyfus, T. (1989). Images and definitions for the concept of function. *Journal for Research in Mathematics Education,* 20(4), 356~366.

2 수학 교수와 학습의 원리

이 장에서는 현실적 수학교육 이론에서 제시하는 수학 교수와 학습의 원리에 대해 살펴본다. 여기서 제시하는 원리는, 앞서 1장에서 살펴본 현실적 수학교육의 이론적 관점과 3장에서 살펴볼 현실적 수학교육의 실제를 연결하기 위한 것이다. 이하에서는 현실적 수학교육 이론의 관점에 대한 앞서의 논의를 좀 더 실제와 관련시켜 논의하거나, 실제로부터 얻어낸 결과들을 국소적으로 이론화하기 위해 고려해야 하는 바가 무엇인지를 알아본다.

현실적 수학교육을 위한 교수와 학습의 원리는 프로이덴탈의 저서와 논문에 두루 나타나 있으며, 그의 제자들이 발표한 글에도 서술되어 있다. 논의의 맥락에 따라 그 의미가 다소간 차이가 있고, 우선순위도 약간씩 다르다. 이하에서는 프로이덴탈의 저서와 논문에서 제시하는 설명을 참고하되, 최근 프로이덴탈 연구소의 연구진을 대표하여 국제수학교육 연구공동체에 현실적 수학교육 이론의 교수와 학습 원리를 제시한 판 덴 회펠 판 하위전Van den Heuvel-Panhuizen과 드리버스Drijvers의 설명[57)]을 중심으로 살펴본다. 이들은 현실적 수학교육 이론의 수학 교수와 학습의 원리를 다음 여섯 가지인 1) 활동의 원리activity principle, 2) 현실성의 원리reality principle, 3) 수준의 원리level principle, 4) 혼합의 원리intertwinement principle, 5) 상호작용의 원리interactivity principle, 6) 안내의 원리guidance principle로 제시했다.

가. 활동의 원리

1장에서 확인한 바와 같이 현실적 수학교육 이론에서는 수학이 절대불변의 완성된 지식체계가 아니라 지속적인 활동에 의해 수정되고 보완되며 발달하는 학문이라고 본다. 활동의 원리는 이와 같이 수학을 인간의 활동으로 본다는 기본 가정에 기초한다. 수학을 인간의 활동으로 본다고 할 때 인간은 신과 대비되는 주체라는 의미로 해석할 수 있다. 만약 신이라면 수학을 이상적이고 완전하며 절대 진리 체계로 창조했을 텐데, 인간이 수학을 창조했기 때문에 수학이 불완전하고 잠정적으로만 진리인 지식의 측면이 있는 것으로 봐야 한다는 것이다.[58)] 여기서 수학을 창조하는 원리로서 활동을 언급하는 것은 인간의 활동이라는 적극적인 조치가 없었다면 수학의 창조가 불가능했다는 점을 설명하기 위해서이다. 현실 맥락으로 주어지는 현상을 이해하고, 구조를 수단으로 조직하는 것이 모두 인간의 활동, 특히 사고활동이며, 이것이 없었다면 수학은 창조되지도 발달하지도 않았을 것이다. 수학교육은 수학을 발달이 완료된 최후의 산물이 아니라 발달을 가능하게 했던 활동에 초점을 두고 이루어져야 한다는 것이 활동의 원리에 담긴 의미이다.

현실적 수학교육 이론에서 수학의 교수와 학습의 원리로 제시한 활동의 원리는 듀이Dewey와 피아제Piaget, 브루너Bruner로 이어지는 이른바, 실용주의 또는 구성주의 교육관에서도 제시했던 것이다. 그러나 1장에서 살펴보았듯이 현실적 수학교육 이론은 구성주의를 비롯한 다른 교육관을 비판적으로 분석하고 입장의 차이를 꾀하였다.[59] 그 차이는 현실 맥락에 해당하는 문제 상황을 활동의 출발점으로 한다는 점이며, 학생들 나름대로 수단을 창조하게 한다는 점이다.[60]

> 활동의 원리는 학생들이 문제 상황, 예를 들어, 분수의 의미를 파악하고, 분수의 곱셈과 나눗셈으로 문제를 해결할 수 있는 상황에서, 나름대로의 수단을 만들어서 사용하도록 하는 것을 의미한다.

학생들이 현실 맥락으로 제공된 문제 상황에서 나름대로의 수단을 만들어서 사용하도록 하면 수학의 역사에 기여한 수학자들처럼 적극적인 관여가 가능해진다. 이 관여에 의해 현실 맥락이 조직화되고 문제를 해결하도록 하는 것이 활동의 원리이다. 여기서 학생들이 만든 나름대로의 수단은 목표로 하는 수학적 개념과 형식적으로는 일치하지 않지만 조직화에 기여하는 역할의 측면에서는 같은 것이어야 한다. 이것이 바로 1장에서 살펴본 심상이다. 활동의 원리는 심상을 형성하여 사용할 기회를 제공하고 촉진하는 것이다. 만약 심상 형성의 기회를 제공하지 않는다면, 활동의 원리에 따라 수학을 지도하지 않은 것이 된다. 이를테면, 함수 개념의 정의를 처음부터 제시한 후 적용하면서 배우도록 한다면 학생들이 함수의 심상을 형성할 필요가 없으며 그렇기 때문에 수학화에 적극적으로 관여하지도 않게 된다. 개념 정의를 직접 제시하는 대신 심상을 형성하여 사용하도록 하려면 교수학적 현상학에 의한 수학 내용의 분석과 교수학화, 개발 연구에 의한 실행 적합성 제고가 필수적이다.

활동의 원리를 따라 지도 내용을 설계한 구체적인 사례는 이 책의 Ⅱ장에 제시되어 있다. 여기서는 함수 개념 지도의 경우를 예로 하여 활동의 원리를 따른다는 의미를 설명한다. 먼저 함수 지도를 위한 현실 맥락을 설계해야 한다. 학생들이 주변에서 쉽게 볼 수 있는 변화 현상들 중 두 변수로 기술할 수 있는 것, 가령, 시간을 한 변수로 하고 다른 변수는 온도, 속도, 키, 이동거리 등인 현상들을 현실 맥락으로 제시할 수 있다. 처음에는 상세하게 주어진 현상을 기술하도록 하지 말고 변화하는 두 변수에 주목하여 그 관계에 대한 심상을 형성하도록 한다. 표와 그래프 등의 도구를 상기시키거나 제공하여 스스로 형성한 심상을 탐구하도록 한 후, 그 결과를 반성적으로 사고하여 언어적으로 또는 수량적으로 표현하도록 한다. 이렇게 하면 스스로 심상을 형성하고 그것을 활용하여 함수 개념을 수학화할 수 있게 되고, 바로 이 점에서 활동의 원리를 구현한 것이 된다.

시간의 흐름에 따른 온도, 속도, 키, 이동거리 등은 학생들이 직접 자료를 조사하거나 수집하여 현실 맥락을 만들 수 있게 한다는 점에서 활동의 원리를 극대화하여 적용할 수도 있다. 예를 들어, 여행하기 좋은 나라가 어디인지를 알아보기 위해 여러 나라의 기온 자료를 조사하고, 하루 최고기온과 하루 최저기온의 변화를 표와 그래프로 나타낸 후 토론하게 하면서 함수 개념을 학습하도록 할 수 있다. 연중 기온의 변화가 크거나 작은 경우, 하루 최고기온과 최저기온의 차이가 크거나 작은 경우 등 표와 그래프로 나타낸 자료를 해석하는 활동을 통해 두 변수 사이의 관계를 파악하고 이에 대한 심상을 형성하도록 할 수 있다. 이와 같은 일련의 활동은 모두 함수 개념으로 관련 현상을 조직하도록 하며, 현상과 본질의 교대 또는 내용과 형식의 교대를 통해 현실 맥락을 수학화하는 데에 핵심이 된다. 마찬가지로 시간에 따른 자동차의 속도 변화, 이동거리 변화 등에 대해서도 심상의 형성을 통해 수학화를 하도록 이끌 수 있다.

활동의 원리에 의해 개념 정의가 아니라 심상을 형성하도록 한다면 상황에 따라 여러 함수, 곧 일차함수, 이차함수, 지수함수 등을 동시에 도입하여 함수의 심상을 형성하도록 할 수도 있다. 우리나라 교과서에서는 중학교 1학년과 2학년에 걸쳐서 일차함수를 다루고 다음으로 중학교 3학년에 이차함수를 다룬다. 이렇게 순차적으로 여러 함수를 지도함으로써 각 함수의 의미와 활용에 대해 학습하도록 한다. 그리고 각 함수에 대해 다루면서 간단하게 해당 함수 현상에 대해 생각해보는 기회를 제공한다. 그런데 이 때 제공되는 함수 현상은 매우 소박하고 단순하기 때문에 매우 간략하게만 언급하고 넘어가거나 심지어 아예 생략하고 본문의 개념 정의로 시작하는 경우도 왕왕 있다. 우리나라 교과서로 활동의 원리를 구현하려면 도입활동을 변형하고 그것에 이어지는 활동을 추가로 설계할 필요가 있다. 교과서의 본문에서 제시한 개념 정의를 예제에서 해결하고 유사한 문제로 연습하는 현재의 구성과는 완전히 다르게 설계해야 한다.

현실적 수학교육 연구진은 도입, 예제, 문제를 주축으로 하는 전통적인 교과서의 구성과 조직 방식을 과감하게 탈피하여 심상의 형성을 촉진하는 구성과 조직 방식으로 교과서를 개발했다. 널리 알려진 MiC^Mathematics in Context 교과서가 그 사례이다. 이 교과서에서는 도입과 예제, 문제를 구분하여 제시하지 않으며, 모든 내용이 학생의 사고활동을 통한 심상의 형성에 초점을 두고 있다. 함수면 함수, 확률이면 확률을 사고활동에 의한 심상의 형성에 초점을 두어 학습하도록 구성한 것이다. 그래프 관련 내용을 예로 하여 전통적인 교과서와 비교하면 현실적 수학교육 이론에 기초한 교과서에서 활동의 원리를 어떻게 구현하고 있는지를 파악할 수 있다. 가령, 시간의 흐름에 따른 기온의 변화 현상을 그래프로 표현하는 경우, x축과 y축을 잡고 눈금을 표시한 후 시간은 x축에 그리고 기온은 y축에 나타내는 방식을 학습 내용으로 제시해왔다. 그런데 현실적 수학교육 이론에 기초한 교과서에서는 시간의 흐름에 따른 기온의 변화 현상을 그래프로 표현하는 구체적인 절차를 지도하지 않고, 학생이 그 현상을 어떻게 나타낼 것인지 생각해보게 하여 나름대로 시도하도록 한다. x축과 y축을 정하지 않아도 되고, 눈금도 표시하지 않아도 된다. 전반적으로 또는 대략적으로 변화 현상을 포착하여, 그 정보를 부정확한 표, 그래프, 언어로 표현할 수 있다.[61] 이 중 눈금을 사용하지 않고 대략적으로 변화 현상을 그래프로 기술하는 방식을 질적인 그래프 표현이라고 한다.[62] 질적인 그래프 표현을 허용하면 학생들은 수량화의 부담 없이 변화 현상을 표현하고 다룰 수 있게 된다. 그 활동을 반성함으로써 기준점의 필요, 각 변수에 대한 좌표축의 필요, 눈금의 필요, 등을 깨닫고 암묵적으로 이들 각각을 상정하여 사고활동의 수단으로 사용하도록 하면 심상을 형성하게 된다.

한편 그래프의 구성 요소인 좌표축과 순서쌍, 정확한 눈금을 고려하여 그래프를 그리는 것은 양적인 그래프 표현이라고 한다. 현실적 수학교육 이론의 관점에서는 질적인 그래프 표현을 사용하여 사고활동을 하면서 좌표축, 눈금의 필요성을 깨닫고 심상을 형성한 후에 양적인 그래프 표현을 도입할 것을 제안한다. 처음부터 양적인 그래프 표현을 도입하여 그 구성 요소인 좌표축과 눈금을 지도하면 학생들에게 그래프의 심상 그리고 함수의 심상을 형성할 기회를 제공하기 어렵기 때문이다. 요컨대, 질적인 그래프 표현에서 양적인 그래프 표현으로 나아가면서 점진적으로 변화 현상을 수학화하는 기회를 제공하는 것이 현실적 수학교육 이론에서 제안하는 활동의 원리에 따라 그래프 관련 내용을 제시하는 방식이다.[63]

요약하면, 현실적 수학교육 이론에서는 활동의 원리에 따라 교육과정, 교과서, 수업을 설계할 것을 제안하고 있으며, 이를 위해서는 심상을 형성하는 기회를 제공하기 위한 내용 설계가 핵심적이다. 위에서 살펴본 그래프 관련 내용의 사례와 같이 개념 정의 또는 개념의 구성 요소를 직접 지도하는 것으로 출발하는 전통적인 방식과는 정반대로 학생들이 개념 이미지 또는 심상을 형성하여 활용함으로써 개념에 도달하도록 설계해야 한다.

나. 현실성의 원리

현실성의 원리는 1장에서 살펴본 현실 또는 현실 맥락과 관련지어 그 의미를 파악해야 한다. 현실은 영어 reality에 대한 우리말 번역어인데, 철학에서 오래전부터 실재라고 번역했던 것과는 의미와 용법이 다르다는 점에 유의해야 한다. 일상적으로는 이 단어를 실제 상황이라고 번역하기도 하는데, 두 단어는 서로 어느 정도 의미가 겹치기는 하지만 역시 상당한 차이가 있어서 주의를 필요로 한다. 한편 현실적 수학교육 이론에서는 현실과 현상을 밀접하게 관련되는 것으로 본다. 현실 맥락은 수학을 현상으로서 접했던 초기 역사의 가장 중요한 특징이다. 고도로 추상화된 모든 수학의 초기 역사로 거슬러 올라가면 현실 맥락을 만날 수 있으며, 그 때 구체적이고 직관적인 형태로 존재했던 수학으로부터 거듭 수학화를 거치면서 오늘날의 수학으로 발전하였다. 이 경로의 주요 지점을 이제 수학을 배우는 학생들도 거치도록 해야 하며, 현실 맥락에서 현상으로서 수학을 경험하도록 해야 한다. 현실적 수학교육 이론에서는 수학적인 규칙에 의해 조직할 수 있는 현실[64) 맥락을 고려한다. 수학자들이 현실 맥락에서 수학을 창조할 수 있었던 것은 그 맥락이 현상으로 다가왔고 수학적인 규칙에 의해 조직할 수 있었기 때문이다. 마찬가지로 수학을 배우는 학생이 스스로 수학적인 규칙을 생각하여 조직할 수 있는 현실 맥락이어야 현상으로서 역할을 한다.

학생이 스스로 수학적인 규칙을 만들고 그것을 이용하여 조직할 수 있는 현실 맥락을 학생들에게 제공한다는 아이디어는 앞서 살펴본 활동의 원리에서 심상의 형성에 의한 수학화 활동을 중시한다는 아이디어와 매우 밀접하게 연결된다. 현실적 수학교육 연구진은 수학의 각 내용을 지도하기 위한 현실 맥락을 설계하기 위해 다각도로 노력했는데, 그 노력 중의 하나는 기존의 현실 맥락들에 대한 비판적인 논의이다. 예를 들어, 프랑스의 그레노블 수학학습 연구센터에서 개발한 다음 문제와 그에 대한 학생들의 반응을 보면 현실적 수학교육 이론에서 말하는 현실 맥락의 필요성과 의미를 알 수 있다.

> 배 위에 26마리의 양과 10마리의 염소가 있다. 선장의 나이는?

위의 문제에 대해 놀랍게도 많은 학생들이 주어진 조건에 의해 문제를 해결할 수 없다고 답하지 않고 적당히 주어진 수를 이용해서 선장의 나이를 구했다고 한다. 양과 염소의 수가 선장의 나이와 아무 상관이 없는데도 이 두 수를 이용하여 선장의 나이를 구한 것이다. 학생들이 왜 문제의 조건이 부적절하다는 것을 알아채지 못했는지, 아무런 갈등 없이 주어진 수를 이용하여 선장의 나이를 답으로 제시했는지에 대해서는 여러 해석이 가능하다. 현실적 수학교육 이론에서는 여기서 제시한 문제 상황이 문제를 해결하는 아동에게 전혀 현실적이지 않았기 때문이라고 해석한다. 이미 많이 풀어본 이른바 교과서 문제들과 동일한 구조, 곧, 두 종류의 정보가 제시된 상황이니 두 수를 더해서 답을 구하는 익숙한 행동을 할 뿐, 상상력이나 상식을 활용한 수학화가 일어나지 않는다는 것이다. 이 문제 상황은 교수학적 현상학에 의한 분석, 특히 역사 발생적 원리에 따른 것도 아니고, 학생들에게 익숙한 현실 맥락에서 단서를 얻어 설계한 것도 아니다. 이러한 문제 상황은 학생들에게 현상이 될 수 없으며, 현실 맥락도 아니다.

현실적 수학교육 이론에서 현실성을 고려하게 된 구체적인 배경과 의도는 다음과 같다.

> 대부분의 학생들은 수학시간에 배운 것을 적용하지 못한다. 물리시간, 화학시간, 심지어 일상생활에조차 배운 수학을 적용할 줄 모른다. 그 동안 유용한 수학을 가르쳐왔는데 학생들은 정반대로 수학을 적용할 줄 모르게 되었다. 그 원인은 적용할 기회가 많지 않았기 때문이다. 학생들이 수학을 사용하도록 가르쳐야 하는데, 현재의 수학교육은 그렇게 하지 못했다. 그 동안 유용한 수학을 가르쳐왔다고 생각했지만, 배울 때의 맥락과 똑같을 때만 적용할 수 있다는 문제점이 있다.[65)]

학생들이 수학을 적용하지 못하게 이유는, 전통적으로 기본적인 지식과 기능, 가령 자연수의 덧셈과 뺄셈 방법을 가르치고 나서야 적용 문제를 해결하도록 했기 때문이다. 이렇게 하면 학생들은 제한된 맥락을 조금만 벗어나도 배운 수학을 적용할 수 없다. 그러므로 수학 학습의 마무리 단계에서만 적용하도록 할 것이 아니라, 적용 맥락에서 수학 학습을 시작하도록 하자는 것이 현실적 수학교육 이론의 입장이다. 사실 이 입장은 매우 혁신적이고 상식에 위배되는 것으로 볼 수 있다. 수학을 가르치는 교사라면 당장, 어떻게 수학적 개념과 계산 절차를 모르는 학생이 적용 문제를 해결할 수 있는지 의문을 제기할 수도 있다. 기본 개념과 절차를 배우고도 적용 문제를 해결하기 어려워하는 학생들에게, 적용 문제를 해결하면서 수학적 지식을 학습하라고 하는 것은 무리한 요구로까지 보일 수 있다.

적용 맥락에서 수학 학습과 지도를 출발하자고 하는 현실적 수학교육 이론의 입장은 전통적인 수학교육 실제에 대한 비판에서 비롯되었지만, 이른바, '새 수학New Math 운동'의 문제점을 지적하면서 그 추동력을 얻었다고 할 수 있다. 이 운동은 1960년대 미국을 출발점으로 하여 많은 국가에 영향을 미쳤으나, 널리 알려진 바와 같이 실패로 끝났다. 우리나라에서도 3차 수학과 교육과정에서 새 수학 운동의 핵심적인 주장을 반영하려고 했으나, 미국이나 유럽에서 겪은 바와 대동소이한 결과를 얻으면서 핵심적인 주장을 철회하게 되었다. 새 수학 운동의 실패를 논의할 때 적어도 두 가지 구분해야 할 포인트가 있다. 첫째, 주목해야 할 점은, 새 수학 운동을 통해 당시에 현대 수학이라고 간주한 집합론의 주요 용어와 형식을 도입함으로써 학교수학의 내용을 기존보다 엄밀하고 추상적인 것으로 재편하려했다는 것이다. 결과적으로는 학교수학이 지나치게 어려워졌다는 비판에 직면했고, 점차 해당 내용이 삭제되었다. 둘째, 듀이, 피아제, 브루너로 이어지는 교육학 및 심리학 연구를 활용하여, 엄밀하고 추상적인 수학을 학생들의 수준에 맞게 변환하여 가르치려는 노력이 이루어졌다. 그러나 이 노력에 대해서도 비판이 제기되었으며, 그 중에서도 특히 EIS 이론에 대해 현실적 수학교육 이론에서는 매우 신랄한 비판을 제기했다.

EIS 이론은 우리가 경험하거나 생각한다고 할 때 세 가지 표현 양식, 곧, 활동적 표현, 영상적 표현, 상징적 표현을 따른다고 했던 브루너의 통찰을 교수와 학습에 적용한 것이다.[66] 당시 현대 수학으로 불렸던 형식적인 수학을 가르치겠다는 목표 아래, 학생들에게 적합한 표현 방법을 연구한 것은 지극히 당연한 조치로 볼 수 있다. 상징적 표현 체계로 이루어진 수학을, 활동적으로 그리고 영상적으로 표현하여 다룬다면, 그 유명한 브루너의 주장, 곧, 수학의 최전선에서 새로운 지식을 만들어내는 수학자들이나 초등학교 학생들이나 본질적으로 동일한 일을 하도록 할 수 있다고 생각했던 것이다. 후에 브루너는, EIS 이론이 엄밀한 현대 수학을 가르치는 방법으로 맹신된 것에 안타까움을 표현했다.[67] 현실적 수학교육 이론에서는 활동적 표현과 영상적 표현이 상징적 표현을 다루는 데에 어려움을 겪는 학생들에게 도움을 주긴 하지만 그것만으로 진정한 의미에서의 수학 학습을 보장할 수 없다고 보았다. 학습 환경 또는 맥락이 학생에게 현실성을 가진 것이어야 한다는 점이 중요하며, 이는 수학의 초등화와 매우 다른 의미이다. 현실 맥락은 초등화된 수학이라기보다는 학생들에게 MO와 MF 생성의 기회를 제공하여 현상과 본질의 교대를 이루면서 조직화를 시도하도록 하는 맥락으로 설명된다.

1장에서 살펴본 바와 같이, 현실 맥락은 단지 실생활만을 의미하지 않으며, 수학적 패턴으로 조직할 수 있으면서 현상으로서 받아들여지는 맥락을 뜻한다. 판 덴 회펠 판 하위전에 의하면, 현실적이라는 용어는 네덜란드어 zich realiseren에서 나온 것으로, 이것은 상상하다 또는 생각하다를 뜻한다. 그러므로 실생활만이 아니라 학생들이 상상하면서 그리고 생각하면서, 감정을 이입하면서 조직하고 문제를 해결할 수 있는 맥락이면 현실이 된다.

> 학생들에게 감정 이입이 가능한 현실, 다시 말하면, 자신의 상상력을 발휘할 수 있는 현실을 제공함으로써 학생들의 창조적 활동을 가능하게 하는 수업 장면이 되어야 한다. 학생들에게 감정 이입이 가능한 현실은 매우 다양하다. 또한 학생들이 유년기에서 소년기, 청소년기, 성인에 이르기까지 그러한 현실은 계속 확대되며, 현실이라는 의미 속에는 물리적인 것, 정서적인 것, 인지적인 것 등 모든 것이 포함된다. 어린 아이에게는 만화의 세계도 하나의 현실이 될 수 있고, 동화의 세계도 하나의 현실이 될 수 있으며, 과거, 현재, 미래에 대한 상상의 세계도 하나의 현실이 될 수 있다. 초등, 중등, 고등학교로 진학하면서, 학문의 세계와 실제적인 현실 세계에 대한 지식도 현실의 일부가 될 수 있다.[68]

학생들은 대개 애니메이션이나 영화에서 제공하는 가공의 세계에 깊이 몰입하는데, 이때 그 세계에 대해 현실성을 느낀다고 말할 수 있다. 만화나 동화 속 상황이 현실 맥락이 될 수 있는 것이다. 그러므로 예를 들어, 「이상한 나라의 앨리스」나 「콩쥐팥쥐」 상황에서 수학을 탐구하도록 하는 것도 현실 맥락을 잘 활용한 사례가 될 수 있다. 결론적으로, 학생들의 창조적 활동을 가능하게 하는 이야기 맥락, 실생활 맥락, 자연 현상, 사회 현상, 수학적인 맥락 모두가 현실 맥락이 될 수 있다. 이러한 맥락에서 수학의 교수-학습을 시작하자는 것이 현실성의 원리이다.

다. 수준의 원리

현실적 수학교육 이론이 정립되기 시작한 초창기에는 심리학과 교육학에서 발달 수준 또는 학습 경로에 대한 논의가 이루어졌다. 그러나 이들 이론을 수학교육에 적용하는 데에는 어려움이 많았다. 수학적 지식과 수학적 추론의 고유한 측면을 고려해야만 수학학습에서의 발달과 성숙 또는 수준 상승을 설명할 수 있기 때문이다. 그 어려움에 대해 프로이덴탈은 다음과 같이 한탄했다.

> 고독이 엄습한다. 수학은 왜 그리도 다를까? 수학도 잘 알고 심리학도 잘 아는 누군가가 둘 사이를 연결해주면 좋겠다.[69]

현실적 수학교육 이론에서는 수학과 심리학을 고려하여 수학학습에서의 수준에 대해 설명하는데, 불연속성과 반성적 사고를 그 핵심적인 특징으로 제시한다. 먼저 불연속성은 1장에서 언급했던 수학의 발달 과정이 가지는 특성이다. 이미 언급한 바와 같이, 수학은 내용과 형식, 현상과 본질의 교대를 통해 발달했는데, 그 발달은 연속적이 아니라 불연속적으로 이루어졌다는 것이다. 수학학습 역시 불연속적인 발달로 보아야 하며, 수준의 상승으로도 설명할 수 있다. 다음으로 핵심적인 것이 반성적 사고인데, 이는 한 수준에서 그 다음 수준으로 상승하게 되는 원동력이다. 달리 말하여, 현실 맥락에서 현상으로 경험한 바를 조직하고 구조화하여 심상을 형성하게 되고 추상화, 형식화를 하게 되는 일련의 과정이 가능한 것은 바로 반성적 사고를 할 수 있기 때문이라는 것이다. 수학이 그렇게 발달했듯이 학생이 수학을 배울 때도 그렇게 반성적 사고에 의한 불연속적인 수준 상승을 이루도록 해야 한다는 것이 수준의 원리이다.[70]

현실적 수학교육 이론에서 수준의 원리를 적용하여 수학학습을 설명한 사례 중 가장 널리 알려진 것은 판 힐러Van Hiele가 제시한 기하적 사고 수준이다.[71] 판 힐러는 자신이 아무리 설명해도 이해하지 못했던 학생들이 오랜 시간이 지난 후 드디어 핵심적인 아이디어를 파악한 후, "지금은 이해합니다. 그런데 선생님은 그 때 왜 그렇게 어려운 언어로 설명하셨어요?"[72]라는 말을 듣고 기하적 사고에 수준의 차이가 있음을 알게 되었다고 한다.

판 힐러는 기하적 사고에 다음과 같은 다섯 개의 수준이 존재한다고 보았다. 첫째, 시각적 인식 수준으로, 전체적인 형태만으로 도형을 인식할 뿐 도형의 성질에는 주목하지 않는 것을 특징으로 한다. 이 수준에 있는 학생들은 어떤 도형, 가령, 삼각형이 왜 삼각형인지를 적절히 설명하지 못한다. 둘째, 기술적이고 분석적인 인식 수준으로, 도형의 성질을 파악하는 것이 특징이다. 이 수준의 학생들은 시각적으로 지각되는 모양을 대상으로 사고하여 도형마다 모종의 성질이 있다는 것을 알게 되고 그 성질에 의해 도형을 새롭게 볼 수 있다. 도형을 시각적 형태로서가 아닌 성질의 집합으로서 고려하게 되며, 시각적

이미지를 도형의 배경으로 바꿀 수 있게 된다. 예를 들어, 마름모를 특정한 모양을 가진 도형 자체로 보는 것이 아니라 그 모양을 배경으로 하여 네 변의 길이가 같은 도형들의 집합으로 간주할 수 있다. 그러나 도형들 사이의 관계, 곧 마름모와 정사각형 사이의 포함 관계를 인식하지는 못한다. 셋째, 관계적이고 추상적인 인식 수준으로, 도형의 성질들을 비교하여 그 관계를 논리적으로 파악하며, 이로부터 도형을 추상적으로 정의하고 다룰 수 있는 것을 특징으로 한다. 예를 들어, 마름모는 네 변의 길이가 같은 도형, 정사각형은 네 변의 길이가 같고 네 각의 크기가 같은 도형으로 정의할 수 있다. 이 두 도형의 정의에 포함되어 있는 성질들을 비교하여 정사각형이면 마름모가 될 수 있다는 것을 파악할 수 있다. 마찬가지로 정사각형, 직사각형, 평행사변형, 사다리꼴을 정의할 수 있으며, 정의를 기초로 논리적인 추론을 함으로써 도형들 사이의 포함 관계를 파악하고 위계를 구축할 수 있다. 이와 같은 논리적인 추론 활동과 비형식적이고 직관적인 추론 활동을 결합하여 국소적이고 소박한 연역적 추론을 할 수 있다. 넷째, 형식적 연역 수준으로, 공리 체계에 기초하여 기하학이 전개된다는 것을 파악하고 필요에 따라 형식적 증명을 이해하고 실행할 수 있는 수준이다. 대학수학을 이해하고 학습하는 데에 필요한 사고 수준이다. 다섯째, 엄밀한 수학적 수준으로 여러 공리 체계를 이해하고 비교하며 고차원의 명제를 이해하고 증명할 수 있는 단계이다. 수학을 연구하는 수준이라고 할 수 있다.

현실적 수학교육 이론에서 수준을 구분하는 의도는 각 수준에서 사용하는 독특한 언어 구조를 파악하여 교수와 학습의 설계에 반영하기 위해서이다. 서로 다른 언어 구조로 인해 서로 다른 수준에 있는 교사와 학생, 학생과 학생 사이에 의사소통이 매우 어렵고, 결국 교수와 학습에 문제가 생기기 때문이다. 또, 각 수준에서 그 다음 수준으로 가도록 자극하는 방법을 찾기 위해서이기도 하다. 다음에서 밝힌 바와 같이 현실적 수학교육 이론에서는 학생들이 저절로 다음 수준으로 발달한다고 보지 않으며, 적절한 자극에 의해 수준의 상승을 이룬다고 생각한다.

> 피아제의 심리학은 발달심리학이지 학습심리학이 아니다. 그러므로 학생들이 한 수준에서 다음 수준으로 가도록 자극하는 것은 그의 문제가 아니다. 그것은 내 문제이다.[73)]

판 힐러가 제시하는 기하적 사고 수준은 기하학이라는 학문을 관통하는 거시적인 수준이라 할 수 있으며, 현실적 수학교육에서는 판 힐러의 한 수준에서 다음 수준으로 도달하는 데는 매우 많은 미시적 수준들이 존재한다고 생각한다. 따라서 학생들은 매우 다양한 수준에 있을 수 있으며, 다양한 방법에 의해 더 높은 수준으로 상승하도록 촉진할 수 있다. 수학교사는 사고실험과 지도경험을 바탕으로 자신이 가르치고 있는 학생들에게 적합한 수단을 제공하여 수준 상승을 촉진해야 한다. 이 수단에는 직관적이고 구체적이며 비형식적인 맥락, 곧 현실 맥락도 포함된다. 적합한 현실 맥락을 제공하는 것만으로 학생들이 현실 세계에서 수학의 세계로 수준을 상승시키도록 할 수 있는 것이다. 이어서 다양한 자료, 화살표를 비롯한 시각적인 표상, 표, 기호 등도 수준을 상승시키는 중요한 수단이다. 이와 같은 수단들은 1장에서 살펴본 MO와 MF에 해당되는 것이기도 하다. 그러므로 다양한 MO와 MF를 제공하여 활용하도록 하거나 이들을 창조하도록 함으로써 수평적 수학화, 수직적 수학화를 촉진하는 것이 곧 수준 상승을 이끄는 지도방안이다.[74] 여기에는 주어진 현실 맥락을 표현하기 위한 수식을 x, y 가 아니라 다른 문자로도 표현해보게 하는 식의 소박한 MO와 MF 창조도 포함된다. 물론 연역 추론에 의한 구조화를 위한 추상적인 MO와 MF 창조도 포함된다. 어떤 수준에서 어떤 수준으로 상승하도록 촉진할 것인가에 따라 다양한 MO와 MF를 창조하도록 기회를 제공하는 것이 중요하다.[75]

수준의 상승은 불연속적이기는 하지만 점진적으로 이루어진다고 보아야 한다. 다양한 MO와 MF를 이용하여 수평적 수학화와 수직적 수학화를 거듭하면서 서서히 수준 상승이 이루어지는 것이다. 이 때 현실 맥락의 다양한 측면 또는 다양한 현실 맥락의 파악에 의한 수준 상승을 수평적 성분에 의한 수준 상승이라고 한다. 이와 달리 체계적이고 형식적인 지식에 의한 수준 상승을 수직적 성분에 의한 수준 상승이라고 한다. 이렇게 다양한 MO와 MF의 창조, 수평적 성분과 수직적 성분의 활용, 수평적 수학화와 수직적 수학화 등 여러 가지 용어로 수준의 상승을 설명할 수 있는데, 이들 여러 설명을 관통하는 주요한 특징은 수준의 상승이 불연속적이면서도 점진적인 과정에 의해 이루어진다는 것이다. 또한 단선적으로 상승하기보다는 지그재그로 상승한다는 점도 공통적인 특징이다. 다시 말하여, MO와 MF, 수평적 성분과 수직적 성분, 수평적 수학화, 수직적 수학화, 어떤 용어로 설명하더라도 무방하지만, 수준의 상승이 연속적으로 그리고 단선적으로 이루어진다고 보아서는 안 된다. 모든 학생이 동일한 양상으로 수준의 상승을 이룬다고도 할 수 없다. 수준의 상승은 저마다의 고유한 경로에 의해 인간 활동으로서의 수학을 경험하는 과정이자 결과이며, 그러한 의미에서 점진적인 수학화라고 볼 수 있다.

라. 연결의 원리

앞에서 논의한 바와 같이, 현실적 수학교육 이론의 기본적인 입장 중 하나는 학생들에게 수학이 유용하다는 것을 인식하도록 그리고 필요할 때 수학을 적용하도록 교육해야 한다는 것이다. 응용수학을 가르치자는 것이 아니라 배운 수학을 다양한 상황에 적용하도록 가르쳐야 한다고 주장이다. 연결의 원리는 수학을 고립된 지식과 기능으로서가 아니라 연결된 것으로 지도하자는 것이다.[76] 연결된 지식과 기능으로 수학을 배워야 수학의 유용성을 인식하고 필요할 때 배운 수학을 적용할 수도 있다는 것이다.

연결은 수학 내적으로 그리고 수학 외적으로 가능하다. 수학 내적 연결은 수학 영역 사이의 연결을 뜻한다. 예를 들면, 기하와 대수를 연결하여 가르치고 배울 수 있다. 수학 외적 연결은 수학과 일상 또는 과학 등 다른 분야와의 연결을 뜻한다. 수학을 실생활에 적용한 사례 또는 과학 분야에서 수학을 이용한 사례를 이용하여 수학을 지도할 수 있다. 수학 내적 연결과 수학 외적 연결에서는 부차적이거나 임시방편적인 연결 또는 장식적인 연결이 아니라 구조적이고 심층적인 연결을 시도하는 것이 중요하다. 이렇게 해야만 연결하여 다루는 의미와 가치가 살아나기 때문이다. 또한 교사는 수학 내적 연결과 외적 연결에 의해서 기존의 지식을 새로운 관점에서 조직하는 경험을 제공할 수 있어야 한다.

> 수학을 배운다는 것은 단편적인 지식과 기능을 수동적으로 받아들이는 것이 아니라 지식과 기능을 하나의 구조화된 전체로 조직하는 것이다. 따라서 새로운 개념과 기능은 기존의 지식체에 동화되거나 아니면 기존의 지식체 자체가 이 새로운 개념과 기능에 의해 새롭게 조직되어야 한다. 새로운 관점에서 기존의 지식을 살펴보는 기회를 마련해야 하고 교사는 이런 기회를 충분히 제공해야 한다.[77]

기하와 대수를 연결한 역사적인 사례는 해석기하인데, 이렇게 대영역 사이의 연결이 아니더라도 학교수학에서 다루는 내용 요소 사이의 연결이 가능하다. 예를 들어, 분수와 비를 연결하여 다룰 수 있다. 어떤 대상을 똑같이 나눈 후 전체와 부분 사이의 비를 시각적으로 파악하게 하면 분수와 비를 서로 연결되는 개념으로 지도할 수 있다. 이렇게 연결하여 다루면 분수와 비에 대한 기존의 이해를 확고히 하고 분수와 비를 새롭게 바라보고 조직하도록 할 수 있게 된다. 마찬가지로 벡터와 기하처럼 서로 달라 보이는 내용들 사이를 적절히 연결하여 다루면, 벡터와 기하에 대한 이해를 심화시킬 수 있을 뿐만 아니라 새로운 관점에 비추어 벡터와 기하를 이해하고 학습하도록 할 수 있다. 백분율과 띠그래프, 원그래프도 연결하여 다룰 수 있는데, 백분율에 대한 지식을 공고히 할 뿐만 아니라 이를 바탕으로 띠그래프와 원그래프를 심층적으로 이해하도록 지도할 수 있다.[78]

수학 외적 연결의 경우, 앞서 논의한 현실성의 원리와 관련지어 이해할 필요가 있다. 학생이 이미 가지고 있는 상식, 지식, 기능을 이용하여 상상하고 생각할 수 있는 다양한 세계, 곧, 학생에게 현실성이 있는 맥락을 제공해야 한다는 것이 현실성의 원리였다. 학생들의 일상생활, 과학, 예술, 공학 등 다양한 분야에서 학생들의 사고를 자극하는 현상을 찾는 일은 현실성의 원리에 따른 교수학화의 일부에 해당한다. 수학 외적 연결은 이렇게 현실 맥락을 찾고 설계하는 데에 뿐만 아니라, 수준의 원리에 따라 구분한 여러 수준 내에서 그리고 수준 상승을 이루는 수학화의 전 과정에서 모두 가능하다. 1장에서 수학화가 한 번에 끝나는 것이 아니라, 현실 세계에서 출발하여 심상을 형성하고 추상화와 형식화를 거친 후, 다시 새로운 안목으로 현실 세계를 탐구하는 과정이 끝없이 진행되면서 거듭된다는 것을 확인하였다. 수학 외적 연결은 이렇게 끝없이 거듭되는 수학화와 더불어 다양한 수준에서 이루어질 수 있다. 예를 들어, 함수 개념이 발달하는 여러 수준에서 종속성, 임의성, 일가성, 주기성, 연속성, 미분가능성, 적분가능성 등 조직화의 수단을 창조하고 활용하게 된다. 이 때 수학 외적 연결에 의해 다양한 맥락을 도입하고 적절한 MO와 MF를 찾아 이 맥락을 조직하게 되고 수준의 상승을 이루게 되는 것이다.

수학적 지식은 위계가 뚜렷하고 엄밀하게 조직되어 있어서 다른 내용이나 분야와 연결하여 다루기보다 그 위계를 따라 지도하는 것이 효과적이라고 생각하기 쉽다. 그러나 현실적 수학교육 이론에서는 의도적으로 수학 내적 연결과 수학 외적 연결에 의해 풍부하게 접근하는 것을 강조한다. 학습은 장기적인 안목에서 계획해야 하는데, 연결을 고려하면서 풍부하게 접근하면 과거의 학습과 미래의 학습이 서로 통합된다. 그렇게 시간을 가로질러 학습이 통합되도록 하려면, 지나치게 세분화된 지식을 가르치거나 위계를 엄격하게 따르는 방식이 아니라 관련성이 풍부한 맥락, 곧, 수학 내적 연결과 수학 외적 연결을 고려한 맥락에서 학습을 하도록 해야 한다.

수학 내적 연결과 수학 외적 연결이 고려된 맥락에서는 학생들의 다양한 지식과 사고 수준에 따라 다각도로 학습이 이루어지며, 비형식적이고 구체적인 표현에서 출발하여 점진적으로 수학화를 추구하도록 하게 한다. 현실적 수학교육 이론에서는 이와 같은 학습을 예견 학습prospective learning[79]과 회고 학습retrospective learning으로 설명한다. 예견 학습이 장차 학습하게 될 내용의 기초가 되는 내용을 먼저 학습하는 것에 초점을 두는 것이라면, 회고 학습은 이미 배운 내용을 보다 상위의 관점에서 다시 분석하고 조명하는 것에 주안점을 두는 것이다. 예견 학습을 위해서는 학생들이 이미 알고 있는 지식과 추론에 의해 다룰 수 있는 맥락을 설계해야 한다. 이와 반대로 회고 학습을 위해서는 이미 해결했던 문제 상황을 상위의 방법으로 다시 해결해보도록 하거나 아니면 여러 지식을 통합적으로 활용하여 해결할 수 있는 문제 상황을 제공해야 한다. 예견 학습에서는 맥락 특수의 사례를 탐구하여 일반적인 아이디어 또는 추론에 대한 단서를 찾고, 회고 학습에서는 상위의 원리나 법칙을 적용하여 기존의 지식과 추론을 관통하는 경험을 제공하는 맥락을 설계해야 한다.[80)]

수학 내적 연결과 수학 외적 연결을 고려한 맥락에서 예견 학습과 회고 학습을 유도하는 것을 학습 가닥learning strand을 엮는 것으로 표현할 수 있다. 마치 실을 짜서 옷을 만들듯이 학습 가닥을 엮어서 통합된 전체로 수학을 재발명하도록 하자는 의미이다. 수학 내적 연결과 수학 외적 연결이 고려되지 않은 맥락에서 수학을 학습하면 학습 가닥이 서로 엮여 있지 않으며, 이렇게 수학을 배운 학생들이 스스로 학습 가닥을 엮을 수는 없다는 것이다. 그러므로 수학을 배우는 초창기부터 연결성을 고려하여 현실 맥락을 제공하고 수학화하도록 해야 한다. 분수와 비를 연결하여 다룬다고 할 때 분수와 관련된 학습 가닥과 비와 관련된 학습 가닥이 엮인다고 보면 된다. 수직선에 분수와 비를 표시하여 다루게 되면 분수와 비의 두 학습 가닥을 엮는 것이 더욱 촉진될 수 있다. 마찬가지로 대응표에 일정한 비율로 두 변수의 값을 표시하고, 종속관계를 파악하여 일차함수 개념을 도출하는 일련의 과정은 분수와 비의 두 학습 가닥을 더 단단하게 엮는 기회를 제공한다. 분수 따로, 비 따로, 수직선 따로, 일차함수 따로 학습 가닥을 만들어 가면 수학화도 어려울뿐더러 예견 학습과 회고 학습도 거의 불가능해진다. 낱낱의 학습 가닥으로는 장차 배우는 내용과 이미 배운 내용에 대한 상위 관점에서의 조명을 할 수 없는 경우가 대부분이기 때문이다.[81)]

요컨대, 연결의 원리는 하나의 수학적 대상이 다른 수학적 대상과 어떻게 관련되는지 또는 수학적 대상이 세계의 여러 측면 또는 여러 현상과 어떻게 관련되는지를 경험적으로 이해하고 점차 수학화하도록 해야 한다는 관점을 담고 있다. 수학 내적 연결과 수학 외적 연결을 통해 예견 학습과 회고 학습을 가능하게 하고, 그 과정에서 다양한 주제들을 횡적으로 그리고 종적으로 관련지어 이해하도록 하자는 입장이기도 하다. 그렇게 연결해서 다루지 않으면 학생들은 학습 가닥을 형성하더라도 매우 빈약하기 때문에 막상 적용해야 할 때 그 가닥을 활용하지 못하며, 더더구나 서로 다른 가닥들을 엮지 못하여 쉽게 잃거나 잊는다. 그러면 수학의 유용성을 인식하지 못하는 상태에 이르게 된다.

마. 상호작용의 원리

상호작용의 원리는 말 그대로 상호작용에 의해 수학을 학습하도록 지도해야 한다는 것이다. 교사가 일방적으로 가르쳐서는 안 되며 학생들과 적극적으로 상호작용해야 하고, 학생들 사이의 상호작용도 권장해야 한다는 주장은, 오늘날 특별할 것도 없이 널리 받아들여지고 있다. 그러나 프로이덴탈이 수학교육학을 정립하려고 노력한 60년대 말부터 80년대 말까지는, 상호작용에 의한 수학 지도와 학습이라는 생각이 상당히 혁신적이고 진보적인 제안이었다. 교사주도에 의한 일방적인 설명과 모방, 연습이 전통적인 수학교육의 주요 방법이었고 비판받아 마땅하다고 했던 시기였다. 먼저 프로이덴탈이 왜 상호작용에 의해 수학을 가르치고 배워야한다고 설명했는지 살펴보자.

> 가르치는 사람이나 배우는 사람이나 서로에게서 영향을 받고 또한 서로에게 영향을 준다는 뜻에서 상호작용한다고 볼 수 있다. 교수와 학습은 동시에 일어나며, 동등한 조건에서 서로 경쟁하는 가운데 일어나기 때문이다. 이렇게 생각하지 않는 사람들도 있을 것이다. 그러나 수학을 가르치고 배우는 일은 단기간이 아니라 장기간에 걸쳐 이루어진다는 점을 생각하면, 상호작용의 의미를 이렇게 받아들여야 한다.[82)]

교사는 가르칠 뿐만 아니라 학생에게서 배우기도 하며, 마찬가지로, 학생도 배울 뿐만 아니라 가르치기도 한다는 것, 이것은 중국의 고전, 「예기禮記」에 나오는 교학상장教學相長의 정신이다. 프로이덴탈 자신이 독일, 프랑스, 네덜란드 등 유럽의 나라들을 삶의 기반으로 삼았던 만큼 전형적인 유럽의 교육관을 가지고 있는데, 동양의 관점과 일맥상통하는 바를 발견할 수 있어서 매우 뜻밖이다. 그런데 교사가 가르치면서 배우게 된다는 말이 상호작용에 대한 설명으로는 불충분한 점이 있다. 어떻게 상호작용해야 가르치면서 배우게 되고, 그렇게 배우는 것이 왜 상호작용으로부터 가능한지를 알 수 없기 때문이다.

수학 시간에 일어나야 하는 상호작용의 의미와 구체적인 과정은 수준의 원리와 밀접하게 관련되어 있다. 앞서 언급한 바와 같이, 교사와 학생, 학생과 학생이 서로 다른 수준에 있으면 의사소통이 어렵다. 서로 다른 수준에 있는 주체가 서로 다른 언어로 말하고, 동일한 용어라도 수준에 따라 다른 의미를 부여하여 사용하기 때문이다. 판 힐러는 교사의 설명이 아무리 훌륭해도 학생에게 이해되지 않는 언어로 이루어진다면 더 이상 설명이 될 수 없고, 학생 사이의 상호작용도 서로 다른 언어 수준에 있는 한 종종 아무런 유익이 없다고 주장했다. 교사와 학생이 아니더라도, 서로 수준이 다른 주체가 만나는 것이 교육의 기본 조건인데, 이 때문에 언어적 상호작용이 일어나기 어렵고, 이것이 수학 수업의 최대 난점이라는 것이다.[83] 수학수업에서 효과적인 언어로 상호작용하려면 다음과 같은 질문을 품어야 한다.

- 다른 사람들이 지금 내가 하는 말을 이해하는가?
- 내 의견을 받아들이는가 아니면 거부하는가?
- 내가 느끼는 것처럼 다른 사람도 느끼는가?
- 내가 혼자 이해하는 것이 나을 때는 언제이며, 다른 사람의 도움을 얻는 것이 나을 때는 언제인가?
- 두 사람 사이에 명확하지 않은 주장들이 오고갈 때, 한 발 떨어져 있는 사람은 무엇을 배울 수 있는가?
- 상대방의 말을 이해하지 못하는 두 사람에게 제 3자가 어떻게 하는 것이 좋겠는가?
- 왜 나는 다른 사람을 이해할 수 없고 또 다른 사람은 나를 이해할 수 없는가?
- 사람들은 왜 서로를 이해할 수 없는가? 정보가 부족해서인가 아니면 누군가 의식적으로 또는 무의식적으로 정보를 숨겨서 다른 사람이 이해하지 못하게 해서 인가?
- 이해하면서도 이해하지 못하는 척 할 때가 있는가?
- 무엇을 말해야 하고 무엇은 말할 필요가 없을 정도로 자명하다는 것을 어떻게 알 수 있는가?[84]

위의 질문들은 교사와 학생 모두에게 필요하다. 구체적인 수학 내용을 가르치고 배울 때 교사는 교사대로 학생은 학생대로 위와 같이 스스로에게 물어야 한다. 그렇게 되물으면서 자신을 둘러싼 사람들과의 언어적 상호작용을 내면화하고 더 나은 언어적 상호작용을 준비해야 한다. 위의 질문에 있듯이, 자신이 행위자로서 직접 참여하여 상호작용 했던 것 그리고 관찰자로서 다른 사람들 사이의 언어적 상호작용을 살펴보았던 것을 되돌아보아야 한다. 이와 같은 반성적 사고에 의한 언어적 상호작용이 교사와 학생 모두에게 필요하며, 이것이 가능할 때 교학상장이 이루어진다.

프로이덴탈은 언어 능력이 구체적 언어ostensive language, 관계적 언어relative language, 관례적 언어conventional variables, 그리고 함수적 언어functional language의 단계를 거쳐 발달한다고 보았다. 구체적 언어는 구체적인 대상을 직접 관련지으면서 그 대상의 의미를 표현하는 수준을 가리킨다. 손가락으로 물건을 가리키며 '이것' 또는 '저것'이라고 말하거나, $3^2=9$일 때 3은 9의 제곱근이 된다고 말하는 것이 이 수준에 해당한다. 다음으로 관계적 언어는 대상과 대상 사이의 관계를 이용하여 그 중 한 대상의 의미를 설명하는 수준을 가리킨다. 예를 들면, 제곱근의 의미를 구체적인 예가 아니라 제곱수와의 관계에 의해 설명하는 경우가 여기에 해당한다. 곧, 주어진 수의 제곱근은 제곱하여 그 주어진 수가 되는 어떤 수라고 설명하는 것이다. 관례적 언어는 수학자들이 인정한 표현, 이를테면 수학적 기호와 용어를 사용하여 나타내는 수준이다. 제곱근의 의미를 '$x^2 = a$일 때, $x = \sqrt{a}$'라고 표현하는 것이 이에 해당한다. 마지막으로 함수적 언어는 새로운 개념이나 관점에 입각하여 언어를 사용하는 수준을 가리킨다. 앞서 살펴본 제곱근의 경우, "제곱근을 구하는 과정은 제곱수를 구하는 과정의 역에 해당한다."와 같이 새로운 발상 또는 관점에서 그 의미를 설명하는 수준이다.

바람직한 언어적 상호작용을 설계함에 있어, 학생들이 어떤 언어 발달 단계에 있는지 그리고 어떻게 상위 언어 수준으로 나아가도록 해야 할 것인지가 관건이다. 이를테면, 제곱근을 지도함에 있어, 대부분의 학생들이 구체적 언어 수준에 있는데, 교사는 함수적 언어로 상호작용을 시도한다면 수학 학습과 지도는 거의 불가능하다. 프로이덴탈에 의하면, 새 수학 운동의 실패는 언어적 상호작용의 실패이며, 교사와 학생, 학생과 학생 사이의 언어 수준의 차이에 기인하는 실패이다. 다시 말하여, 엄밀하고 형식적인 표현에 의해 구조를 다루고자 했던 현대 수학은, 함수적 언어 또는 관례적 언어를 주된 도구로 하는데, 학생들은 대부분의 수학 내용에 대해 구체적 언어 수준에 있었기 때문에 언어적 상호작용이 불가능했고, 결국 수학 학습과 지도의 실패로 이어졌다.[85)]

지금까지 수학을 가르치고 배움에 있어 상호작용, 특히 언어적 상호작용이 중요하다는 주장과 그 배경을 살펴보았다. 수학이 그 자체로 언어이고, 고도로 추상화되고 형식화된 개념을 담는 언어이므로, 구체적 언어 수준으로부터 관계적 언어, 관례적 언어, 함수적 언어 수준으로 나아갈 수 있도록 지도해야 한다는 것으로 요약할 수 있다. 수학적 표현 그대로를 사용하는 관례적 언어나 새로운 개념과 논의를 위한 함수적 언어는, 이미 가르칠 수학을 충분히 이해하는 사람에게나 언어가 될 뿐, 이제 배워야 할 수학을 앞에 두고 있는 학생들에게는 언어가 될 수 없다. 관례적 언어나 함수적 언어로 수학을 가르친다면 상호작용이 불가능하기 때문에 모방과 연습에 의한 수학 학습을 조장할 수밖에 없다. 상호작용에 의한 수학 학습과 지도를 위해서는, 수학을 구체적 언어와 관계적 언어로 다룰 준비를 해야 한다. 그 준비는 결국, 앞서 제시한 활동의 원리, 현실성의 원리, 수준의 원리, 연결의 원리를 구현하는 것이다. 한 가지 유의할 점은, 현실적 수학교육 이론에서 언어적 상호작용에 주목하고 그것을 원리로 제시했다고 해서, 수학을 가르치고 배우는 일이 언어로만 가능하다고 보지는 않는다는 것이다. 언어로 표현되지 않는 가운데에도 얼마든지 가르치고 배우는 일이 일어날 수 있다고 보았으며, 오히려 언어화되지 않고 마음으로 수학을 이해하고 통찰하는 것에 더 큰 관심을 두었다고 할 수 있다. 상호작용의 원리는 직관과 통찰에 의한 수학의 학습을 위해 언어가 제 기능을 해야 하고, 그러기 위해서는 적절한 상호작용이 이루어져야 한다는 뜻이다.

현실적 수학교육 이론에서는 언어적 상호작용만이 아니라 비언어적 상호작용을 중시한다. 비언어적 상호작용은 언어화되기 이전의 행동이나 몸짓, 정서에 의한 소통을 뜻한다. 관계가 풍부한 현실 맥락에서는 언어적 표현 없이도 행동이나 몸짓으로 소통하는 것이 가능하며, 이로부터 비형식적인 표현에 의해 수학화를 시도하도록 할 수 있다. 가령 이전의 수에 2를 더하여 그 결과를 대응표에 적는 행동을 되풀이하면 다른 설명을 하지 않아도 학생들이 규칙을 발견하여 대응표를 완성할 수 있다. 대응표 안에 쓴 수들이 증가하는지 감소하는지를 몸짓으로 표현할 수 있으며, 그래프로 그린다면 어떤 모양이 될지에 대해서도 역시 언어화하지 않은 채로 상호작용이 가능하다. 이와 같은 비언어적 상호작용은 현실 세계와 학생 사이에서도 가능하며, 학생과 학생, 학생과 교사 사이에서도 가능하다. 외부에서 부과된 수학적 지식이나 관례적 언어가 아니라 학생 스스로 세계를 이해하는 직관과 안목을 형성하고 텍스트, 맥락, 동료, 교사, 세계와 상호작용하여 수학을 배우도록 할 수 있다. 이렇게 수학교육이 이루어진다면 수학은 소수 엘리트가 아니라 모든 인간을 위한 교육 내용과 형식이 될 수 있으며, 모두에게 유용하고 모두가 적용하는 지식과 사고가 될 수 있다는 것이 현실적 수학교육 이론의 입장이다.

바. 안내의 원리

안내의 원리는 현실적 수학교육 이론에서 상정하는 교사의 역할을 가리킨다. 교사는 안내자이며, 현실 맥락에서 수학의 세계로, 수학의 세계에서 더 조직화된 수학의 세계로 안내함으로써 수학을 가르쳐야 한다는 뜻을 담고 있다. 여기서 안내는 약간의 도움이라고 표현되기도 한다.

> 약간의 도움을 주면 평범한 학생들도 장차 필요한 수학을 재발명할 수 있다는 것이 무리한 생각인가? 실제로 수학을 재발명했다는 아동을 본 적이 없으니 이런 생각을 할 수

> 있는지 없는지조차 모르겠다. 제도화된 곳에서 수학을 배우면 출발을 아주 잘하더라도 결국 수학을 재발명하지 못하고 수학적 지식과 행동 패턴만을 강제로 부과 받는다. (중략) 이 책에서 수학 학습에 대해 기존의 입장들과 차별성을 꾀했는데 수학의 역사를 학생이 재발명하는 것으로 보는 것도 그 차별성 중 하나이다. 인류가 학습한 과정을 개별 학습자가 얼마나 따르겠는가? 유능한 학생이라면 스스로 많은 수학을 재발명할 것이다. 유능하지 않은 학생이라면 그렇게 하지 못할 것이다. 그러나 만약 동료 학생 또는 교사가 도와주고 안내한다면 이 학생들도 수학을 재발명할 수 있을 것이다.[86)]

위에서 수학을 재발명하도록 돕는다는 표현에 주목할 필요가 있다. 프로이덴탈은 발견이나 발명 대신 재발명이라는 용어가 수학 학습을 설명하는 데에 적합하다고 보았다. 교사의 안내는 수학의 재발명을 돕는 것이고, 이것이 결국 수학 학습을 촉진한다는 입장이다.

> 문제해결과 발견학습은 널리 유행하던 슬로건이다. 나는 이 슬로건들을 결코 좋아하지 않는다. 그 슬로건 아래 제시된 예시자료를 보고는 도저히 좋아할 수가 없었다. 문제해결의 핵심은 학습자 자신이 문제로 파악하고 해결하는 것인데, 예시자료를 보면 교사나 교과서 저자 또는 연구자들이, 그들의 문제를 그들의 방법에 따라 해결하도록 하고 있다. 발견학습은 마치 부활절 달걀처럼 누군가가 감추어 놓은 것을 찾아내도록 하는 식이다.[87)]

학습자가 문제로 파악하지 않는 문제를, 학습자와 상관없이 정해진 어떤 방법대로 해결하도록 지도한다면, 문제해결 교육의 기본적인 의미가 사라진다고 본 것이다. 그리고 감추어진 지식을 단지 찾아내는 방식으로 해서는 발견학습의 의의도 없다는 것이다. 프로이덴탈은 학생이 수학자처럼 수학화할 수 있으며, 그것이 바로 수학을 재발명한다는 의미라고 했다. 그리고 재발명은 단지 앞선 발명가가 걸어간 그대로의 발자취를 따르는 것이 아니라 학생들의 지식과 사고수준, 학습 환경에 적합하게 조정하고 재구성한 내용과 형식을 창조하는 것을 뜻한다. 프로이덴탈은 이를 노인 폴리아가 어린 폴리아를 안내하는 것으로 비유했다.[88)] 교사가 노인 폴리아의 역할을 해야 어린 폴리아가 탄생한다는 것이다. 이와 같은 수학지도 원리를 안내하의 재발명이라고 한다.

안내하의 재발명을 교사의 입장에서 파악하면, 교수학적 현상학에 의한 교수학화의 결과에 따라 점진적인 수학화가 진행되도록 하되 학생의 반성에 의한 수준 상승이 수학화의 주요 과정이 되도록 한다는 것이다. 이를 [그림 I −8]과 같이 나타낼 수 있다.[89)]

[그림 Ⅰ-8]에서 알 수 있듯이, 안내하의 재발명은 반성적 사고에 의한 수준 상승으로 가능하다. 이것은 앞서 논의한 수준의 원리와 밀접하게 관련되는 한편, 소크라테스Socrates의 산파법에 뿌리를 둔 발생적 원리genetic principle라는 폭넓은 교수·학습 원리와도 일맥상통한다. 그림에서 수준의 상승이 단선적인 경로를 따라 이루어지지 않는 것을 알 수 있는데, 이는 수평적 수학화와 수직적 수학화를 거듭하면서 심상과 개념을 형성하는 과정이 매끄럽게 한 방향으로 진행되기보다는 좌충우돌과 시행착오를 포함하면서 복잡하게 이루어지는 것을 표현한 것이다. 이 때 반성은 수준의 상승을 위한 원동력이다.[90)]

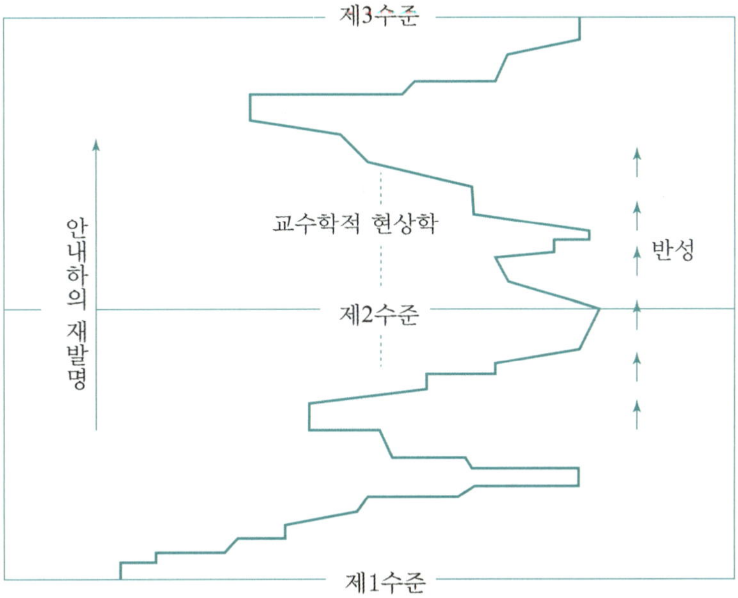

그림 Ⅰ-8 **안내하의 재발명과 반성에 의한 수학 교수·학습**

수준 상승의 과정을 1절에서 설명한 [그림 Ⅰ-7]의 수학화 학습 사이클과 연결해서 생각해 보면, 판 힐러가 제시한 거시적 사고 수준에서 한 수준에서 다음 수준으로의 수준 상승이 이루어지기 위해서는 여러 번의 크고 작은 수학화 학습 사이클이 진행되며, 각 사이클의 단계에서 수평적 수학화와 수직적 수학화가 교대로 이루어진다고 할 수 있다. 교사는 한편으로는 교수학화에 의한 내용과 형식의 교대 또는 현상과 본질의 교대 경로를 설계하여 안내를 준비하고, 다른 한편으로는 개별 학생 또는 학생 집단의 반성을 촉진하기 위한 MO와 MF를 설계하여 사고활동의 수단이 되도록 안내해야 한다.

MO와 MF가 학생들의 반성을 촉진하는 이유는 그것들이 학생 스스로의 사고활동을 기술하거나 사고활동을 자극하기 때문이다. 이와 같은 방식으로 배우는 수학을 실행 수학이라고 하며, 실행 수학과 반대되는 의미의 수학은 기성 수학이라고 한다. 기성 수학은 학생 나름의 의미 생성을 제한하는 반면, MO와 MF를 이용한 실행 수학의 학습은 학습자 스스로의 감정을 이입하게 하는 식으로 반성을 촉진함으로써 주관적인 의미를 생성하게 한다. 결국 안내하의 재발명은 반성에 의한 주관적인 의미 생성을 기초로 점차 조직화를 거쳐 수학적인 내용을 만들어가도록 지도한다는 뜻이다. 수학교사가 이러한 뜻에서 안내자가 되려면 무엇보다 교수학적 현상학을 구사할 수 있어야 하며, 정교한 사고실험과 설계에 따른 교수학화를 실현할 수 있어야 한다. 특히, 활동의 원리, 현실성의 원리, 수준의 원리, 연결의 원리, 상호작용의 원리를 적절히 고려하면서 의미 있는 현실 맥락, 다양하고 효과적인 MO, MF를 설계하여 적절히 활용할 수 있어야 한다. 이 모든 것을 잘 설계하여 활용하되 설계 결과를 강제하는 것이 아니라 학습자가 설계자의 의도를 모르는 채로 생생하게 실행 수학을 경험하도록 상황을 제공하는 것이 중요하다.

교사가 활동의 원리, 현실성의 원리, 수준의 원리, 연결의 원리, 상호작용의 원리를 모두 구현할 수 있어야 안내가 가능하다는 말은 안내를 하는 일이 지나치게 거창하고 어렵다는 생각을 불러일으킬 수 있다. 그러나 현실적 수학교육 이론에서는 이들 원리를 적절히 고려하면서 안내하여 수학을 재발명하도록 이끌지 않으면 바람직한 의미에서 수학을 학습하도록 할 수 없다고 보고 있다. 제대로 안내하려면 실제로 매우 복합적인 상황에서 수시로 의사결정을 해야 하며, 무수히 많은 요인들을 사전에 고려하고 대처 방안을 마련해서 수업 중 의사결정의 위험성과 부적합성을 줄이는 것이 필요하다. 교사만 이러한 노력을 해야 한다는 뜻이 아니라 교육과정과 교과서에서 안내하의 재발명을 위한 조치가 다각도로 이루어질 필요가 있다. 현실적 수학교육 연구에서는 개발 연구 방법에 따라 국소적인 수업 이론을 구축하고, 이에 비추어 교육과정과 교과서를 개발하여 교사가 안내하의 재발명을 실현하는 데에 기여하고 있다. 2장에서는 이 장의 2절에서 살펴본 수학 교수와 학습 원리들이 어떻게 구현될 수 있는지를 구체적인 사례 중심으로 살펴본다.

참고 문헌

이홍우(1991). **교육의 개념**. 서울: 문음사.

정영옥(1997). **Freudenthal의 수학화 학습-지도론 연구**. 서울대학교 대학원 박사학위 논문.

Bruner, J. (1971). The Process of Education Revisited. *The Phi Delta Kappan, 53*(1), 18-21.

Freudenthal, H. (1968). Why to teach mathematics so as to be useful. *Educational Studies in Mathematics*, 1, pp. 3~8.

Freudenthal, H. (1971). Geometry between the devil and the deep sea. *Educational Studies in Mathematics*, 3(3), 413~435

Freudenthal, H. (1973). *Mathematics as an Educational Task*. Dordrecht: Kluwer Academic Publishers.

Freudenthal, H. (1991). *Revisiting Mathematics Education*. Dordrecht: Kluwer Academic Publishers.

Lakatos, I. (1991). **수학적 발견의 논리**. 우정호 역, 서울: 민음사. (영어 원작은 1976년 출판)

Lenoir, T. (1981). Review of Imre Lakatos' Proofs and Refutations. *Historia Mathematica,* 8, 99-104.

Streefland, L. (1991). *Fractions in realistic mathematics education: A paradigm of developmental research*. Dordrecht: Kluwer Academic Publishers.

Van den Heuvel-Panhuizen, M. (2000). *Mathematics education in the Netherlands: A guided tour*. Freudenthal Institute CD-rom for ICME9, 1~32.

Van den Heuvel-Panhuizen, M., & Wijers, M. (2005). Mathematics standards and curricula in the Netherlands, *Zentralblatt für Didaktik der Mathematik, 37*(4), 287~307.

Van den Heuvel-Panhuizen, M., & Drijvers, P. (2014). Realistic Mathematics Education. In S. Lerman(Ed.), *Encyclopedia of Mathematics Education* (pp. 521~525). Netherlands: Springer.

Van Hiele, P. (1986). *Structure and Insight*. Dordrecht: Kluwer Academic Publishers.

Verstappen, P. (1982). Some reflections on the introduction of relations and functions. *Conference of functions report 1*(pp. 166~184). Enschede: SLO Foundation for curriculum development.

1) 통상 줄여서 RME라고 한다.

2) Freudenthal이 1986년에 출판한 「수학적 구조의 교수학적 현상학(Didactical phenomenology of mathematical structures)」에서 교수학적 현상학에 의한 수학의 분석 사례를 확인할 수 있다.

3) 수학교육을 위한 자료 및 방법 개발과 수학교육 연구의 입장을 통합한 것으로, 수학교육에 필요한 것을 만들어내면서 동시에 그에 대한 정당화를 시도한다는 의미를 담고 있다(Gravemeijer, 1998; Gravemeijer & Terwel, 2000).

4) Freudenthal(1991: 1)

5) 국립국어원 표준국어대사전. http://stdweb2.korean.go.kr

6) Freudenthal(1991: 2)

7) Hersh(1979: 44)

8) Ernest(1994)

9) Lakatos(1991: 126)

10) Freudenthal(199: 146)

11) Ibid, 146

12) Freudenthal(1973: ix)

13) 원래 칸트가 한 말, "내용 없는 사고는 공허하고, 개념 없는 직관은 맹목이다."를 모방한 것이다(Lenoir, 1981).

14) Freudenthal(1962)

15) Freudenthal(1991: 9~10)

16) Ibid, 20

17) Freudenthal(1991: 24)

18) Ibid, 31

19) Ibid, 9

20) Ibid, 2

21) Ibid, 18

22) Freudenthal(1973: 305)

23) International Commission on Mathematics Instruction

24) Freudenthal(1991: 45)

25) Van den Akker, Gravemeijer, McKenney, & Nieveen(2006)

26) Freudenthal(1983: 494)

27) Treffers(1987)

28) phenomenological pedagogy

29) Langeveld(1983: 6)
30) Freudenthal(1983: 28)
31) Ibid, 28
32) Ibid, ix
33) 정영옥(1997: 159)
34) Freudenthal(1991)
35) Gravemijer(1998)
36) Van den Heuvel-Panhuizen(2000: 11)
37) Treffers(1987)
38) Freudenthal(1973: 100~101)
39) Gravemijer(1998: 159)
40) Freudenthal(1991: 61)
41) Freudenthal(1983)
42) Ibid, 33
43) 정영옥(1997: 70)
44) Vinner & Dreyfus(1989)
45) Freudenthal(1991: 67)
46) 이와 같은 전개는 판 힐러(Van Hiele)의 연구 결과에 따른 것이다. 프로이덴탈은 판 힐러의 연구 결과에 동의하고 가치를 부여하는 한편, 각 수준이 절대적이라기보다는 상대적이라는 점에서 반 힐레와 관점의 차이가 있다는 점을 강조하였다(1991: 101).
47) Goffree(1993: 23)
48) Freudenthal(1991: 9)
49) 국립표준국어대사전
50) Freudenthal(1991: 159)
51) Ibid, 159
52) Ibid, 160
53) Gravemeijer(2002, 정영옥, 2005: 361에서 재인용)
54) 정영옥(2005: 356)
55) Freudenthal(1991: 161)
56) De Lange & Verhage(1987: 244)
57) Van den Heuvel-Panhuizen & Drijvers(2014)
58) Lakatos(1991: 146)

59) Freudenthal(1991: 142-147)
60) Van den Heuvel-Panhuizen & Wijers(2005: 289)
61) 정영옥(1997)
62) Verstappen(1982)
63) 정영옥(1997)
64) reality which has to be organized according to mathematical patterns(Freudenthal, 1971: 413)
65) Freudenthal(1968: 5)
66) Bruner(1971)
67) 이홍우(1991)
68) 정영옥(1997: 79)
69) Freudenthal(1973: vi)
70) Freudenthal(1991)
71) Van Hiele(1986)
72) Ibid, 2
73) Ibid, 19
74) Streefland(1991: 24)
75) Ibid, 39-47
76) Van den Heuvel-Panhuizen & Drijvers(2014)
77) 정영옥(1997: 90)
78) Van den Heuvel-Panhuizen(2000)
79) 또는 anticipatory learning 또는 learning by advance organisers
80) Freudenthal(1991: 117~119)
81) Ibid, 118
82) Ibid, 169
83) Van Hiele(1986)
84) Freudenthal(1991: 108)
85) Ibid, 123
86) Ibid, 47
87) Ibid, 45
88) Freudenthal(1973: 108)
89) 정영옥(1997: 57)
90) Ibid, 62

II 현실적 수학교육의 실제

프로이덴탈은 앞에서 살펴본 바와 같이 그의 수학관을 바탕으로 인간 활동으로서의 수학을 강조하며, 안내하의 재발명과 점진적인 수학화를 핵심으로 하는 수학교육론을 발전시켰고, 구체적인 방법으로 교수학적 현상학에 의한 분석을 통한 개발 연구의 중요성을 강조하였다. 이 때 교수학적 현상학에 의한 분석은 학생들에게 현상이 될 수 있는 적절한 현실 맥락을 제공함으로써 학생들이 심상을 형성하고 점진적으로 추상화 · 형식화하는 수학화의 과정을 경험할 수 있도록 교수 학습 과정을 설계하기 위한 것이며, 이를 위해서는 역사적 분석, 학생들의 상식과 현실 탐색, 모델 탐색이 중요하다. 역사적 분석은 학습할 개념과 관련된 현상과 본질의 교대작용을 파악함으로써 학생들이 경험해야 할 개념의 본질과 이와 관련된 역사적 현상을 학생들에게 의미 있는 맥락으로 해석하기 위한 것이다. 학생들의 상식과 현실 탐색은 학습할 개념과 관련된 학생들의 상식은 어느 정도인지 학생들의 현실에서 적절한 맥락은 어떤 것들인지를 분석하기 위한 것이고, 모델 탐색은 어떤 모델을 사용하는 것이 현상을 조직하여 수준 상승이 이루어지는 데 도움이 될지 알아보는 것이다. 학생들의 수학 교수 학습을 위해서는 교수학적 현상학에 의한 분석을 기초로 한 사고실험과 수학 교수와 학습의 원리를 반영한 교수실험을 통해 관찰과 연구에 따른 수정과 보완 과정이 중요한 개발연구를 통한 단원 설계가 필요하다. 이 장에서는 현실적 수학교육 이론이 실제에 어떻게 적용되는지 단원 설계 사례와 교수 학습 사례를 통해 살펴본다.

1 단원 설계 사례

이 장에서는 현실적 수학교육 이론에 기초한 소수 개념 지도, 분포 개념 지도, 미적분 개념 지도를 위한 단원 설계 사례[1]를 살펴본다.

가. 소수 개념

소수는 십진법과 위치적 기수법의 완성을 통해 실수의 기호화를 가능하게 할 뿐 아니라 실수의 본질을 이해하게 하는 데 핵심적 역할을 하는 기본 개념이다.[2] 소수는 분수와 밀접한 관련을 가지며 측정과 관련된 상황에서 발생되었지만 분수는 오래 전부터 사용한 반면 소수는 받아들이는데 오랜 세월이 걸렸다. 유클리드Euclid 이후 스테빈 이전까지는 길이와 같은 연속량은 두 자연수의 비인 분수로 나타낼 수 있는 방법이 명확하지 않았기 때문에 이산량과 연속량을 각각 수와 크기로 구분하고, 수와 크기를 다루는 영역이 산술과 기하로 분리되어 왔다.[3] 그러나 다양한 진법 체계와 분수의 사용으로 인해 수 체계와 도량형이 복잡해진 결과 스테빈이 이러한 체계를 십진법 체계로 통일하는 과정에서 소수를 정의하게 되었다. 스테빈의 소수 정의는 이산량을 수로, 연속량을 크기로 표현했던 이분법에서 벗어나 자연수의 십진법 체계와 일관되게 반복 세분에 의해 연속량을 수로 나타낼 수 있게 하였다. 이로 인해 이전에 자연수의 비로 표현할 수 없었기 때문에 기하에서 선분으로 다룰 수밖에 없었던 무리수 개념의 발달에 그리고 더 나아가서는 실수로의 확장에 결정적인 역할을 하였다.[4] 소수는 현재는 실생활뿐만 아니라 모든 분야에서 중요한 역할을 감당하고 있다. 이 절에서는 흐랍마이어Gravemeijer, 보스윙켈Boswinkel, 마이어Meyer와 슈Shew[5]를 중심으로 교수학적 현상학에 의한 분석과 수학 교수와 학습 원리의 반영을 통해 학생들이 소수의 기본 개념을 재발명할 수 있는 단원 설계에 대해 알아보고자 한다.

1) 소수 개념에 대한 교수학적 현상학에 의한 분석

가) 역사적 분석

소수 개념에 대한 역사적 분석 결과, 소수 개념과 관련된 핵심적 아이디어는 고대 이집트의 반복 2등분, 고대 바빌로니아의 반복 60등분, 스테빈의 소수 정의로 볼 수 있다. 이를 자세히 살펴보면 다음과 같다.

(1) 고대 이집트의 반복 2등분

소수는 분수와 역사적으로 밀접한 관련을 맺으며 발달해 왔고, 학생들의 학습 과정에서도 소수와 분수의 관계는 매우 중요하다.

분수는 역사적으로 음식의 분할이나 등분, 물물교환, 시장과 농업 등과 관련해서 사용되었다. 고대 이집트의 수학이 기록된 린드 파피루스를 살펴보면, 가장 오래된 분수 체계 중 하나는 농업에서 사용되었던 반복 2등분에 의한 분수 체계이며, 이는 적절한 기호 체계도 포함하고 있었다.[6] 고대 이집트의 벽화들 중에는 밧줄을 이용해서 길이를 측정하고 있는 모습을 볼 수 있는데, 이와 같은 측정 과정에서 단위 길이로 잴 수 없는 경우 적절히 밧줄을 등분하려는 생각을 하면서 분수가 발생했을 것이라고 추측할 수 있다.

일반적으로 고대 이집트인들은 측정값을 나타내는 데 자연수와 단위 분수의 합을 사용하였다. 자연수는 십진법을 사용하였고 기호는 상형 문자로 나타내었지만, 분수는 십진법을 사용하지도 않았고 기호도 신성 문자로 나타내었다. 신성 문자를 사용하는 것도 두 가지 방식을 엿볼 수 있다. 하나는 이진 분수 기호를 사용하는 것이고, 다른 하나는 범자연수 기호를 사용하는 것이다.[7] 이진 분수를 사용하여 분수를 나타내는 방법은 [그림 Ⅱ－1][8]에서 보는 것처럼 이집트의 신화 속에 등장하는 신인 호루스의 눈의 일부분의 모양을 분수 1/2, 1/4, 1/8 ⋯ 1/64로 정하고, 단위 길이로 잴 수 없는 우수리 부분을 반복 2등분으로 쪼개어 이 모양들로 나타내는 것이다. 아마도 이진법을 선호한 이유는 어떤 양이든 크기를 2등분하는 것은 쉬운 일이기 때문이었을 것이다. 자연수 기호를 사용하는 방법은 [그림 Ⅱ－2][9]과 같이 자연수의 기호 위에 호루스의 눈을 상징하는 타원 모양을 표시하여 단위 분수를 나타내는 것이다.

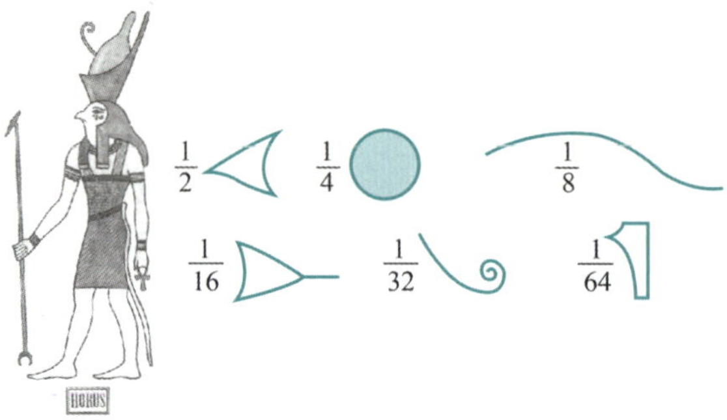

그림 Ⅱ－1 **반복 2등분에 의한 이집트의 신성 문자 분수 기호**

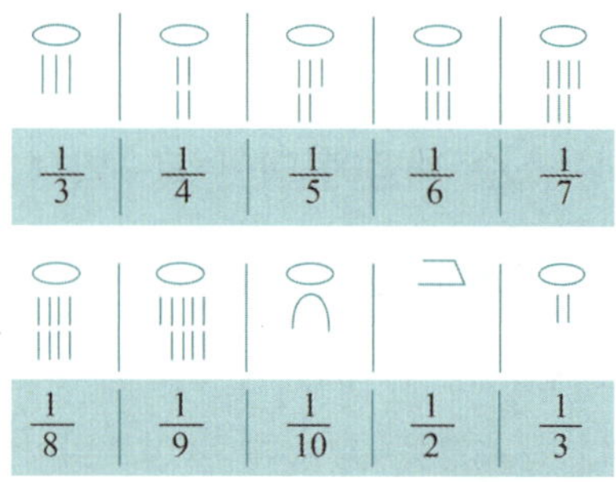

그림 Ⅱ－2 **범자연수 기호를 사용한 이집트의 신성 문자 분수 기호**

따라서 고대 이집트의 경우에는 유한 번에 한정되기는 하였지만 반복 세분이라는 기본적인 아이디어를 제공해 준다는 점에서는 중요한 의미가 있다. 그러나 자연수의 십진법 체계와 일관되게 단위를 무한 번 반복 10등분하는 것으로 연결되지는 않았기 때문에 아직 엄밀한 의미의 소수 개념과 소수 체계는 발달하지 않았다고 할 수 있다.

(2) 고대 바빌로니아의 반복 60등분

소수 개념과 소수 체계는 역사적으로 고대 이집트보다는 고대 바빌로니아에서 좀 더 직접적인 근원을 찾을 수 있다. 소수 개념은 측정을 위한 자연스럽고 실제적인 방법에서 비롯된 것이다. 고대 바빌로니아인들은 고대 이집트인들과는 달리 측정값을 나타내는 데 자연수와 분수 모두 60진법 체계를 사용하였다. 즉, 측정 상황에서 기본 단위로 정확히 잴 수 없는 부분은 기본 단위를 60등분하고, 새로 구성된 단위로도 정확히 잴 수 없으면 그 단위를 또 60등분하는 반복 세분 방법을 사용하였다.[10] 고대 이집트인들은 자연수는 상형 문자로 나타내고 분수는 신성 문자로 나타내었지만, 고대 바빌로니아인들은 [그림 Ⅱ－3][11]과 같이 자연수와 분수 모두 못(𒁹)과 서까래(𒌋)모양 두 가지로 이루어진 쐐기 문자로 나타내었다. 고대 바빌로니아인들은 제곱근에 대해서도 알고 있었는데, [그림 Ⅱ－3]은 한 변의 길이가 30인 정사각형의 대각선의 길이를 구한 것이다. 오른쪽 그림을 좀 더 자세히 보면, 대각선의 길이를 구하기 위해 60진법을 사용해서 $\sqrt{2}$의 근삿값인 1; 24, 51, 10을 구하고, 이 값에 30을 곱해서 30$\sqrt{2}$의 근삿값인 42; 25, 35을 구한 것이다. 고대 바빌로니아인들의 수 체계는 분수를 나타낼 때에도 자연수의 60진법과 일관되게 단위를 반복 60등분하는 방법을 사용하였고 기호도 같은 쐐기문자를 사용했다. 따라서 60진법이라는 점을 제외하면 지금 사용하고 있는 소수를 포함한 십진법과 위치적 기수법 체계 및 반복 세분이라는 소수 개념의 핵심적인 아이디어를 내포하고 있다.

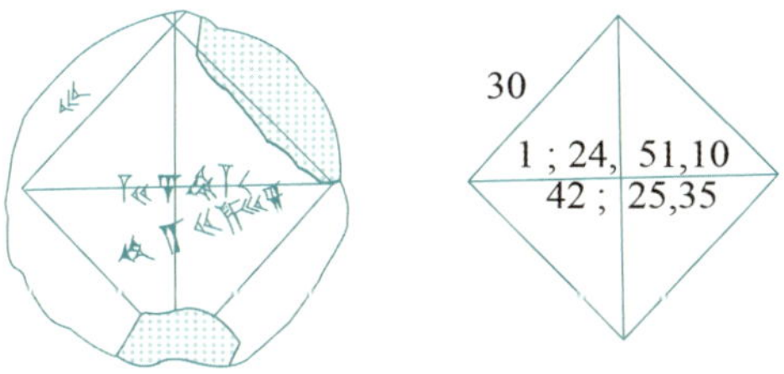

$$1;24,\ 51,\ 10 = 1 + \frac{24}{60} + \frac{51}{60^2} + \frac{10}{60^3}$$

$$42;25,\ 35 = 42 + \frac{25}{60} + \frac{35}{60^2}$$

그림 Ⅱ－3 **바빌로니아의 쐐기 문자**

(3) 스테빈의 소수 정의와 소수 체계의 완성

그리스 시대 이후 16세기 중반까지 서양[12]에서는 측정과 관련해서 앞의 여러 나라의 도량형 단위들이 함께 사용하였고, 수와 관련해서도 자연수는 십진법으로, 분수 부분은 60진법으로 때로는 12진법으로 나타내는 등 매우 복잡한 체계를 유지해 왔다.[13] 정확한 이유는 알 수 없지만, 아마도 그리스의 경우는 실용적인 수학에는 관심이 없었기 때문에,

여러 나라와의 문화 교류를 통해 수 체계와 측정 단위들을 그냥 수용하는 과정에서 이런 상황이 계속되었던 것으로 생각해 볼 수 있다. 16세기 중반 네덜란드의 토목 기사인 스테빈은 시의 출납계에서 일하기도 하고 상점을 경영하기도 하였는데, 이 과정에서 복잡한 수 체계와 도량형으로 인해 계산에 어려움을 겪었다. 특히 화폐 계산과 관련해서 60진법의 분수 계산으로 인한 어려움이 극심했기에, 모든 계산과 측정을 분수를 사용하지 않고 쉽게 할 수 있는 방법을 찾고자 하였다.[14] 그런 고민 중에 그는 그 당시 자연수를 나타내기 위해 주로 사용하였던 인도 아라비아 체계의 십진법으로 통일하면 좋을 것이라는 생각을 하였다. 그 과정에서 기본 단위의 계속적인 등분할, 즉 반복 세분이라는 고대 바빌로니아인들의 아이디어를 십진법 체계에 적용함으로써 1585년 소수에 대한 정의를 제시하였고, 이로 인해 소수 체계가 완성되었다고 볼 수 있다. 스테빈의 아이디어를 적용해서 분수를 소수로 바꾸는 과정에서 유한소수와 순환소수를 알게 되었고, 자연스럽게 비순환소수의 존재를 생각할 수 있게 된 것이 무리수의 발달 더 나아가서는 실수 체계의 발달에 큰 역할을 하게 된 것이다. 스테빈은 반복 세분의 기원이 측정 맥락에 있다고 생각하고, 반복 10등분에 의한 측정 단위를 사용할 것을 제안하였다.[15] 그러나 스테빈이 소수 체계를 완성한 후에도 이것이 대중화되기까지는 200년 정도의 오랜 세월이 걸렸다. 상인들이 자신들의 상거래 기록을 위해 화폐 맥락에서 소수를 사용하기 시작하였지만, 소수의 대중화가 이루어진 것은 19세기 미터법 체계의 선택 때문이었다.[16]

지금까지 역사적 분석을 통해 소수 개념이 왜 발생했는지, 소수의 수학적 의미는 무엇인지, 소수 체계가 어떻게 확립되었는지, 소수가 대중화된 계기는 무엇이었는지에 대해 살펴보았다. 현실적 수학교육에서는 학생들에게 역사적 단계 그대로 소수 개념을 재발명하도록 하는 것은 불가능함을 인정하지만 소수 발명 과정의 일부를 경험하게 할 수 있기를 기대한다. 따라서 역사적 분석 결과에서 영감을 얻어서 학생들을 위한 소수 개념과 관련된 안내하의 재발명과 점진적 수학화 과정을 구상할 수 있도록 다음과 같은 방향을 설정할 수 있다. 첫째, 고대 이집트인들이 측정 과정에서 분수를 생각하고 이를 표현하기 위해 반복 2등분을 사용한 점, 고대 바빌로니아인들이 60진법에 기초하여 여러 단위들에 반복 60등분을 사용한 점, 스테빈이 자연수의 십진법 체계를 토대로 측정 단위를 반복 10등분하여 소수 기호법을 구성한 것과 같이 반복 세분을 고려한다. 둘째, 소수를 실생활에 사용하게 된 상인들의 화폐 맥락, 미터법 맥락 등을 고려하는 것이 소수 개념 이해에 도움을 줄 수 있다.

나) 학생들의 현실과 상식 탐색

단원 설계에서 고려해야 할 다른 주요 사항은 학생들이 소수에 대해 알고 있는 상식을 기초로 학생들에게 구체적으로 어떤 현실 맥락과 활동을 제공하여 안내하의 재발명에 의한 소수 개념의 점진적 수학화 과정을 경험하게 함으로써 더 높은 수준의 상식으로 이끌어갈 것인가 하는 점이다.

소수 개념을 배울 학생들이 소수와 관련해서 알고 있는 상식은 무엇인가? 여기서 단원 사례 개발의 예로 제시한 소수 단원은 미국의 5학년 정도의 학생들을 위한 것이다. 학생들은 이미 분수를 배웠고, 대부분 두 배 전략에 익숙하며, '반', '반의 반'과 같은 2등분 전략에도 익숙하다. 이는 고대 이집트인들의 반복 2등분 방법과 자연스럽게 연결된다. 또한 실생활에서 물 0.5리터, 몸무게 36.5kg, 키 140.7cm, 치즈 4.5달러[17]와 같이 다양한 맥락에서 소수를 접한 경험이 있고, 간단한 단위 환산이나 간단한 연산[18]을 할 수 있다. 예를 들면 학생들은 2.45달러가 245센트임을 알고 있고, 이런 사실로 인해 소수를 자연수처럼 생각할 수 있다. 또한 학생들은 2.45달러가 2달러와 45센트이고 이는 약 2달러 반임을 알고 있고, 이런 사실로 인해 소수의 크기를 쉽게 알고 비교할 수 있다. 이외에도 치즈가 1kg 당 4.5 달러일 때, 이 치즈 0.5kg의 가격을 4달러 50센트의 반인 2달러 25센트나 2.25달러, 450센트의 반인 225센트 또는 4달러와 2쿼터로 생각해서 2달러와 1쿼터로 생각할 수도 있다.[19] 학생들이 소수에 대해 알고 있는 상식이 이와 같다고 할 때 단원 설계에서는 학생들이 이런 자신들의 상식을 사용할 수 있도록 맥락과 활동을 제공해야 한다.

학생들에게 어떤 현실 맥락을 제공할 것인지와 관련해서는 역사적 분석에서 살펴보았던 소수가 발생한 맥락과 더불어 현재 소수가 응용되는 맥락을 탐색하는 것이 필요하다.[20] 역사적으로도 소수가 발생한 맥락은 측정 상황이고, 학생들의 현실에서도 소수가 응용되는 적절한 맥락은 측정 상황이다.

역사적 맥락과 여러 연구 문헌과 학생들의 현실과 상식 등을 고려하고 여러 번의 교수 실험을 통해 최종적으로 선택한 학생들의 현실적 맥락은 교실 측정 맥락, 피마자유 측정 맥락, 화폐 맥락, 스포츠 맥락, 물건 가격 어림 맥락, 인구 수 맥락, 액체 측정 맥락 등이다. 교실 측정 맥락은 학생들의 가까운 현실에서 길이를 측정하는 과정을 통해 반복 세분의 의미를 경험하는데, 피마자유 측정 맥락은 이집트의 문화 속에서 반복 세분과 그 결과를 분수로 표현하는데, 화폐 맥락은 스테빈이 소수를 이론화하는 데 핵심이었던 맥락으로 분수를 소수와 연결하는 데 적합하다. 스포츠 맥락은 학생들이 많은 관심을 가지고 있는 맥락일 뿐만 아니라 역사적으로 소수의 대중화를 이끌었던 미터법을 활용하여 소수 개념과 구조를 학습하는 데 적합하다. 물건 가격 어림 맥락, 인구수 맥락은 소수 개념에 대한 이해를 바탕으로 소수의 크기를 대략적으로 비교하는데, 액체 측정 맥락은 학생들이 학교에서 과학 학습과 관련해서 비커에 있는 액체의 양을 측정하는 과정에서 미터법을 더 확장하면서 소수의 크기 비교를 좀 더 효율적으로 비교하는 데 적합하다.

다) 모델 탐색

단원 설계에서 고려해야 할 또 다른 주요 사항은 모델이다. 소수 지도에서의 모델은 자연수로 측정가능하지 않은 물체들을 측정하는 상황에서 단위를 반복 세분하는 활동을 표현하는 'MO'에서 원래의 단위와 반복 10등분해서 생긴 단위들의 관계를 탐색하는 데 사용되는 'MF'로 전환된다. 모델의 사용을 통해 소수 개념에 대한 수준 상승이 이루어지도록 돕는 것이 중요하다.

소수 지도를 위해 처음 도입된 모델은 종이띠 모델과 막대 모델 및 원 모델이다. 종이띠 모델은 학생들이 분수를 학습할 때 부분과 전체의 관계를 기술하는 데 사용했던 분수띠인데, 눈금이 표시되지 않은 상태로 제공하여 분수 학습과 자연스럽게 연결할 수 있게 한 것이다.[21] 또한 이 모델은 역사적 분석에서 살펴본 바와 같이 고대 이집트인들이 밧줄을 이용하여 길이를 측정하던 것에서 영감을 얻은 것으로, 학생들이 측정하는 도구로 사용하기 어려운 밧줄 대신 띠를 사용하는 것이다. 막대 모델은 현재도 자동차의 오일을 체크할 때 측정용 막대를 사용하고 있는 점을 고려하여, 고대 이집트인들이 피마자유를 추출해서 그들의 몸에 바르거나 램프에 사용하거나 약으로 사용했던 사실을 바탕으로 측정계기가 발달하지 않았던 때에 있었을 법한 피마자유의 양을 측정하는 도구로 도입한다.[22] 원 모델은 분수를 학습할 때 사용했던 모델로, 가상의 C&D 회사 이야기 속에서 바퀴가 돌아간 정도를 측정하는 도구로 도입한다.[23]

모델의 출현과 전환 과정을 살펴보면, 교실에 있는 물건들을 측정하는 과정에서 주어진 종이띠로 정확하게 측정할 수 없는 물건을 잴 때, [그림 Ⅱ-4]와 같이 원래의 종이띠를 2등분, 4등분, 8등분 등으로 세분한 종이띠가 출현한다. 이 때 중요한 것은 학생들에게 종이띠를 제공했을 때 학생들이 종이띠를 접어서 반복 2등분한다는 생각을 자연스럽게 할 수 있다는 점이다. 이렇게 학생들의 생각을 유도하고 그 생각을 종이띠를 접는 활동으로 연결하고 그 활동의 결과로 세분된 종이띠라는 모델이 출현한다는 점이 현실적 수학교육에서 모델을 중시하는 이유 중 하나이다. 또한 이집트의 역사를 배경으로 막대를 사용하여 통에 있는 피마자유의 양을 측정할 때, [그림 Ⅱ－5]와 같이 막대를 2등분, 4등분, 8등분, 16등분한 길이, 즉 1/2, 1/4, 1/8, 1/16 등에 해당하는 길이 등을 기준으로 세분된 막대가 출현한다. 막대의 경우는 종이띠와는 달리 접을 수 없기 때문에 주어진 단위에 눈금을 표시하려는 아이디어를 유도할 수 있다. 한편 피마자유의 양을 측정할 때, [그림 Ⅱ－6]과 같이 원 모양의 바퀴에 눈금을 반복 10등분하는 것을 통해 반복 세분된 원 모델이 출현한다. 그러나 원 모델의 경우 이미 분수 학습 때 사용하였기에 등분한다는 생각을 자연스럽게 유도할 수 있지만, 문제는 과연 10등분을 유도할 수 있느냐 하는 것이다. 학생들의 상식과 현실 탐색에서 살펴보았듯이 2등분은 학생들의 상식을 활용하여 스스로 생각해낼 수 있는 것이지만, 10등분은 학생들이 스스로 재발명하기에는 어려운 점이 있기에 이집트의 가상의 C&D 회사의 세분 방법을 소개하는 것으로 도입한다. 다만, 원 모델 전체를 10등분한 것은 학생들에게 직접 제시하더라도, 10등분의 10등분의 경우는 학생들이 원 모양의 종이나 투명종이 등을 이용하여 직접 등분해 보고, 10등분의 10등분의 10등분을 생각해 보게 함으로써 반복 10등분이 계속 가능함을 직관적으로 경험하게 하는 것이 중요하다. 이 때 세분된 종이띠, 세분된 막대, 세분된 원 등이 단위를 반복 세분하는 활동을 표현하는 'MO'이다.

그림 Ⅱ－4
종이띠 모델

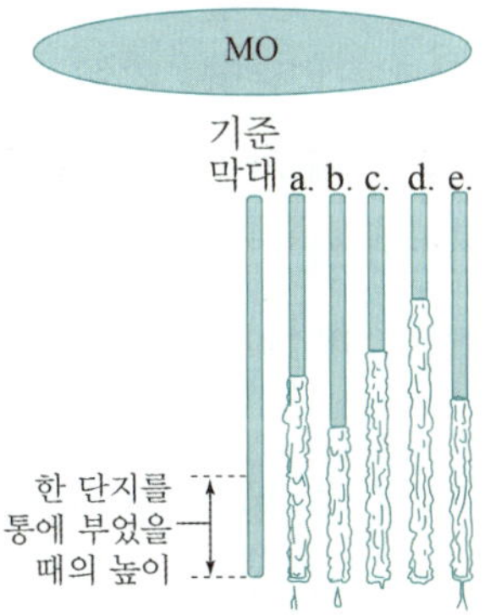

그림 Ⅱ－5
막대 모델

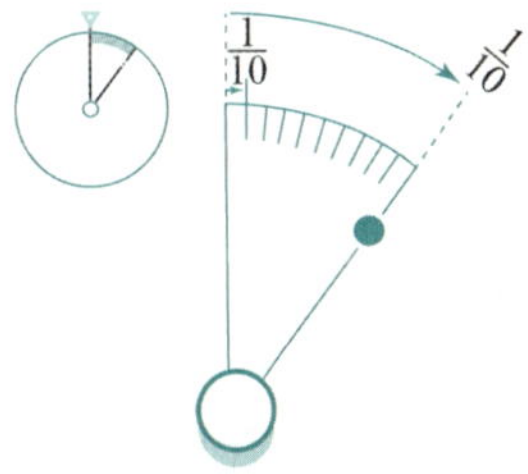

그림 Ⅱ－6
원 모델

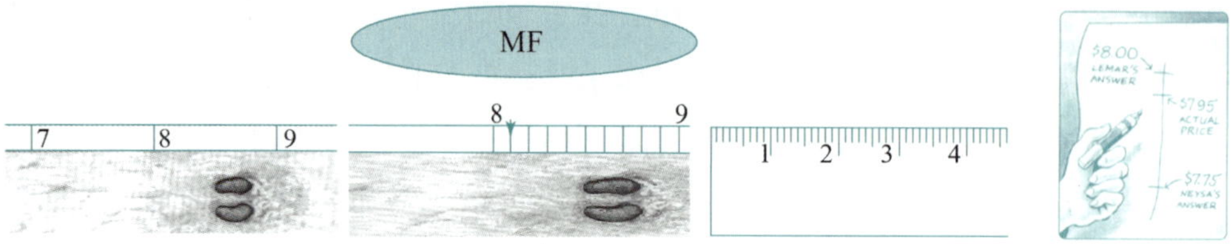

그림 Ⅱ-7 미터 측정띠 그림 Ⅱ-8 미터 측정띠 그림 Ⅱ-9 미터자 그림 Ⅱ-10 수직선

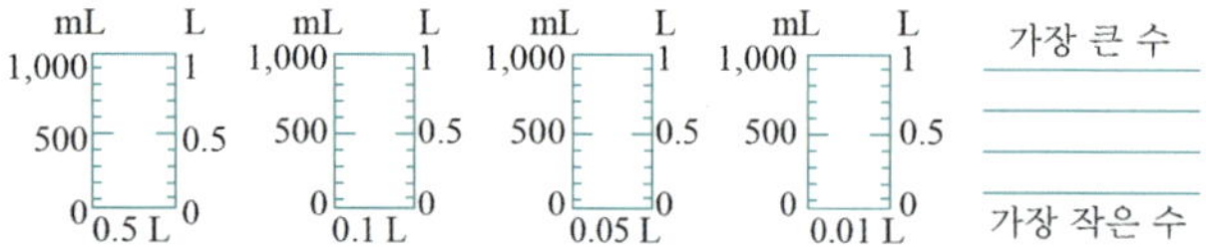

그림 Ⅱ-11 이중 수직선

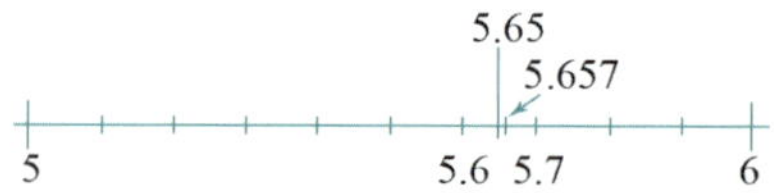

그림 Ⅱ-12 수직선

MO로 출현한 종이띠, 막대 등의 반복 세분된 모델은 다양한 스포츠 맥락에서 자연스럽게 [그림 Ⅱ-7], [그림 Ⅱ-8], [그림 Ⅱ-9]과 같이 미터자 또는 미터 측정띠로 모양이 변화된다. 미터자와 미터 측정띠는 미터, 센티미터, 데시미터, 밀리미터, 킬로미터 등 그 단위들 사이의 관계를 살펴보는 모델로 그 역할이 전환되면서, 1, 0.1, 0.01, 0.001 사이의 관계와 자릿값 개념에 대한 MF가 된다. 또한 미터자 또는 미터 측정띠 모델은 [그림 Ⅱ-10], [그림 Ⅱ-11], [그림 Ⅱ-12][24)]와 같이 소수를 나타내는 빈 수직선과 이중 수직선으로 추상화되고, 소수 개념과 소수의 크기에 대한 MF로 계속 활용된다. 이 때 이중 수직선은 위에는 더 큰 단위, 아래에는 더 작은 단위, 예를 들면 위에는 m, 아래에는 cm나 mm 또는 위에는 km, 아래에는 m나 cm, mm 등을 나타내거나 또는 왼쪽에는 밀리리터, 오른쪽에는 리터가 표시된다.

요약하면, 소수 단원 개발 사례에서 종이띠 모델, 막대 모델, 원 모델은 물체를 측정하는 상황에서 단위를 세분하는 활동을 나타내는 'HO'이다. 미터자와 미터 측정띠, 수직선 및 이중수직선은 위의 모델의 모양이 변화된 것으로 세분된 단위 사이의 관계를 시각적으로 잘 보여주며, 단위들 사이의 관계에 대한 추론을 통해 소수 개념과 소수의 크기를 파악하는 'MF'이다.

이와 같이 현실적 수학교육에서는 소수를 지도할 때 이미 체계화되어 있는 미터법을 잘 나타내 주는 자와 같은 것을 처음부터 직접 제시해 주는 것이 아니라 소수의 역사적 분석과 학생들의 현실과 상식에 대한 탐색에 따라 반복 세분 활동에 적절한 현실 맥락과 종이띠나 막대 또는 원 모양과 같은 적절한 모델을 제시한다. 학생들이 이런 모델을 사용하여 반복 세분 활동을 직접 해 보고, 자나 수직선과 같은 체계화되고 형식화된 모델로 진행하게 함으로써 소수 개념의 핵심적인 아이디어를 점진적으로 경험하는 것이 중요하다.

2) 소수 개념 지도를 위한 단원 설계 사례

이 절에서는 앞에서 실피본 교수학적 현상학적에 의한 분석을 기초로 하는 단원의 설계 방향과 여러 차례의 교수 실험을 통해 정련된 단원의 구체적인 내용을 살펴본다.

가) 단원의 설계 방향

소수 개념의 핵심은 반복 세분과 십진법과 위치적 기수법의 완성이다. 소수 개념의 발달에는 고대 이집트인의 반복 2등분에 의한 분수 체계, 고대 바빌로니아인의 반복 60등분에 의한 분수 체계, 스테빈의 반복 10등분에 의한 소수 정의가 매우 중요한 역할을 하였다.

교수학적 현상학에 의한 분석을 기초로 단원을 설계할 때 중요한 점은 반복 세분의 생각과 십진법과 위치적 기수법이라는 두 가지의 핵심 개념을 어떻게 재발명하도록 할 것인가 하는 것이다. 학생들이 소수를 재발명하기 위해서는 스테빈이 고민했듯이 분수를 사용하지 않고 모든 계산을 해야 할 필요성을 인식하고 새로운 수 체계를 고안하는 것이다. 그러나 실제로 스테빈이 겪었던 계산의 어려움은 여러 유형의 도량형을 같이 사용하고 서로 다른 단위를 사용하는 화폐 체계의 불편함, 특히 60진법의 분수를 계산하는 과정에서 발생한 것이다. 그렇다면 학생들이 이런 과정을 유사하게 경험할 수 있을 것인지를 고민해야 한다. 그러나 소수를 배우게 될 5학년 정도의 학생들이 60진법을 다루기는 매우 어렵다. 또한 학생들이 좀 더 편리한 계산을 위해 분수를 대체할 만한 수를 생각하는 과정에서 자연수를 나타내는 데 사용하는 십진법의 확장을 자연스럽게 인식할 수 있을 것인지, 이런 생각이 출현하도록 어떻게 안내해야 할 것인지 고민해야 한다. 그러나 소수를 처음 배우는 학생들이 십진법의 확장 가능성을 인식하기는 쉽지 않은 것 같다. 따라서 학생들이 분수 계산의 어려움에 대한 이해와 십진법의 확장 가능성을 스스로 재발명하는 데 초점을 두기보다는, 소수의 핵심 개념인 반복 세분을 위해서 학생들의 상식과 현실 탐색에서 살펴보았듯이 학생들의 반복 이등분 방법과 이집트의 반복 이등분 방법을 자연스럽게 연결하고, 반복 십등분의 방법을 제시하고 비교해 보는 간접적 경험을 통해 십진법으로 통일하는 것이 편리함을 이해하도록 하는 것이 가능한 한 가지 방법이다.

교수학적 현상학에 의한 분석과 위에서 논의한 것을 토대로 소수 개념 지도의 전체적인 방향을 다음과 같이 설정할 수 있다. 첫째, 교실 측정 맥락을 통해 종이띠를 활용하여 소수 개념의 핵심 아이디어인 반복 세분의 아이디어를 유도하게 한다. 둘째, 이집트 문화를 배경으로 피마자유 측정 맥락을 통해 막대 모델과 원 모델을 활용하여 반복 2등분과 반복 10등분의 분수 표현 방법을 비교함으로써 소수 개념에 대한 직관적 이해와 더불어 십진법 체계의 편리함을 인식시킨다. 셋째, 화폐 맥락을 통해 자연스럽게 소수를 도입하고 분수와 소수를 연결시킨다. 넷째, 스포츠 맥락을 통해 미터 측정띠나 미터자를 활용하여 미터법과 관련된 다양한 활동을 함으로써 소수의 자릿값 개념과 구조를 파악하게 한다. 다섯째 다양한 측정 맥락에서 수직선이나 이중수직선을 활용하여 소수의 자릿값 개념과 구조에 대한 이해를 확장하며 이를 바탕으로 소수의 크기를 비교하게 한다.

교수학적 현상학에 의한 분석을 기초로 단원을 설계하고, 여러 차례의 교수실험과 분석을 통해 탐색된 5학년 학생들을 위한 소수 개념 지도 단원을 살펴보면 다음과 같다.

나) 단원의 개관

본 난원의 목표는 반복 세분이라는 소수 개념의 핵심적인 아이디어와 위치적 기수법 및 자릿값 원리를 이해하고, 분수와 소수 간의 관계를 탐구하며, 소수의 크기를 비교하고, 소수에 대한 어림과 소수 감각을 발전시키며, 소수의 덧셈과 뺄셈에 대한 비형식적 전략을 개발하는 것이다.[25] 이 단원은 교실의 물건들의 길이 측정 맥락, 가격과 관련된 화폐 맥락, 스포츠 기록과 관련된 미터법 맥락, 과학 학습과 관련된 액체 측정 맥락, 산책로와 자전거로의 거리 맥락을 중심으로 단위의 반복 세분을 통해 소수의 발생 과정을 경험하고 기호법을 개발하고 소수의 의미와 소수의 구조를 파악하게 한다.

단원의 주요 주제는 단위의 세분과 적절한 기호 표현, 소수와 분수의 관계, 소수의 의미와 소수의 구조, 소수의 크기 비교이다. 이 주제들은 앞에서 언급하였듯이 역사적 분석 결과와 학생들의 현실과 상식 탐색 및 모델 탐색에 따른 방향의 설정과 여러 차례의 교수실험 결과를 반영하여 계열을 구성한 것이다.

각 주제별로 내용을 간단히 살펴보면, 단위의 반복 세분과 적절한 기호 표현에서는 역사적으로 소수가 측정 상황에서 자연수로 측정할 수 없는 양을 더 정확하게 측정하려는 과정에서 반복 세분을 통해 발생되었음을 고려하여, 교실에 있는 다양한 물건들의 길이를 종이띠로 측정하는 과정에서 단위를 반복 2등분하는 활동을 시작으로 반복 10등분하는 활동으로 이어감으로써 소수 개념의 핵심 아이디어이고 스테빈이 소수 체계를 확립하기 위해 고민했던 자연수 체계의 확장을 위한 반복 세분의 방법과 이를 기호로 표현하는 방법을 다룬다.

소수와 분수의 관계에서는 역사적으로 스테빈이 화폐 계산과 기록을 위해 소수 정의를 확립하고 분수를 소수로 전환하는 방법들을 생각했던 것과 같이 화폐 맥락을 다루면서 학생들이 이미 알고 있는 달러, 쿼터, 다임 등의 화폐 단위를 이용하여 분수를 소수로 표현해보고, 소수를 분수로 표현하는 방법을 생각해 보고 소수 기호를 도입한다.

소수의 의미와 소수의 구조에서는 스포츠 맥락과 같은 좀 더 다양한 상황에서 소수의 의미를 파악하고, 역사적으로 소수의 대중화를 이끌었던 미터법을 다루면서 킬로미터, 미터, 데시미터 등의 단위 사이의 관계를 통해 소수의 자릿값 개념과 소수 단위 사이의 관계를 탐색하면서 소수의 구조를 파악한다.

소수의 크기 비교에서는 가격을 어림하거나 액체의 양을 비교하는 상황 등에서 소수의 대소 비교와 어림 및 비형식적인 소수 계산을 다룬다.

이 과정에서 수학 교수와 학습의 원리의 구현을 살펴볼 수 있는데, 이 원리들은 하나씩 분리되어 있기보다는 복합적으로 구현되어 있다고 할 수 있다. 위에서 살펴본 주제별 활동 내용과 현실 맥락뿐만 아니라 구현된 원리와 모델을 요약하여 제시하면 <표 Ⅱ－1>과 같다. 각 주제에 관련된 활동에서 원리가 구현된 부분은 많지만, 해당하는 예를 가능한 한 중복을 피해서 본문에 제시하였다. 이 때 안내의 원리는 앞에서 설명했듯이 기본적으로 교육과정과 교과서 개발에도 적용되지만, 여기서는 수업 중에 교사가 안내해야 할 사항에 대한 예를 제시하였다.

〈표 Ⅱ－1〉 **소수 개념 지도를 위한 단원 개요**

주제	활동 내용	원리	모델
단위의 세분과 적절한 기호 표현	○ 교실 측정 맥락에서 교실의 물체를 주어진 종이띠를 단위로 직접 측정하면서 자투리 부분을 정확히 측정하기 위해 반복 2등분과 같은 적합한 세분 방법을 찾아 단위 분수로 나타내고 단위 분수들 사이의 관계 탐색하기	○ 현실성의 원리 상호작용 원리 수준의 원리	▸ MO 반복 2등분된 종이띠 

주제	활동 내용	원리	모델
	○ 교실 측정 맥락에서 발생한 반복 2등분에 의한 단위 분수를 이집트 기호로 나타내기 ○ 막대를 이용한 피마자유 측정 맥락에서 반복 2등분한 분수들을 이집트 기호로 나타내기 ○ 가상의 회사의 피마자유 측정 맥락에서 반복 2등분과 반복 10등분을 비교하기 ○ 가상의 회사의 피마자유 측정 상황에서 발생한 10등분된 단위 분수들을 적절한 기호로 나타내고, 세분된 단위 분수들의 관계 탐색하기	○ 활동의 원리 ○ 연결의 원리 ○ 안내의 원리	반복 2등분된 막대 모델 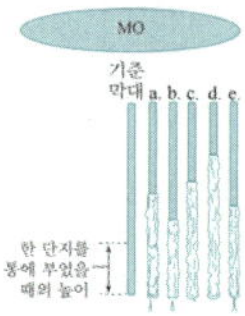 반복 10등분된 원 모델 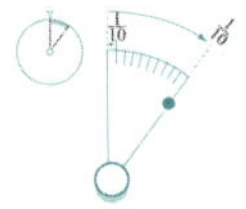
소수와 분수의 관계	○ 화폐 맥락에서 달러, 쿼터, 다임, 니켈, 센트 등의 화폐와 그 관계를 다루면서 분수와 연결하고 소수 기호를 도입하기 ○ 학생들이 자신들의 소수에 대한 비형식적 지식을 사용하여 다양한 화폐 맥락에서 기준이 되는 분수와 소수 및 나눗셈의 관계를 다루며, 다양한 동치 표현을 사용하기	○ 현실성의 원리 안내의 원리 ○ 상호작용 원리 활동의 원리 연결의 원리	
소수의 의미와 소수의 구조	○ 스포츠 맥락에서 달리기, 게임, 멀리 뛰기와 같은 스포츠에서 시간, 점수, 거리 등을 나타내는 데 사용되는 소수의 의미 파악하기 ○ 멀리 뛰기와 사이클 경주 상황에서 미터법의 킬로미터, 미터, 데시미터, 센티미터, 밀리미터 단위를 도입하고 그 단위 사이의 관계를 살펴보기 ○ 소수의 자릿값 개념과 그 관계 등 소수의 구조를 좀 더 형식적으로 파악하기	○ 현실성의 원리 연결의 원리 ○ 수준의 원리 안내의 원리 상호작용 원리 ○ 활동의 원리	▸ MF 미터 측정띠  미터자 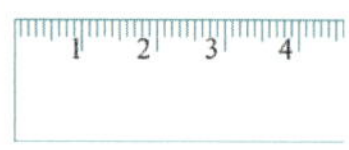
소수의 크기 비교	○ 물건 가격의 추측이나 어림 맥락에서 소수의 크기 비교하기 ○ 슈퍼마켓에서 산 물건들의 가격을 구하면서 비형식적인 소수의 덧셈하기 ○ 아마추어 가수 콘테스트 점수에서 소수의 크기 비교와 두 소수의 사이에 있는 소수 찾기 ○ 여러 도시의 인구수에 관련된 맥락에서 소수의 어림하기 ○ 액체의 양을 비교하는 맥락에서 소수의 크기를 비교하는 방법을 이해하기	○ 현실성의 원리 ○ 상호작용 원리 ○ 안내의 원리 ○ 연결의 원리 활동의 원리 수준의 원리	▸ MF 수직선  이중수직선 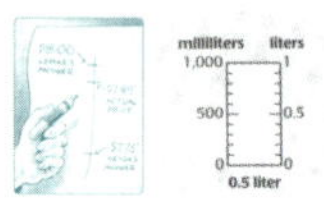

다) 단원의 구체적인 내용

주제와 핵심 활동을 중심으로 단원의 내용을 구체적으로 살펴보면 다음과 같다.[26)]

(1) [주제 1] 단위의 세분과 적절한 기호 표현

[주제 1]의 학습 목표는 자연수로는 정확하게 측정할 수 없는 상황에서 표준 단위로 사용하기에 적절한 세분 방법을 찾고, 이를 적절한 기호로 표현하는 것이다. 주요 활동 내용은 학생들에게 교실 측정 맥락에서 여러 물체들을 종이띠로 측정하거나 피마자유 측정 맥락에서 막대나 원을 이용하여 측정할 때 가능한 한 정확한 측정 방법을 찾는 것이다. 이 과정에서 학생들은 분수와 소수에 대한 비형식적 지식을 드러낸다.

① 종이띠를 이용한 교실 안의 물체 측정

학생들은 교실의 여러 물체를 측정하면서 [그림 Ⅱ－13]과 같이 주어진 종이띠의 몇 배에 해당하는 자연수로 길이를 정확하게 측정할 수 없는 상황에서 종이띠를 어떻게 세분하는 것이 표준 단위로 사용하기에 적합한지 서로 상호작용하면서 자신들이 선택한 것을 정당화한다(현실성의 원리 · 상호작용 원리).

그림 Ⅱ－13 **종이띠의 세분에 의한 길이 측정**

학생들의 현실과 상식 탐색에서 살펴보았듯이, 학생들은 이미 분수를 배웠고 실생활 속에서 등분에 대한 경험이 있기 때문에 길이 측정을 좀 더 정확하게 하기 위해 자신의 상식을 활용하여 주어진 단위, 즉 종이띠를 반복 등분한다는 생각을 쉽게 할 수 있다(수준의 원리). 이런 생각을 유도하는 것이 종이띠 모델을 사용하는 중요한 이유이다. 학생들은 예를 들면 종이띠를 반씩 계속 접으면 쉽게 만들 수 있는 2등분, 4등분, 8등분 등의 반복 2등분을 사용하는 방법과 3등분, 4등분, 6등분 등을 쉽게 만들 수 있는 12등분을 사용하는 방법 등 자신들의 방법을 공유한다. 이 때 교사는 반복 2등분에 해당하는 2등분, 4등분, 8등분 등에 초점을 맞추고, 이에 해당하는 단위 분수 1/2, 1/4, 1/8로 나타내게 한다. 그리고 이 분수들 사이의 관계에 대해 생각해 보게 한다. 이와 같이 주어진 종이띠를 단위로 해서는 정확히 측정할 수 없는 물체들을 종이띠를 반복 세분하여 측정하는 과정에서 세분하는 활동을 나타내는 MO인 세분된 종이띠가 출현한다.

② 반복 2등분된 분수의 이집트 단위 분수 표현

학생들은 [그림 Ⅱ－14]와 같이 반복 2등분에 의해 나타난 1/2, 1/4, 1/8, 1/16, 1/32, 1/64의 분수 기호를 이에 대응되는 이집트의 단위 분수 기호와 자연스럽게 연결할 수 있다. 교사는 학생들에게 [그림 Ⅱ－14]에서 보는 것처럼 이집트의 호루스 신에 대해 이야기를 하면서 이집트의 분수 체계를 도입하고 학생들이 제시된 분수를 이집트의 분수 체계로 표현해 보게 한다. 또한 학생들은 [그림 Ⅱ－14]에 제시된 마지막 단위 분수 1/64의 다음 분수가 무엇인지에 대해 생각하고 이에 대한 기호를 만들어본다. 이 활동을 통해 반복 2등분이 계속 가능함을 암묵적으로 경험함으로써 반복 세분이라는 소수 개념의 핵심적인 아이디어에 대한 심상을 형성한다(활동의 원리).

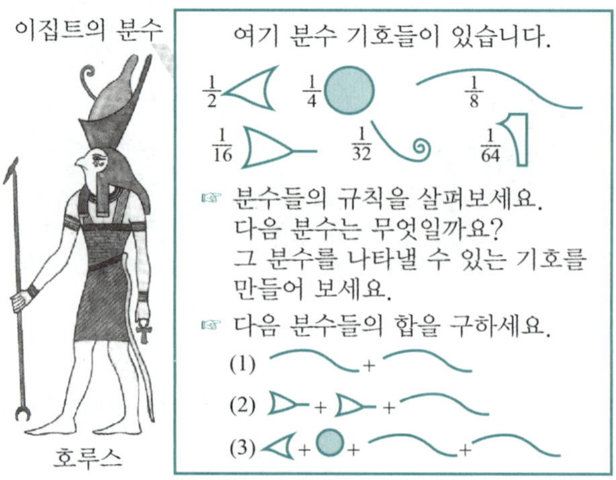

그림 Ⅱ－14 **반복 2등분에 의한 이집트 분수 체계**

③ 막대 모델을 이용한 피마자유의 측정과 이집트 단위 분수 표현

학생들은 이어서 고대 이집트에서 피마자유를 추출해서 몸에 바르거나 램프의 기름으로 사용하거나 약으로 사용했던 역사적인 사실을 배경으로 만들어진 가상의 썬 피마자유 회사 이야기에서 [그림 Ⅱ－15]와 같이 막대를 반복 2등분하여 측정한 피마자유의 양을 이집트의 분수 체계로 표현하는 방법을 다룬다(연결의 원리). 이어서 주어진 분수를 이집트의 단위분수로 나타내는 활동을 하면서, 교사는 학생들이 상호작용을 통해 이 중 가장 기호를 적게 사용해서 표현하는 방법을 찾아보게 한다. 이를 통해 위치적 기수법에 대한 직관적인 경험을 하게 한다. 예를 들면 학생들은 이집트 기호로 표현한 3/4=1/4+1/4+1/4, 3/4=1/2+1/4, 3/4=1/2+1/8+1/8 등을 비교하면서 3/4=1/2+1/4이 가장 기호를 적게 사용한다는 것을 알게 된다.

그림 Ⅱ－15 **막대의 반복 2등분에 의한 피마자유 측정**

④ 원 모델을 이용한 피마자유 측정과 십진 분수 표현

학생들은 가상의 C&D 회사 이야기 속에서 [그림 Ⅱ－16], [그림 Ⅱ－17]과 같이 원 모델을 반복 10등분하여 피마자유의 양을 측정하는 방법을 다루고 이를 표현하기 위해 C&D회사가 사용한 기호를 도입한다. 이어서 학생들에게도 자신들의 기호로 표현하는 방법을 생각해 보게 하며, 반복 2등분과 반복 10등분의 방법을 비교한다.

세분

클레오 파트라와 그 딸들은 의미하는 C & D 회사는 피마자유 회사입니다. C & D 회사는 피마자유를 추출하는 과정을 개선하고 피마자유의 양을 기록하는 새로운 방법을 개발하였습니다. 썬 회사가 단위들을 반복 이등분해서 정확하게 측정을 하는 것과는 달리, C & D 회사는 단위들을 반복 10 등분해서 정확하게 측정하려고 합니다. 정확한 측정을 위한 첫 단계는 바퀴를 10 등분하는 것입니다.

☞ 화살표가 가리키는 부분을 분수로 나타내고, C & D 회사가 사용하는 기호로 나타내보세요.

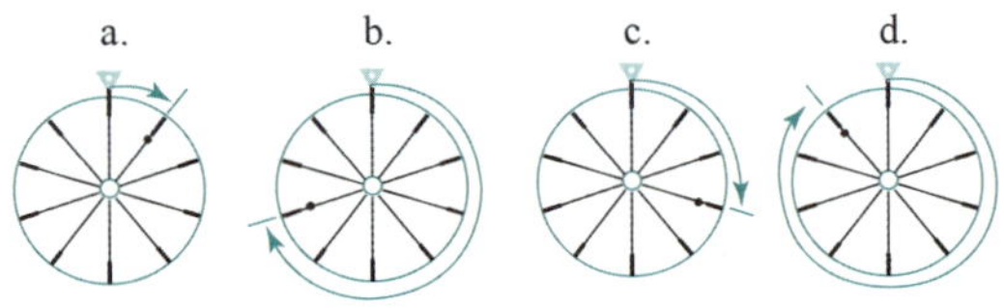

그림 Ⅱ－16 **C&D 회사의 원 모델**

이 때 학생들은 C&D 회사가 반복 10등분을 통해 피마자유의 양을 정확하게 측정하려고 했던 것과 그것을 표현하기 위해 기호를 만들고 수를 나타냈던 것들을 생각하고, 자신들의 기호도 만들어보고 이를 이용해서 수를 표현해보는 활동을 통해 스테빈이 소수 기호를 어떻게 표현할지 고민했던 부분들을 일부 경험한다. 이 단원에서 가상의 C&D 회사 이야기를 사용한 것은 반복 2등분은 학생들이 스스로 생각해서 쉽게 사용할 수 있는 반면, 반복 10등분은 학생들 스스로 재발명하기가 어렵다고 생각해서이다.[27] 교사는 학생들에게 C&D 회사가 왜 반복 10등분을 선택했는지 질문하고 학생들이 그 이유를 생각하지 못하면, 역사적으로 이집트에서는 반복 2등분을 선호했지만, 스테빈은 자연수의 십진법 체계와의 일관성을 위해 반복 10등분을 선택했음을 이야기해 준다(안내의 원리).

⑤ 반복 10등분된 단위분수들의 기호화와 관계 탐색

학생들은 이어서 [그림 Ⅱ－17]과 같이 1/10의 1/10을 1/100, 1/10의 1/10의 1/10을 1/1000로 도입하고, C&D 회사의 기호와 현재 사용하는 분수 기호인 1/100, 1/1000로 연결하면서 소수를 학습하기 위한 기초적인 활동을 한다. 또한 작은 눈금으로는 몇 번 회전해야 그 다음으로 큰 눈금이 되는지를 질문함으로써 1/10, 1/100, 1/1000 사이의 관계에 대해 생각해 보게 한다. 이때 교사는 학생들에게 원 모델이 그려진 투명종이를 제시해서 직접 눈금을 세분해 보는 활동을 하게 한다. 학생들은 원 모델을 사용하면서 같은 양을 C&D회사의 방법으로 다양하게 표현하고, 상호작용을 통해 가능한 한 적은 기호를 사용하는 방법을 알아본다. 예를 들면 동일한 양을 1/10+1/100 또는 11/100 등으로 나타낼 수 있지만, 기호를 적게 사용하는 방법은 (J)를 11개 사용하는 11/100이 아니라 (- J)

에 해당하는 1/10+1/100이다. 이런 활동을 통해 학생들은 십진법과 위치적 기수법의 기초를 경험한다.

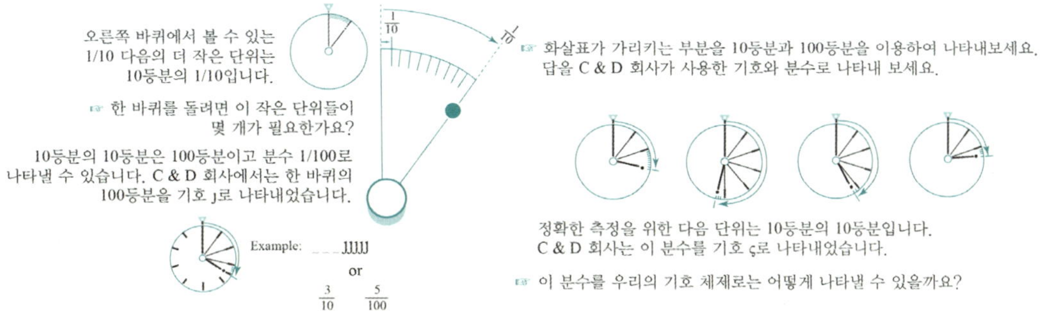

그림 Ⅱ-17 **반복 10등분에 의한 피마자유 측정**

학생들은 [주제 1]을 다루면서 MO인 종이띠나 막대 모델 및 원모델을 사용한다. 이 과정에서 학생들은 물건들을 측정하는 수평적 수학화와 분수와 반복 2등분과 같은 자신들이 알고 있는 상식을 사용해서 주어진 종이띠나 원 모델을 반복 세분하는 수직적 수학화를 경험한다. 또한 반복 2등분한 결과로 1/2, 1/4, 1/8 등의 분수를 생각해 내거나 반복 10등분을 이용해 측정한 결과로 1/10, 1/100 등의 분수를 생각해 내는 수평적 수학화, 발생된 분수를 이집트 분수 체계로 표현하는 기호화를 통해 소수에 대한 직관적인 개념을 형성하는 수직적 수학화를 경험한다.

(2) [주제 2] 소수와 분수의 관계

[주제 2]의 학습 목표는 소수의 기호를 도입하고, 소수와 분수 및 나눗셈의 관계를 추론하는 것이다. 주요 활동 내용은 화폐 맥락에서 물건의 가격을 다양한 화폐 단위를 사용하여 여러 가지 방법으로 나타내 보는 것을 통해 소수와 분수의 관계를 파악하고, 결과가 분수나 소수가 되는 나눗셈 상황을 제시하여 소수와 분수, 나눗셈의 관계를 이해하는 것이다.

① 물건의 가격을 다양한 화폐 단위로 나타내기

학생들은 물건의 가격을 다양한 화폐 단위를 사용하여 여러 가지 방법으로 나타내어 소수와 분수의 관계를 파악한다. 이는 역사적으로 상인들이 자신들의 상거래 기록을 위해 화폐 맥락에서 소수를 사용했던 것과 관련된다.

학생들의 상식과 현실 탐색에서 살펴본 바와 같이 학생들은 달러, 쿼터, 다임, 센트 등의 화폐 단위에는 대부분 익숙하다. 예를 들면 0.49 달러가 49센트인 것을 알며, 0.49 달러의 4배도 0.49 달러를 49센트로 생각해서 4배인 196센트를 구하고 다시 1.96달러로 환산할 수 있다. 학생들은 친숙한 화폐 맥락에서 자신들의 상식적이고 비형식적 방법을 바탕으로 [그림 Ⅱ－18]과 같이 1쿼터는 25센트이고, 1달러에는 1쿼터가 4개 포함되므로, 1쿼터는 1/4달러라는 사실을 확인하고, 달러, 쿼터, 다임, 센트 등의 화폐 단위의 관계와 분수 표현을 알게 되며, 3쿼터, 6다임, 3센트 등을 달러와 분수로 나타내는 연습을 한다(현실성의 원리). 이 때 교사는 화폐의 다양한 단위에 대해 다시 이야기하고, 외국의 화폐를 환전했던 경험 등을 나누면서 화폐 맥락을 더 풍부하게 제공할 수 있다(안내의 원리). 이어서 0.50달러와 같은 표현에서 소숫점과 소수 용어를 도입한다.

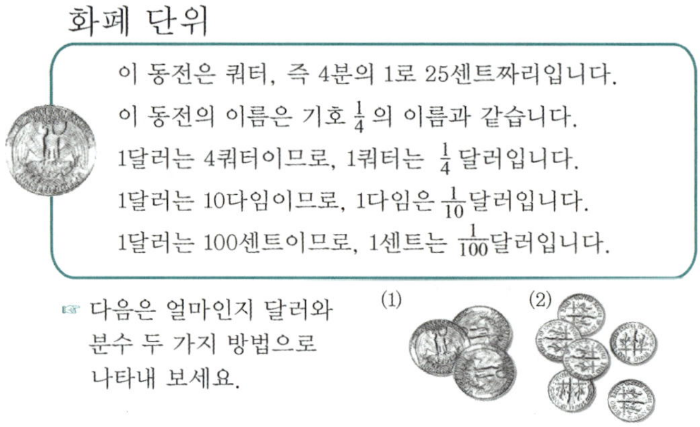

그림 Ⅱ－18 **화폐 단위와 분수의 관계**

② 화폐 단위를 통한 분수와 소수의 관계

학생들은 [그림 Ⅱ－19]와 같이 135.45달러를 135달러 4다임 5센트 또는 135달러 2다임 25센트 등과 같이 다양한 단위로 표현해 보고 상호작용을 통해 여러 가지 표현 방법을 공유하면서 135+4/10+5/100 또는 135+2/10+25/100 같은 동치 표현을 알게 된다(상호작용 원리). 이 때 학생들은 [그림 Ⅱ－20]과 같이 1달러를 1센트 동전을 위로 쌓아 채운 튜브 그림을 보면서, 각각의 튜브에 들어 있는 금액을 달러와 분수로 표현해 봄으로써 소수 0.1, 0.01과 분수 1/10, 1/100의 관계를 생각한다. 이와 같이 학생들은 소수와 십진 분수와의 관계를 고려하면서, 소수의 기호화와 소수의 구조에 대한 심상을 형성한다(활동의 원리).

	\$100.00	\$10.00	\$1.00	\$0.10	\$0.01
\$135.45					

	\$100.00	\$10.00	\$1.00	\$0.10	\$0.01
\$0.85					

4.32 달러의 물건을 산다면, 4달러, 3다임, 2페니로 지불할 수도 있다.

☞ 왼쪽에 있는 표를 그리고 100달러 지폐, 10달러 지폐, 1달러 지폐, 다임과 페니만을 이용해서 135.45 달러를 지불할 수 있는 서로 다른 4가지 방법을 써 보세요.

또한 달러 분수 표현으로 지불하는 방법들을 나타낼 수 있습니다.
예를 들면, $\$135.45 = 135 + \frac{4}{10} + \frac{5}{100}$ or $135 + \frac{2}{10} + \frac{25}{100}$

그림 Ⅱ-19 **분수와 소수의 다양한 동치 표현**

학생들은 기준이 되는 분수와 소수의 관계, 즉 0.25=1/4, 0.50=1/2, 0.75=3/4, 0.10=1/10, 0.01=1/100 등의 관계를 알게 되지만, 이 관계는 화폐 맥락과 밀접한 관계를 가지면서 학생들 자신의 비형식적인 방법으로 다루어진다. 이 때 교사는 이중 수직선을 제공하여 분수와 소수의 관계를 수직선 위에 나타내 보게 하여 관계 이해에 도움을 줄 수 있다. 또한 학생들은 소수 표현에서 0으로 끝나는 경우에 0을 생략하는 경우도 있지만 화폐 맥락에서는 0을 생략하지 않는 경우도 있음을 알게 된다. 또한 3달러를 네 명의 학생들이 똑같이 나누어 가질 때 각각의 학생들이 3/4달러 또는 75센트를 갖게 되는 상황 등을 통해 나눗셈, 소수, 분수의 관계를 알게 된다(연결의 원리).

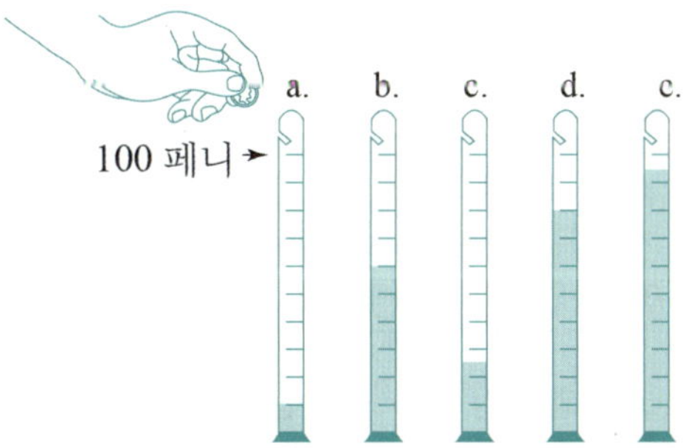

돈을 저축하는 한 가지 방법은 흩어져 있는 페니들을 페니 수집 튜브에 넣는 것입니다. 100 페니를 넣으면, 튜브가 채워집니다.

☞ 각 튜브에 있는 돈은 얼마입니까? 달러와 달러 분수로 나타내 보세요.

그림 Ⅱ-20 **센트와 달러 관계를 통한 분수와 소수의 관계**

학생들은 [주제 2]를 다루면서 자신들이 알고 있는 화폐 단위 사이의 관계를 이용하여 물건의 가격을 다양한 방식으로 나타내는 수평적 수학화를 경험하며, 이런 화폐 단위를 분모가 10인 분수인 1/10, 1/100 등을 이용하여 나타내봄으로써 소수와 분수의 관계를 생각하는 수직적 수학화를 경험한다.

(3) [주제 3] 소수의 의미와 소수의 구조

[주제 3]의 학습 목표는 미터법을 이용하여 세분하는 과정에서 소수의 구조를 좀 더 형식적인 방식으로 명확히 파악하고, 직관적이고 비형식적인 방식으로 소수를 비교하고 계산하는 것이다. 주요 활동 내용은 달리기, 멀리뛰기, 사이클 경주와 같은 스포츠 맥락에서 시간, 점수, 거리 등을 나타내는 데 사용되는 소수의 의미가 무엇인지 파악하고, 미터법에서 여러 단위 사이의 관계를 다루면서 소수의 자릿값 개념과 그 사이의 관계 등 소수의 구조를 좀 더 형식적으로 파악하는 것이다.

① 다양한 스포츠 상황에서 소수의 의미 파악

학생들은 [그림 Ⅱ－21]과 같이 200m 달리기에서 21.81초, 게임 점수에서 29.1점, 멀리 뛰기에서 7.07m 등에 대한 다양한 동치 표현을 알아본다. 이 때 학생들은 스포츠에 대한 자신의 지식과 상식을 활용해서 각각의 상황에 사용된 소수의 의미를 파악한다(현실성의 원리 · 연결의 원리).

스포츠에 사용되는 수

소수는 여러 스포츠에서 사용되지만 항상 같은 방법으로 사용되지는 않습니다. 예를 들면, 시간을 나타낼 수도 있고, 점수나 거리를 나타낼 수도 있습니다.

☞ 다음 수들을 보고 각각 어떤 의미인지 설명해 보세요.

시간	점수	거리
육상 선수 그웬 토렌스(Gwen Torrence)는 200m를 21.81초에 달렸다.	농구 선수 라이더(J. R. Rider)는 게임당 평균 29.1점을 얻었다.	멀리 뛰기 선수 재키 조이너 커시(Jackie Joyner-Kersee)는 7.07m를 뛰었다.

그림 Ⅱ－21 **다양한 스포츠 상황에 쓰인 소수 의미 탐색**

② 멀리 뛰기에서 미터법 단위들의 관계 탐색

멀리 뛰기와 관련해서 미터, 데시미터, 센티미터, 밀리미터 등을 도입하여, 그 관계를 알아보며, [그림 Ⅱ－22]와 같이 미터 측정띠를 세분해서 선수의 기록을 정확히 측정하고, 다른 선수와의 기록을 비교한다. 멀리 뛰기 상황은 수직선을 소수를 위한 모델로 도입하기 위해 사용된 것이다. 학생들은 수직선을 이용하여 단위 사이의 관계에 대한 수학적 추론을 하게 된다(수준의 원리). 이어서 사이클 경주 상황에서 한 시간에 달린 거리를 통해 킬로미터를 도입하고, 미터와의 관계를 다룬다. 이 때 교사는 사이클 선수들의 기록을 어떻게 측정하는지에 대해 설명을 제시할 수도 있다(안내의 원리). 학생들은 1킬로미터를 걷는 데 걸리는 시간이 9분에서 12분이라는 것을 알고, 사이클 선수가 달린 거리를 걷는 데 걸리는 시간을 구하는 문제를 다룬다. 학생들은 어림 등의 다양한 방법을 활용해서 구하고 서로의 방법을 공유한다(상호작용 원리).

☞ 이 선수의 멀리 뛰기 거리는 얼마인가요?(멀리 뛰기에서 거리는 선수의 발뒤꿈치까지 측정합니다.)

☞ 이 선수는 1953년 제시 오언스(Jesse Owens)보다 더 멀리 뛰었나요?

☞ (1) 여러분은 얼마나 멀리 뛰기를 할 수 있는지 재어 보세요.
(2) 여러분과 친구의 멀리 뛰기 거리를 비교해 보세요.
(3) 키가 큰 사람이 작은 사람보다 멀리 뛰기를 더 잘한다는 것이 사실일까요?

그림 Ⅱ－22 **미터 측정띠의 세분과 멀리뛰기 기록 측정**

③ 소수의 자릿값 개념과 소수의 구조 파악

학생들은 [그림 Ⅱ－23]과 같이 3.751미터를 3+7/10+5/100+1/1000미터, 3.751밀리미터, 3751/1000미터 등과 같이 여러 가지 단위로 나타낼 수 있고, 어떤 양을 정확하게 나타내기 위해 계속 10등분으로 세분하여 소수로 나타낼 수 있으며, 소수 자리의 수가 하나씩 늘어날수록 이전 단위의 1/10씩 줄어든다는 것을 파악한다. 교사는 학생들에게 반복 10등분하는 과정을 머릿속에서 상상하게 함으로써 이에 대한 이해를 도울 수 있다. 이와 같은 문제를 해결하는 과정에서 학생들은 이런 체계를 상상할 수 없을 정도로 작은 길이의 측정까지 확장할 수 있다는 것을 알게 된다. 이를 통해 학생들은 소수 개념과 십진법의 확장 및 위치적 기수법 등 소수의 구조에 대해 좀 더 형식적으로 파악한다(활동의 원리). 학생들은 이 단원을 시작할 때는 측정 상황을 통해 교실의 물건이나 단위에 결합된 양으로서의 소수에 대한 관점을 가지고 있다. 그러나 이제는 미터법 맥락과 연결은 되어 있지만 어느 정도는 소수 그 자체를 하나의 수학적 실체로 보고 소수들 사이의 관계를 통해 소수의 구조를 좀 더 추상적이고 형식적으로 알게 된다. 이러한 수학적 현실이 학생들의 현실에 포함됨으로써 학생들의 현실이 확장되고 더 높은 수준의 상식으로 상승된다.

소수는 다양한 방법으로 해석할 수 있습니다.
예를 들면,

3.751미터=3미터+7데시미터+5센티미터+1밀리미터

또는

$$3+\frac{7}{10}+\frac{5}{100}+\frac{1}{1000}\text{미터}$$

또는

3751밀리미터

또는

$$\frac{3751}{1000}$$

소수 체계는 정밀하게 나타내는 데 제한이 없습니다. 소숫점 오른쪽에 추가하는 모든 숫자는 마지막 단위보다 10배 적은 단위를 나타냅니다. 예를 들면.

$$0.000007=\frac{7}{1,000,000}$$

$$0.0000078=\frac{7}{1,000,000}+\frac{8}{10,000,000}\ \text{또는}\ \frac{78}{10,000,000}$$

그림 Ⅱ-23 **반복적인 세분 가능성**

학생들은 [주제 3]을 다루면서 미터법에서 단위들의 관계를 알아보면서 반복 세분 가능성에 대한 더 추상적이고 형식적인 파악과 소수의 자릿값 및 그 관계에 대한 MF인 미터자나 미터 측정띠, 빈 수직선, 이중수직선을 사용한다. 이 때 미터법의 단위들을 사용하여 주어진 길이를 다양한 방식으로 나타내어 보는 수평적 수학화를 경험하며, 이런 표현들에 대해 논의하면서 수직선에 단위들을 나타내고 이들 단위의 관계를 알아보는 수직적 수학화를 경험한다.

학생들은 [주제 1], [주제 2], [주제 3]의 활동을 통해 어느 정도는 소수 개념을 이해하고, 소수 체계를 재발명할 수 있을 것이다. 이런 과정에서 학생들은 측정을 할 때는 하나의 기본 단위를 사용하는데 많은 경우 기본 단위 하나로는 정확하게 측정할 수 없기 때문에 분수를 사용해서 측정 단위를 세분할 필요가 있음을 인식하게 된다. 또한 상황마다 다른 분수를 정하는 것보다는 일관된 반복 세분 체계를 사용하는 것이 편리하며, 이 때 10등분을 사용하는 것이 자연수 체계를 그대로 반영하기 때문에 편리하다는 것을 이해하게 될 것이다.[28)]

(4) [주제 4] 소수의 크기 비교

[주제 4]의 학습 목표는 소수의 어림과 소수의 크기를 비교하는 방법을 찾는 것이다. 주요 활동 내용은 물건 가격의 추측이나 어림, 아마추어 가수 콘테스트 점수, 여러 도시의 인구수, 액체의 양을 비교하는 맥락에서 학생들이 자신의 상식을 활용하여 소수의 크기를 비교하는 방법을 파악하는 것이다. 이 과정에서 학생들은 소수의 동치 표현에 대해 생각하게 된다.

① 가격 어림을 통한 소수의 크기 비교

학생들은 [그림 Ⅱ－24]와 같이 '가격 알아맞히기' 게임에서 누가 가장 실제 가격에 가깝게 추측했는지 알기 위해 수직선을 사용하여 소수의 크기를 비교하교 순서를 알아본다(현실성의 원리). 이 때 수직선이 소수의 크기 비교에 관련된 MF로서의 역할을 한다.

② 가격 계산을 통한 비형식적인 소수 덧셈

학생들은 [그림 Ⅱ－25]와 같이 슈퍼마켓에서 물건을 살 때 가지고 있는 돈이 충분한지를 알기 위해 소수의 합을 비형식적으로 계산한다. 학생들은 어림과 정확한 계산 등을 통해 이 문제를 해결하고 자신들의 전략을 학생들과 공유한다(상호작용 원리). 이와 같이 소수의 어림을 할 때 이전에 화폐와 관련해서 배운 기준이 되는 소수 0.25, 0.5, 0.75 등을 이용하게 된다.

그림 Ⅱ－24 **가격 알아맞히기 게임에서 수직선을 이용한 소수의 크기 비교**

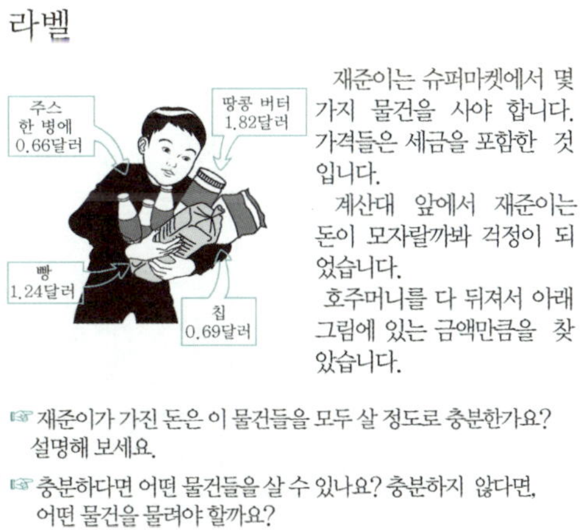

그림 Ⅱ－25 **화폐 맥락에서 비형식적 방법에 의한 소수의 합**

③ 두 소수 사이의 소수 탐색

학생들은 아마추어 가수 콘테스트에서 소수 첫째 자리까지 제시된 지원자들의 점수를 비교하고 순서를 정하며, 8.5와 8.6과 같은 두 지원자 점수의 사이에 있는 점수를 생각해 보게 함으로써 두 소수 사이에 있는 소수들을 탐색한다. 이 때 학생들이 두 소수 사이에 있는 소수를 찾기 어려워한다면, 교사는 학생들에게 앞의 화폐 맥락에서 0.5달러나 0.50달러가 같은 것임을 배웠던 것을 상기시키며, 8.5와 8.6에 0을 붙여서 8.50, 8.60으로 바꾸어 수직선을 사용해서 생각하게 한다(안내의 원리).

④ 도시 인구와 관련된 소수의 어림

학생들은 '미국의 대도시'라는 이야기를 통해 [그림 Ⅱ－26]과 같이 미국에서 1990년에 백만이 넘는 도시들과 그 인구수가 제시된 표에서 인구수를 일의 자리까지 정확하게 보고하는 것이 의미가 있는지를 생각해 보면서 소수의 어림을 다루고, 학생들이 살고 있는 도시의 1990년 인구와 현재의 인구를 비교한다. 또한 가장 인구가 많은 10개의 도시를 선택하기 위해 백만을 단위로 했을 때 소수 몇 째 자리까지를 고려하는 것이 좋은지, 예를 들면 인구가 2,394,811명인 경우 백만을 단위로 보았을 때 2, 2.4, 2.39, 2.395 중 어느 것을 선택하는 것이 좋은지 등을 논의하고, 소수 둘째 자리까지 고려하여 문제를 해결한다. 이 때 교사는 필요하면, 대도시의 의미나 학생들이 살고 있는 지역에 내해 이야기를 나눌 수도 있다.

다음은 1990년 인구가 백만이 넘는 대도시 지역의 도시들의 목록이다.

도시	인구	도시	인구
Atlanta	2,959,950	Miami	3,192,582
Baltimore	2,382,172	Milwaukee	1,607,183
Boston	5,455,403	New Orleans	1,285,270
Buffalo	1,189,288	New York City	19,549,649
Chicago	8,239,820	Orlando	1,224,852
Cincinnati	1,817,571	Philadelphia	5,892,937
Cleveland	2,859,644	Pittsburgh	2,394,811
Dallas	4,037,282	Portland,OR	1,793,476
Denver	1,980,140	St. Louis,MO	2,492,525
Detroit	5,187,171	San Antonio	1,324,749
Houston	3,731,131	San Diego	2,498,016
Indianapolis	1,380,491	San Francisco	6,253,311
Kansas City, MO	1,582,875	Seattle	2,970,328
Los angeles	14,531,529	Washington,D.C.	4,223,485

☞ 1990년 Cincinnati의 인구를 정확히 1,817,571이라고 보고하는 것이 의미가 있을까요? 그 이유를 설명해 보세요.

☞ 여러분이 살고 있는 도시의 현재 인구는 몇 명인가요?

☞ 여러분이 살고 있는 도시의 현재 인구와 목록에 있는 San Antonio의 1990년도 인구를 비교해 보세요.

그림 Ⅱ－26 **소수를 활용한 인구수의 어림**

⑤ 미터법을 이용한 소수의 크기 비교 방법

학생들은 [그림 Ⅱ-27]과 같이 제시된 액체의 양을 과학 시간에 사용하는 실린더에 표시해보는 활동을 통해 리터와 밀리리터의 관계를 깊이 탐구함으로써 미터법을 더 확장한다(연결의 원리). 이 실린더는 이중 수직선에 해당하고, 학생들은 밀리리터와 리터 간의 관계를 생각하면서 단위의 세분과 그 관계에 대해 생각해 보고, 소수의 크기를 비교하는 방법을 형식화할 수 있을 것이다(활동의 원리). 이 때 학생들이 들이의 단위에 익숙하지 않다면, 교사는 1리터나 1밀리리터에 해당하는 양을 직접 보여줄 수도 있다.

이 단원에서는 소수의 크기를 비교하는 방법의 형식화까지는 목표로 삼고 있지 않지만, 학생들은 예를 들면 [그림 Ⅱ-27]에서 소수 0.75, 0.8, 0.99, 0.09의 크기를 비교할 때, 각 수의 소수 첫째 자리의 수를 비교하는 방법, 각 수를 모두 소수 둘째 자리까지 나타내어 0.75, 0.80, 0.99, 0.09를 비교하는 방법, 눈금이 리터와 밀리리터로 이루어진 실린더, 즉 이중 수직선을 사용하는 방법 등 다양한 수준으로 해결할 수 있다(수준의 원리). 일부 학생들은 자신들이 생각해낸 방법을 기초로 수직선을 사용하는 방법에서 소수의 자릿값들을 비교하는 형식적 수준으로 수학화할 수 있을 것이다.[29]

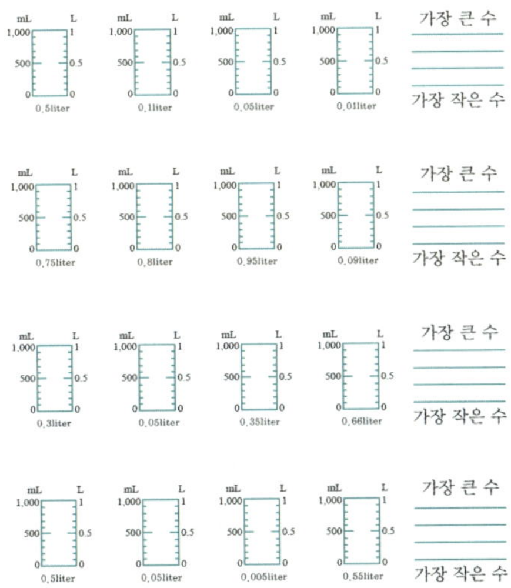

☞ 각 실린더에 액체의 높이를 표시해 보세요. 오른쪽 빈 칸에 가장 큰 것부터 액체의 양을 적어 보세요.

☞ 앞 문제에서 가장 표시하기 어려웠던 것은 무엇인가요? 왜 그런가요?

그림 Ⅱ-27 **이중수직선을 활용한 소수의 크기 비교**

학생들은 [주제 4]를 다루면서 MF인 빈 수직선이나 이중 수직선을 이용하여 소수의 크기를 비교한다. 이 과정에서 학생들은 자신의 상식을 기초로 빈 수직선이나 이중 수직선을 사용하여 소수의 크기를 나타내는 수평적 수학화를 경험하며, 이를 바탕으로 동치인 소수들을 찾고, 소수 첫째 자리부터 비교하는 등 형식적인 방법을 탐색하는 수직적 수학화를 경험한다. 학생들은 주로 빈 수직선이나 이중 수직선을 MF로 사용하지만, 형식적인 방법을 알게 된 학생들은 이 모델을 사용하지 않고도 수학적 추론을 할 수 있다.

3) 소수 개념의 수학화 과정

소수 개념 단원에서 이루어지는 수학화의 과정을 도식으로 간단하게 제시하면 [그림 Ⅱ-28]과 같다.

이 도식은 앞의 이론 부분에서 설명한 바와 같이 차시, 주제, 소단원, 단원, 학기, 학년에 걸친 수학화의 전반적인 흐름으로 생각할 수 있으며, 하나의 큰 사이클 안에 여러 개의 작은 사이클들이 포함된 형태로 볼 수 있다. 그러나 이러한 도식이 기계적으로 적용되는 것이 아니라 사이클의 일부가 적용될 수도 있고 전체가 적용될 수도 있다. 중요한 것은 현실 맥락 탐구를 통해 심상을 형성하고 추상화·형식화하고 응용하는 전반적인 수학화의 과정에서 맥락이 매우 중요한 역할을 한다는 정신을 고려하는 것이다. 또한 한 사이클의 각 단계에서는 수평적 수학화와 수직적 수학화의 교대 과정이 복잡하게 얽혀 있다.

소수 단원을 살펴보면, 소수 단원 전체가 하나의 수학화 사이클이지만, 각 주제별로 작은 사이클들이 존재한다. 예를 들어, 주제 1을 좀 더 세부적으로 보면, 현실 세계 맥락인 교실 측정 맥락에서 종이띠와 원 모델을 반복 세분하는 활동을 통해 소수에 대한 직관적 개념을 추출하고, 이를 분수로 기호화하는 작은 사이클이 적용되는 것을 볼 수 있다. 주제 2도 현실 세계 맥락인 화폐 맥락에서 물건 가격을 다양한 화폐 단위로 표현함으로써 분수를 소수로 전환하는 것과 다양한 동치 표현을 통해 소수의 구조에 대한 심상을 형성하고 소수를 기호화하는 사이클이 적용되는 것을 볼 수 있다. 그러나 모든 주제가 이와 같은 방식으로 구성되는 것은 아니고, 주제들이 거듭될수록 상대적인 추상화·형식화의 정도는 심화된다. 또한 각 주제의 사이클 내의 단계에서는 수평적 수학화와 수직적 수학화가 다양하게 교대된다. 이 책에서는 주제별 세부적인 분석보다는 단원 전체의 흐름을 이 도식에 따라 개략적으로 구분하여 각 단계에 해당하는 주제를 제시하고 각 주제에 관련된 맥락, 모델, 수평적 수학화와 수직적 수학화의 예를 살펴본다.

[그림 Ⅱ-28]을 살펴보면, 수학화의 출발점으로서의 현실 세계 맥락으로 [주제 1]에서는 우선 교실에서의 길이 측정 맥락이 사용되고, 학생들의 활동에서 비롯되는 MO로 반복 2등분된 종이띠 모델이 출현하고, 종이띠 모델로 측정하는 과정에서 발생된 1/2, 1/4,

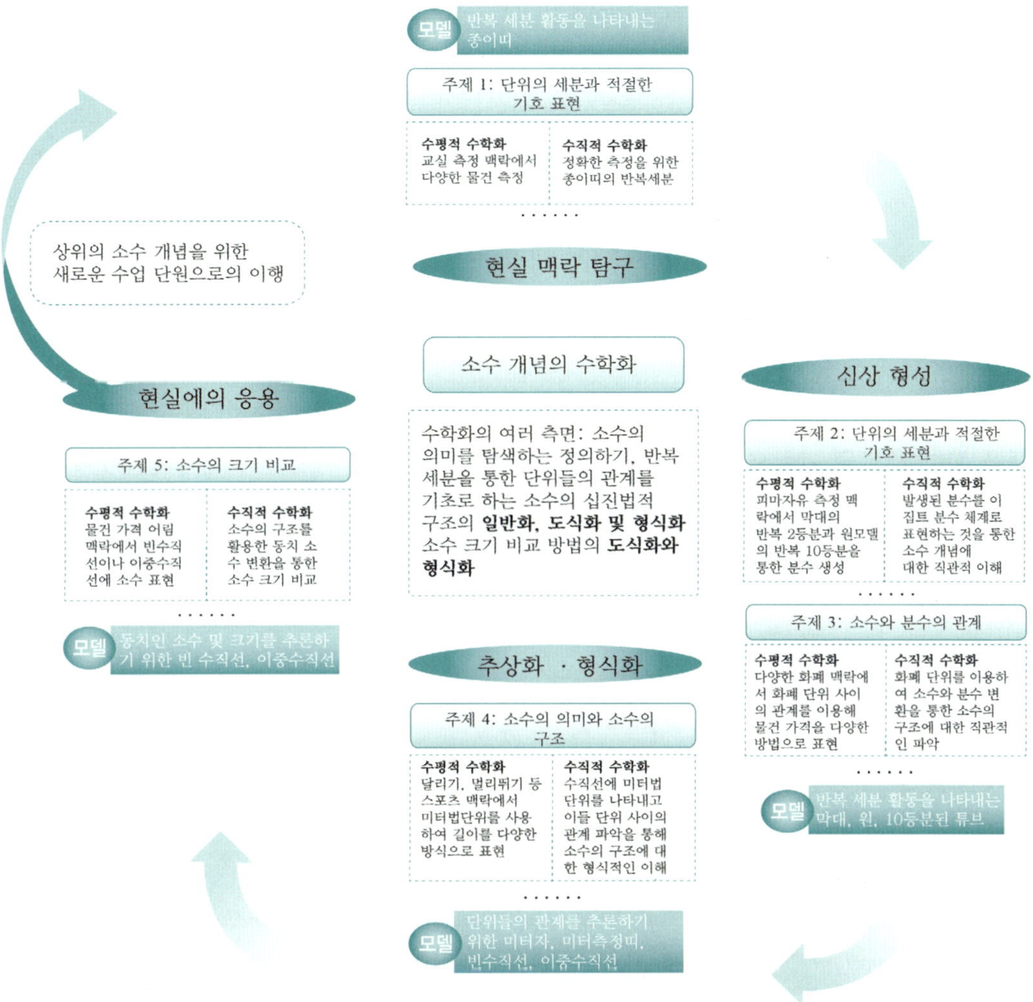

그림 Ⅱ－28 **소수 개념의 수학화 과정의 여러 측면**

1/8 등 분수들 사이의 관계를 탐색한다. 이런 현실 맥락 탐구를 시작으로 심상 형성 단계에서는 [주제 1]의 이집트의 피마자유 측정 맥락에서 반복 2등분을 위한 막대 모델과 반복 10등분을 위한 원 모델이 출현하고, 소수 개념의 핵심 아이디어인 반복 세분에 대한 심상이 형성된다. 이어서 [주제 2]의 화폐 맥락에서 관련된 활동을 하는 동안 단위의 세분과 적절한 기호, 소수와 분수의 관계를 통해 소수의 구조에 대한 심상을 형성하는 과정에서 여러 차례의 수평적 수학화와 수직적 수학화가 교대로 일어난다. 형식화 · 추상화하는 과정에서 [주제 3]의 멀리뛰기, 달리기, 사이클 경주 등의 스포츠 맥락이 현실 세계 맥

락으로 사용되며, 소수의 의미와 소수의 구조에 대한 MF로 미터자와 미터 측정띠, 빈 수직선, 이중 수직선 등이 출현하고, 소수의 구조에 대한 좀 더 형식적인 이해가 이루어지고, 여러 차례의 수평적 수학화와 수직적 수학화가 교대로 일어난다.

다음으로 소수 개념을 새로운 장면에 응용하는 현실에의 응용과정으로 이어진다. 지금까지 다룬 맥락과는 달리 물건 가격 어림, 아마추어 가수 콘테스트, 여러 도시의 인구수, 액체의 양을 비교하는 맥락이 현실 세계 맥락으로 사용되며, 소수의 구조를 활용하여 소수 크기 비교 방법을 알아보는 과정에서 수평적 수학화와 수직적 수학화가 교대로 일어난다.

이와 같은 수학화의 한 사이클이 진행된 다음에는, 더 높은 수준의 소수 개념 교수·학습을 위한 새로운 단원으로의 이행이 이루어진다. 수학화의 사이클이 계속되면서 소수 개념에 대한 수학화가 계속 이루어지면, 소수 개념과 관련된 다양한 측면들이 학생들의 현실로 포함된다. 학생들의 현실은 더욱 확장되며 질적으로도 높은 수준으로 발전하게 되며, 수학적 렌즈로 볼 수 있는 현실의 영역도 증가하므로 수학적 안목도 확대된다.

참고문헌

김용운 · 김용국(1997). **수학사의 이해**. 서울: 도서출판 우성.

변희현(2005). **소수 개념의 교수학적 분석**. 서울대학교 대학원 박사학위논문.

Brousseau, G. (1997). *Theory of Didactical Situations in Mathematics: Didactique des Mathématiques, 1970~1990*. Balacheff, N., Cooper, M., Sutherland, R. & Warfield, V. (Eds. & Trans.). Dordrecht: Kluwer Academic Publishers.

Freudenthal, H. (1973). *Mathematics as an Educational Task*. Dordrecht: Kluwer Academic Publishers.

Gravemeijer, K. E. J. (1994). *Developing Realistic Mathematics Education.* Utrecht: CD ß Press, Center for Science and Mathematics Education, Freudenthal Institute, Research Group On Mathematics Education, Utrecht University.

Gravemeijer, K. E. J. (1998). Developmental research as a research method. In A. Sierpinska & J. Kilpatrick (Ed.), *Mathematics Education as a Research Domain: A Search for Identity*(pp. 277~295). Dordrecht: Kluwer Academic Publishers.

Gravemeijer, K. E. J., Boswinkel, N., Meyer, M. R., & Shew, J. A. (1997a). Measure for measure. In T. A. Romberg (Ed.), *Mathematics in Contexts: A Connected Curriculum for Grades 5~8*. Chicago: Encyclopedia Britannica Educational Corporation.

Gravemeijer, K. E. J., Boswinkel, N., Meyer, M. R., & Shew, J. A. (1997b). Measure for measure. Teacher Guide. In T. A. Romberg (Ed.), *Mathematics in Contexts: A Connected Curriculum for Grades 5 −8*. Chicago: Encyclopedia Britannica Educational Corporation.

Keijer, R., van Galen, F., & Oosterwaal, L. (2004). Reinvention revisited: Learning and teaching decimals as example. Paper presented at *International Committee of Mathematics Education 10*(pp. 1~6). Copenhagen, Denmark.

Streefland, L. (1991). *Fractions in Realistic Mathematics Education. A Paradigm of Developmental Research*. Dordrecht: Kluwer Academic Publishers.

나. 분포 개념

통계학은 집단으로부터 자료를 수집하고 정리하여 분석하는 방법을 연구하는 학문이다.[30] 이런 통계학에서 중요한 것은 변이성과 불확정성이다.[31] 이 때 변이성은 어떤 집단에서 개체나 현상이 다양하게 변하는 경향이나 법칙성을 의미한다.[32] 불확정성은 측정한 결과 여러 원인으로 인해 서로 다른 값들이 나오게 되는데, 이 측정값들을 가지고 적절한 방법으로 하나의 값을 결정할 때 그 정한 값이 원하는 참값이라고 확정하기 어려운 정도를 의미한다.[33] 통계학은 이런 문제를 해결하기 위해 대푯값과 분포에 대한 개념을 중심으로 발달해 왔으며 현재는 실생활뿐 아니라 사회 분야, 학문 분야에 이르기까지 모든 분야에서 문제를 해결하는 데 중요한 역할을 감당하고 있다. 이 절에서는 바커Bakker[34]를 중심으로 교수학적 현상학에 의한 분석과 수학 교수와 학습 원리의 반영을 통해 학생들이 분포의 기본 개념을 재발명할 수 있는 단원 설계에 대해 알아보고자 한다.

1) 분포 개념에 대한 교수학적 현상학에 의한 분석

가) 역사적 분석

통계학의 역사는 아주 오래전부터 국가의 인구조사나 전쟁과 같은 정치적인 상황과 관련하여 시작되었지만, 학문으로서 그 기초를 세우기 시작한 것은 17세기 유럽에서 조세를 목적으로 인구, 토지, 농산물 등에 대한 국가를 위한 통계를 다루게 된 이후이다. 과학이 발전되면서 천문학, 측지학, 수학을 중심으로 자연과학자들이 측정한 자료를 다루는 과정에서 통계적 방법들을 생각해 내었으며, 자연과학뿐만 아니라 좀 더 폭 넓은 현상에 통계학을 적용하기 시작한 것은 19세기 이후라 할 수 있다.[35] 통계학이 19세기 이후에 사회과학을 포함한 더 넓은 분야로 확장된 배경에는 산업 혁명 이후로 유럽 인구의 폭발적인 증가에 따라 사회 정책과 보건 정책 등이 중요해지면서 정확하고 체계적인 사회 통계가 필수가 되었기 때문이다. 통계학은 이와 같이 수학의 다른 분야와는 달리 연역적인 방법으로 접근하기 어려운 현상들을 해결하기 위해 발생하였다.[36]

처음에 통계학은 여러 가지 현상을 알아보기 위해 그와 관련된 자료들을 수집하고 표나 다양한 그래프들을 생각해내서 자료들을 정리하고 그것을 바탕으로 간단한 예측을 하는 정도에 불과한 것이었지만 이러한 자료들의 집합을 분석하고, 추측하며, 검증하는 다양한 방법과 개념을 지닌 학문으로 발달하였다. 통계의 기본 개념 중 대푯값, 분포, 그래

프에 대한 역사적 분석 결과를 살펴보면 다음과 같다.[37]

(1) 대푯값으로서의 평균

자료 분석의 대표적인 방법으로 오래 전부터 사용되어 온 것은 중심경향성을 설명해 주는 평균average이다. 이때 중심경향성은 어떤 현상에 대한 자료가 어떤 특정한 값을 중심으로 집중되어 있는 경향을 말한다.[38] 이런 경향을 알 수 있다면 집단의 특성에 대해 이야기할 때, 모든 자료를 다 제시하기보다 자료의 특성을 대표할 수 있는 값을 제시하는 것이 더 효과적일 수 있다. 대푯값 중 가장 많이 활용되는 것이 산술평균, 중앙값, 최빈값이다. 역사적 분석 결과 한 집단의 특성을 하나의 값으로 나타내는 대푯값으로서의 평균은 어림, 참값, 추상적인 실재 자체의 의미의 단계를 거쳐 발달해 왔다. 이를 살펴보면 다음과 같다.

(가) 전체를 어림하기 위한 평균

역사적으로 mean 또는 average로 표현되는 평균이 의미하는 바는 산술평균, 중앙값, 최빈값, 범위의 중앙 등이 있다. 평균이나 평균값이라는 개념은 큰 수에 대한 어림에서 발생되었다고 추측할 수 있다. 첫째 예는 A. D. 4세기경 고대 인도의 이야기 속의 주인공이 한 나무의 큰 가지에 달린 나뭇잎 수와 열매의 수를 알아내기 위해 작은 가지 하나를 선택하여 그 위에 있는 나뭇잎 수와 열매의 수를 어림한 다음 대략적으로 그 큰 가지에 있는 작은 가지의 수를 세어 이 두 수를 곱하여 어림값을 제시한 것이다. 둘째 예는 B. C. 5세기 펠로폰네소스 전쟁 때에 아테네 시민들이 적군의 성을 점령하기 위해 성벽에 걸칠 사다리를 만드는데 필요한 성벽의 높이를 알아내고자 성벽의 한 곳을 정하여 그 줄에 쌓은 돌의 수를 많은 사람들이 세어 본 후에 돌 하나의 높이가 어느 정도인지를 어림하여 성벽의 높이를 구한 것이다. 셋째 예는 호머가 펠로폰네소스 전쟁 중에 가장 큰 전함과 가장 작은 전함에 탈 수 있는 선원의 수를 생각하여 각 선박에 타고 있는 선원의 수를 120명으로 정하고 전함의 수 1200을 곱하여 적군의 수를 알아낸 것이다. 각각의 예에 대해 살펴보면 첫째 예에서는 우선 현대의 산술평균과 유사한 개념, 즉 많지도 적지도 않은 대표적인 작은 가지를 선택한다는 생각이 드러나며, 둘째 예에서는 또한 최빈값이라는 의미, 즉 돌의 수를 셀 때 적게, 정확하게, 많게 세는 사람들이 있겠지만, 가장 빈번한 수, 즉 대다수의 사람들이 제시한 수가 정확한 수일 것이므로 최빈값의 개념이 사용된 것이고, 셋째 예는 범위의 중앙으로서의 평균 개념이다.[39]

이와 같이 초기의 평균 개념은 현대의 개념과는 차이가 있지만 큰 수를 어림하는 과정에서 많은 작은 가지들을 대표하는 하나의 가지, 성벽의 높이의 측정값들 중에 하나의 값, 많은 전함들에 타고 있는 각기 다른 선원들의 수를 나타내기 위하여 하나의 값을 선택하는 방법들을 보여주는 것으로 어림 문제 상황이 제시되었을 때 이를 해결하기 위해 대표적인 하나의 값을 선택한다는 평균 개념과 관련된 중요한 아이디어가 포함되어 있다. 그러나 실제로 존재하는 작은 가지를 선택한다는 의미에서 아직은 추상적인 실재 대상으로서의 대푯값의 의미로 발달하지는 않았다고 할 수 있다.

(나) 참값으로서의 평균

① 그리스 기하학에서의 평균

그리스에서는 다양한 평균 개념이 나타났지만 통계학이 아닌 음악, 기하학, 산술에서 사용되었다.[40] 아르키타스Archytas는 「On Music」이라는 책에서 산술평균의 정의를 '세 항 중에서 둘째 항이 셋째 항을 초과하는 만큼 첫째 항이 둘째 항을 초과할 때 산술평균을 갖는다.'로 제시하고 있다.[41] 피타고라스는 메소포타미아로부터 산술평균, 기하평균, 조화평균들을 알게 되었고, 이를 비와 결부하여 평균들을 더 일반화하였다. 예를 들면 위의 각각의 평균을 비로 나타내면 $(b-a)/(c-b)=a/a$, $(b-a)/(c-b)=a/b$, $(b-a)/(c-b)=a/c$이고, a, b, c의 순열을 고려하면 더 많은 평균을 만들 수 있다.[42] 한편 그리스 수학에서는 수와 크기가 선분으로 표현되었고, 산술평균에 대한 정의는 [그림 Ⅱ-29][43]와 같이 '두 수 a와 c의 중간수 b가 산술평균이란 $a-b=b-c$일 때를 말한다.'와 같이 제시되었다. 이러한 정의는 시각적으로 평균이 두 수의 사이에 있다는 성질을 쉽게 알 수 있으며, 그리스는 천문학에서도 기하학적 접근을 사용하였기 때문에 이러한 특성을 이용하여 산술평균을 참값을 구하기 위한 측정값의 내삽을 위해 사용하였다.[44]

그림 Ⅱ-29 **그리스 수학에서의 두 수 a, c의 산술평균**

또한 이러한 산술평균의 정의는 우리가 현재 사용하고 있는 두 수를 더해서 나눈다는 식과는 다르지만, 긴 선분에서 남는 부분을 짧은 선분에 이어 붙이는 상보 전략을 이용하여 학생들이 고르게 나눈다는 평균의 직관적인 개념을 쉽게 파악할 수 있고, 평균이 항상 두 극값의 사이에 있다는 것을 쉽게 인식할 수 있도록 하기 때문에 중요하다.

② 산술평균과 그 일반화

현재와 같은 산술평균으로서의 평균 개념, 즉 자료의 값을 더해서 나누는 방법은 상업이나 보험 맥락에서의 공정한 분배와 범위의 중앙 개념에서 발생되었다고 볼 수 있다. 상인들과 선주들은 B. C. 700년경부터 화물과 선박에 대한 손해를 같이 공유해야 한다는 생각에 동의하였다. 즉, 선박이 항해를 하다가 폭풍우를 만났을 때, 배의 무게를 줄이기 위해 돛을 잘라버리거나 아니면 화물을 버리는 일이 일어난다면, 이러한 손익은 상인과 선박 주인이 공정하게 분담해야 한다는 것이다. 이러한 생각은 어떤 비율로 손해배상을 해야 하는가와 같은 생각으로 구체화되었고, 이것이 산술평균이라는 개념을 탄생시킨 배경이 되었다. 그 결과 산술평균은 '모든 이해 당사자들 간의 이익에 비례하여 비용이나 손실의 동등한 분배'로 정의되었다.[45)]

범위의 중앙은 두 극값의 산술평균을 취하는 것으로, 이는 9세기에서 11세기까지 아라비아의 천문학자들뿐만 아니라 야금술이나 항해에서 사용되었다. 산술평균은 16세기가 되어서야 두 개의 값 이상으로 일반화되었는데, 이는 아마도 1585년 스테빈이 발명한 소수 체계가 이러한 계산을 쉽게 만들었기 때문일 것으로 추측된다. 이러한 일반화된 평균은 반복 측정을 통해 행성의 위치나 달의 지름 또는 지구상의 두 지점 사이의 거리에 대한 참값을 알고자 하는 천문학자나 측지학자들에게 유용했다.[46)]

이 때 천문학이나 측지학에서는 반복 측정한 대상이 하나의 참값을 가지지만, 실제 측정에서는 여러 원인으로 인해 서로 다른 측정값들이 나올 수밖에 없으며, 이런 측정값을 우연에 의한 오차라 생각했다. 또한 측정값들을 결합해서 참값을 대신할 때, 이 오차의 제곱의 합을 최소화하는 오차이론을 생각했다. 이 때 참값을 대신하는 방법으로 산술평균을 사용했지만, 그 범위는 매우 제한적으로 같은 조건, 같은 도구, 같은 사람이 관측한 동등한 값에 대해서만 적용하였다.[47)] 예를 들면 천문학자들이 달과 지구와의 거리를 측정할 때, 여러 번 반복 측정을 하게 되는데, 실제 달과 지구와의 거리가 얼마인지는 알 수 없기 때문에 산술평균을 참값을 대신하는 값으로 사용했고, 산술평균이 얼마나 참값에 근접하는지 등을 알기 위해 오차를 연구했다는 것이다.

관찰오차를 줄이기 위해 산술평균을 사용하는 방법을 최초로 생각한 사람은 천문학자인 티코 브라헤Tycho Brahe였고, 16세기 이후로 산술평균을 사용해서 오차를 줄이는 것은 다른 분야에서도 상식적인 방법이 되었다.[48] 그러나 18세기 중엽까지도 산술평균을 매우 제한적으로 동질집합, 즉 같은 시점, 같은 사람, 같은 도구 등 같은 조건 아래에서 관찰한 적은 수의 측정값에 대해서만 그리고 예외적인 결과들은 포함하지 않은 경우에만 사용하는데 그쳤다.[49]

또한 중앙값으로서의 평균 개념은 1599년이 되어서야 라이트Wright의 항해술에 관한 책 「Certain Errors in Navigation」에서 오차를 줄이는 방법으로 나타났다. 그러나 오차를 최소화하기 위한 방법으로는 산술평균이 계속 사용되었고, 중앙값은 19세기에 사회학과 경제학의 현상에 통계를 적용하면서 비대칭 분포를 인정하게 된 이후에야 사용되었다. 즉, 사회학과 경제학의 현상들은 천문학과 물리학과 같은 분야의 현상들과는 달리 정규분포가 아닌 비대칭분포를 이루는 경우가 많은데, 비대칭 분포 자료의 특성을 살펴볼 때는 특이점의 영향을 받지 않는 중앙값이 더 유효하다.[50]

이와 같이 그리스 이후로부터 18세기까지는 천문학과 측지학 등에서 반복 측정을 통해 위치나 거리 등을 관찰하는 상황에서 참값의 존재를 가정하고, 측정값 중의 어느 한 값을 선택한 것이 아니라 측정값들을 결합한 산술평균을 참값을 대신하는 값으로 사용하였으며, 이 과정에서 오차이론이 탄생했음을 알 수 있다. 반복 측정값에 의한 평균과 오차 이론은 뒤에서 살펴볼 분포 개념의 발달에 영향을 미쳤고, 통계학이 사회과학과 같은 더 넓은 분야로 확장하는 데 매우 중요한 역할을 하였다.

(다) 추상적 실재로서의 평균

평균 개념은 앞에서 살펴본 바와 같이 19세기까지 잎이나 열매의 수, 달의 지름과 같이 최적의 값을 어림하거나 참값을 구하는 것과 관련되어 있었다. 평균이 추상적 실재로서의 대푯값으로 사용되는 데는 오랜 시간이 걸렸다. 이는 19세기에 통계학이 자연현상을 넘어 사회현상으로 확장되어 갈 때, 천문학에서처럼 한 대상에 대한 반복 측정값 대신 한 집단에 속하는 사람들의 키의 측정값을 다룰 때도 각 사람의 키와 평균키의 차를 천문학에서처럼 우연에 의한 측정 오차로 볼 수 있는지, 천문학의 오차 이론에서 사용했던 방법들을 키와 같은 측정값에도 적용할 수 있는지 등이 해결해야 할 과제로 남아 있었기 때문이다.[51]

이 과제를 해결하기 위해 평균적인 사람average man이라는 개념을 생각해 낸 벨기에의 통계학자인 케틀레Quetelet가 평균을 어떤 모집단의 한 측면을 위한 대푯값으로 사용한 최초의 과학자들 중의 하나이다.[52] 케틀레는 국가의 인구 조사에 참여한 후에 사람들의 키,

몸무게, 출생률, 사망률과 같은 신체적 특성뿐만 아니라 자살률과 범죄율과 같은 도덕적 인 특성을 포함하여 인간의 특징과 능력에 관한 연구를 시행했다. 연구 결과, 한 나라의 출생률, 사망률 등은 매년 거의 일정하다는 사실을 통해 변화무쌍한 개인의 차원을 넘어서는 신의 섭리가 전체 사회에 적용된다는 생각을 갖게 되었고, 이런 생각의 변화로 사회법칙을 엄밀하고 계량적으로 연구함으로써 사회이론을 과학화하려는 시도를 하였다.[53)]

한편 케틀레는 어떤 집단에 속하는 개인의 특성은 다양하지만 그 수가 많으면 많을수록 개인의 특성은 사라지고 보편적인 법칙이 나타내기 때문에 사회가 존재하고 유지되며, 인간의 특성과 능력에 대한 측정값이 천문학에서의 측정 오차와 같은 분포를 따른다는 것을 알게 되었다. 따라서 이러한 사실로부터 사회학에서도 천문학에서의 참값에 대한 대안이 되는 평균적인 사람이라는 아이디어를 생각해 내었다. 케틀레에게 평균적인 사람은 처음에는 단지 가상의 이상적인 존재였고, 단 한사람이 아니라 평균적인 남성과 여성으로 이루어진 하나의 류를 말한다.[54)] 이 개념은 서로 다른 집단, 예를 들면 우리나라의 학생들 집단과 미국의 학생들 집단에 속한 사람들 간의 관계와 차이를 알아보기 위해 각 집단을 대표하는 사람이라는 의미로 등장했다. 또한 집단을 어떻게 구성하느냐에 따라 그 집단을 대표하는 평균적인 사람은 달라질 수 있다. 예를 들면, 연령, 성별 등 다양한 집단에 따라 평균적인 사람이 존재할 수 있다. 이러한 그의 생각이 모두 옳은 것은 아닐지라도 어떤 집단에 대한 추상적인 대푯값으로서의 평균 개념을 생각해내어, 앞에서 이야기한 과제를 해결함으로써 통계학이 자연과학에서 사회과학을 포함하는 더 넓은 범위로 확장되는데 결정적인 역할을 하였다.

이와 같이 평균은 천문학에서 한 대상을 반복 측정한 동질 집단의 참값의 대안으로 사용되다가 한 대상이 아닌 여러 대상을 측정한 이질 집단을 대표하는 이상적인 존재를 나타내는 추상적인 실재로서의 대푯값의 의미로 전환된 것이다. 참값에서 통계적 구성물로서의 대푯값으로의 전환은 중요한 개념적 변화이다. 예를 들면, 한 학급의 키의 산술평균을 생각해보자. 이 평균은 일반적으로 특정한 학생의 키에 해당하지 않으며, 키를 측정한 자료값은 앞의 천문학에서의 반복 측정과 같이 하나의 참값을 갖는 것이 아니라 존재하지 않는 어떤 이상적인 대상의 키로 이 학급을 대표하는 값이다. 그러나 이러한 대푯값들이 주는 정보는 그다지 많지 않다. 우리가 쉽게 알 수 있듯이 보통 두 학급의 수학 성적의 평균이 같아도 한 학급에는 전교 1등과 전교 꼴등에 해당하는 학생이 있을 수 있고, 다른 학급에는 최상위권의 학생도 없지만 최하위권의 학생도 없을 수 있는 것이다. 이런 이유로 대푯값이 자료 집단의 특성을 얼마나 잘 보여줄 수 있는지에 대한 의문에서 분포에 대한 탐색이 시작되었다.

(2) 분포

분포란 한 변수에 대한 자료가 널리 흩어져 있는 상태를 의미한다.[55) 분포에 대한 연구로 인해 한편으로는 산술평균을 중심으로 다른 자료들이 어떻게 분포되어 있는지를 알 수 있는 표준편차, 범위 등의 산포도 개념이 발생되었다. 다른 한편으로는 산술평균이 자료 집단의 대푯값으로서 얼마나 참값에 근접하는지 등과 관련된 오차이론이 발달하였고, 지금까지는 독립적으로 발달해 온 추론을 위해 사용하던 확률과 통합되면서 균등분포, 정규분포, 이항분포와 같은 확률에 기초한 분포 개념이 발생되었다.[56)]

심슨^Simpson^은 1756년 단순확률함수를 이용하여 한 번의 관찰보다 여러 번의 관찰에 의한 평균이 오차를 줄이는 데 더 효과적임을 주장하였다. 그는 개별 오차는 참값을 모르면 알기 어렵기 때문에 오차간의 관계에 주목하도록 하였고, 구체적인 측정값이 아닌 가설적인 측정값에 근거한 오차에 관한 수학적 이론을 탄생시켰다. 그가 제안한 분포는 [그림 Ⅱ－30]과 같이 모든 가설적인 측정값이 동등한 확률을 가지는 균등 이산 분포, 비례적인 확률을 가지는 정삼각형 이산 분포와 연속 분포를 제안했다. 이에 따라 많은 수학자들이 [그림 Ⅱ－31]과 같이 더 다양한 오차법칙을 제안하였다. 이 중 가우스는 정규 분포를 생각하였고, 천문학자들은 이를 이용하여 1801년 소행성 케레스^Ceres^를 발견하였다.[57)] 이미 천문학자들은 반복 측정의 결과에서 자주 나타났기 때문에 정규분포곡선에 대해 잘 알고 있었으나, 가우스로 인해 정규분포를 역으로 이용하여 가설적인 측정값에 해당하는 실제 대상을 발견한 것이다.

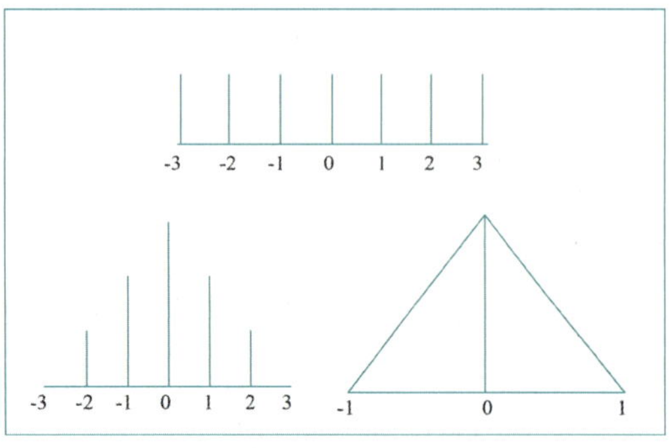

그림 Ⅱ－30 **심슨의 균등 이산 분포, 정삼각형 이산 분포와 연속 분포**

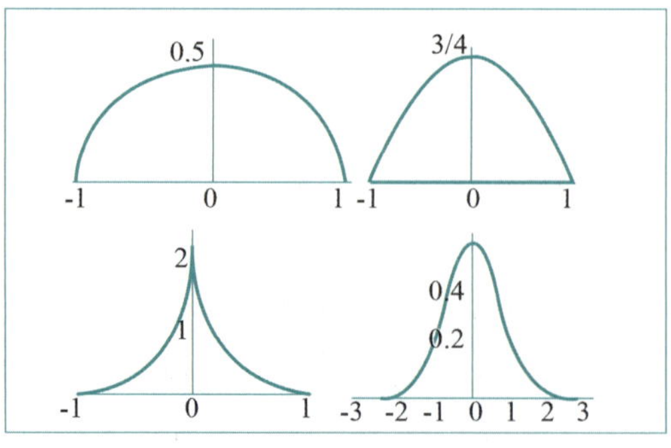

그림 Ⅱ－31 **람베르트, 라그랑주, 라플라스, 가우스의 분포**

케틀레는 키, 몸무게, 성장률, 범죄율 등과 같이 인간의 다양한 신체적인 특징뿐 아니라 정신적인 특징에 대한 분포를 연구하였다. 그 결과 인간의 모든 특징이 천문학에서의 측정 오차와 같이 정규분포를 이룬다는 것을 알게 되었다. 그 이후로 사람들은 정규분포를 모든 현상을 분석하는 기준으로 삼았고, 측정한 값들이 정규분포를 따르지 않는다면 측정이 잘못되었을 것으로 생각하기도 하였다.[58)]

골턴[Galton]은 우생학과 관련하여 인간의 능력과 유전에 관한 연구에서 정규 분포를 사용하였고, 정규분포를 우주 질서의 경이적인 형태로 보았다. 또한 전반적인 분포를 나타내는 데는 중앙값과 사분위수만이 필요하다는 것을 인식하였다. 즉, 그는 아프리카를 여행하면서 어떤 부족의 사람들을 키의 순으로 정렬하도록 하고, 그 분포를 나타내기 위해서는 제 1사분위수, 중앙값, 제 3사분위수를 결정하는 것만으로 충분함을 알았다. 이 당시는 정규분포를 일반적으로 적용할 수 있다는 믿음이 보편화되어 있었고, 이는 대칭성을 전제로 한 것이었다. 그러나 몇 몇 과학자들은 소득과 같은 경우는 정규분포를 이루지 않는다는 것을 알게 되었기 때문에 정규분포에서 대칭의 가정을 제거하였다. 19세기 말 피어슨은 정규분포를 변형한 더 많은 현상에 적용될 수 있는 분포에 대한 유형을 개발하였다.[59)]

이와 같이 분포 개념은 수백 년에 걸쳐 발전되었고, 표현 방법도 모양을 나타내는 비형식적인 그래프에서 형식적인 식으로 변화되었으며, 확률분포의 기반이 되는 가정도 이산분포와 연속분포 등 다양함을 알 수 있다. 또한 정규분포는 통계학의 확장에 중요한 역할을 한 반면 더 많은 현상을 다루기 위해서는 모든 분포가 정규분포라는 오개념도 극복해야 할 대상이었다.

(3) 그래프

통계에서 그래프는 표에서는 보기 어려운 도수 분포의 패턴과 경향을 알 수 있기 때문에 매우 중요한 도구이다. 역사적으로 수학에 좌표체계가 들어 온 이후 통계와 관련된 많은 그래프들이 개발되어 왔는데, 여기서는 17세기와 18세기의 지도와 같은 공간에 자료를 표시하고 분석하는 공간의 조직, 18세기와 19세기 초의 막대그래프와 같은 이산적 비교, 19세기의 정규분포 곡선과 같은 연속 분포, 19세기 말과 20세기 초의 상관도와 같은 다변량 분포와 상관도의 네 가지 부분으로 나누어 살펴본다.

공간의 조직과 관련된 문제가 발생된 이유는 산업혁명 이후로 온도계, 마이크로미터, 기압계 등 다양한 측정 계기의 발달로 분석해야 할 측정 자료의 양이 급속도로 증가했기 때문이다. 데카르트Descartes는 그래프의 사용이 과학에서 중요한 역할을 할 것이라는 것을 확신했고, 좌표계를 도입함으로써 학문에 많은 기여를 하였다. 이런 그의 공헌으로 핼리Halley는 1701년 직교 좌표계를 이용하여 해발에 따른 기압을 산포도로 표현하고, 그것을 쌍곡선 기하로 해석했다. 그러나 그 당시의 사람들은 여전히 표가 그래프보다 더 정확하다고 생각하였다. 그러나 이런 생각에 변화를 일으킨 것은 케틀레가 인간의 특징과 능력에 대해 연구하면서 사회 현상을 분석하는 데 그래프가 유용함을 입증하였기 때문이다. 이어 1830년부터 과학 저널에서 그래프를 본격적으로 사용하기 시작했다. 또한 동시에 발달한 지도 제작법에 의해 그래프와 표가 같이 사용되었다.[60]

이산적 비교는 18세기 국가적인 통계를 다루는 과정에서 발생하였다. 1765년 프리스틀리Priestley가 B. C. 1200년에서 A. D. 1750년 사이의 유명한 인물 약 2000명의 생존 기간을 비교하기 위해 생존 기간을 막대들로 표현한 시간선 도표를 출판한 것에서 시작되었다. 곧 이어 플레이페어Playfair는 [그림 Ⅱ－32]와 같이 1780년에서 1781년까지 17개국에 대한 스코틀랜드의 수출입 상황을 나타내는 막대 도표를 고안하여 1786년에 출판하였다.[61] 플레이페어가 이 막대그래프를 그리게 된 것은 자료가 충분하지 않아서 시간을 구분하지 않고 표현하기 위한 것이었는데 오히려 이것이 새로운 방법을 제안하게 된 것이다.[62] 또한 그는 같은 해에 파이 도표와 원그래프를 도입하였다.[63]

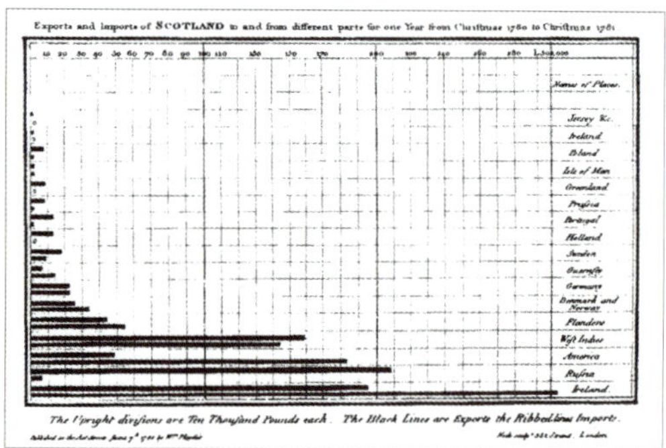

그림 Ⅱ－32 **플레이 페어의 스코틀랜드 수출입 상황 막대 도표**

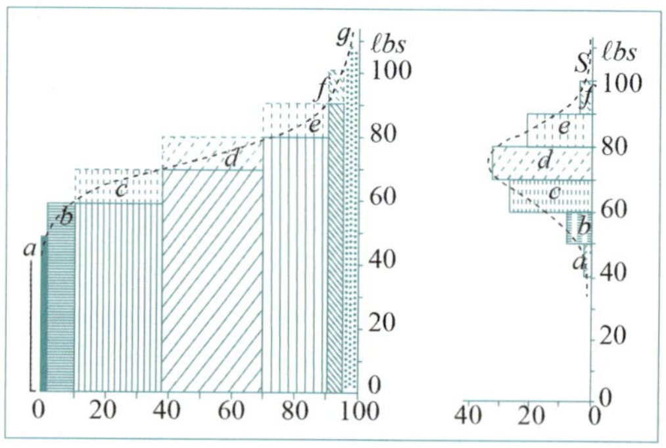

그림 Ⅱ－33 **골턴의 정규 분포 그래프 누적 분포 곡선(왼쪽)과 빈도 곡선(오른쪽)**

1820년대에 유럽에서는 광범위한 영역의 자연 현상과 사회 현상에 대한 특징을 기술하고 비교하는 그래프와 도표들이 출판되기 시작했다. 연속 분포를 표현하는 문제는 상대적으로 새로운 분야인 수명 정보에 대한 통계를 다루면서 발생되었고, 이 문제를 해결하는 과정에서 두 가지 방법, 즉 첨두아치 모양의 선그래프와 히스토그램이 중요한 것으로 밝혀졌다. 첫째 방법은 푸리에Fourier가 파리 시민들의 연령집단별 인구 분포를 나타내는 막대그래프를 만들고 이를 선그래프로 표현한 것으로, 이것이 처음으로 나타난 누적도수분포곡선이었다. 둘째 방법은 게리Guerry가 1833년 시간과 같은 연속변수를 순서적으로 범주화해서 막대그래프로 자료를 나타낸 것으로, 이것이 히스토그램이고, 이 용어는 피어슨이 1985년 처음 사용하였으며, 그 뒤로 더욱 발전되었다.[64] 이와 같이 역사적으로 보면 히스토그램은 막대그래프를 재조직해서 그리는 것이기 때문에 막대그래프보다 더 발전된 것이다.

이렇게 발생된 연속분포에 대한 체계적인 발달은 케틀레에 기인한다. 그는 그 이전부터 연구되어 왔던 실제 자료에 근거한 사망률 곡선을 완성하였다.[65] 의학을 하다가 기상학으로 변경하면서 통계학을 시작한 골턴은 유전성에 관심을 가지고 여러 가지 연구를 하였다. 그는 [그림 Ⅱ-33]에서 남성의 체력을 측정한 자료를 작은 값부터 크기순으로 배열하여 그림으로 나타냈는데, 왼쪽은 정규누적분포 그래프이고 오른쪽은 빈도를 나타내는 그래프로 정규분포 그래프이다.[66] 골턴은 왼쪽 그래프를 많은 건축물에서 볼 수 있는 모양을 나타내는 용어인 '첨두아치 모양'이라고 불렀다. 1850년쯤 되어서야 통계학에서 이와 같은 양적 그래프가 인정되었다.[67] 또한 골턴이 [그림 Ⅱ-33]에서 제시한 바와 같이 하나의 통계 상황을 해석하는 데 한 가지 그래프를 다루는 것보다는 두 가지 그래프를 다루며 두 그래프 사이의 변환을 다루는 것이 도움이 되었던 것 같다. 범주별로 빈도를 파악하는 데는 빈도 곡선이 유효하지만, 아마 누적 분포 그래프와 같은 표현에서 평균을 좀 더 쉽게 이해할 수 있고, 막대가 수직으로 되어 있어서 수평인 그래프에서보다 평균의 범위와 중앙을 찾는 것이 더 쉽다.

다변량 분포와 상관도와 관련하여 처음 나타난 그래프는 골턴의 머리 크기와 키의 이변량 분포를 나타낸 상관도이다. 골턴은 자연적인 유전에 대한 관심이 많았는데, 인체에 대한 측정 자료 중 머리 크기와 키를 그림으로 나타내다가 그 문제가 본질적으로 혈통관계, 즉 아버지의 키와 아들의 키의 관계와 같다는 사실을 알게 됨으로써 상관관계 개념을 발전시켰다.[68] 그 이후 1960년대 이후 줄기와 잎 그림, 상자 그림과 같은 그래프가 생겨났다. 이 중 상자 그림은 가장 발전된 그래프 중의 하나인데 중앙값과 사분위수란 개념이 혼합되어 있기 때문에 어려운 점이 있었고, 실제로 종종 잘못 해석되었기 때문에 대안적인 상자 그림이 고안되었다.[69]

케틀레 이후 정규분포가 자연현상과 사회현상을 설명하는 중요한 기준이 되었지만, 그래프를 통해 더 다양한 자료의 분포를 연구하게 되면서 비대칭적인 분포들에 대해서도 알게 되었고, 다양한 분포에 대한 수학적 식을 찾는 연구도 이루어졌다. 정확하게 하나의 공식으로 나타나지는 않지만 자료에 공식을 맞추는 회귀분석도 나타나기 시작하였다.[70] 이를 바탕으로 통계학은 기술통계학에서 추측통계학으로 그 범위를 넓혀갈 수 있었다.

지금까지 살펴본 바와 같이 통계학은 국가의 정치적인 문제를 해결하기 위해 자료를 수집하고 요약하여 간단한 예측을 하는 데서 출발하였다. 이후 천문학이나 측지학 등의 자연과학에서 반복 측정 결과로부터 참값을 구하는 과정에서 평균과 같은 대푯값 개념이 발달하였다. 한편 대푯값이 참값을 대표할 수 있는지를 탐색하는 과정에서 오차이론이 발달하였고, 이 과정에서 확률을 바탕으로 하는 다양한 분포 개념이 발생되었다. 분포 중 특히 정규분포는 자연과학에서의 반복 측정에 기초한 통계학이 사회과학을 포함하는 더 넓은 범위로 확장되는 데 중요한 역할을 하였고, 그 이후의 통계학은 정규분포가 아닌 더 다양한 분포를 포함하게 되었다. 이 과정에서 대푯값과 분포는 처음부터 서로 밀접한 관계를 가지며 발전되어 왔고, 이를 시각적으로 표현한 그래프도 다양한 형태로 발달하였다. 이렇게 발달된 통계학은 현재는 모든 분야에서 변이성과 불확실성의 문제를 해결하는 데 점점 더 중요한 역할을 하고 있다.

현실적 수학교육에서는 학생들에게 역사적 단계 그대로 분포 개념을 재발명하도록 하는 것은 불가능함을 인정하지만 분포 개념 발명 과정의 일부를 경험하게 할 수 있기를 기대한다. 따라서 역사적 분석 결과에서 영감을 얻어서 학생들을 위한 분포 개념과 관련된 안내하의 재발명과 점진적 수학화 과정을 구상할 수 있도록 다음과 같은 방향을 설정할 수 있다.[71] 첫째, 큰 수 어림 맥락에서 전체를 어림하기 위해 전체를 부분들로 나누고, 그 중 하나를 부분들을 대표하는 값으로 선택하는 방법은 평균의 의미를 직관적으로 다루는 데 도움을 줄 수 있다. 둘째, 그리스 수학에서 살펴보았듯이 막대 표현을 이용하여 평균이 두 극값의 사이에 있다는 것을 이해하고, 상보전략을 이용하여 평균을 시각적으로 어림함으로써 평균을 질적으로 이해하는 데 도움을 줄 수 있다. 셋째, 천문학자들의 반복 측정에서 살펴보았듯이 범위의 중앙을 중심을 조직하는 대략적인 방법으로 사용하는 것은 산술평균을 이해하는 데 도움을 줄 수 있다. 넷째, 확률을 기반으로 하는 분포는 학생들에게 불가능하기 때문에 골턴의 어느 부족의 키의 분포 특징을 나타내는 방법에서 살펴보았듯이 범위와 사분위수 범위 등을 사용하도록 하는 것이 분포를 이해하는 데 도움을 줄 수 있다. 다섯째, 역사적으로 영국의 동전 제조자들이 동전의 품질을 검사하기 위해서 매일 제조되는 동전 중 한 개씩을 모아두었다가 몇 개월 또는 몇 년 동안에 표집된 동전들을 검사하는 맥락이 표집을 이해하는 데 도움을 줄 수 있다. 여섯째, 자료의 분포가 대칭인 경우에는 범위의 중앙, 중앙값, 산술평균이 구분이 안 되지만, 자료의 분포가 비대칭인 경우에는 세 값의 차이를 분명히 알 수 있기 때문에 적절한 시점에 비대칭 분포를 다루는 것이 평균과 분포를 이해하는 데 도움을 줄 수 있다. 일곱째, 중앙값은 비대칭 분포가 받아들여지기 전까지는 산술평균과 구분하기 어렵고 그 의미가 분명하지 않을 수 있지만, 계산이 쉽기 때문에 사분위수 범위와 같이 사용하면 분포를 이해하는 데 도움을 줄 수 있다. 여덟째, 분포 개념에 대한 그래프를 다룰 때 최종적인 그래프는 연속적인 밀도함수 그래프일지라도 처음부터 이런 그래프를 사용하는 것은 어렵기 때문에, 학생들이 쉽게 상황과 연결해서 다룰 수 있는 역사적으로 초기에 나타났던 플레이페어의 막대도표와 유사한 측정값 막대그래프에 주목하고, 이를 출발점으로 히스토그램 등 다양한 그래프들을 사용하는 것이 분포를 이해하는 데 도움을 줄 수 있다. 아홉째, 케틀레의 인간의 특성과 능력에 대한 연구에서 살펴보았듯이 더 큰 표본의 분포에 대한 모양을 추측하게 하는 것이 분포를 이해하는 데 도움을 줄 수 있다. 마지막으로 골턴의 연구에서 보았듯이 동일한 상황을 하나의 그래프가 아닌 다양한 그래프로 그려 보는 것이 자료의 분포 특성에 대한 이해에 도움을 줄 수 있다.

나) 학생들의 현실과 상식 탐색

단원 설계에서 고려해야 할 다른 주요 사항은 학생들이 통계의 기본 개념에 대해 알고 있는 상식을 기초로 학생들에게 구체적으로 어떤 현실 맥락과 활동을 제공하여 안내하의 재발명에 의한 통계학의 기본 개념의 점진적 수학화 과정을 경험하게 함으로써 더 높은 수준의 상식으로 이끌어갈 것인가 하는 점이다.

통계의 기본 개념을 배울 학생들이 평균이나 분포 등에 대해 알고 있는 상식은 무엇인가? 여기서 단원 사례 개발의 예로 제시한 통계 단원은 네덜란드의 7학년, 즉 중학교 1학년 정도의 학생들을 위한 것이다. 학생들은 변이성과 관련해서는 자신들의 키나 몸무게가 모두 같지 않다는 것을 잘 알고 있기에 익숙하다고 할 수 있으며, 자료 집단의 특성에 대해 자료 전체의 특성을 생각하는 집합적 관점이 아니라 자료 개개의 값에 초점을 맞추는 개별 지향적 관점을 많이 보인다. 중심과 관련해서 평균 계산에 어느 정도 숙달해 있고, 평균 개념과 관련해서 '가장', '대략', '균형점', '중간 범위', '가장 가운데', '무게중심', '대다수'와 같은 중앙값, 최빈값, 산술 평균과 같은 평균의 질적인 의미들을 알고 있지만, 평균의 산술적 의미와 질적인 의미를 잘 연결하지 못한다. 또한 일부 학생들은 역사적 분석에서 보았듯이 [그림 Ⅱ-34]와 같은 그래프를 보고 길이가 긴 막대의 일부를 잘라 길이가 짧은 막대에 붙여봄으로써 대략적인 평균을 어림하는 시각적 보상 전략을 사용할 수 있지만 대다수의 학생들에게는 익숙하지 않다. 표집과 관련해서는 작은 표본에 대해 생각할 뿐 빈약한 개념을 가지고 있다. 퍼짐과 관련해서는 대부분 범위로 해석하려는 경향이 있고, 일부분은 극값 사이의 다른 자료값들을 인식하기는 하지만 이런 값들을 고려하는 적절한 방식을 알지 못한다. 분포와 관련해서는 [그림 Ⅱ-35]와 같이 건전지 수명을 나타내는 자료값 막대그래프에서는 'D의 네 개의 값이 P의 건전지들보다 수명이 길다.', 'P는 동일한 값이 많다.'와 같이 자료의 특성을 파악하지만, [그림 Ⅱ-36]과 같이 속도위반 카메라 설치 이전과 이후의 자동차의 속력을 나타낸 점그래프에서 융기는 대다수의 자료가 그 부분에 밀집되어 있음을 의미한다는 것을 잘 이해하지 못한다. 또한 학생들은 분포와 관련해서 키와 같은 친숙한 맥락에서는 자료를 낮은 값, 평균 값, 높은 값의

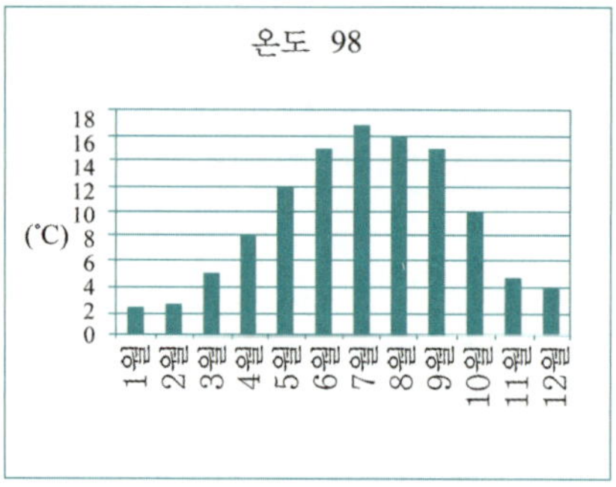

그림 Ⅱ-34 **평균 연간 기온 막대그래프**

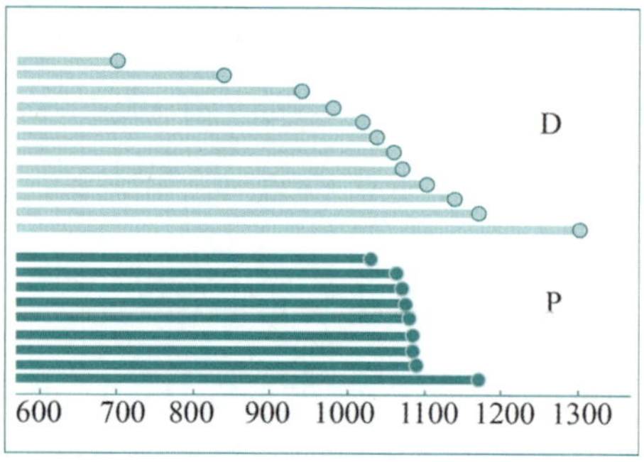

그림 Ⅱ-35 **건전지 수명을 나타내는 측정값 막대그래프**

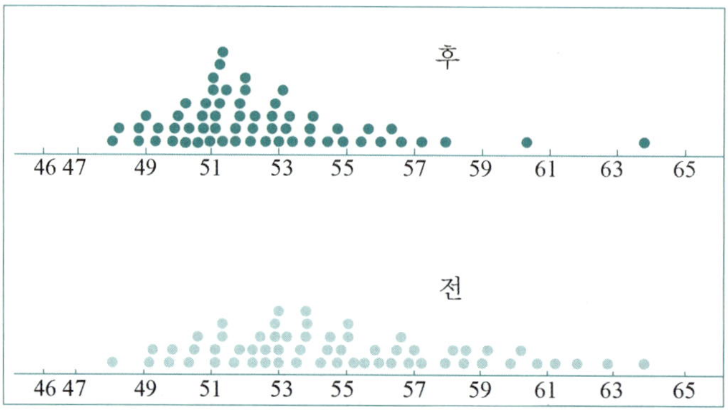

그림 Ⅱ-36 **속도위반 카메라 설치 전후 속도에 대한 점그래프**

세 개의 집단으로 나누는 직관이 발달해 있다. 또한 그래프와 관련해서는 좌표 체계를 알고 있고 선 그래프는 어느 정도 익숙하며 막대그래프는 잘 다루지만 점그래프나 히스토그램, 상자그림에는 익숙하지 않고, 같은 상황이라도 속도위반 카메라에 찍힌 자동차의 속도에 대한 점그래프를 연속그래프로 제시하면 그래프를 해석하는 데 어려움이 많다.[72)]

학생들에게 어떤 현실 맥락을 제공할 것인지와 관련해서는 역사적 분석에서 살펴보았던 통계의 기본 개념이 발생한 맥락과 더불어 역사적 분석 결과 설정했던 방향을 고려해서 현재 통계의 기본 개념이 응용되는 맥락을 탐색하는 것이 필요하다. 역사적으로는 통계의 기본 개념이 발생한 맥락은 큰 수 어림 맥락, 천문학자들의 행성의 위치나 크기 및 거리에 대한 반복 측정 맥락, 인간의 다양한 특징과 능력 및 유전에 관한 맥락 등에서 더 광범위한 자연 현상과 사회 현상으로 확장되어 왔고, 현재는 실생활, 정치, 문화, 사회, 경제, 학문 등 모든 분야에 통계의 기본 개념이 활용되고 있다.

역사적 맥락과 여러 연구 문헌과 학생들의 현실과 상식 등을 고려하고 여러 번의 교수실험을 통해 최종적으로 선택한 학생들의 현실적 맥락은 코끼리 수 어림 맥락, 건전지 수명 맥락, 기구 맥락, 속도 위반 카메라 장치 맥락이다. 코끼리 수 어림 맥락은 역사적으로 큰 수 어림을 통해 평균에 대한 직관적인 의미를 파악하는 데, 건전지 수명 맥락은 평균과 분포 개념에 대한 이해를 도울 뿐만 아니라 상보 전략에 의한 평균에 대한 직관적인 생각을 알고리즘과 연결할 수 있고 대다수나 특이점과 같은 분포의 특성을 예상하는 데 적합하다. 기구 맥락은 표집과 관련해서 큰 수 어림을 약간 변형하여 집단을 선택하고 집단의 몸무게를 대표할 값으로 산술 평균을 생각하여 그 값을 구하면서 대푯값으로서의 평균을 이해하는 데 도움이 되고, 학생들의 몸무게와 키의 분포를 나타내는 그래프의 모양에 대한 예측을 하는 데, 카메라 장치 맥락은 분포에 대한 이야기에 맞는 자료에 대해 추론하는 데 적합하다.[73)] 특히 건전지 맥락은 일반적으로 각 제품의 수명은 동일할 것으로 기대하지만 알 수 없는 원인 등으로 기대하는 제품 수명과는 다른 제품들이 만들어지게 되며, 이를 확인하기 위해 파괴검사 등을 실시하여 실제 제품의 수명을 측정하고 그 측정값들을 기초로 이 제품 수명이 얼마인지를 파악하게 되는데, 이런 방식이 역사적으로 천문학자들이 반복 측정에 의해 달과 지구 사이의 거리 등을 결정하는 방식과 일치하지는 않지만 유사한 것으로 판단된다.

지금까지 살펴본 바와 같이 통계의 기본 개념과 관련된 학생들의 상식은 평균 개념에 대한 산술적 의미와 질적인 의미를 잘 연결하지 못하고, 표집은 작은 표본에만 관심이 집중되어 있고, 퍼짐은 범위 정도로 생각하고, 그래프는 막대그래프와 선그래프에 익숙한 정도이다. 또한 학생들에게 적절한 현실 맥락은 코끼리 수 어림 맥락, 건전지 수명 맥락, 기구 맥락, 속도위반 카메라 맥락이다.

다) 모델 탐색

단원 설계에서 고려해야 할 또 다른 주요 사항은 모델이다. 통계의 기본 개념 지도에서의 모델은 '분포 형태에 대한 그래프 표현'이다.[74] 측정값을 선이나 점으로 나타내는 'MO'에서 분포의 모양과 밀도를 탐색하는 데 사용되는 'MF'로 전환된다. 분포 개념의 일반적인 그래프는 종 모양으로 보이는 밀도함수 그래프이고, 최종적으로는 이 그래프를 통해 분포의 특성을 이해해야 하지만, 처음부터 이 그래프를 다루는 것은 학생들에게 매우 어려운 것이므로, 학생들이 이해하기 쉬운 그래프 표현에서 시작해서 적절한 그래프 표현의 전환을 통해 통계의 기본 개념에 대한 수준 상승이 이루어지도록 해야 한다.

통계의 기본 개념 지도를 위해 처음 도입된 모델은 측정값 막대그래프[75]와 점그래프이다. 측정값 막대그래프는 [그림 Ⅱ-37]과 같이 자료의 측정값을 선의 길이로 표현하는 것이다. 이 모델은 평균에 대한 역사적 분석에서는 그리스 수학에서 그리고 그래프에 대한 역사적 분석에서는 플레이페어의 막대그래프에서 살펴보았고, 현재는 시간이나 길이를 나타내는 데 사용되는 선 형태의 그래프이다. 점그래프는 [그림 Ⅱ-38]과 같이 자료의 측정값을 해당되는 위치에 그 개수만큼 점을 쌓아 표현하는 것이다.

모델의 출현과 전환 과정을 살펴보면, 두 상표의 건전지 수명에 대한 자료를 그래프로 표현하는 방법을 탐색하는 과정에서 건전지 각각의 수명에 대한 측정값을 하나의 막대의 길이로 나타내어, 측정값의 크기의 순서에 따라 배열함으로써 측정값 막대그래프가 출현한다. 이 측정값 막대그래프는 학생들이 쉽게 발명하거나 생각하기 쉽고, 건전지 수명이라는 측정값 집합의 직관적 이미지와 잘 들어맞는다. 학생들은 그래프를 직접 그리지 않고, 컴퓨터 프로그램을 이용하여 이 그래프를 그릴 수 있다.

다음으로 건전지 맥락에서 자료를 나타내는 방법을 탐색하는 과정에서 밀도함수의 그래프 사이의 전이 단계의 역할을 할 수 있는 그래프 형태로 [그림 Ⅱ-38]과 같은 점그래프가 도입된다. 점그래프에서는 막대의 길이가 아니라 하나의 점이 하나의 측정값을 의미하며, 주어진 지점에서 쌓인 점의 높이가 그 위치에서 측정값의 밀도로 해석된다. 이 점그래프의 시각적 모양이 이후에 다루게 될 밀도함수 그래프의 질적인 전조이다. 이렇게 자료를 표현하는 방법을 탐구하는 과정에서 측정값을 막대의 길이나 점으로 표현하고자 하는 생각을 유도하고, 그 활동의 결과로 측정값 막대그래프와 점그래프라는 모델이 출현한다. 이 때 이 측정값 막대그래프와 점그래프가 측정값을 막대의 길이나 점으로 나타내고자 하는 활동을 표현하는 'MO'이다.

MO로 출현한 점그래프 모델은 컴퓨터 소프트웨어인 Minitool[76]을 사용하여 구조화된 점그래프로 전환되면서 'MF'가 된다. 이 Minitool은 자료의 구간을 구분하는 다양한 기능을 가지고 있는데, 그 중 하나가 점그래프의 각 구간에 동일한 자료의 개수가 포함되도록 구간을 나누거나, 점을 없애고 선만 나타내는 기능이다. 학생들은 구조화된 점그래프에서 [그림 Ⅱ－39]와 같이 자료의 개수가 동일한 네 개의 그룹으로 분할되어 있는 그림을 보면서 모양과 밀도에 대한 추론을 시작한다. 이 때 학생들은 중앙값을 기준으로 가장 높은 부분이 어디인지를 판단하기 시작한다. 즉 중앙값을 기준으로 왼쪽으로 또는 오른쪽으로 치우쳐 있는지를 구별한다. 따라서 네 개의 그룹으로 구조화된 점그래프가 분포에 대한 추론을 위한 모델의 역할을 하기 시작한다. 이어서 [그림 Ⅱ－40]부터 [그림 Ⅱ－42]에서 보는 바와 같이 구조화된 점그래프를 좀 더 구조적으로 표현한 히스토그램, 도수분포다각형, 연속그래프 등 학생들이 추론을 하기 위한 다양한 모델이 사용된다.

MO

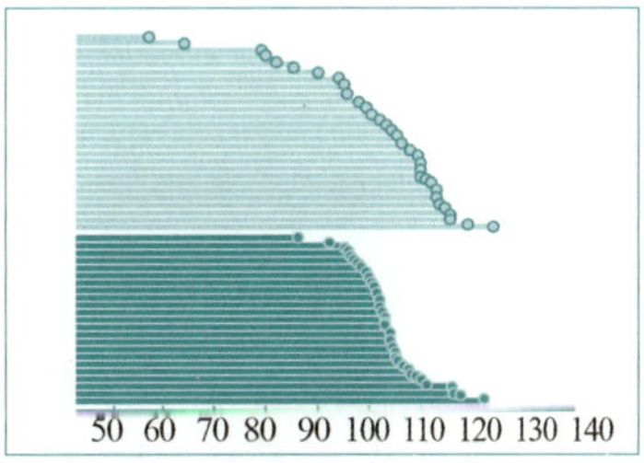

그림 Ⅱ－37 **측정값 막대그래프**

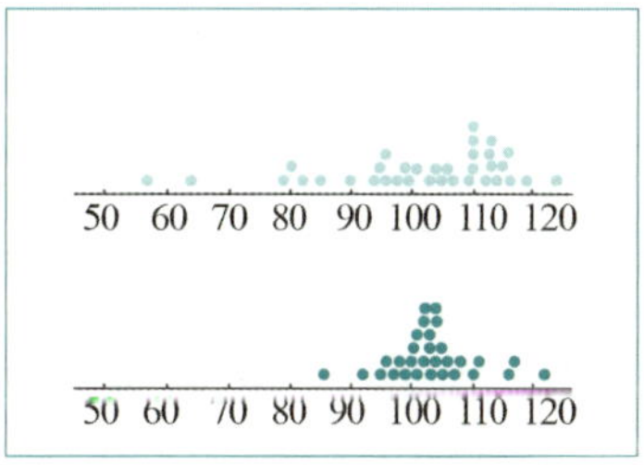

그림 Ⅱ－38 **점그래프**

MF

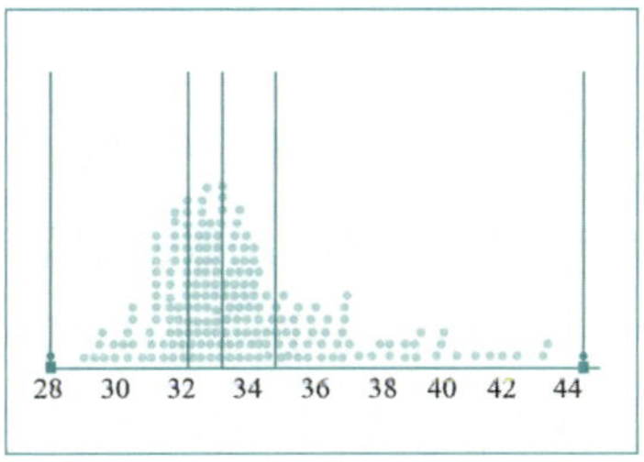

그림 Ⅱ－39 **구조화된 점그래프**

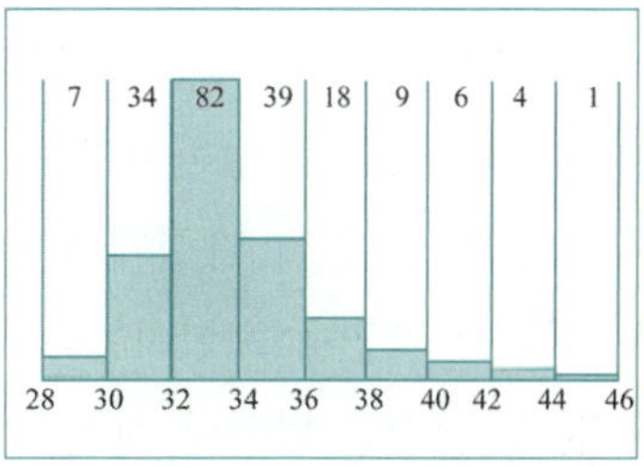

그림 Ⅱ－40 **히스토그램**

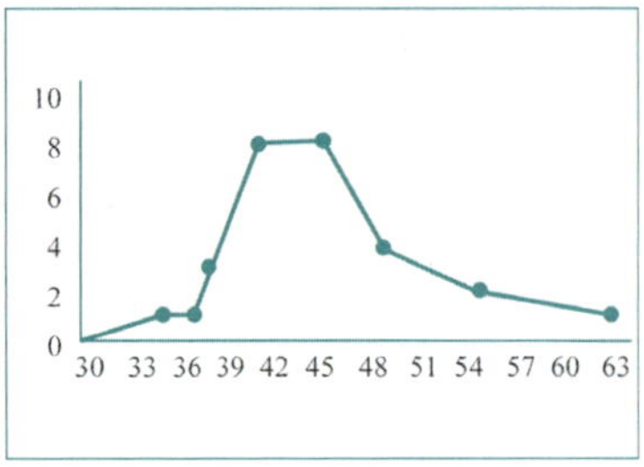

그림 Ⅱ-41 도수분포다각형

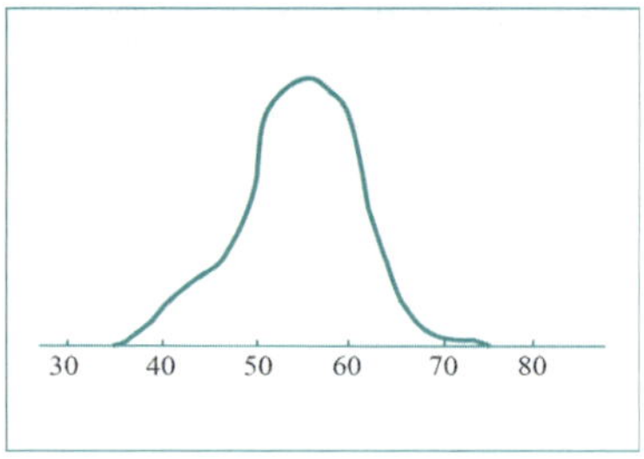

그림 Ⅱ-42 연속그래프

지금까지 살펴본 바와 같이 분포의 기본 개념 단원 사례에서는 측정값 막대그래프와 점그래프가 자료의 측정값을 그래프로 표현하는 것을 나타내는 'MO'이고, 구조화된 점 그래프와 이를 좀 더 구조적으로 표현한 히스토그램, 도수분포다각형, 밀도함수가 자료의 분포의 특성을 나타내는 'MF'이다. 이와 같이 현실적 수학교육에서는 통계의 기본 개념을 지도할 때 이미 체계화된 그래프를 처음부터 직접 제시해 주는 것이 아니라 역사적 분석과 학생들의 현실과 상식에 대한 탐색에 따라 학생들이 쉽게 생각해 낼 수 있는 적절한 모델을 제시하고, 이런 모델을 구조화하는 과정을 통해 체계화되고 형식화된 모델로 발전시켜가게 함으로써 통계의 기본적인 개념을 이해하는 데 도움이 되도록 하는 것이 중요하다.

2) 분포 개념 지도를 위한 단원 설계

이 절에서는 앞에서 살펴본 교수학적 현상학에 의한 분석을 기초로 하는 단원의 설계 방향과 여러 차례의 교수 실험을 통해 정련된 단원의 구체적인 내용을 살펴본다.[77]

가) 단원의 설계 방향

통계의 기본 개념의 핵심은 자료의 개개의 값이 아닌 전체 자료 집단의 분포의 특성이다. 이러한 통계의 기본 현상은 변이성과 불확정성이다. 변이성의 패턴을 알기 위해서는 표집을 하고, 표본들을 측정하여 자료를 모으며, 적절한 도표를 사용하여 패턴과 경향을 분석하게 된다. 이런 분석 과정에서 핵심 개념은 변이의 패턴을 볼 수 있는 분포이다. 이때 분포는 다양한 측면을 포함하는데, 중심, 퍼짐,[78] 밀도, 왜도 등이 이에 해당한다. 중심에는 대푯값이, 퍼짐은 범위나 사분위수 범위 그리고 표준편차 등이 해당하며, 밀도는 자료가 밀집되어 있는 정도를 나타내고, 왜도는 분포에서 대부분의 자료가 극값들과 관련해서 어디에 있는지를 보여주는 것으로 대칭 분포인지 비대칭 분포인지를 의미한다.

교수학적 현상학에 의한 분석을 기초로 단원을 설계할 때 중요한 점은 어떤 집단의 특성을 하나의 값으로 나타낼 수 있음을 인식하고 평균과 같은 대푯값을 생각해 내고, 이 대푯값이 과연 집단의 특성을 나타내는 값으로 적절한지에 대한 불확정성에 대한 생각과 더불어 변이성과 관련하여 자료 전체의 특성을 파악할 수 있는 분포와 관련된 퍼짐, 밀도, 왜도 등의 개념과 표집의 개념을 어떻게 재발명하도록 할 것인가 하는 것이다. 역사적 분석에서 살펴보았듯이, 추상적 실재로서의 대푯값의 의미는 학생들이 스스로 재발명하기는 매우 어려운 부분이고, 이러한 대푯값의 의미를 모르는 상태에서 알고리즘을 다루는 것은 적합하지 않기에 전체를 어림하기 위한 평균, 참값을 어림하는 방법으로서의 평균, 실재 그 자체로서의 평균의 역사적 단계를 고려하는 것이 필요하다. 이를 위해 학생들은 우선 평균에 대한 직관적인 관점을 파악할 뿐만 아니라 어떤 집단의 자료들이 한 값을 중심으로 집중되는 경향이 있음을 의미하는 중심경향성을 파악하고, 산술평균, 중앙값 등을 단지 계산으로 생각하는 것이 아니라 중심경향성을 나타내는 어떤 집단을 대표하는 하나의 값임을 이해해야 한다. 이 과정에서 평균의 질적인 의미와 양적인 의미가 연결되어야 한다. 역사적 분석에서 살펴보았듯이 큰 수 어림에서 대푯값, 중앙값, 균형, 보상과 같은 평균의 질적인 의미를 다룰 수 있고 이를 출발점으로 해서 양적인 의미와 연결하는 것이 필요하다. 또한 일반적으로 대푯값을 먼저 다루지만, 이러한 대푯값은 자료 전체의 특성을 나타내는 데는 한계가 있고, 어떤 대푯값을 선택해야 하는지를 알기 위해서는 분포에 대한 감각이 있어야 하므로 중심과 분포 개념을 동시에 다룰 필요가 있다.[79]

자료 전체의 분포를 알기 위해서는 자료의 퍼짐을 나타내는 범위나 천체에 대한 관측이나 인간의 능력과 특성을 통해 알게 된 분포의 대표적인 형태인 정규분포의 모양과 특성을 알 뿐만 아니라 정규분포를 이루지 않는 비대칭적인 분포에 대해서도 이해해야 한다. 역사적으로는 확률을 기초로 하는 분포에 관련된 연구가 이루어졌지만, 통계를 처음 배우는 학생들의 입장에서는 확률 이론을 통계에 접목시키기는 매우 어려운 일이다. 따라서 학생들의 경우에는 확률분포곡선을 다루는 것이 아니라 역사적으로도 천문학자들의 수많은 반복 측정의 경험에 의해 자료의 분포가 정규분포가 됨을 알게 된 것처럼, 실제 자료들의 분포를 측정값 막대그래프나 점그래프로 표현해 보는 활동을 통해 그 모양을 인식하게 하는 것이 필요하다. 또한 그래프를 점진적으로 구조화하는 것을 통해 그래프의 식은 알지 못해도 분포의 모양을 추론할 수 있도록 이산 그래프에서 연속 그래프로 나아가는 것이 바람직하다. 이 때 학생들이 처음에는 역사적으로 수학자들도 그랬던 것처럼 자료의 분포가 대칭임을 전제로 자료의 특성을 분석하겠지만 점차 비대칭 분포를 이해하면서 이산 그래프로 뿐만 아니라 연속 그래프에서 '융기'로 나타나는 부분이 자료가 집중되어 있는 부분임을 알아가게 하는 것이 필요하다.

교수학적 현상학에 의한 분석과 위에서 논의한 것을 토대로 소수 개념 지도의 전체적인 방향을 다음과 같이 설정할 수 있다. 첫째, 코끼리 수 어림 맥락을 통해 전체 어림을 위한 평균으로부터 대푯값이라는 추상적 실재로서의 평균의 의미를 파악하게 하고, 보상전략 등을 활용하여 시각적으로 평균을 어림하며, 대칭뿐만 아니라 비대칭 분포에서도 평균을 알아보고, 평균의 질적인 의미와 양적인 의미를 연결하게 한다. 둘째, 건전지 수명 맥락을 통해 평균이 같은 정규분포인 대칭분포와 비대칭분포를 같이 다루면서 측정값 막대그래프와 점그래프를 통해 그래프의 모양을 탐색하게 하고, 평균뿐만 아니라 전체의 분포를 알 수 있는 범위 등의 퍼짐, 밀도, 왜도 등을 탐색하게 한다. 셋째, 기구 맥락을 통해 학생들의 몸무게와 키를 알아보는 과정에서 대푯값으로서의 산술평균을 다루고 표집 방법에 대해 생각하며, 표본의 크기 증가에 따른 분포의 변화를 예측하며 선그래프나 연속 그래프를 생각하게 하고, 다양한 그래프를 발명하고 비교하게 함으로써 융기의 의미를 파악하게 한다. 넷째, 속도 위반 카메라 맥락을 통해 여러 가지 형태의 그래프를 다루면서 카메라 설치 전과 후의 퍼짐, 융기의 변화 등 다양한 분포의 특성을 탐색하게 한다.

교수학적 현상학에 의한 분석을 기초로 단원을 설계하고, 여러 차례의 교수실험과 분석을 통해 탐색된 7학년 학생들을 위한 소수 개념 지도 단원을 살펴보면 다음과 같다.

나) 단원의 개관

본 단원의 목표는 학생들이 비형식적 수준에서 평균, 퍼짐, 표집, 모양에 대한 개념을 이해하는 것이다. 이 단원은 코끼리 수 어림 맥락, 건전지 맥락, 기구 맥락, 속도위반 카메라 맥락을 중심으로 평균 개념에서 대푯값의 의미와 질적인 의미를 강조하고 양적인 의미와 연결하며, 분포와 관련해서 모양에 대한 질적 추론에서 계급이나 사분위수와 같은 양적 추론으로 나아간다. 그래프도 측정값 막대그래프와 같은 직관적 방식에서 히스토그램과 같은 전통적인 방식으로 연결하며, 주어진 맥락에서 분포의 모양을 해석하고 맥락의 변화를 분포 모양의 변화와 연결하게 된다. 이런 목표에 도달했는지를 판단하는 기준은 분포의 특성을 중심, 퍼짐, 밀도, 대칭 또는 비대칭과 같은 용어로 표현할 수 있는가이다.[80)]

단원의 주요 주제는 큰 수 어림과 평균의 직관적 이해, 다양한 분포 탐색, 시각적 평균 어림, 자료 구성, 퍼짐의 비교, 평균과 표집, 표본의 크기와 분포 변화, 분포의 다양한 특성 표현, 분포의 그래프 모양 추론이다. 이 주제들은 앞에서 언급하였듯이 역사적 분석 결과와 학생들의 현실과 상식 탐색 및 모델 탐색에 따른 방향의 설정과 여러 차례의 교수 실험 결과를 반영하여 계열을 재구성한 것이다.[81)]

각 주제별로 내용을 간단히 살펴보면, 큰 수 어림과 평균의 직관적 이해에서는 역사적으로 고대 인도의 한 사람이 나뭇잎 수와 열매의 수를 구하거나 펠로폰네소스 전쟁 시에 성벽의 높이를 구하는 것과 같이 실제의 값을 어림하는 과정에서 대표성이나 범위의 중앙과 같은 평균과 관련된 아이디어가 발생했듯이, 많은 수의 코끼리가 포함된 사진에서 코끼리의 수를 어림하는 활동을 통해 평균의 의미를 직관적으로 다룸으로써 평균에 대한 심상을 형성한다. 다양한 분포 탐색에서는 평균 개념을 본격적으로 다루기 전에 모든 상황을 평균으로 해석하려는 생각을 갖지 않도록, 평균이 같은 두 상표의 건전지 수명에 대한 자료를 측정값 막대그래프로 제시하고, 두 집단의 자료를 분석하는 활동을 통해 퍼짐이나 밀도와 같은 평균이 아닌 다른 방법으로 분포의 특성을 인식하고 표현한다.

시각적 평균 어림에서는 역사적으로 그리스의 산술 평균 개념에서 수를 선분 막대로 표현하여 평균을 구했던 것과 같이 코끼리 수 맥락과 건전지 수명 맥락에서 자료의 값을 측정값 막대그래프로 표현하여 알고리즘이 아닌 범위의 중앙과 상보전략을 사용하여 대략적으로 평균을 어림하는 방법을 생각한다. 자료 구성에서는 대푯값으로서의 평균과 분포 개념에 대한 이해를 돕기 위해 건전지 수명 맥락에서 세 상표의 조건에 맞게 중심과 퍼짐을 고려하면서 자료값을 구성한다.

퍼짐의 비교에서는 역사적으로 골턴이 사람들의 키의 분포를 조사하는 과정에서 동일한 자료에 대한 두 그래프를 제시함으로써 분포의 특성에 대해 더 잘 알 수 있었던 것과 같이, 건전지 수명 맥락에서 두 상표의 측정값 막대그래프와 점그래프를 비교하면서 분포의 특성을 알아본다. 평균과 표집에서는 역사적으로 케틀레가 평균적인 사람이라는 아이디어를 생각해 내어 추상적 실재로서의 대푯값으로서의 평균을 사용했듯이, 학생들은 기구 맥락에서 제한 인원이 어른 8명인 경우에 7학년 학생들은 몇 명까지 탈 수 있는지를 생각하는 과정에서 학생들의 몸무게를 대표할 수 있는 평균적인 학생이 있는지를 생각하고, 학생들의 평균 몸무게를 조사하기 위해 표집 방법을 생각한다. 표본의 크기와 분포 변화에서는 기구 맥락에서 학생들의 몸무게와 키와 관련해서 표본을 증가시킬 때 분포의 모양이 어떻게 변하는지 예측한다.

분포의 다양한 특성 표현에서는 자동차의 과속이 많은 도로에 속도위반 카메라를 설치하기 전과 설치한 후의 자료를 보고, 속도위반 카메라를 설치한 것의 효과를 판단하는 과정에서 상황에 맞게 자료 전체의 특성을 파악하고 그래프로 표현한다. 분포의 그래프 모양 추론에서는 기구 맥락에서 학생들의 몸무게와 키에 대한 자료를 다양한 그래프로 표현하고 비교하여 분포의 특성을 이해하고 연속적인 그래프 모양에 대해 추론한다.

이 과정에서 수학 교수와 학습의 원리의 구현을 살펴볼 수 있는데, 이 원리들은 하나씩 분리되어 있기보다는 복합적으로 나타난다. 위에서 살펴본 주제별 활동 내용과 현실 맥락뿐만 아니라 구현된 원리와 모델을 요약하여 제시하면 <표 Ⅱ－2>와 같다.

〈표 Ⅱ－2〉 **분포 개념 지도를 위한 단원 개요**

주 제	활동 내용	원리	모델
큰 수 어림과 평균의 직관적 이해	◦코끼리 수 어림 맥락에서 그림에 제시된 코끼리의 수를 어림하는 방법 찾기 ◦코끼리의 수 어림 전략 공유하기 ◦격자를 이용한 방법에서 평균 상자의 의미 탐색하기	◦현실성의 원리 안내의 원리 ◦상호작용의 원리 ◦수준의 원리 활동의 원리 연결의 원리	
다양한 분포 탐색	◦건전지 수명 맥락에서 평균은 같지만 분포가 다른 두 상표의 건전지 수명 자료에 대한 분포 탐색하기 ◦건전지 상표 선택의 근거를 평균뿐만 아니라 밀도, 극값, 신뢰도와 같은 퍼짐에 관련된 용어로 분포의 특징으로 설명하기	◦현실성의 원리 안내의 원리 ◦상호작용의 원리 연결의 원리 활동의 원리 수준의 원리	▸ MO 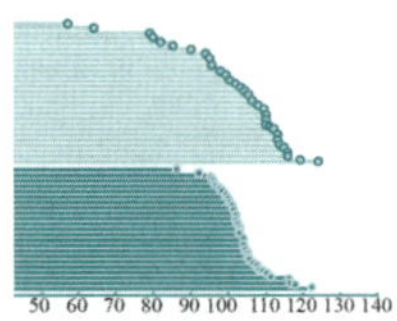
시각적 평균 어림	◦코끼리 수 어림 맥락에서 평균 상자를 이용하여 코끼리의 수 어림하기 ◦가상의 상황에서 평균 상자 탐색하기 ◦비대칭 분포에서 평균 상자 탐색하기 ◦코끼리의 수를 나타낸 측정값 막대그래프에서 상보전략을 이용하여 시각적으로 평균 어림하기 ◦시각적 평균 어림 과정에서 추상적 실재로서의 평균을 직관적으로 경험하기	◦현실성의 원리 ◦안내의 원리 ◦상호작용의 원리 ◦연결의 원리 ◦활동의 원리 수준의 원리	▸ MO 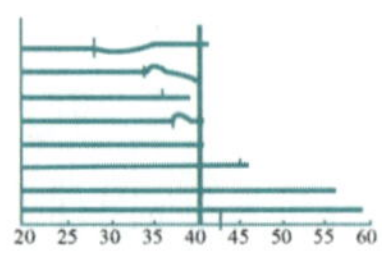

주 제	활동 내용	원리	모델
자료 구성	ㅇ건전지 수명 맥락에서 두 상표의 신뢰도 추론하기 ㅇ건전지의 품질과 신뢰도와 관련된 조건에 맞게 평균 수명과 퍼짐을 조정하면서 건전지 수명에 대한 자료를 구성하기 ㅇ퍼짐과 관련하여 용어를 명확하게 사용할 수 있도록 범위의 정의 도입하기	ㅇ현실성의 원리 ㅇ연결의 원리 안내의 원리 ㅇ상호작용의 원리 활동의 원리	▸ MO 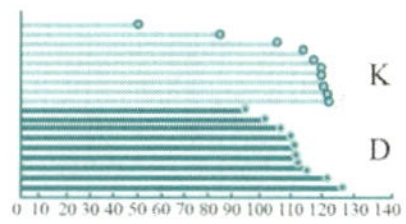
퍼짐의 비교	ㅇ건전지 수명 맥락에서 자료에 대한 측정값 막대그래프를 보고 자료가 어떻게 퍼져 있는지에 대한 설명을 근거로 건전지 상표 선택하기 ㅇ건전지 수명 맥락에서 퍼짐의 의미에 대해 탐색하기 ㅇ퍼짐의 비교를 통해 건전지 수명 자료에 대한 측정값 막대그래프와 점 그래프를 연결하기	ㅇ현실성의 원리 상호작용의 원리 ㅇ활동의 원리 ㅇ안내의 원리 연결의 원리 수준의 원리	▸ MO 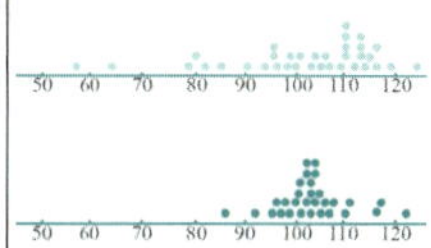
평균과 표집	ㅇ기구 맥락에서 기구에 탈 수 있는 학생의 수를 구하는 과정에서 산술 평균의 대표성을 생각하고 대략적인 평균을 이용하여 문제를 해결하기 ㅇ어른과 학생의 몸무게를 대표하는 평균을 구하기 위한 표집 방법 생각하기	ㅇ현실성의 원리 상호작용의 원리 안내의 원리 ㅇ활동의 원리 수준의 원리	
표본의 크기와 분포 변화	ㅇ기구 맥락에서 학생들의 몸무게 평균을 구하기 위한 표집의 적합성과 표본의 특이값 논의하기 ㅇ그래프들을 보고 학생들의 표본이 커짐에 따른 분포의 변화 탐색하기 ㅇ더 큰 표본의 분포 모양 추론하고 그래프로 나타내기 ㅇ분포에 대한 연속그래프를 다루면서 분포의 모양 탐색하기	ㅇ현실성의 원리 ㅇ안내의 원리 수준의 원리 활동의 원리 ㅇ연결의 원리 ㅇ상호작용의 원리	▸ MO 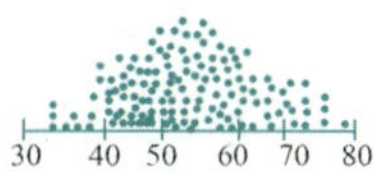

주 제	활동 내용	원리	모델
분포의 다양한 특성 표현	○ 속도위반 카메라 맥락에서 설치 전과 후의 점그래프를 보고 카메라 설치 효과 탐색하기 ○ 컴퓨터 소프트웨어 Minitool을 이용한 점그래프의 분포 분석 ○ 구조화된 점그래프를 보고 범위, 특이값, 퍼짐 등의 분포의 특성을 탐색하고 표현하기	○ 현실성의 원리 상호작용의 원리 ○ 안내의 원리 수준의 원리 ○ 연결의 원리 활동의 원리	▸ MF 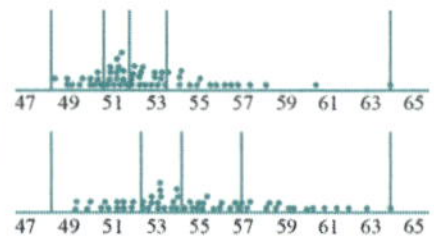
분포의 그래프 모양 추론	○ 기구 맥락에서 학생들의 키와 몸무게에 대한 학생들 자신의 다양한 그래프 발명하기 ○ 학생들이 발명한 그래프를 비교하고, 각 그래프에서 알 수 있는 특징 알아내기 ○ 그래프를 비교하며 융기의 의미를 탐색함으로써 같은 구조에 대한 서로 다른 표현임을 이해하기 ○ 건전지 맥락에서 융기 개념을 적용하여 자료의 분포 탐색하기 ○ 8학년 학생들과 더 큰 표본의 7학년 학생들의 그래프 모양 추론하기 ○ 건전지 맥락에서 그래프의 대칭과 비대칭 파악하기	○ 현실성의 원리 ○ 상호작용의 원리 ○ 활동의 원리 ○ 수준의 원리 ○ 안내의 원리 ○ 연결의 원리	▸ MF 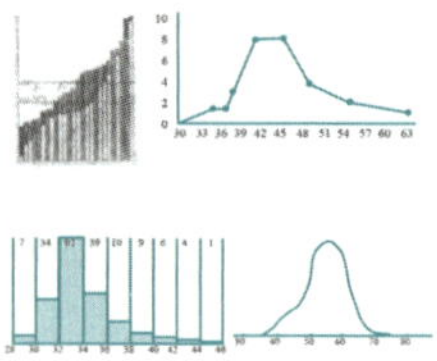

다) 단원의 구체적인 내용

주제와 핵심 활동을 중심으로 단원의 내용을 구체적으로 살펴보면 다음과 같다.[82]

(1) [주제 1] 큰 수 어림과 평균의 직관적 이해

[주제 1]의 학습 목표는 큰 수를 어림하는 과정에서 평균의 직관적인 의미를 이해하는 것이다. 주요 활동 내용은 코끼리 수 어림 맥락에서 그림에 제시된 코끼리의 수를 어림하면서, 그림의 일부만을 이용해서 코끼리의 총수를 찾는 방법을 생각하는 것이다. 이 과정에서 학생들은 평균을 비롯한 통계의 기본 개념에 대한 비형식적 지식을 드러낸다. 학생들의 현실과 상식 탐색에서 살펴본 바와 같이 학생들은 평균의 산술적인 의미와 질적인 의미를 잘 연결하지 못하는 상태이다. 활동 내용을 구체적으로 살펴보면, 다음과 같다.

① 코끼리의 수 어림 전략 탐색

학생들은 교사가 제시한 많은 코끼리가 있는 큰 사진을 보며 자신들의 상식을 이용해서 코끼리의 수를 어림하는 방법을 탐색한다(현실성의 원리). 이 때 교사는 학생들이 평균에 대한 질적인 의미를 생각할 수 있도록 답보다는 추론 방식에 초점을 맞추도록 한다(안내의 원리). 코끼리 수 어림 맥락은 역사적 분석에서 나무의 잎이나 열매의 수와 같은 큰 수 어림 상황에서 평균에 대한 직관적인 관념이 발생할 수 있었듯이, 학생들이 이런 큰 수 어림 상황에서 대표성이라고 하는 평균에 대한 직관적 관념을 형성할 수 있도록 선택된 것이다.

② 코끼리의 수 어림 전략 공유

학생들은 코끼리의 수 어림에 대해 서로 상호작용하면서 자신들의 방법을 공유하고 정당화한다(상호작용 원리). 학생들이 사용할 수 있는 가능한 전략들은 코끼리를 10마리, 15마리 등의 몇 개의 묶음으로 만들어 이를 더하는 전략, 10마리와 같이 정해진 수를 하나의 묶음으로 정하고 묶음의 수를 세어 곱하는 전략, 사진의 가로줄에 있는 코끼리 수에 세로줄에 있는 코끼리의 수를 곱하는 전략, [그림 Ⅱ－43]과 같이 그림을 격자 모양으로 분할한 후, '평균 상자'라고 부르는 격자에 있는 코끼리의 수를 세어 격자의 수를 곱하는 전략 등이다. 이런 전략들은 학생들의 상식을 적용한 것으로 평균에 대한 질적인 의미와 관련된 것도 있고 평균과는 무관한 것도 있다.

③ 평균 상자의 의미 탐색

코끼리 수를 어림하는 맥락을 통해 학생들에게 기대한 전략은 평균 상자와 관련된 전략인데, 평균 상자란 다른 격자들을 대표할 수 있는 하나의 격자를 말하며, 학생들은 평균 상자가 무엇인지에 대해 논의하면서 코끼리들이 각 격자에 어떻게 분포되어 있는지를 보는 방법을 알게 된다(수준의 원리). 즉, 학생들은 평균 상자와 관련하여 어떤 격자에 코끼리들이 더 밀집되어 있는지, 어떤 격자에 코끼리들이 밀집되어 있지 않은지 등을 생각하고, 코끼리가 가장 많이 있는 격자와 가장 적은 격자는 어떤 것이며 그 차이는 어느 정도 되는지를 알아본다. 그 격자들 중 너무 많지도 않고 너무 적지도 않은 격자는 무엇인지, 격자 중에서 가장 많은 코끼리가 있는 상자와 가장 적은 코끼리가 있는 상자의 중간을 구하는 범위의 중앙은 무엇인지를 고려한다. 또한 평균 상자는 코끼리의 총수에 대해 무엇인가를 알아내는 데 도움이 되도록 선택된 하나의 표본이라는 생각도 하게 된다. 이와 같이 코끼리 수의 어림 맥락에서 학생들이 사용한 전략은 역사적 분석에서 한 나무의 큰 가지에 있는 나뭇잎 수와 열매의 수를 어림할 때 너무 많지도 않고 너무 적지도 않은 대표적인 가지를 선택했던 것과 같은 방식이다. 따라서 학생들은 코끼리 수 어림을 통해 분포와 관련해서 평균의 핵심 아이디어인 대표성뿐만 아니라 변이성이나 범위, 표본, 밀도에 대한 직관적인 심상을 형성한다(활동의 원리). 이 때 교사는 아주 많은 별들이 있는 사진에서 평균 상자의 방법을 이용하여 별의 수를 구하도록 제안함으로써 이런 방법에 대한 경험을 확장할 수 있게 한다(연결의 원리).

학생들은 [주제 1]을 다루면서 평균 상자라는 방법을 사용하여 코끼리 수를 어림하는 과정에서 큰 그림을 격자로 분할하는 수평적 수학화의 과정을 경험하게 되며, 그 격자들 중에 평균 상자라는 다시 말하면 너무 많지도 적지도 않는 코끼리를 포함하고 있어서 모든 상자들을 대표할 만하다고 생각하는 상자를 선택해서 상자의 총 개수를 곱해서 구하는 과정에서 평균의 대표성이라는 아이디어와 변이성, 범위, 표본, 밀도에 대한 직관적 추론으로 나아가는 수직적 수학화의 경험을 하게 된다.

그림 Ⅱ－43 **코끼리 수 어림에서 평균 상자**

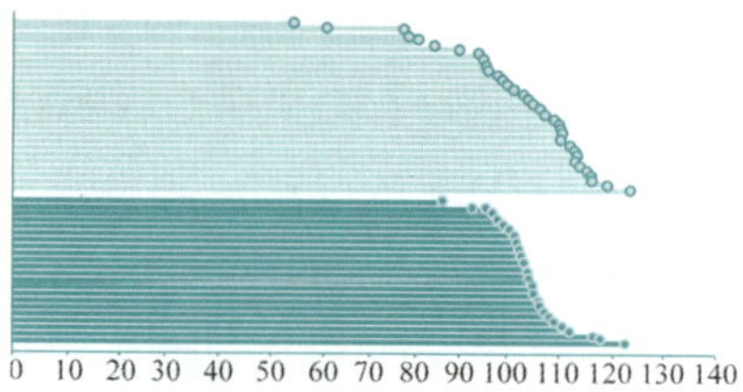

그림 Ⅱ－44 **두 상표의 건전지수명측정값 막대그래프**

나) [주제 2] 다양한 분포 탐색

[주제 2]의 학습 목표는 측정값 막대그래프로 나타낸 건전지 수명 자료 분포의 여러 가지 측면을 비교하는 것이다. 주요 활동 내용은 건전지 수명 맥락에서 어떤 상황에서든 평균을 사용하려는 평균의 혼란자 효과를 피하기 위해서, 평균과는 다른 분포의 측면들에 대해 인식하는 것이다. 이를 위해서 [그림 Ⅱ－44]와 같이 평균은 같지만 분포가 다른 두 상표의 건전지 수명에 대한 자료를 제시한다. 하나는 정규분포이고, 다른 하나는 비대칭 분포이다. 어떤 건전지 상표의 질은 평균 수명 시간과 그 상표의 건전지들의 수명의 일관성이 결정한다. 학생들은 두 상표의 건전지 수명을 비교하면서 자료 전체에 대해 평균 이외의 특징을 기술하는 방법을 생각한다. 활동 내용을 구체적으로 살펴보면, 다음과 같다.

① 건전지 수명 자료의 분포 탐색

학생들은 교사가 제시한 [그림 Ⅱ-44]에서 두 상표 D와 K의 건전지 수명에 대한 측정값 막대그래프를 보며 어느 상표의 건전지가 더 좋은 것인지를 판단한다. 건전지 수명 맥락은 역사적 분석에서 살펴본 천문학에서의 반복 측정 맥락과 매우 유사하며, 학생들의 현실에서도 매우 친숙한 맥락이다. 기본적으로 같은 제품의 건전지 수명은 같을 것으로 기대하지만, 실제 측정해 보면 여러 가지 원인으로 건전지의 수명은 다르게 나타난다. 역사적으로는 반복 측정 상황에서 참값을 구하기 위해 범위의 중앙, 산술평균, 중앙값 등의 관념이 사용되었고, 이런 대푯값들의 한계로 인해 산포도나 분포에 대한 연구들이 시작되었다. 따라서 학생들의 경우에도 친숙한 건전지 수명 맥락을 통해 이런 관념들이 발생하기를 기대하는 것이다(현실성의 원리). 이 때 교사는 답을 구하는 것이 중요한 것이 아니라 이런 문제들을 일반적으로 해결하기 위한 방법, 관념, 그래프 등을 생각하는 것이 더 중요함을 이야기한다. 또한 학생들이 어떤 상표의 건전지를 선택하는 것이 좋은지에 대한 근거를 좀 더 깊이 있게 생각할 수 있도록 짝과 서로 상호작용하면서 소비자 보고서를 작성하게 하는 것이 더 도움이 될 것이다(안내의 원리). 여기서 측정값 막대그래프는 추상적인 수가 아닌 각 건전지의 수명에 대한 측정값을 막대의 길이로 표현한 것이다. 이 모델은 평균에 대한 역사에서는 그리스 수학에서 또한 그래프에 대한 역사에서는 플레이페어의 막대그래프에서 이미 살펴보았고, 현재는 시간이나 길이를 나타내는 데 사용된다.

② 건전지 수명 자료 분포의 특징 표현

학생들은 측정값 막대그래프를 보며 어느 상표를 선택할 것인지 서로 상호작용하면서 자신들의 선택에 대한 근거를 정당화한다(상호작용 원리). 학생들이 제시하는 근거로는 'D의 건전지 중에 가장 수명이 긴 것이 있다.', 'K에는 아주 낮은 이상점이 있다.', 'D는 K보다 평균이 더 크다.', 'D가 좀 더 일정해서 신뢰할 만하다.', 'K의 범위가 더 크다', 'K는 대부분의 값이 D의 값보다 높다.' 'D의 모든 값은 평균에 가깝다', 'D의 모든 값은 80시간 이상이다.' 등 다양할 수 있다.

학생들은 측정값 막대그래프를 보며 자신들의 상식을 활용하여 평균, 범위, 범위의 중앙, 극값, 밀도, 신뢰도에 대해 추론함으로써 코끼리 수의 어림에서 형성된 평균에 대한 직관적인 관념을 활용할 뿐만 아니라 퍼짐에 대한 직관적인 심상을 형성한다(연결의 원리 · 활동의 원리 · 수준의 원리). 이 때 퍼짐에 대한 학생들의 관념은 크게 범위의 관점과 밀도의 관점으로 구분해 볼 수 있다. 전자는 수명이 가장 긴 것과 가장 짧은 것의 거리를 생각하는 것이고, 후자는 점들이 어느 부분에 몰려 있는지를 생각하는 것이다. 그러나 학생들이 퍼짐과 관련해서 중심에서 흩어진 정도를 살펴보는 일, 즉 분산과 유사한 아이디어를 생각해 내기는 어려운 것 같다.

학생들은 [주제 2]를 다루면서 건전지 수명을 측정한 값을 막대로 표현하는 과정에서 MO로 출현한 측정값 막대그래프를 사용한다. 이 측정값 막대그래프를 통해 평균이나 범위의 중앙뿐만 아니라 자료의 전체적인 특성이라고 할 수 있는 범위, 밀도 등 분포에 대한 생각을 쉽게 할 수 있다. 이 과정에서 건전지 수명을 나타내는 측정값 막대그래프를 보고 건전지 수명의 측정값을 읽어내는 수평적 수학화의 과정을 경험하게 되고, 이런 측정값 전체의 특징을 파악하고 퍼짐과 같은 분포에 대한 심상을 형성하고 극값, 범위, 밀집되어 있는 값과 같은 언어로 그 특징을 표현하는 수직적 수학화의 과정을 경험한다.

다) [주제 3] 시각적 평균 어림

[주제 3]의 학습 목표는 측정값 막대그래프에서 평균을 구하는 것이다. 주요 활동 내용은 코끼리 수 어림 맥락에서 학생들이 시각적으로 평균을 알아내기 위한 상보전략을 재발명하는 것이다. 이 전략은 역사적 분석에서 살펴본 그리스 수학의 방법이다. 상보 전략은 학생들이 측정값 막대그래프를 이용하여 시각적으로 평균을 어림하는 기초가 된다. 학생들은 이러한 방식으로 중간, 균형과 보상, 대표성과 같은 평균의 여러 가지 측면을 더 잘 이해할 수 있다. 구체적인 활동 내용을 살펴보면, 다음과 같다.

① 평균 상자를 이용한 코끼리 수 어림

학생들은 교사와 함께 코끼리 수 어림 맥락에서 다루었던 여러 가지 전략들에 대해 다시 이야기하고, 평균 상자를 이용한 방법에 대해 논의한다(현실성의 원리). 학생들은 [그림 Ⅱ−45]와 같이 전체 상자가 8개일 때 가장 적은 코끼리가 있는 상자와 가장 많은 코끼리가 있는 상자를 찾아 그 수를 세고 4를 곱하는 방법을 제안한다. 이 때 교사는 이 방법은 평균에 8을 곱하는 것과 같음을 이야기한다.

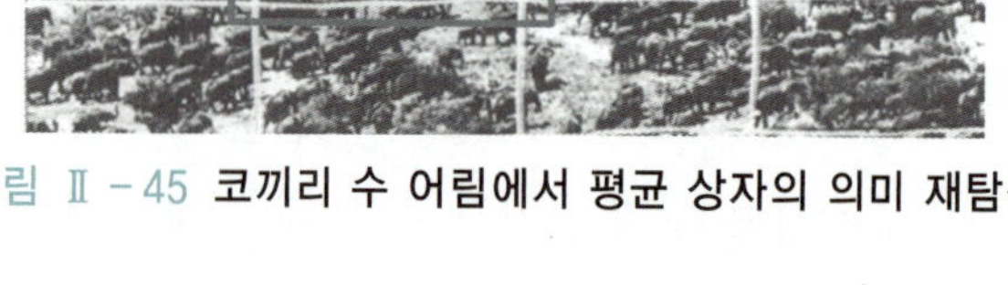

그림 Ⅱ−45 코끼리 수 어림에서 평균 상자의 의미 재탐색

② 가상의 상황에서 평균 상자 탐색

학생들은 교사의 안내에 따라 가상의 상황에서 다른 물체의 수를 어림한다는 가정 하에, <표 Ⅱ－3>에 제시된 3×4의 격자에서는 평균상자가 무엇일지를 생각한다. 학생들의 현실과 상식 탐색에서 살펴보았듯이, 학생들은 평균과 관련하여 '범위의 중앙', '가장 가운데', '대다수'와 같은 질적인 의미들을 알고 있다.

〈표 Ⅱ－3〉 가상의 상황에서 평균 상자 탐색

24	18	15
19	40	33
29	45	28
36	25	11

따라서 학생들은 자신의 상식을 이용하여 평균상자로 한 수를 기준으로 그 수보다 큰 수와 작은 수가 몇 개인지를 알아보는 중앙값의 전조에 해당하는 방법을 사용하여 29를 제시할 수도 있고, 가장 작은 수와 가장 큰 수의 산술평균인 범위의 중앙을 사용하여 28을 제시할 수도 있다. 이 때 교사는 주어진 수 12개 중에 한 수는 매우 크고 나머지 수들은 아주 작을 때도 범위의 중앙을 사용할 수 있는지를 질문함으로써 학생들이 평균 상자를 구할 때 나머지 수들이 가장 작은 수와 가장 큰 수 사이에 어떻게 분포되어 있는지를 살펴봐야 한다는 것을 인식할 수 있도록 해야 한다(안내의 원리).

③ 비대칭 분포에서 평균 상자 탐색

학생들은 교사가 제시한 비대칭적인 분포를 가지는 또 다른 3×4의 격자에 적힌 숫자를 보고, 이 경우에는 평균상자가 무엇인지를 알아본다. 학생들은 이 상황에서는 범위의 중앙은 사용할 수 없음을 인식하고, 서로 밀집되어 있는 수들을 보면서 적절한 수를 찾는 방법과 앞에서 사용했던 한 수를 기준으로 그 수보다 큰 수와 작은 수의 개수가 몇 개인지를 살펴보는 중앙값의 전조에 해당하는 방법 등을 서로 공유한다(상호작용의 원리).

④ 코끼리 수 맥락에서 시각적 평균 어림

학생들은 코끼리 수 어림 맥락으로 돌아가서, 격자에 숫자를 적는 방법이 아닌 [그림 Ⅱ－46]과 같이 각 격자에 있는 코끼리의 수를 측정값 막대그래프로 표현함으로써 시각적으로 평균을 어림하는 방법을 탐색한다(연결의 원리). 이 때 교사는 계산을 하지 않고 어떻게 평균을 구할 수 있는지를 질문하기보다는 이 그림에서는 평균 상자가 무엇일지를 질문함으로써 학생들이 측정값 막대그래프의 선분들에 집중할 수 있도록 유도하는 것이 필요하다. 학생들은 그래프를 보면서 대략 40에서 45 사이에 있는 막대가 평균상자임을 논의한다. 이 때 교사는 그래프의 수평축에 있는 수 40을 지나도록 수직축을 그려줌으로써 학생들이 시각적으로 평균을 어림하는 방법을 진행해 나갈 수 있도록 안내한다.

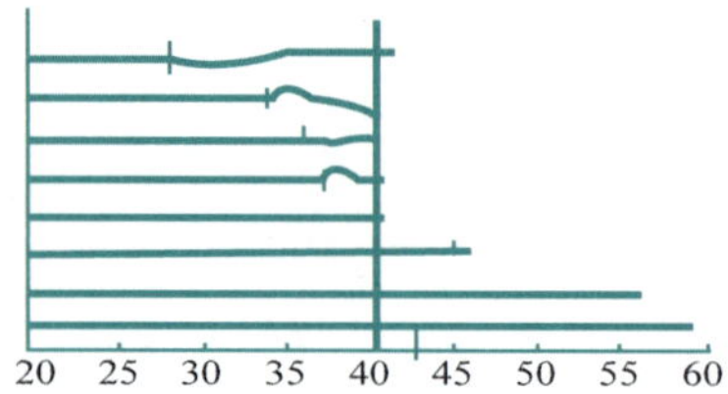

그림 Ⅱ -46 **상보전략**

학생들의 현실과 상식 탐색에서 살펴보았듯이, 일부 학생들은 막대로 주어진 자료값들을 보고 대략적으로 상보전략을 사용해서 평균을 사용해 본 경험이 있지만, 대다수의 학생들은 상보전략에 대한 경험이 부족하다. 따라서 격자로 표현한 자료에서 코끼리 수를 어림하기 위해 평균상자를 사용한 방법과 자료값 막대그래프를 이용해시 상보전략을 사용한 방법을 연결하는 것이 학생들에게는 어려움이 있을 수 있다. 이 때 교사가 수직축을 그려준 후, 학생들은 수 보다는 막대의 길이에 초점을 맞추기 시작하고, 역사적으로 그리스 수학에서 사용했던 긴 막대에서 일부를 잘라서 짧은 막대에 연결함으로써 평균을 찾는 상보 전략을 재발명한다.

⑤ 추상적 실재로서의 평균에 대한 직관적 경험

학생들은 상보전략을 사용해서 시각적 평균을 어림하는 과정에서 40이라는 수가 좀 작다는 것을 알게 되며, 그 다음 수인 45를 생각해 보지만, 이 수는 너무 크다는 사실을 발견한다. 상보전략을 사용해서 막대의 길이들을 모두 똑같은 길이를 맞추어 보려는 시도에서 자료값이 아닌 수, 예를 들면 42라는 수를 생각해 내고, 알고리즘이 아닌 시각적인 방법에 의해서 평균을 구하는 방법을 생각한다. 따라서 학생들은 자신의 상식을 기초로 대략적으로 막대의 길이를 맞추어 본 방법에서 좀 더 정확한 평균을 구하는 수학적인 방법으로 진행한다. 또한 학생들은 평균이 반드시 자료값 중 하나가 아니라는 사실도 알게 됨으로써, 추상적 실재로서의 평균에 대한 직관적인 심상을 형성한다(활동의 원리 · 수준의 원리). 이런 방법은 평균 알고리즘이 아닌 평균의 질적인 의미에 더욱 집중하는 것이다. 학생들의 현실과 상식 탐색에서 살펴보았듯이 학생들은 알고리즘 계산에는 어느 정도 숙달해 있기 때문에 계산을 통해 평균 알고리즘과 질적인 의미의 관계를 인식할 수 있을 것이다.

학생들은 [주제 3]을 다루면서 코끼리의 수를 막대의 길이로 시각화한 MO로 출현한 측정값 막대그래프를 사용한다. 학생들은 앞에서 학생들의 현실과 상식 탐색에서 살펴보았듯이 평균 개념과 관련해서 '가장', '대략', '균형점', '중간 범위', '가장 가운데', '무게중심', '대다수'와 같은 질적인 속성들을 인식하고 있다. 학생들은 문제를 해결하는 과정에서 이런 상식을 기반으로 격자들 안에 있는 코끼리 수를 나타내는 측정값 막대그래프에서 평균 상자의 의미를 탐색하면서 대략 길이가 중간 정도 되는 막대를 찾고 수직 막대를 그 수 위에 놓아보는 수평적 수학화의 과정을 경험하고, 수직 막대를 중심으로 상보적으로 남는 부분을 모자라는 부분에 채우는 상보 전략을 사용해서 평균을 어림하면서 추상적 실재로서의 평균에 대한 심상을 형성하는 수직적 수학화의 과정을 경험하게 된다.

라) [주제 4] 자료 구성

[주제 4]의 학습 목표는 자료 전체의 분포의 특징인 중심과 퍼짐을 조정하면서 의미 있는 맥락에서 자료를 만드는 것이다. 주요 활동 내용은 학생들이 어떤 상표의 건전지가 가지는 자료 전체의 특징에 맞는 건전지 수명을 나타내는 자료를 만드는 것이다. 학생들은 이미 주제 2에서 건전지의 신뢰도를 다루면서 퍼짐에 대한 범위의 관점과 밀도의 관점을 생각해 내었다. 그러나 이런 비형식적인 관념만으로 평균과 퍼짐을 충분히 이해했다고 보기는 어렵다. 따라서 학생들이 평균은 건전지 수명의 대푯값이고, 퍼짐은 건전지 수명의 신뢰도를 나타낸다는 것을 좀 더 잘 이해할 수 있도록 하는 것이 필요한데, 자료를 구성해 보는 활동이 이러한 이해에 도움이 될 수 있다. 구체적인 활동 내용을 살펴보면, 다음과 같다.

① 건전지 수명 자료의 신뢰도 탐색

학생들은 주제 2에서 활동했던 것을 기초로 다시 한번 [그림 Ⅱ-47]에서 두 상표의 건전지 수명 자료 분포의 특징을 보고, 어느 상표를 선택할 것인지를 판단하는 과정에서 신뢰도를 'D 상표는 범위가 좁다.'는 범위의 관점과 'K 상표는 같은 값이 많다.'는 밀도의 관점으로 추론한다(현실성의 원리).

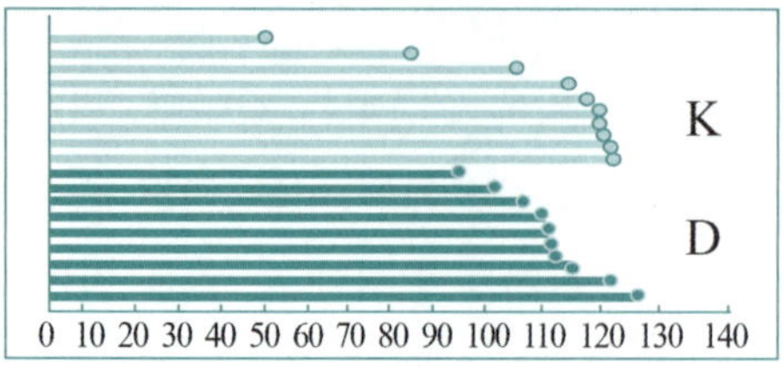

그림 Ⅱ－47 **건전지 수명 자료**

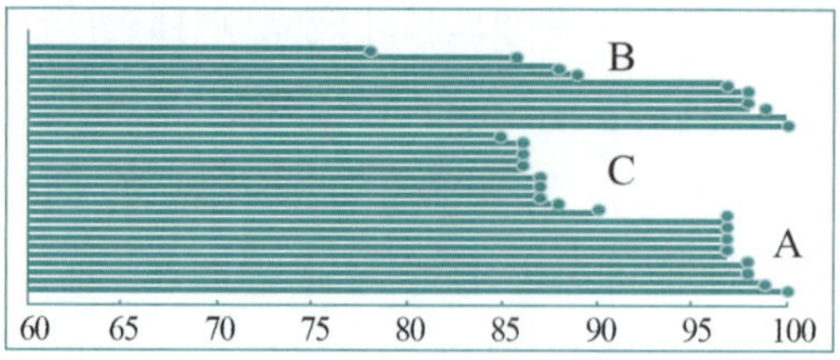

그림 Ⅱ－48 **조건에 맞는 건전지 수명 자료 구성**

② 평균과 퍼짐을 고려한 건전지 수명 자료 구성

학생들은 다음과 같이 세 상표가 가지는 조건에 맞는 건전지 수명 자료를 Minitool 1이라는 통계 소프트웨어를 이용해서 구성한다(연결의 원리).

A 상표: 품질이 좋고 신뢰도도 높음.
B 상표: 품질은 좋지만 신뢰도가 낮음.
C 상표: 품질은 좋지 않으나 신뢰도는 높음.

소프트웨어의 표현 방법과 신뢰도와 관련된 퍼짐과 같은 관념을 연결하는 것은 측정값 막대그래프라는 표현 체계와 분포 개념의 관계망을 연결하는 데 도움이 된다.

학생들은 품질은 평균 수명과 관련이 있고, 신뢰도는 퍼짐에 따라 결정된다는 것을 파악하면서, 이에 맞게 자료값들을 구성한다. 예를 들면 [그림 Ⅱ－48]과 같이 A, B 상표의 건전지는 평균이 어느 정도 높지만, C 상표는 A, B 상표에 비해 평균이 많이 낮고, A, C 상표는 건전지 수명들 사이의 차이가 크지 않게, B 상표는 차이가 많이 나게 자료값들을 구성할 수 있다. 이 때 교사는 학생들에게 건전지 중에 믿기 어려울 만큼 긴 수명을 가지는 것, 즉 특이점이 있다면, 그래프는 어떤 모양이 될지에 대한 질문을 함으로써 학생들이 중심과 퍼짐에 대한 다양한 측면들을 생각하는 것을 돕는다(안내의 원리).

③ 퍼짐과 관련된 범위에 대한 정의 도입

학생들은 건전지 수명 맥락에서 신뢰할 만하다는 것이 퍼짐과 관련이 있다는 것을 알고, 퍼짐을 표현하는 언어들을 발전시킨다. 학생들은 퍼짐에 대해 '범위가 좁은 상표가 더 신뢰도가 높다.'고 말하는 학생들도 있을 수 있고, '같은 값이 많은 상표가 더 신뢰도가 높다.'고 말하는 학생들도 있을 수 있다(상호작용의 원리). 전자는 퍼짐이 의미하는 것 중 범위의 관점이고, 후자는 밀도의 관점이다. 또한 학생들은 밀도의 관점과 관련하여 "여기는 점들이 넓게 퍼져 있지만, 저기는 점들이 서로 가깝게 놓여 있다."라고 설명하면서 점들이 서로 얼마나 떨어져 있는지를 나타내는 의미로 퍼짐을 사용하는 조금 더 발전적인 모습을 보일 수 있다. 이런 활동과 표현을 통해서 퍼짐에 대한 비형식적인 관념이 그래프의 여러 지점에서 자료들이 얼마나 떨어져 있는가를 나타내는 더 형식적인 관념으로 점진적으로 발달해 간다(활동의 원리). 이 때 교사는 학생들이 상식적인 용어로 사용한 범위라는 용어에 대한 정의를 제시하여 용어를 좀 더 명확하게 사용할 수 있도록 돕는다.

학생들은 [주제 4]를 다루면서 MO인 측정값 막대그래프를 사용한다. 학생들은 스스로 자료를 구성하는 과정에서 건전지 수명에 대한 자료값들을 생각하고 이를 측정값 막대그래프로 구성하는 수평적 수학화의 과정을 경험하며, 자신들이 구성한 전체 자료값의 특징을 파악하여 퍼짐에 대한 '범위의 관점'과 '밀도의 관점'의 의미를 조금 더 형식적으로 발전시키는 수직적 수학화의 과정을 경험하게 된다.

마) [주제 5] 퍼짐의 비교

[주제 5]의 학습 목표는 측정값 막대그래프와 점그래프에서 자료 전체의 퍼짐을 비교하는 것이다. 주요 활동 내용은 건전지 수명 맥락에서 두 상표의 건전지 수명에 대한 측정값 막대그래프와 점그래프의 분포 모양을 비교하면서 중심과 퍼짐에 대한 관념을 더욱 발전시키는 것이다. 학생들의 현실과 상식 탐색에서 살펴보았듯이 학생들은 자료 전체를 작은 값, 중간 값, 큰 값의 세 범주로 분류하는 상식적인 직관을 가지고 있지만, 이 활동을 통해서 퍼짐에 대한 범위의 관점과 밀도의 관점을 조금 더 발전시키고자 하는 것이다. 또한 학생들에게 자료의 특성을 고려할 때 평균 혼란자 효과, 즉 모든 것을 평균값으로 해석하려는 경향에서 벗어날 수 있도록 하기 위한 것이다. 구체적인 활동 내용을 살펴보면, 다음과 같다.

① 건전지 상표 선택

학생들은 두 상표의 건전지 수명을 나타내는 그래프를 보고, 어느 상표의 건전지를 선택할 것인지 논의하고 공유한다(현실성의 원리 · 상호작용의 원리). 학생들은 [그림 Ⅱ-49]를 보면서 'K 상표의 값들은 넓게 퍼져 있는데, 이것으로 보아 품질이 좋은 건전지도 있고 좋지 않은 건전지도 있어요.', 'D 상표의 건전지는 거의 비슷한 수명을 가지고 있어요.', 'K 상표의 값들은 더 많이 퍼져 있어요.', 'K 상표의 값은 훨씬 더 많이 떨어져 있어요.'와 같이 퍼짐에 대한 범위의 관점과 밀도의 관점으로 이야기하면서 퍼짐이 작은 것이 더 좋다는 데 동의한다.

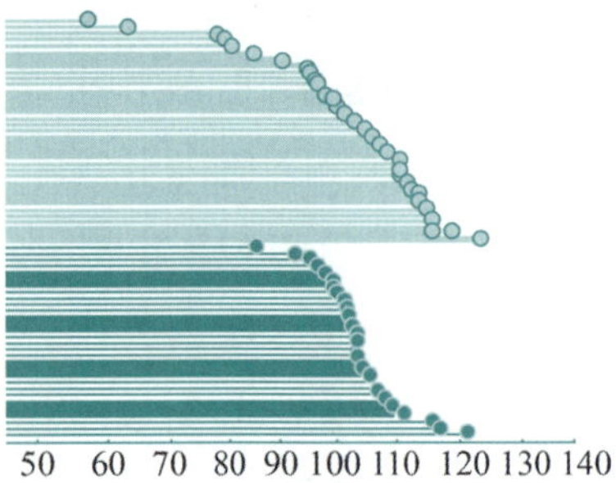

그림 Ⅱ-49 **두 상표 K, D의 건전지 수명에 대한 측정값 막대그래프**

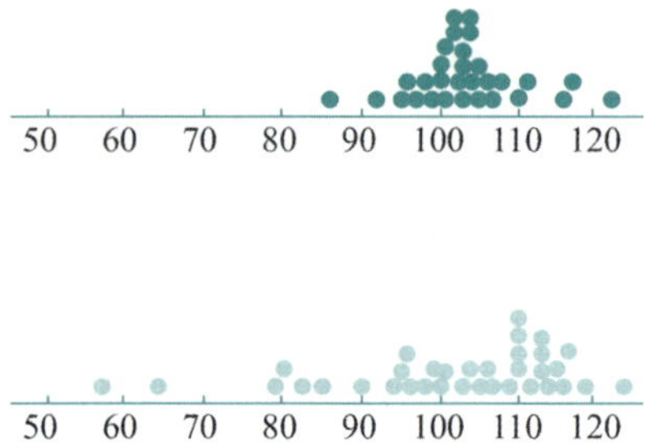

그림 Ⅱ-50 **두 상표의 건전지 수명에 대한 점그래프**

② 퍼짐의 의미 탐색

교사는 학생들이 두 상표의 건전지 수명 자료의 분포 특성을 설명하면서 '퍼져 있어요.'라는 용어를 사용한 것을 기초로 학생들에게 '퍼짐'이 무엇인지에 질문하고, 학생들은 교사의 질문에 따라 두 상표를 비교하면서 퍼짐이 무엇인지에 대해 생각한다. 대부분의 학생들은 퍼짐을 '값들이 떨어져 있는 정도'로 파악하는데, 어느 값에 주목하는지에 따라 관점을 분류해 볼 수 있다(활동의 원리). 앞에서도 일부 언급했지만, 이를 좀 더 구체적으로 살펴보면, 퍼짐이 무엇인가에 대한 관점은 '가장 긴 점과 가장 짧은 점 사이의 거리'로 보는 범위의 관점, '여기에는 점들이 넓게 퍼져 있고, 저기에는 점들이 모여 있다.'와 같은 밀도의 관점, '자료값들 사이의 차의 합'과 같은 차이의 관점이 있다. 교사는 두 상표를 비교할 때, 평균과 같은 중심에서 흩어진 정도를 퍼짐으로 생각하기를 기대하지만 학생들은 아직은 평균과 같은 가상의 값에서 퍼짐을 측정하는 것이 자연스럽지 않을 수 있다.

③ 퍼짐의 비교를 통한 측정값 막대그래프와 점그래프의 연결

학생들은 [그림 Ⅱ-49]의 측정값 막대그래프를 다른 그래프로 나타내는 방법을 탐색한다. 교사는 동일한 자료를 다양한 그래프로 표현해 봄으로써 분포를 이해하는 데 도움이 될 수 있도록, 측정값 막대그래프를 이용해서 점그래프를 그리는 방법에 대해 생각해 보게 한다(안내의 원리). 학생들은 점그래프는 수평으로 그려진 측정값 막대그래프에서 선을 없애고 점들을 축 위로 떨어뜨리면 된다는 것을 알게 된다. 교사는 이어서 [그림 Ⅱ-50]과 같이 두 개의 점그래프를 제시하고, K 상표와 D 상표에 해당하는 점그래프가 무엇인지 찾아보게 한다(연결의 원리). 학생들은 개개의 자료값을 비교해서 K 상표는 작은 값들이

있어야 하니까 아래 그래프이고, 범위의 관점에서 제일 작은 값과 큰 값의 위치를 찾아서 K 상표가 위의 그래프이고, 또는 밀도의 관점, 즉 D 상표가 같은 값들이 많아서 점들이 몰려 있고 작게 퍼져 있기 때문에 위의 그래프라고 대답한다. 이러한 활동은 학생들이 퍼짐에 대한 명확한 의미는 모르지만 퍼짐을 추론의 도구로 사용하고 있음을 보여준다(수준의 원리).

학생들은 [주제 5]를 다루면서 측정값을 나타내는 MO로 출현한 측정값 막대그래프를 보고, 해당되는 자료값 위에 점으로 그 개수를 나타내어 자료 전체의 특성을 파악하게 하는 점그래프로 전환한다. 이 점그래프는 측정값을 점으로 나타낸 활동의 결과로 나타난 MO이다. 이 과정에서 학생들은 측정값들을 나타낸 점들이 퍼져 있다고 표현하는 수평적 수학화의 과정을 경험하게 되고, 이어서 퍼짐이 무엇인지에 대한 비형식적인 관점을 발전시키고 측정값 막대그래프와 점그래프를 연결해 보는 활동 등을 통해 퍼짐을 추론의 도구로 사용하는 수직적 수학화의 과정을 경험한다.

바) [주제 6] 평균과 표집

[주제 6]의 학습 목표는 평균을 이용해서 수를 어림하고, 표집 방법에 대해 논의하는 것이다. 주요 활동 내용은 기구에 어른 8명이 탈 수 있다면, 몸무게만 고려할 때 7학년 학생들은 몇 명이 탈 수 있는지를 알아보는 것이다. 기구 문제는 코끼리의 수를 어림하는 문제를 약간 변형한 것이지만, 표집의 문제가 포함되어 있어서 코끼리의 수를 어림하는 문제보다 더 복잡하다. 코끼리 문제에서 모집단은 그림에 제시된 전체 코끼리 집단이다. 그러나 기구 문제에서는 어른과 7학년 학생의 몸무게를 대표하는 값으로서 산술평균을 생각하면서 자신의 지식이나 간단한 표집 방법을 이용해서 평균 몸무게를 구해야 한다. 학생들의 현실과 상식에서 살펴보았듯이 학생들은 산술 평균은 계산할 수 있고, 큰 수 어림에서 평균의 대표성을 아주 직관적으로 다루어본 경험이 있으므로, 여기서의 초점은 표집과 대푯값으로서의 평균값을 좀 더 형식적으로 이해하는 것이다. 구체적인 활동 내용을 살펴보면, 다음과 같다.

① 대략적인 평균을 이용한 기구 승객 제한 인원 계산

학생들은 7학년 학생들이 몇 명 탈 수 있는지를 알아보기 위해 어른을 대표하는 몸무게와 7학년을 대표하는 몸무게가 무엇인지를 생각하는 과정에서 산술 평균을 생각하게 된다. 학생들은 이미 산술평균을 계산하는 방법을 알고 있기 때문에, 처음에는 대략적으로 어른의 평균 몸무게와 7학년 학생의 평균 몸무게를 예상한다. 학생들은 7학년 학생들이 기구에 몇 명까지 탈 수 있는지를 알기 위해 여러 가지 전략을 사용할 수 있다(현실성의 원리). 예를 들면, 어른의 평균 몸무게와 7학년 학생의 평균 몸무게의 비율을 구한 다음 7학년 학생의 수는 8에 그 비율을 곱하여 계산하는 전략과 기구에 탈 수 있는 최대 무게를 어림하여 7학년 학생의 평균 몸무게로 나누는 전략 등을 생각해 볼 수 있다. 이와 같이 학생들은 대략적인 평균을 이용하여 문제를 해결하고 이를 공유한다(상호작용의 원리). 그러나 이와 관련하여 표집에 대해서는 아무런 생각을 하지 않을 수도 있다. 이 때 교사는 다른 학생들이 제시한 기구에 탈 수 있는 7학년 학생의 수를 얼마나 믿을 수 있는지를 고려하도록 안내하는 것이 필요하다(안내의 원리).

② 평균을 구하기 위한 표집 방법 탐색

학생들은 자신들이 추측한 승객 제한 인원이 얼마나 믿을만한 것인지를 고려하면서, 7학년을 대표하는 값으로서의 평균을 계산하기 위한 표집을 중요한 문제로 생각하기 시작한다(활동의 원리). 즉 한 모둠을 선택할 것인가, 한 학급을 선택할 것인가, 한 학교의 7학년 학급 전체를 선택할 것인가, 인터넷 자료를 검색해서 더 많은 학생들의 집단을 선택할 것인가 등 다양한 선택 상황이 존재한다. 어른의 경우도 마찬가지로 집단의 선택과 그에 따른 평균을 고려해야 한다. 한 집단을 선택한다면, 그 집단의 몸무게를 사용해서 구한 산술 평균은 그 집단의 대푯값으로 사용될 것이다. 그러나 학생들은 아직 표집에 대해 많이 생각해 본적이 없기 때문에, 학급의 학생 중 가장 평균적으로 보이는 한 학생에게 몸무게를 물어보거나 몇 명의 학생들의 몸무게를 조사하고 그 값 중 가운데 있는 값을 선택하는 등 아주 작은 표본을 택할 수도 있고 아니면 모든 학생들을 다 조사해야 한다고 생각할 수도 있다(수준의 원리). 그러나 일단 이런 논의가 표집에 대한 생각의 출발점을 제공하며 다음 활동을 위한 기초가 된다.

학생들은 [주제 6]을 다루면서 기구 문제를 해결하기 위해 산술평균과 표집이라는 아이디어를 생각해 내는 수평적 수학화의 과정을 경험하게 되고, 평균을 실제적으로 구하기 위해 표집 방법을 생각하고 표집한 집단의 산술평균을 구함으로써 평균값의 대표성 개념을 좀 더 확실하게 파악하는 수직적 수학화의 과정을 경험하게 된다.

사) [주제 7] 표본의 크기와 분포 변화

[주제 7]의 학습 목표는 더 큰 표본의 분포 모양에 대해 추론하는 것이다. 단원의 처음에는 중심과 퍼짐에 초점을 맞추지만 나중에는 자료 전체의 분포를 나타내는 모양에 대한 추론을 목표로 한다. 주요 활동 내용은 기구 맥락에서 학생들의 몸무게를 다룬 것과 관련해서 표본의 크기가 몇 명, 학급 전체, 여러 학급 등과 같이 커질 때 분포의 모양이 어떻게 변하는지를 추론하고 이를 대략적인 연속그래프로 표현하는 것이다. 구체적인 활동 내용을 살펴보면, 다음과 같다.

① 표집의 적합성과 표본의 특이값 논의

교사는 기구 문제에서 매우 작은 표본을 선택했던 학생과 학급 전체와 같이 좀 더 큰 표본을 선택했던 학생들에게 그 이유를 물어보고, 다른 학생들에게도 생각해 보게 한다(현실성의 원리). 학생들은 특별한 이유 없이 표집하거나 몸무게가 많이 나가는 학생도 있고 그렇지 않은 학생도 있으니까 전체 학급을 선택하면 더 정확한 평균을 구할 수 있다고 생각해서 표집할 수도 있다. 학생들은 자신들과 친구들이 선택한 표본 중 몸무게가 너무 많이 나가는 학생들만 표집한 경우나 여학생보다 남학생을 더 많이 표집한 경우에 대해 표본의 특이값이나 표본이 적합하지 않음을 논의한다.

② 표본의 크기에 따른 분포 모양 변화 탐색

교사는 [그림 Ⅱ－51]과 같이 학생들이 제안했던 작은 표본에 대한 자료, 학급 전체에 대한 자료를 점그래프로 제시하고, 표본이 커질수록 분포에 어떤 변화가 있는지 추론하게 한다(안내의 원리 · 수준의 원리). 학생들은 그래프를 보면서 '몸무게의 평균이 50 주변에 있어요.', '퍼짐이 더 커져요.'와 같이 중심과 퍼짐에 대한 이야기들을 나눈다.

그림 Ⅱ－51 **학생들이 표집한 작은 표본과 학급 전체 몸무게 점그래프**

이 때 교사는 [그림 Ⅱ－52]와 같이 세 학급에 대한 자료를 제시하고, 표본이 증가했을 때 어떤 특성이 나타나는지를 질문한다. 학생들은 이런 질문에 대해 답하면서 퍼짐에 대해 생각하며, 퍼짐을 덩어리 모양이나 밀도로 볼 수 있다(활동의 원리).

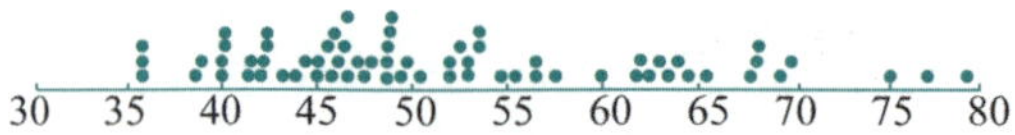

그림 Ⅱ－52 **세 학급의 몸무게 점그래프**

③ 더 큰 표본의 분포 모양에 대한 추론과 그래프 표현

교사는 세 학급의 몸무게 그래프에 대한 탐색 후에 실제적인 자료를 제시하지 않고 학생들에게 여섯 학급의 몸무게를 예측하게 한다. 학생들은 [그림 Ⅱ－53], [그림 Ⅱ－54]와 같이 더 큰 표본의 분포 모양에 대해 예측한다. 학생들이 여섯 학급의 몸무게를 예측할 때, 세 학급의 자료의 도수를 각각 두 배해서 그래프를 그리거나 대략적인 모양을 예측해서 그릴 수도 있다. 학생들은 자신이 그린 그래프에 대해 설명하면서, 의견을 공유하며 중심과 퍼짐에 대한 관념을 발전시킨다(상호작용의 원리). 이 때 학생들이 예측한 그래프와 실제 자료로 그린 그래프를 비교하면 표본의 전체적인 특징과 모양을 추론하는 데 더 도움이 될 것이다.

그림 Ⅱ－53 **학생 A의 6학급의 몸무게 점그래프**

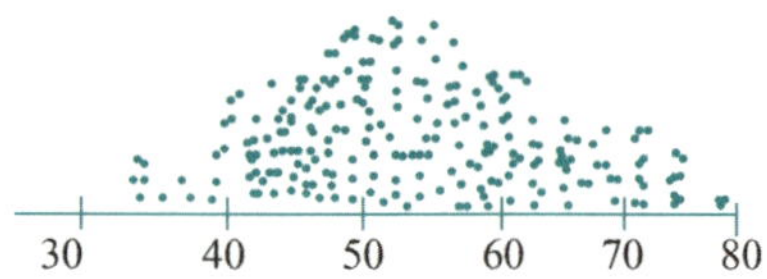

그림 Ⅱ－54 **학생 B의 6학급의 몸무게 점그래프**

④ 연속그래프에서 분포 모양 추론

교사는 학생들이 대략적인 연속 그래프를 그릴 것을 기대할 수 있으나 학생들이 이런 그래프를 스스로 생각하기는 쉽지 않다. 이 때 교사는 학생들 중에 이와 비슷한 그래프를 그린 학생이 있다면 [그림 Ⅱ－55]와 같이 그 학생의 그래프와 더불어 수학적으로 이상적인 모양, 즉 왼쪽에 치우친 곡선, 정규 분포 곡선 모양, 오른쪽에 치우친 곡선 등을 제시하고, 상대적으로 가벼운 아이가 많고 무거운 아이가 적으면 어떤 그래프가 적합한지와 같은 질문 등을 통해 그래프의 의미를 생각해 보게 할 수 있다(연결의 원리). 학생들은 표본의 크기를 증가시키는 활동을 통해 표본의 개수가 많아지면 퍼짐도 커지고, 평균 주위에 더 많은 값들이 있게 된다고 예측하며, 표본의 모양에 대해서도 더 잘 추론하게 된다.

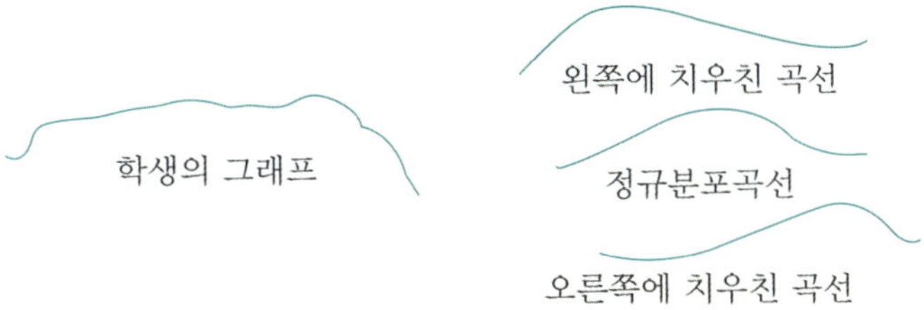

그림 Ⅱ-55 **다양한 모양의 분포 곡선**

학생들은 [주제 7]을 다루면서 MO와 MF인 점그래프를 사용하여, 한 학급에서 여러 학급으로 증가했을 때의 모양을 추측해 본 후에 이 점그래프의 대략적인 모양을 연속 그래프로 표현한다. 이 과정에서 학생들은 학급을 하나씩 증가시키면서 측정값들을 찍어서 점그래프를 그리는 수평적 수학화의 과정을 경험하게 되고, 이렇게 자신들이 그린 점점 더 자료의 수가 증가하는 몇 개의 점그래프를 살펴보면서 자료의 개수가 더 많아졌을 때 어떤 모양의 그래프가 될지를 점그래프를 통해 추론하고, 연속그래프로 표현하는 수직적 수학화의 과정을 경험한다.

아) [주제 8] 분포의 다양한 특성 표현

[주제 8]의 학습 목표는 다양한 맥락에서 분포의 다양한 특성들에 대해 표현하는 것이다. 주요 활동 내용은 자동차 사고가 많은 지역에 속도위반 카메라를 설치했을 때, 설치 전과 후의 자동차들의 속도를 나타내는 그래프를 보고, 이 장치가 효과적인지에 대해 알아보는 것을 통해 분포의 다양한 특성에 대해 추론하는 것이다. 구체적인 활동 내용을 살펴보면, 다음과 같다.

① 점그래프를 통한 속도위반 카메라 설치 효과 탐색

학생들은 교사와 자동차 속도에 대한 이야기를 하면서 자동차의 속도를 나타낸 그래프의 분포를 탐색한다. 학생들은 거리에서 자동차 속도를 측정하는 장치들을 많이 보았기 때문에 이런 맥락에 친숙하다(현실성의 원리). 교사는 학생들에게 이 속도위반 카메라 설치가 효과적인지 질문한다. 학생들은 [그림 Ⅱ-56]과 같이 속도위반 카메라를 설치하기 전과 설치한 후에 그 지역을 지나는 자동차들의 속도를 나타낸 그래프를 살펴보고, 이 장치가 효과적인지 아닌지 논의한다(상호작용의 원리). 대부분의 학생들은 그래프를 보고 개략적으로 판단했을 때 위의 그래프에 있는 점들의 대부분이 왼쪽에 많이 분포된 것을 보고 속도

신호 장치가 효과적이라고 판단할 수도 있고, 두 집단의 평균을 추정해서 비교함으로써 속도위반 카메라 설치가 효과적이라고 판단할 수도 있다.

② Minitool 소프트웨어를 이용한 점그래프의 분포 분석

학생들은 Minitool을 이용해서 속도위반 카메라 설치 전과 설치 후의 그래프의 분포 변화를 구조적으로 분석한다. 교사는 학생들이 그래프의 분포에 대해 좀 더 살펴볼 수 있도록 [그림 Ⅱ－57], [그림 Ⅱ－58], [그림 Ⅱ－59]와 같이 학생들에게 Minitool을 이용해서 자동차의 속도 자료를 동일한 간격으로 나눈 집단, 개수가 동일한 네 개의 집단, 개수가 동일한 여러 개의 집단 등으로 구분하여 그린 구조화된 점그래프를 살펴보고 비교하게 한다(안내의 원리).

학생들은 자료의 개수가 동일한 네 개의 집단을 나타낸 [그림 Ⅱ－58], [그림 Ⅱ－59]의 그래프를 보며 두 선의 간격이 좁은 부분에는 자료가 많이 몰려 있음을 알 수 있고, 전체 그래프에서 자료의 대다수가 있는 부분을 쉽게 찾을 수 있다. 또한 속도위반 카메라 장치를 설치한 후에 대다수의 자료가 있는 부분이 왼쪽으로 이동했음을 알게 된다(수준의 원리).

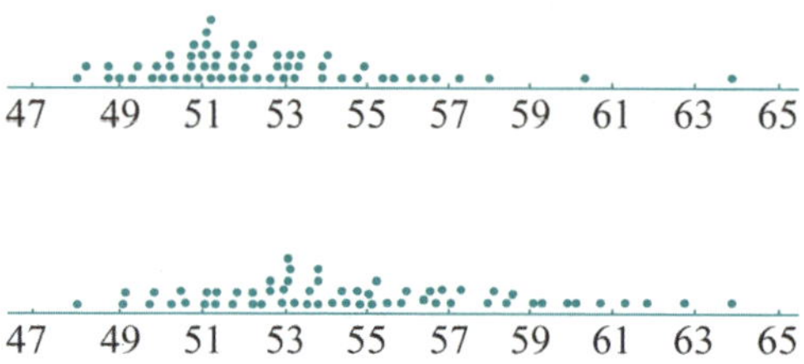

그림 Ⅱ－56 속도위반 카메라 설치 전(아래)과 후(위)의 자동차의 속도를 나타내는 점그래프

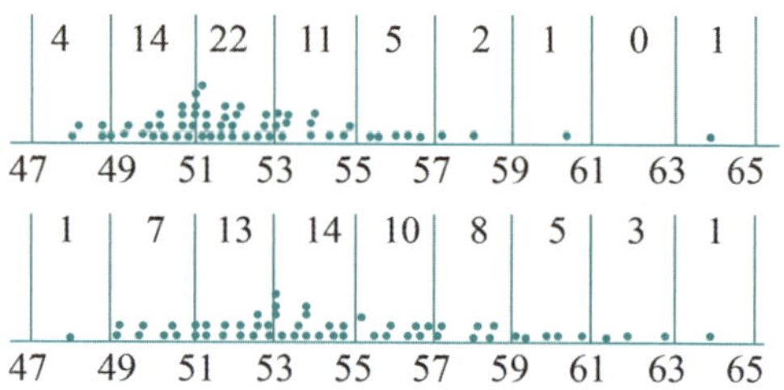

그림 Ⅱ－57 자동차의 속도 자료를 동일한 간격으로 나눈 그래프

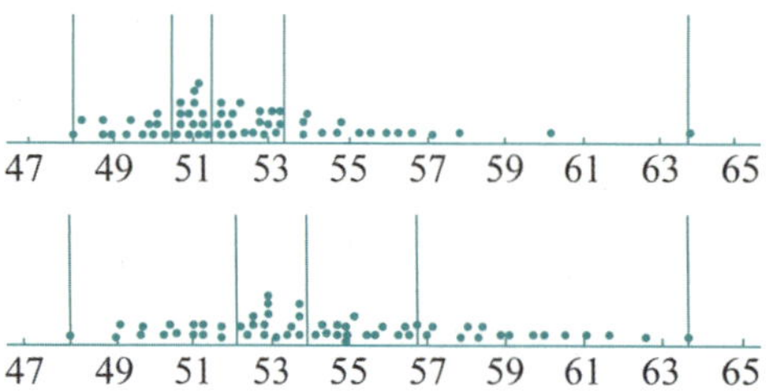

그림 Ⅱ－58 자동차의 속도 자료를 개수가 동일한 네 개의 집단으로 나눈 그래프

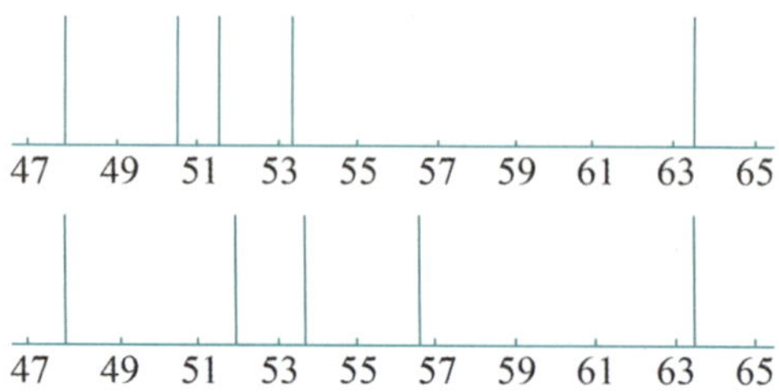

그림 Ⅱ－59 개수가 동일한 네 개의 집단으로 나누어 점을 뺀 그래프

③ 구조화된 점그래프를 이용한 퍼짐의 변화 탐색과 표현

학생들은 구조화된 점그래프를 이용하여 속도위반 카메라를 설치하기 전과 후에 퍼짐이 어떻게 변화하는지 탐색한다(연결의 원리). 학생들은 자료의 개수가 동일한 집단으로 나눈 [그림 Ⅱ－59]의 그래프를 보며 카메라를 설치한 후에 선들이 가까워졌기 때문에 퍼짐이 작아졌다고 생각하며 특이값의 영향에 대해서도 생각하기 시작한다. 이와 같은 활동을 통해 일부 학생들은 범위와 퍼짐에 대한 심상을 좀 더 발전시킨다(활동의 원리). 그러나 일부 학생들은 밀도의 관점에서 속도 위반 카메라 설치 후에는 자료의 대다수가 밀집해 있는 융기가 오른쪽에서 왼쪽으로 이동한 것일 뿐 다른 변화는 크게 없기 때문에 퍼짐이 같은 것으로 생각할 수도 있다. 따라서 아직은 학생들이 퍼짐, 밀도, 분포 사이의 차이점을 명확하게 구분하기 어려울 수도 있다.

학생들은 [주제 8]을 다루면서 밀도함수를 나타내는 연속그래프의 질적인 전조에 해당하는 점그래프를 사용한다. 이 점그래프는 속도위반 카메라 설치 상황과 관련된 자동차 속도를 점으로 나타낸 활동의 결과로 나타난 MO이고, 이는 소프트웨어를 이용해서 구조화한 점그래프로 전환되면서 MF가 된다. 이 과정에서 속도위반 카메라 설치 전과 후의 자동차 속도 자료를 점그래프로 보고 분포의 특성을 이야기하는 수평적 수학화의 과정을 경험하고, 구조화된 점그래프를 통해 퍼짐과 분포의 특성에 대한 좀 더 발전된 수학적 추론을 하는 수직적 수학화의 과정을 경험한다.

자) [주제 9] 분포의 그래프 모양 추론

[주제 9]의 학습 목표는 자료를 나타나기 위해 학생들 자신이 발명한 그래프를 비교하고, 밀도함수에 해당하는 연속그래프 모양에 대해 추론하는 것이다. 주요 활동 내용은 기구 맥락에서 기구 운전자에게 몇 명의 학생들을 안전하게 태울 수 있는지를 결정하도록 학생들의 몸무게 등의 자료에 대한 그래프를 제공하는 것이다. 이 때 학생들은 학생들의 산출과 구성을 중요시하는 현실적 수학교육 이론에 따라 자신의 자료를 나타낼 수 있는 그래프를 스스로 발명한다. 구체적인 활동 내용을 살펴보면, 다음과 같다.

① 기구 맥락에서 키와 몸무게를 나타내는 그래프 발명

학생들은 교사의 안내에 따라 앞에서 다루었던 기구 맥락에 대해 다시 한 번 생각한 다음, 기구 운전사를 위해 학생들의 몸무게와 키에 대한 정보를 제공할 수 있는 자신의 그래프를 발명한다(현실성의 원리). 학생들은 [그림 Ⅱ－60], [그림 Ⅱ－61]과 같이 학생들의

몸무게와 키에 대한 다양한 그래프를 그리면서 이 그래프들이 같은 구조에 대한 서로 다른 표현이라는 것을 인식한다.

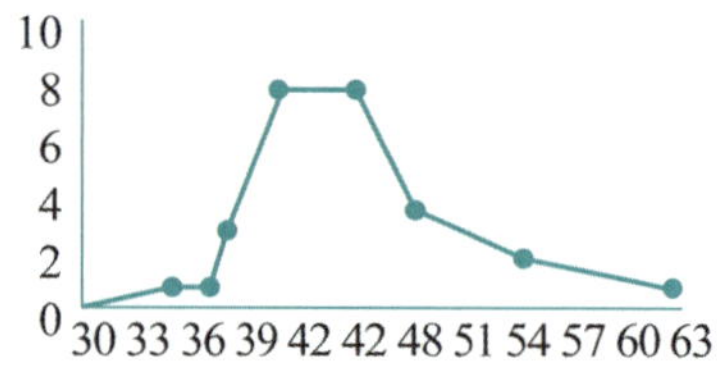

그림 Ⅱ-60 **학생들의 몸무게 선그래프**

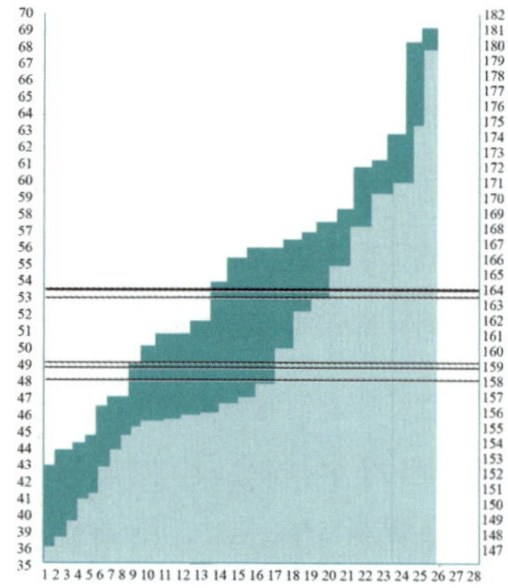

그림 Ⅱ-61 **학생들의 몸무게와 키 세로 측정값 막대그래프**

② 학생들의 그래프 비교와 자료의 특징 탐색

학생들은 자신들이 그린 그래프를 서로 비교하면서 자료의 특성을 알아낸다. 교사는 이를 위해 각각의 그래프를 어떻게 그린 것인지 학생들에게 설명을 하도록 하고 각각의 그래프에서 무엇을 알 수 있는지를 질문한다. 학생들은 자신이 그린 그래프에 대해 설명하면서 다른 학생들과 자신들의 그래프를 공유하며 차이점들을 살펴본다(상호작용의 원리). 우선 [그림 Ⅱ-60]의 그래프는 각 몸무게에 해당하는 대략적인 학생수를 점으로 나타내고 선으로 이은 것인데, 예를 들면 약 36kg에 해당하는 학생은 1명, 약 38kg에 해당하는 학생은 2명, 약 40kg인 학생은 8명임을 나타내고 선으로 이은 것이다. 학생들은 이 그래프를 보고 대부분의 평균적인 학생들의 몸무게는 39kg과 48kg 사이에 있음을 알 수 있다.

③ 그래프 비교를 통한 융기의 의미 탐색

학생들은 그래프에서 언덕 모양으로 보이는 융기의 의미에 대해 탐색한다. 교사는 대푯값으로서의 평균의 의미를 다루기 위한 준비로 학생들이 그래프의 모양, 특히 자료들이 많이 몰려 있는 부분에 대한 관심을 가지도록 이 부분을 나타내는 '융기'라는 용어를 도입한다. 교사는 [그림 Ⅱ-60]의 그래프에서 융기가 어떤 의미인지를 생각해볼 수 있도록 [그림 Ⅱ-61]에는 왜 융기가 보이지 않는지를 질문한다. 학생들은 논의를 통해 [그림 Ⅱ

−60]의 그래프에서 융기에 해당하는 것이 [그림 Ⅱ−61]에서는 막대의 길이들이 거의 같은 부분, 즉 수평적으로 보이는 부분이며, 대다수의 자료가 모여 있는 부분, 즉 상대적으로 밀도가 높은 부분임을 알게 됨으로써 융기에 대한 심상을 형성한다(활동의 원리).

④ 건전지 맥락에서 융기를 이용한 분포의 특성 추론

학생들은 기구 맥락에서 자신들의 그래프를 그리고 서로 비교하는 과정에서 그래프의 융기와 같은 모양이 단지 시각적인 특징이 아닌 자료의 밀도와 관련된 것임을 알게 되고, 이를 기초로 다른 맥락에서 '융기' 모양을 이용하여 자료의 특징에 관해 추론한다. 교사는 이를 위해 [그림 Ⅱ−62]와 같이 앞에서 많이 다루었던 건전지 맥락을 다시 제시하면서 두 상표의 건전지 수명을 나타내는 측정값 막대그래프를 살펴보고, 어떤 상표를 선택할 것인지 생각해 보게 한다. 학생들은 수평으로 그려진 두 상표의 측정값 막대그래프를 비교하며, 각 그래프에서 융기가 어느 부분에 있는지 파악하고 융기가 나타나는 값이 큰 쪽의 상표를 선택한다. 이런 학생들의 반응은 학생들이 연속그래프의 모양에 대해 추론하기 시작했다는 것을 의미한다(수준의 원리).

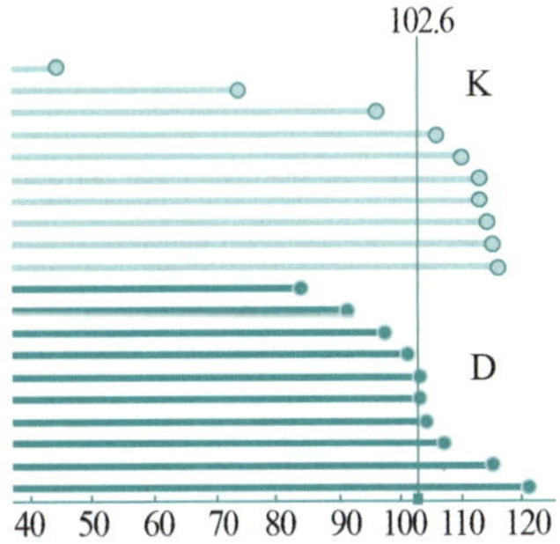

그림 Ⅱ−62 **융기의 비교**

⑤ 학생들의 몸무게에 대한 그래프 모양 추론

학생들은 구체적인 자료 없이 연속그래프 모양에 대해 예측하고 추측한다. 이는 자료에 대한 집합적 관점을 촉진하는 데 도움이 된다. 교사는 이를 위해 7학년이 아닌 8학년 학생들의 몸무게의 그래프와 더 많은 7학년 학생들의 몸무게 그래프를 그린다면 어떤 모양이 될지 추측해 보게 한다(안내의 원리). 학생들은 8학년 학생들의 몸무게 그래프에 대해서 모양은 같지만 자료의 수가 다르고 수가 더 클 것이라고 생각하거나 융기가 오른쪽으로 이동하며 더 커질 것이라고 생각하는 등 다양한 반응을 보일 수 있다. 또한 학생들은 특이점이나 표본의 크기, 그래프 전체의 모양에 대해 생각한다. 그러나 일반적으로 특이점은 예외적인 값을 의미하지만, 학생들은 매우 낮거나 매우 높은 값들을 특이점으로 생각한다. 더 많은 7학년 학생들의 몸무게 그래프에 대해서는 [그림 Ⅱ−63]과 같이 융기 부분이 더 넓어질 것이라는 반응이나 융기 부분이 더 높아질 것이라고 하는 반응 등을 보일 수 있다.

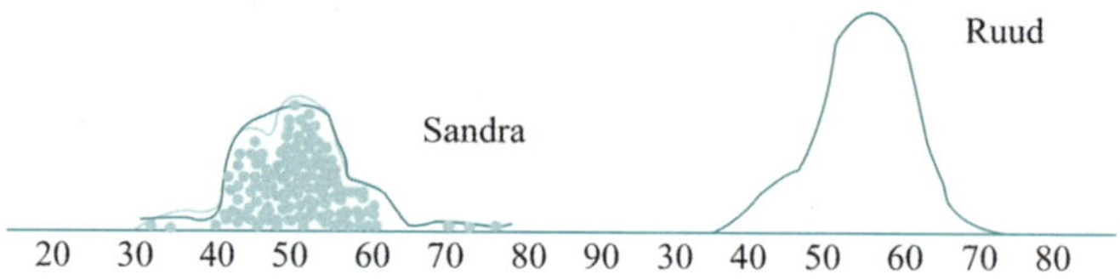

그림 Ⅱ-63 **더 큰 표본의 7학년 학생들의 몸무게 그래프 모양 추론**

⑥ 그래프의 대칭과 비대칭 파악

교사는 마지막으로 정규분포를 대칭적이고, 가운데에 중앙값을 가지며, 대다수의 자료가 중앙값에 가까운 것으로 비형식적인 정의를 제시하고, 조금 전에 다루었던 건전지 맥락에서 각 상표의 분포가 정규분포인지 아닌지를 알아보게 한다(연결의 원리). 학생들은 건전지 수명을 나타내는 그래프에서 직선 부분을 융기로 파악하고 중간 부분에 직선이 나타나고 그 부분보다 작은 값들과 큰 값들이 비슷하게 있는 상표의 그래프를 정규 분포로, 높은 값들이 직선 부분인 상표를 비대칭분포로 인식한다.

이와 같이 교사들은 가설적 상황에 대한 'what-if'질문을 사용해서 학생들이 밀도함수에 해당하는 연속그래프의 모양을 추론하는 것을 도울 수 있지만, 학생들의 반응을 반영하여 간단하게 다루는 것이 바람직하다.

학생들은 [주제 9]를 다루면서 MO에 해당하는 측정값 막대그래프와 MF에 해당하는 점그래프, 선그래프, 연속그래프 등 다양한 모델들을 모두 사용한다. 이 과정에서 학생들은 몸무게와 키에 대한 자료를 이미 앞에서 학습한 결과 상식적으로 알고 있는 다양한 그래프로 나타내는 수평적 수학화의 과정과 이 그래프들을 비교하면서 같은 구조에 대한 다른 표현임을 인식하면서 융기의 의미를 파악하고 밀도함수에 해당하는 연속그래프에 대한 추론으로 나아가는 수직적 수학화의 과정을 경험한다.

3) 분포 개념의 수학화 수업 과정

분포 개념 단원에서 이루어지는 수학화의 과정을 도식으로 간단하게 제시하면 [그림 Ⅱ-64]와 같다.[83)]

분포 단원을 살펴보면, 수학화의 출발점으로서의 현실 세계 맥락으로 코끼리의 수를 어림하는 맥락과 건전지 수명에 대한 맥락이 사용된다. 이런 현실 맥락 탐구를 시작으로 주제 1, 2, 3, 4와 관련된 활동을 하는 동안 평균, 퍼짐, 중심 등 분포에 대한 심상을 형성하는 과정에서 MO인 측정값 막대그래프가 출현하고, 여러 차례의 수평적 수학화와 수직적 수학화가 교대로 일어난다. 형식화 · 추상화하는 과정에서 주제 5, 6, 7의 건전지 수명 맥락과 기구 맥락이 현실 세계 맥락으로 사용되며, 평균의 대푯값으로서의 의미, 표본의 의미와 표집, 퍼짐의 의미가 좀 더 형식화 · 추상화되고, 밀도함수의 개략적인 모양에 대해 수학적으로 추론하며, MO로 점그래프가 출현하며, MF로 구조화된 점그래프가 출현하고, 여러 차례의 수평적 수학화와 수직적 수학화가 교대로 일어난다.

다음으로 수학화된 분포 개념을 새로운 장면에 응용하는 현실에의 응용 과정으로 이어진다. 지금까지 다룬 맥락과는 다른 속도위반 카메라 맥락과 키와 몸무게 맥락 등이 현실 세계 맥락으로 사용되며, 측정값 막대그래프, 점그래프, 꺾은선그래프, 연속 그래프 등 다양한 모델이 사용되며, 이 모델을 비교하는 과정에서 밀도함수에 대한 추론이 이루어지고, 이 과정에서 수평적 수학화와 수직적 수학화의 과정이 교대로 일어난다.

이와 같은 수학화의 한 사이클이 진행된 다음에는 더 높은 수준의 분포 개념과 관련된 단원으로의 이행이 이루어진다. 수학화의 사이클이 계속되면서 분포 개념에 대한 수학화가 계속 이루어지면, 분포 개념과 관련된 다양한 측면들이 학생들의 현실로 포함된다. 학생들의 현실은 더욱 확장되며 질적으로도 높은 수준으로 나아가게 되며, 수학적 렌즈로 볼 수 있는 현실의 영역도 증가하면서 수학적 안목도 확대된다.

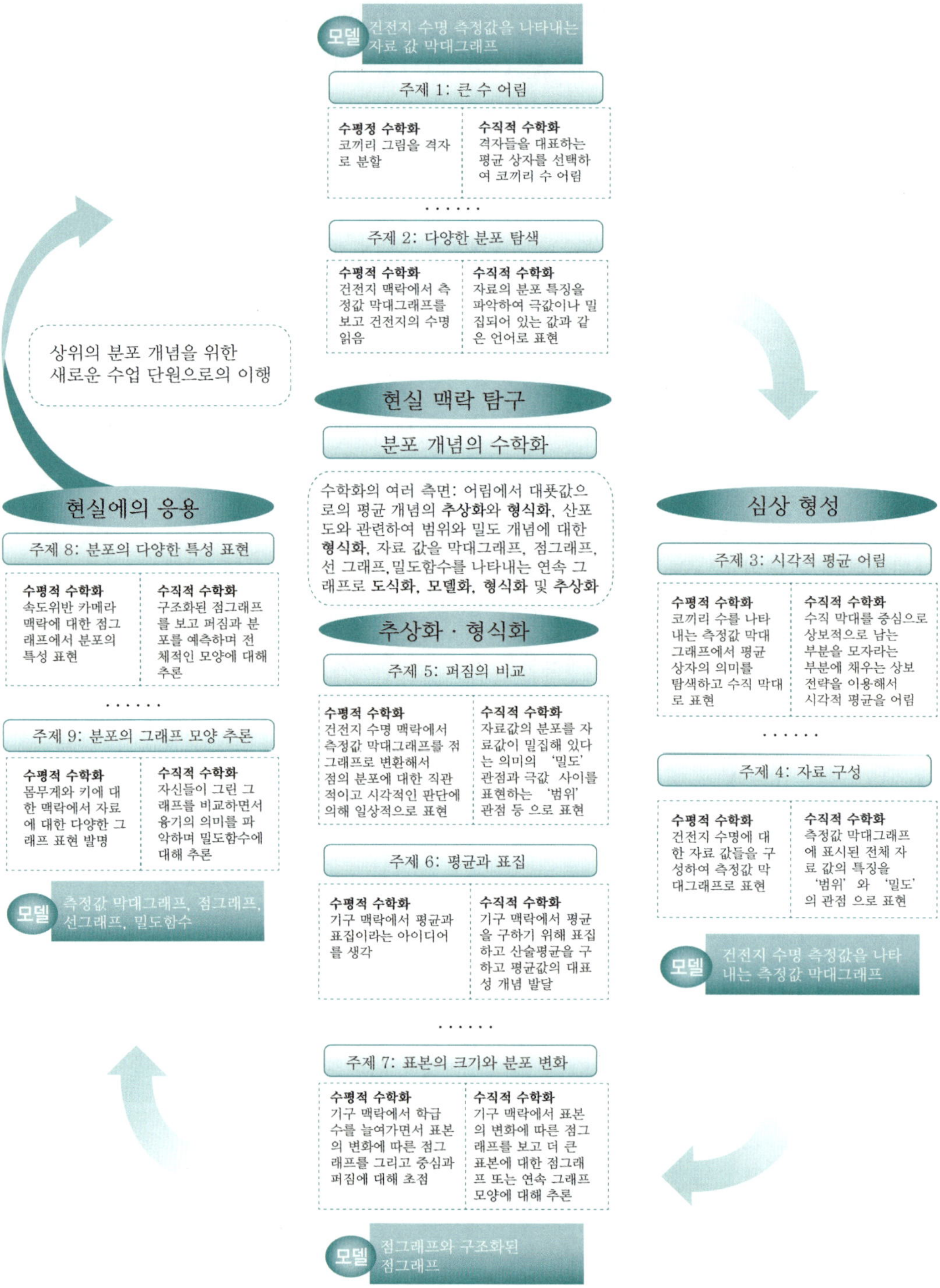

[그림 Ⅱ-64] 분포 개념의 수학화 과정의 여러 측면

참고 문헌

김영미 · 박영희(2006). 초등학교 5학년 학생의 통계적 변이성 개념의 이해와 그 지도에 관한연구. **수학교육학연구**, 16(3), 221~249.

안동규 · 오광기 · 엄기수(2014). **알기쉬운 통계학**. 서울: 글로벌.

우정호 · 정영옥 · 박경미 · 이경화 · 김남희 · 나귀수 · 임재훈(2007). **수학교육학 연구방법론**. 서울; 경문사.

한국교육평가학회(2004). **교육평가용어사전**. 서울: 학지사. http://terms.naver.com/entry. nhn?docId=1924505&cid=42125&categoryId=42125

Bakker, A. (2004a). *Design Research in Statistics Education: On Symbolizing and Computer Tools*. Utrecht: CD－ß Press.

Bakker, A. (2004b). Design research in statistics education. In P. Drijvers(Ed.), *Classroom－based Research in Mathematics Education Overview of Doctoral Research Published by the Freudenthal Institute 2001－2004* (pp. 61~82). Wilco: Amersfoort.

Beniger, J. R., & Robyn, D. L. (1978). Quantitative graphics in statistics: A brief history. *The American Statistician, 32*(1), 1－11.

Boswinkel, N., Miehaus, J., Gravemeijer, K. P. E., Middleton, J. A., Spence, M. S., Burrill, G., et al. (1997). Picturing numbers. In T. A. Romberg (Ed.), *Mathematics in Contexts: A Connected Curriculum for Grades 5~8*. Chicago: Encyclopaedia Britannica Educational Corporation.

Boyer, C. B. (1968). *A History of Mathematics*. New York: John Wiley & Sons, Inc.

Gravemeijer, G. (2002). Emergent modelling as the basis for an instructional sequence on data analysis. ICOTS6, 1~6.

Heath, T. H. (1921). *A history of Greek mathematics*. London: Oxford University Press.

Kline, M. (1953). Mathematics in Western Culture. London: Oxford University Press.

Sachs, J. 1786/1801: William Playfair, Statistical Graphics, and the Meaning of an Event. *BRANCH: Britain, Representation and Nineteenth－Century History*. Ed. Dino Franco Felluga. Extension of *Romanticism and Victorianism on the Net*. Web. 2014. 7. 17. http://www.branchcollective.org/?ps_articles=jonathan-sachs-17861801-william-playfair-statistical-graphics-and-the-meaning-of-an-event.

Stigler, S. M. (2010). **통계학의 역사**. 조재근 옮김. 파주: 한길사. (영어 원작은 1986년 출판).

Van den Heuvel-Panhuizen, M. (1996). *Assessment and Realistic Mathematics Education*. Utrecht, the Netherlands: CD Beta Press.

다. 미적분 개념

미적분은 역사적으로 운동 현상을 관찰하고 조직화하는 데서 발생된 것이다.[84] 운동에 관한 연구는 그리스의 수학에서부터 시작하여 그리스 수학이 아랍의 수학으로 흡수되고 중세 수학으로 이어지면서 운동과 변화에 관련하여 무한소에 대한 탐구로 발전되었다. 17세기에는 수학적 탐구의 엄청난 폭발력을 제공한 넓이와 접선에 대한 무한소 방법과 무한급수에 대한 연구가 이루어졌다. 이어서 미적분의 핵심이라고 할 수 있는 초기의 무한소 기법의 풍부한 연구들로부터 미적분의 정리뿐만 아니라 체계적인 계산을 위한 강력한 알고리즘을 추출하는 것과 같은 미적분의 일반적인 방법으로 발전하게 되었다.[85] 미적분학은 과학에서 지구와 천체를 포함한 모든 우주의 물리적 운동을 설명하는 기초가 될 뿐만 아니라 경제, 사회, 철학, 종교, 문학, 예술, 미학 등 많은 분야에서 사고방식의 변화와 문제해결에 중요한 역할을 감당하고 있다. 이 절에서는 도어맨Doorman[86]을 중심으로 교수학적 현상학에 의한 분석과 수학 교수와 학습 원리의 구현을 통해 학생들이 미적분학의 기본 개념을 재발명할 수 있는 단원 설계에 대해 알아보고자 한다.

1) 미적분 개념에 대한 교수학적 현상학에 의한 분석

가) 역사적 분석

미적분의 역사를 살펴보면, 미적분은 아르키메데스Archimedes와 관련된 그리스 수학자들의 구적법과 아리스토텔레스Aristoteles를 시작으로 운동과 변화에 대한 중세 스콜라 철학자들의 무한소에 대한 논의를 기반으로 변화 현상을 조직하기 위해 발생된 것이다. 이 절에서는 미적분의 발달 과정에서 핵심이 되어 왔던 자유낙하로 대표되는 운동의 변화에 대해 초점을 맞춘다. 아리스토텔레스는 운동학과 무한에 대한 연구를 시작하였고, 그의 이론은 오랫동안 지속되었다. 중세 스콜라학자들은 아리스토텔레스의 생각에 대한 개선과 발전을 위해 무한소에 대한 좀 더 적극적인 논의를 시작하였으며, 머튼 대학의 구성원들이 정적인 기하학이라는 특성을 가진 그리스 수학을 초월하여 변화와 운동과 관련된 질의 강도에 대해 관심을 가짐으로써 이후의 발전을 위한 계기를 마련하였다. 페르시아 학자인 오렘Oresme과 비크맨Beeckman은 질의 강도에 대한 그래프 표현을 통해 속력과 시간 및 거리에 대한 개념을 더욱 발전시켰고, 갈릴레오Galileo는 오렘과 동일한 방식을 이용하여 낙하 운동에서 거리와 시간 사이의 관계가 이차식이라는 것을 밝히면서 미적분의 시작을 알렸다. 17세기 후반 라이프니츠Leibniz와 뉴턴Newton은 미적분의 주요 정리들을 발명

함으로써 미적분 발전을 위한 핵심적인 역할을 하였고, 그 이후로 미적분은 해석학으로 발전해 왔다.[87]

처음에 미적분학은 운동과 관련된 철학적 관념으로 시작되었지만, 기하학적으로 다루어지고 대수화되고 더 추상적인 수학으로 발전하면서 다양한 개념과 계산술 등이 발달하였다. 이 중에서 미적분의 발달에서 핵심적인 역할을 해 온 아리스토텔레스의 운동학, 아리스토텔레스의 운동학의 개선, 머튼 대학의 운동학, 오렘과 베크만의 속력과 시간의 그래프 표현, 갈릴레오의 자유 낙하에 대한 형식화, 라이프니츠와 뉴턴에 의한 미적분학에 대한 역사적 분석 결과를 살펴보면 다음과 같다.

(1) 아리스토텔레스의 운동학

미적분과 운동학의 발달은 운동과 낙하하는 물체를 모델링하는 문제에서 발생했다고 할 수 있다. 역사적으로 운동을 모델링하는 문제는 기원전 350년 경 아리스토텔레스에서 시작한다. 그의 우주론에 의하면, 지상의 모든 물체는 물·불·흙·공기로 구성되어 있고, 천상의 물체는 에테르라는 원소로 구성되어 있다.[88] 또한 모든 물체는 형상form과 질료matter라는 특징을 가지는데, 질료는 구성 원소들의 혼합물이고 형상을 만들 수 있는 것이 바로 질료이다.[89] 예를 들면 진흙은 질료이지만 조각상이라는 형상으로 만들어질 수 있다.

한편 아리스토텔레스는 지상의 물체와 천상의 물체의 운동을 완전히 다르게 이해하였다. 천상의 물체는 지상의 물체와는 구성원소가 다르고, 천체는 완전한 것이기 때문에 원운동을 한다고 생각하였다.[90] 반면 지상의 물체의 운동은 자연적인 운동, 강제적인 운동으로 구분하였다. 지구상의 물체는 자연적인 위치에 정지해 있고, 무거운 물체는 우주의 중심이 되는 지구의 중심이 자연적인 위치이며, 가벼운 물체는 하늘이 자연적인 위치이다. 자연적인 운동은 자연적인 위치에 있지 않은 물체가 외부의 힘에 방해를 받지 않는다면 물체가 속한 자연적인 위치로 되돌아가려는 성질로 인해 땅으로 떨어지거나 하늘로 올라가는 아래나 위로의 운동을 의미한다.[91] 이 때 물체의 자연적인 위치는 질료에 포함된 구성원소가 무엇인지에 따라 결정된다. 예를 들면 물과 흙으로 이루어진 무거운 바위나 돌은 아래로 떨어지려는 성질을 가지고, 공기와 불로 이루어진 가벼운 연기나 불꽃은 위로 올라가려는 성질을 가지고 있으며, 지상의 물체는 질료의 구성원소인 물·불·흙·공기의 비율에 따라 아래나 위로의 자연적인 운동을 한다.[92]

그 당시의 사람들은 자연적인 운동에서는 낙하 운동의 경우 무거운 물체일수록 땅으로 돌아가려는 성질이 강하기 때문에 더 빨리 떨어지고, 지구의 중심에 가까워질수록 속력이 빨라지는데, 그 이유는 집에 가까워질수록 더 기뻐서 빨리 움직이기 때문이라고 생각하였다. 아리스토텔레스는 그 원인에 대해, 낙하 운동의 경우 속력은 무게에는 비례하고 저항에는 반비례하며, 공기의 저항은 일정하기 때문에 무거운 물체일수록 더 빨리 떨어진다고 생각하였다.[93)]

강제적인 운동은 외부의 힘에 의한 운동을 말하는 것으로 물체를 던지거나 잡아당기는 것과 같이 사람의 힘이나 사람이 만든 기계의 힘에 의한 운동이 이에 해당되며, 자연적인 운동과는 모순된다고 생각되었다. 이런 운동의 경우에는 외부의 힘이 물체의 저항보다 커야 물체가 운동을 할 수 있으며, 일정한 힘이 계속 주어져야 물체가 일정한 속력으로 움직이고, 운동에 필요한 힘을 주는 사람이나 기계가 물체에 접촉해 있어야 하며, 힘을 주는 사람이나 기계와의 접촉이 끊어지면 물체는 땅으로 떨어져서 즉시 정지한다고 생각하였다.[94)]

그러나 그는 활을 쏠 때 활시위를 떠난 화살이 계속 운동을 하는 것이나 사람이 물체를 던질 때 물체가 손에서 떨어져 나간 이후에도 운동이 계속되는 것은 물체가 공기와 같은 매질을 통해 운동하면서 물체 앞에 있는 공기가 물체의 뒤로 돌아와서 물체를 밀어주는 힘이 생기기 때문으로 생각하였다.[95)] 이런 관점에 따르면 진공에서의 운동은 생각할 수 없게 된다.[96)] 또한 저항은 물체의 무게로 인해 생기는 것이기 때문에 가벼운 물체일수록 저항이 적으므로 더 빨리 움직인다고 생각하였다.[97)] 한편 발사된 물체는 공기가 밀어주는 힘뿐만 아니라 자연적인 위치로 돌아가려는 물체의 본성에 의해 운동하는 것으로 생각하였다.[98)] 아리스토텔레스의 운동에 관한 이론은 중세시대 말까지 유지되었다.[99)]

한편 아리스토텔레스는 그의 저서 「Physics」에서 무한의 성질, 불가분량 또는 무한소의 존재성, 시간, 운동, 기하학적 양과 같은 연속적 양의 분할 등을 다루고, 무한은 운동과 같은 연속적인 상태에서 드러난다는 것을 이야기하면서 무한에 대해 탐구할 것을 강조하였다.[100)] 무한 개념은 그리스 수학 이래로 계속 연구되어 온 것인데, 일반적으로 그리스인들은 유한을 무한보다 높이 평가하는 경향이 있었다. 유한은 뚜렷한 한계가 있는 것이고, 무한은 한계가 없는 것으로 생각하였다. 플라톤은 모든 존재는 유한과 무한의 혼합으로 이루어진다고 보았고, 아리스토텔레스는 이를 앞에서 언급한 형상과 질료의 개념으로 발전시켰다. 아리스토텔레스는 이전의 무한에 대한 관점을 정리하여 무한은 완성된 형태로 존재하는 것이 아니라 가능적으로 존재하는 것으로 보았다. 이 때 가능적으로 존재하는 것이 질료이며, 무한정의 질료에 지나지 않는 무한이 형상에 의해 질서를 얻게 됨으로

써 비로소 참된 존재가 된다고 생각하였다.[101]

이와 같이 아리스토텔레스의 운동에 대한 생각은 우리의 관점에서 보면 적합하지 않은 것도 있지만, 그리스 수학에서는 이런 운동관을 바탕으로 강제적인 운동이 아닌 자연적인 운동에 해당하는 직선 운동과 원운동에 초점을 맞추어 동적인 관점이 아닌 정적인 관점에서 운동에 대해 연구하였다. 또한 아리스토텔레스는 운동에 관한 이론을 양적으로 접근한 것이라 아니라 운동의 원인에 대한 설명을 추구했다는 점에서 이후의 수학자들의 접근과는 매우 다르며, 무한에 대한 생각도 철학적인 관점에 머물렀지만, 그의 운동과 무한에 대한 생각은 뒤에서 살펴볼 중세의 스콜라 철학자들과 머튼 대학의 연구에 중요한 영향을 미치게 된다.

(2) 아리스토텔레스 운동학의 개선

중세의 학자들은 아리스토텔레스의 이론을 개선하기 위해 노력하면서 운동의 돌진력 이론Impetus Theory을 개발했다. 이 이론은 중세시대 알렉산드리아의 필로포너스Philoponous를 시작으로 뷔리당Buridan에 의해 발전되었다. 돌진력 이론에서는 강제적인 운동에서 운동에 필요한 힘을 주는 사람이나 기계가 물체에 접촉해 있어야 운동이 지속되고 화살이나 돌이 힘을 주는 장치나 사람과 더 이상 접촉하지 않은 상태에서도 운동이 지속되는 것은 공기와 같은 매질에 의한 것이라는 아리스토텔레스의 설명에 반대하면서 발사된 물체는 힘을 주는 사람이 그것에 전달한 운동력에 의해 움직이며 운동하는 과정에서 소멸한다고 설명한다. 이런 관점에서 보면 공기와 같은 매질의 역할은 운동을 지속하는 요인이 아니라 운동을 방해하는 요인이 되며, 진공 상태에서의 운동도 상상할 수 있다.[102]

이 이론의 관점에서 발사된 물체의 운동에 대해 생각해 보자. 이 이론에서도 물체가 자연적인 위치로 움직이려는 돌진력을 가지는 것은 물체의 본질에 속한다. 그러나 발사된 물체의 운동에서는 그 물체가 가지고 있는 원래의 돌진력에 던져 올렸을 때 발생한 돌진력이 추가된다. 물체가 사람의 손에서 떠나는 순간 추가된 돌진력은 공기의 저항과 물체의 무게에 의해 계속 감소되어, 외부의 힘에 의한 운동이 감소하게 된다. 그러나 물체가 추가된 돌진력을 잃는 방식에 대한 좀 더 상세한 이론은 존재하지 않았다.[103]

한편 자유 낙하의 경우는 처음 순간에 자연적인 위치를 찾아가려는 노력이 물체에 속력을 결정하는 돌진력을 제공한다. 그 순간 이후로 그 물체는 돌진력과 속력을 모두 가지며, 이것이 이후의 시간 구간에서 물체의 속력이 증가하는 원인이 된다는 것이다. 그러나 이 당시에는 자유 낙하하는 물체의 속력이 경과한 시간에 비례한다는 것을 입증할 관찰

방법이 없었다.[104)]

갈릴레오 시대까지 돌진력 이론은 발사된 물체의 자취에 대한 설명으로 인정되었다. 발사된 물체의 운동은 던질 때 받은 돌진력이 0으로 감소할 때까지 감소하고, 그 이후에는 땅으로 떨어지려는 물체의 노력이 속력이 증가하면서 물체가 수직으로 땅에 떨어지는 원인이 된다.[105)] 돌진력 이론은 아리스토텔레스의 운동학에서 나중에 뉴턴에 의해 형식화된 관성의 개념에 기초한 현대적인 이론으로 진행하는 결정적인 단계로 간주된다.[106)]

지금까지 살펴본 바와 같이 중세 시대의 돌진력 이론은 발사된 물체의 운동은 운동력의 전달에 의해 이루어지며 매질의 역할이 운동을 방해한다는 관점을 제시함으로써 운동에 관한 개선된 관점을 제시하였지만 그 원인에 대한 상세한 설명을 제공하지 못하였다.

(3) 머튼 대학의 운동학

중세 시대에 그리스 수학에 대한 라틴어 번역은 아리스토텔레스의 이론이 서유럽으로 흡수되면서 그리스와 과학 혁명의 시대를 연결하는 중요한 계기를 제공해 주었다. 앞에서 언급한 무한과 운동에 대한 아리스토텔레스의 관점은 중세 시대의 스콜라 철학자들에게 많은 도전거리를 제공하여 무한과 연속성의 성질 등에 대한 논의가 시작되었으나 수학적이라기보다는 철학적인 논쟁에 그쳤다. 그럼에도 불구하고 그리스 시대에는 금기시 되었던 무한소기법을 받아들이는 데 기여하였다.[107)]

아리스토텔레스의 운동에 대한 관점을 좀 더 적극적으로 받아들여 발전시킨 사람들은 14세기의 브래드워딘Bradwardin과 스와인즈헤드Swineshead 등을 중심으로 하는 머튼 대학Merton College의 논리학자들과 수학자들이다. 그리스 수학에서는 이산량은 수에서, 연속량은 기하에서 다루어졌고, 변화 현상의 경우에는 직선이나 원의 등속운동만을 다루었고 이 또한 양적으로 다루지 않았으며, 가속도나 순간속도와 같은 것은 생각하지 않았다. 그러나 머튼 대학의 논리학자들과 수학자들은 변화와 운동에 대한 양적인 연구를 시작하였으며 변수와 공식을 사용하였고 계산에 매우 능숙하였다.[108)] 예를 들면, 브래드워딘은 운동을 일으키는 힘과 마찰의 비례 관계가 변할 때, 물체의 속력을 기술하려고 노력하였다. 그러나 이 당시의 사람들은 속력을 시간에 따른 거리의 비례 관계로 기술하지 못했는데, 서로 다른 종류의 양에 대해서는 아직 분수를 사용하지 않았기 때문이다.[109)]

이러한 생각을 기초로 머튼 대학의 논리학자들과 수학자들은 질의 강도에 관심을 가졌는데, 이 때 질은 어떤 특정한 점에서나 순간적으로 강도를 측정할 수 있는 속성을 말하는 것으로 열, 에너지, 운동 등이 이에 속한다. 그들은 특히 두 시점이나 두 지점 사이에 존재하는 특정한 질의 강도 변화를 연구했는데, 여기서는 운동과 속력에 초점을 맞추어 살펴본다.[110] 그들이 알아낸 운동의 유형은 일정한 운동, 불규칙한 운동, 일정하게 변하는 운동, 즉 등속운동, 불규칙한 운동, 등가속도 운동이었다.[111] 그들은 운동을 연구하는 것의 핵심은 변화에 대한 양적 분석의 근거가 되는 등속운동과 등가속도 운동을 정의하는 일이라고 생각하여, 등속운동을 같은 시간에 같은 거리를 가는 운동으로, 등가속도 운동을 같은 시간에 같은 정도로 속력이 증가하는 운동으로 정의하였다.[112] 이 때 운동의 강도에 해당하는 속력은 속력 자체를 의미하기보다는 주어진 시간에 이동한 거리를 의미하는 것이었다.

머튼 대학의 논리학자들과 수학자들은 이러한 정의와 더불어 운동하는 물체가 이동한 거리를 기술하고자 하였으나, 등가속도 운동의 경우는 계속 속력이 변하기 때문에 실제 이동한 거리를 기술한다기보다는 운동을 위치의 변화로 해석하는 것이 핵심적인 생각 중 하나였다. 또한 그들은 운동하는 물체의 속력 관념과 순간속력 관념을 사용하였지만, 현재의 방식과 같이 속력을 거리 나누기 시간이라고 정의하지도 않았고, 순간속력을 이런 나눗셈의 극한으로 정의하지도 않았다.[113] 그들은 순간속력을 물체가 한 순간의 짧은 시간 동안 같은 속력으로 이동한 거리를 그 시간으로 나눈 것으로 정의하였는데, 이런 직관적 개념은 비의 극한 개념의 부족에 기인한 것으로 순환 논리식의 정의이기 때문에 순간속력을 이해하는 데 어려움을 유발하였다.[114]

이러한 개념들을 기초로 알게 된 중요한 내용 중 하나는 머튼의 법칙, 일명 평균속력 정리로 등가속도 운동을 하는 물체의 속력이 어떤 시간 구간 t에서 v_0에서 v_f까지 일정하게 변한다면, 그 시간 구간 t 동안 물체가 이동한 거리는 v_0와 v_f의 평균과 같은 속력으로 등속운동을 한 거리와 같다. 이를 현재의 표현으로 나타내면, 시간 구간 t 동안 이동한 거리 $s(t) = 1/2(v_0 + v_f)t$ 이다.[115]

이 머튼의 법칙을 증명한 사람 중 하나는 스와인즈헤드이다. 특별히 처음 속력이 0인 경우에 대해 그의 방법을 살펴보면, 속력이 0에서 ν까지 일정하게 속력이 증가하는 물체 A와 반대로 속력이 ν에서 0으로 일정하게 속력이 감소하는 물체 B를 생각하면, 매 순간 그 물체들의 순간속력의 합은 ν이다. 그러면 그 물체들이 함께 이동한 거리는 일정한 속력 ν로 움직이는 물체가 이동한 거리와 같다. 그러면 각각은 일정한 속력 $\nu/2$로 움직이는 물체가 이동한 거리와 같게 된다.[116]

지금까지 살펴본 바와 같이, 머튼 대학의 연구는 운동의 유형을 알아내고, 속력과 순간속력을 주어진 시간 동안 이동한 거리를 이용하여 나타내고, 등가속도 운동을 같은 시간에 같은 정도로 속력이 증가하는 것으로 정의하고, 평균속력 정리를 알아내는 등 변화와 운동에 대한 이전의 질적인 접근에서 벗어나서 양적이고 산술적인 접근을 시도함으로써 이후의 발전을 위한 중요한 계기를 마련하였다.

(4) 오렘과 비크맨의 속력과 시간의 모델로서의 그래프

오렘은 「Tractatus de configurationibus qualitatum et motuum」[117]에서 질의 강도를 나타내는 "기하학적 형상"이라는 중요한 개념을 도입하였다. 오렘은 변화에 대한 산술적인 기술 방식으로부터 새로운 그래프 표현을 생각해 낸 것이다.[118] 그는 양의 변화를 기하학적 모양으로 추론하고 비교하면서 기하학적 모양의 형태가 어떤 양의 성질을 결정한다고 생각하였다. 예를 들면 어떤 광선의 열의 분포를 설명할 때, 광선을 나타내는 직선 위의 각 점에서 수직인 선분의 길이를 열의 크기로 나타내면, 이런 수직인 선분들은 어떤 기하학적 모양을 나타낼 것이고, 이 기하학적 모양이 열의 분포를 나타내며, 그 넓이가 그 광선이 가지는 전체 열의 크기라는 것이다. 이렇게 생각하면 광선의 각 지점에서의 열이 일정한 경우는 직사각형 모양을 띨 것이고, 열이 낮은 상태에서 높은 상태로 일정하게 변하는 경우는 삼각형이나 사다리꼴 모양이 될 것이다.[119] 이와 같이 오렘은 연속량에 대해 주어진 구간에서 질의 강도의 변화를 주어진 구간을 밑변으로 하고 주어진 구간의 각 점에서의 질의 강도를 수직인 선분의 길이로 표현한 그래프를 살펴봄으로써 그 성질을 알 수 있다고 생각한 것이다.[120]

오렘은 이 개념을 운동을 기술하는 데도 그대로 적용하였다. 속력을 시간에 따라 수직인 선분으로 나타낼 수 있는 물체의 특성으로 정의한 방식이 그의 뛰어난 사고 방법인 것이다. 그의 방식은 현재의 속력 시간 그래프와 매우 유사하게, 기하학적 모양에서 수직인 선분은 각 시점에서의 순간속력을 나타내고, 그 모양의 전체 넓이는 전체 이동한 거리로 해석할 수 있게 하였다. 또한 이 그래프는 속력을 순간적인 값을 갖는 양으로 해석할 수 있게 하고, 운동에 대한 이론들을 단순화하고, 개념화하고, 설명할 수 있게 하였다.[121]

오렘의 생각을 좀 더 살펴보면, 그는 등가속도 운동을 하는 물체의 이동 거리를 탐구할 때, 속력은 동일한 시간 구간들에서는 동일한 양만큼 증가한다는 것을 알고 있었다. [그림 Ⅱ-65]는 전체 시간 구간을 동일한 시간 구간들로 나누었을 때, 각 시간 구간별로 시작점에서의 속력을 높이로, 선택된 시간 구간을 폭으로 하는 직사각형들을 그린 그래프이다. 오렘은 각 시간 구간에서는 일정한 속력으로 운동을 한다는 가정 하에 각 시간 구간에서의 이동거리를 어림할 수 있었는데, 그 이동거리가 바로 직사각형의 넓이이다. 오렘은 이 그래프에서 직사각형들의 꼭지점들을 이은 선을 이 그래프의 윗선top-line이라 불렀다. [그림 Ⅱ－66][122]과 같이 시간 구간을 아주 작게 하면 이 선은 각 점에서의 순간속력을 나타내는 '강도선'이 된다. 오렘은 이것이 직선이며, [그림 Ⅱ－65]에서 모든 직사각형들의 합은 강도선과 수평축 사이의 삼각형의 넓이와 같음을 알고 있었다.[123]

오렘은 그래프 표현을 이용하여 [그림 Ⅱ－67]과 같이 어떤 물체가 어떤 시간 구간에서 등가속도 운동을 한다면, 그 물체가 이동한 거리는 전체 시간 구간의 중간에서의 속력으로 등속운동을 하는 물체가 이동한 거리와 같다고 추론하였다. 이 추론으로 오렘은 머튼의 법칙을 증명한 것이다.[124] 등가속도 운동을 하는 물체의 속력이 어떤 시간 구간 t에서 v_0에서 v_f까지 일정하게 변한다면, 이 물체가 이동한 거리는 사다리꼴의 넓이이고, [그림 Ⅱ－68]에서 v_0=ab, v_f=cd이면 사다리꼴의 넓이 공식으로부터 전체 거리 $s(t)=1/2(v_0+v_f)t$이다. 이는 전체 시간 구간의 중간에서의 속력인 $1/2(v_0+v_f)$, [그림 Ⅱ－68]에서는 가운데 수직인 선분 gh에 해당하는 속력으로 등속운동을 하는 물체가 이동한 거리와 같다. 한편 오렘의 그래프 표현은 [그림 Ⅱ－67]에서 보는 바와 같이 전체 시간 구간 중에서 반에 대응되는 넓이와 나머지 반에 대응되는 넓이의 비가 1:3임을 보여줌으로써 갈릴레오의 낙하의 법칙을 도식적으로 보여주고 있는 것이다.[125]

오렘은 이와 같이 그리스 시대 이후에 연속량을 선분으로 나타내던 것을 이용하여 다양한 형태의 물리적인 변수를 선분으로 나타내어, 시간과 속력의 관계처럼 변수 사이의 함수적 관계를 다루기 시작하였다. 또한 이를 그래프로 표현하는 방법을 생각해 내었으며, 시간에 따른 속력의 그래프에서 그래프 밑의 직사각형들의 넓이의 합을 이용하여 이동한 거리를 계산하는 적분의 방법들을 사용하였다.[126]

오렘은 이런 그래프를 통한 추론 방법을 [그림 Ⅱ－69]와 같이 다양한 유형의 운동에 적용하였지만, 낙하 운동과 같은 실제적인 운동 현상에 적용하지는 않았다. 오렘은 머튼의 법칙을 시각화해서 더 복잡한 문제들을 이해할 수 있도록 확장하였다. 그의 그래프 방법은 그 당시에는 계산으로 접근할 수 없는 운동에 대한 통찰을 가능하게 하였다.[127]

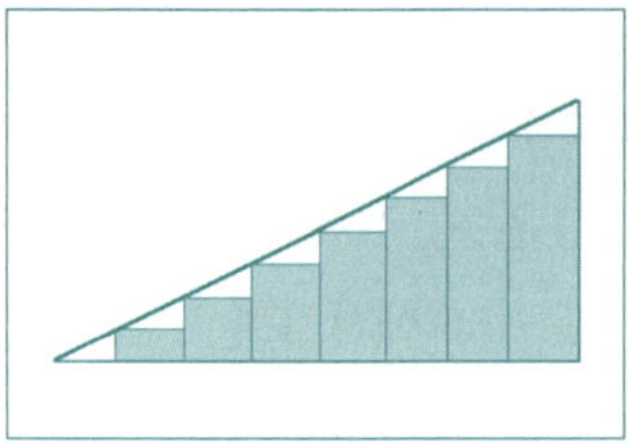

그림 Ⅱ-65 직사각형의 높이로 표현된 속력

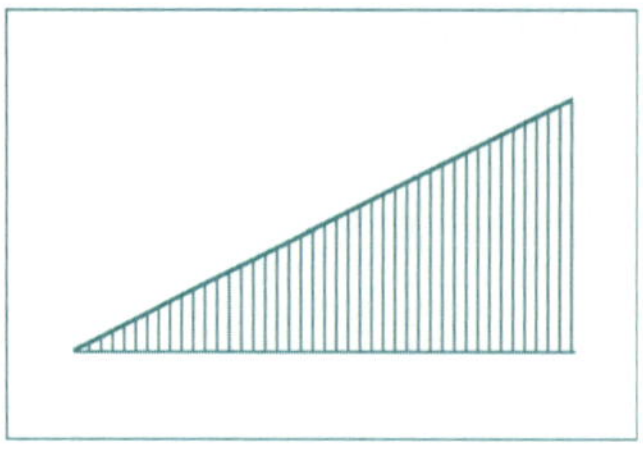

그림 Ⅱ-66 오렘의 '양의 모양'

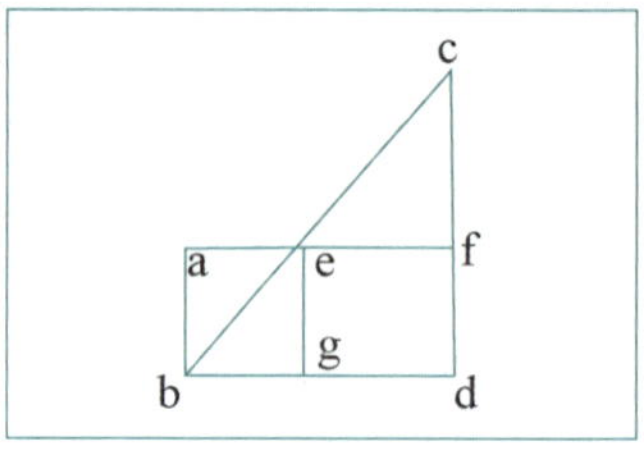

그림 Ⅱ-67 오렘의 '양의 모양'

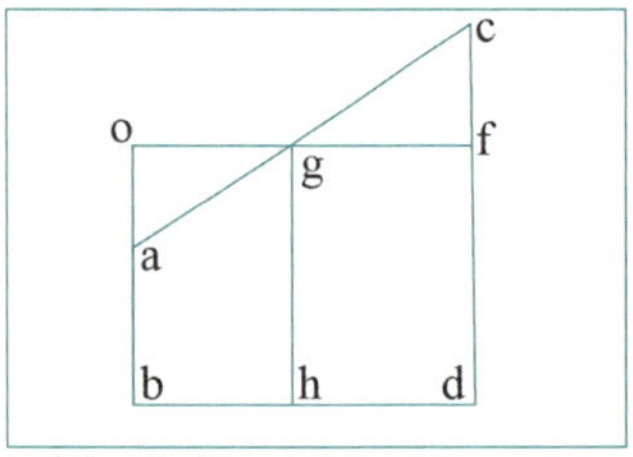

그림 Ⅱ-68 오렘의 '양의 모양'

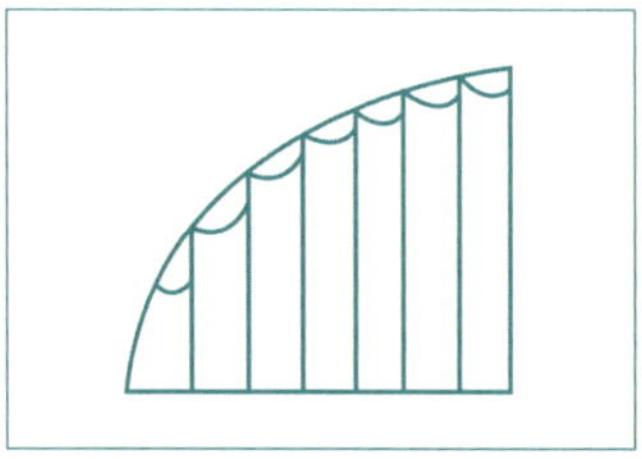

그림 Ⅱ-69 오렘의 '형상의 위도에 관하여'에 있는 그림

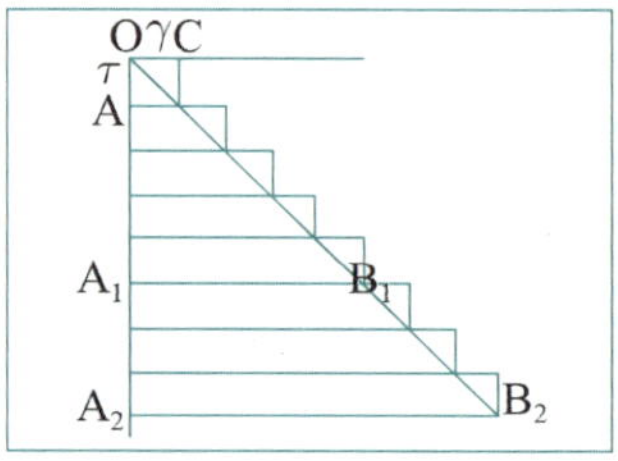

그림 Ⅱ-70 비크맨의 막대의 넓이로 속력에 대한 추론을 나타내는 그래프

16세기까지 물체가 땅에 떨어지는데 필요한 시간은 아리스토텔레스의 관점을 따라 그 무게에 반비례하는 것으로 인정되어 왔다. 1586년 스테빈은 '중력의 법칙'을 출판하면서 무게가 다른 두 개의 공이 정확히 같은 시간에 땅에 도착함을 기술함으로써 이 이론을 뒤집었다.[128)]

1618년 비크맨은 물체의 무게와는 독립적인 경과 시간과 낙하 거리 사이의 새로운 관계를 증명하였다. 그는 조금씩 지속적으로 물체를 잡아당기는 연속적인 힘에 대해 생각하였다. [그림 Ⅱ-70]과 같이 각 시간 구간 τ 후에 잡아당기는 힘은 속력을 일정한 양 γ까지 증가시킨다. 이 때 시간 구간 τ 동안 이동한 거리는 대응되는 막대의 넓이로 표현된다. 또한 τ가 0에 가까워지면 전체 시간 OA_1, OA_2 동안 이동한 거리들은 삼각형 OA_1B_1, 삼각형 OA_2B_2의 넓이가 되고 각각 걸린 시간의 제곱에 비례한다. 그러나 아직 시간과 이동 거리 사이의 관계를 하나의 식으로 형식화하지는 못했다.[129)]

오렘과 비크맨이 그래프를 사용하여 운동을 이해한 것은 동일하지만 오렘은 넓이를 연속적으로 접근한 반면, 비크맨은 이산적으로 접근한 점, 비크맨은 오렘과 달리 속력을 물체의 본질적 성질에 기인하는 것이 아니라 물체를 잡아당기는 힘의 결과로 생각한 점 등에서 차이가 있다.[130)] 이와 같은 내용은 우리에게는 익숙한 것이지만, 앞에서 살펴본 바

와 같이 13세기 학자들이 돌진력 이론을 만들어 낸 이후로 이 이론이 계속 인정되어왔던 것을 생각하면, 비크맨의 생각은 이 당시에는 매우 혁신적인 것이었다.

지금까지 살펴본 바와 같이 머튼 대학의 운동학에 대한 연구가 그 이전의 운동학에 대한 철학적인 접근에서 양적이고 산술적인 접근으로의 발전이었다면, 오렘과 비크맨은 머튼 대학의 산술적인 접근에서 기하학적 접근으로의 도약을 통해 속력을 시간에 따른 수직인 선분으로 나타냄으로써 순간속력에 대한 개념을 더 명확하고 더 다양한 유형의 운동에 적용할 수 있게 하였다. 비크맨의 생각은 속력의 원인을 물체의 본성이 아닌 외부의 힘으로 해석함으로써 새로운 아이디어를 제공하였으며, 오렘의 그래프 표현은 갈릴레오의 낙하의 법칙의 단서를 제공해 주었다. 그러나 아직 대수화에는 성공하지 못하였다.

(5) 갈릴레오의 자유 낙하에 대한 형식화

갈릴레오는 운동학 문제를 연구한 가장 유명한 과학자들 중의 하나이다. 갈릴레오는 근대 과학에 새로운 목표를 정함으로써 근대과학의 성공의 열쇠를 제공한 사람이다. 그는 그리스나 중세의 과학자들이 추구했던 어떤 현상에 대한 원인을 탐색하는 방법이 과학적 지식의 발달에 그다지 도움이 되지 못했던 것을 깨닫고, 자유 낙하 운동의 원인을 추구하는 것이 아니라 자유 낙하 운동과 관련된 시간과 거리 사이의 수학적 관계를 수학적 언어로 기술하고자 하였다. 이와 같이 자연의 행동을 기술하는 수학적 공식을 찾는 것이 갈릴레오가 제시한 새로운 방향이었고, 공식들은 원인에 대해서는 아무 것도 설명할 수 없으나 인간이 자연에 대해 알아온 가장 가치 있는 지식인 것이다.[131] 또한 갈릴레오의 우수성은 아리스토텔레스 이후로 운동과 관련해서 생각했던 마찰이나 공기의 저항을 무시하고 이상화된 상태에서 기본 원리를 발견하고자 했던 것이다.[132]

갈릴레오는 자신의 관점을 바탕으로 아리스토텔레스의 운동에 대한 원리와는 모순이 되는 법칙을 발견하게 되는데, 어떤 물체에 힘을 계속 가할 때 마찰이나 공기의 저항을 무시한다면, 물체의 속력은 더 증가하거나 감소하며, 이 때 그 힘은 그 물체의 질량과 가속도의 곱과 같다는 것이다. 이를 바탕으로 자유낙하 운동을 생각하면, 지구가 물체를 잡아당기는 힘이 지속적으로 작용하기 때문에 물체는 가속도를 가지게 되고, 공기의 저항을 무시하면 같은 높이에서 떨어지는 물체는 모두 같은 가속도를 가진다.[133]

갈릴레오는 이 관점을 바탕으로 자유낙하 운동을 연구하면서 그래프를 사용하여 이동한 거리와 낙하 시간 사이의 이차적 관계를 기술하였다. 그는 속력 시간 그래프를 오렘과 비크맨과 같은 방식으로 그렸지만, 다른 방식으로 추론하였다. 그는 머튼의 법칙을 증명한 스와인즈헤드의 방식을 따라 [그림 Ⅱ-71]에서 cc_1, dd_1의 길이들로 표현되는 순간속력들을 사용하였다. 여기서 이 길이들은 실제 속력을 나타내는 것은 아닌데 그 이유는 그는 아직 속력을 양으로 인식하지 않았기 때문이다. 갈릴레오는 아마 머튼 대학의 수학자들이 순간속력을 일정 시간 동안 이동한 거리로 본 것처럼 이 길이들을 잠재적인 변위로 추론한 것 같다.[134)]

중점 M을 중심으로 보면 c, d는 대칭이기 때문에 $cc_1 + dd_1 = cc_2 + dd_2$이고, 대칭의 조건만을 만족한다면 c, d를 어디로 생각하든 모든 곳에서 이 식이 적용된다. 이 직선들을 모두 합한 것이 그래프의 넓이이고, 이것으로부터 그는 그래프 AC와 그래프 FG가 나타내는 이동 거리는 동일하다는 결론을 이끌었다. 이는 오렘이 모든 순간속력들을 더한 것이 그래프의 넓이라고 본 것과 동일한 방식이다. [그림 Ⅱ-71]의 그래프에서 M까지의 운동 거리는 전체 시간 구간의 나머지 반에 해당하는 이동 거리의 3분의 1이라는 것을 알 수 있다. 이러한 생각을 좀 더 명확하게 알 수 있는 것이 [그림 Ⅱ-72]이다. 이 그림에서는 a지점에서 b지점까지 포물선을 그리며 날아가는 물체의 속력을 결정하는 것을 보여준다. 물체가 직선 ab위를 움직일 때 직선 위에 임의의 점 c를 선택하면 점 c에서의 속력은 점 c에서 길이가 ac의 두 배가 되도록 수평으로 그린 cd이고, 점 b에서의 속력은 점 b에서 길이가 ab의 두 배가 되도록 수평으로 그린 be임을 설명하고 있다. 이 설명에서 수평선의 길이가 잠재적인 변위이다.[135)]

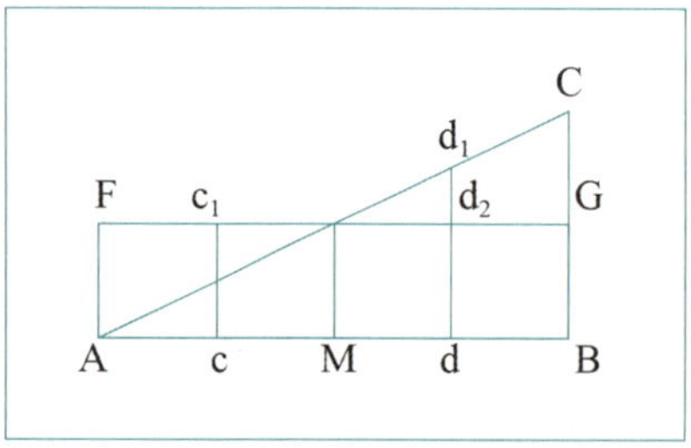

그림 Ⅱ-71 **머튼의 법칙을 나타내는 갈릴레오의 그래프**

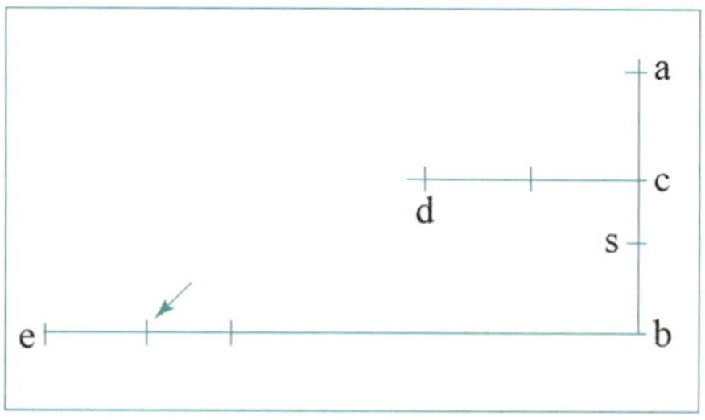

그림 Ⅱ-72 **속력을 변위로 생각하는 갈릴레오의 추론**

갈릴레오는 낙하하는 물체의 시간과 거리 사이의 이차적 관계에 대한 그의 가설을 실험으로 검증했다. 그는 1로 시작하는 연속하는 홀수의 수열을 더하면 제곱수가 된다는 것을 알았고, 동일한 시간 간격 동안의 이동 거리의 홀수 비를 사용했다. 만약 시간 구간을 두 구간으로 나누면, 이동 거리의 비는 1:3이고, 네 구간으로 나누면 이동 거리의 비는

1:3:5:7이다. 이런 방식으로 계속 등분하면 구간들 사이의 비는 홀수들의 수열이 된다. 그는 이 수열들을 더하면 제곱수가 되는 것을 알고 있었다. 그는 이 성질을 이용하여 자유 낙하하는 물체의 가속도는 일정하다는 추측에 기초한 공식을 검증했다. 그는 못 사이의 거리가 위의 홀수들에 비례하도록 한 쪽에 못을 박은 미끄럼틀을 만들었다. 그 미끄럼틀에 공을 굴리면 각 연속된 못들 사이를 지나가는데 걸리는 시간이 동일하다는 것이 명백하다.[136] 갈릴레오의 실험은 낙하 거리가 각 시간 구간에서 일정하게 증가한다는 것을 확인했고, 그 결과로부터 시간과 거리 사이의 관계가 이차식이라는 결론을 내렸다. 따라서 선형 함수의 적분을 구한 것이고, 미적분이 실제적으로 시작된 것이다.[137] 그러나 많은 과학자들이 갈릴레오의 추론을 비판했는데, 예를 들면 페르마는 물체는 낙하하는 순간에 속력을 가져야한다고 믿었다. 그렇지 않으면 운동을 시작할 수 없다는 것이다.

한편 갈릴레오는 발사된 물체의 운동을 연구하면서, 이 운동은 두 개의 독립적인 운동이 동시에 일어나는 것임을 알게 되었다. 예를 들면 날고 있는 비행기에서 떨어지는 물체는 두 가지 방향의 운동을 하는데 하나는 비행기의 속력에 의해 지구가 가는 방향과 같은 방향으로 가는 수평 운동이고, 다른 하나는 지구의 중심을 향해 아래로 떨어지는 수직 운동이다. 비행기의 속력이 빠르면 수평 운동은 더 많이 하게 되지만, 수직 운동은 동일하다. 갈릴레오는 이런 운동의 원리를 대포에도 적용하여, 대포는 지상에서 45도의 각도로 발사할 때 가장 멀리 날아갈 수 있음을 증명하였다. 갈릴레오는 이런 모든 결과들을 「Discourses and Mathematical Demonstrations connecting Two New Sciences」에 기술하고 있다.[138]

지금까지 살펴본 바와 같이 갈릴레오는 운동학에 관련하여 운동의 원인을 추구하고자 하는 이선의 과학사들의 태도를 버리고 운동의 현상을 수학적 언어로 기술하는 방향으로의 전환을 통해 운동학에 대한 새로운 방향을 제시하여 대수화를 촉진하였을 뿐만 아니라 실험을 통해 자신의 추측을 검증함으로써 미적분의 실제적인 출발점을 제공하였다. 한편, 갈릴레오 시대의 많은 유명한 수학자들은 갈릴레오와는 달리 물체가 낙하하기 시작하는 순간에 순간 속력은 0인 반면 가속도를 가질 수 있다는 아이디어를 이해하는 데 어려움을 겪었다.

(6) 라이프니츠와 뉴턴에 의한 미적분학의 발전

17세기 후반 라이프니츠와 뉴턴은 운동학의 발달에서 아주 중요한 과학자들로 미적분의 발명자이다. 그들이 미적분을 발명했다고 말할 수 있는 것은 단지 특별한 문제에서 접선과 넓이를 구하는 효과적인 방법을 구한 것이 아니라 이 분야와 관련된 전반적인 문제를 해결하기 위한 일반적인 방법을 제공했다는 데 있다. 즉, 단순히 미적분의 기본 정리를 인식한 것이 아니라 기존의 무한소기법으로부터 체계적인 계산을 위한 강력한 알고리즘을 추구하는 데 이 기본 정리를 이용했다.[139)]

17세기의 과학자들은 자유낙하 운동에서 물체가 가장 짧은 거리로 이동하는 직선 운동을 하는 것과 같이 여러 가지 자연의 운동은 최댓값이나 최솟값을 갖는 방식으로 이루어진다는 것을 알고 있었다. 또한 이와 관련된 최적화 문제에서 최댓값과 최솟값을 계산하는 방법도 발견하였다. 그러나 이전의 최적화 문제들은 주로 다항식에 대한 것이었기 때문에, 많은 문제들, 예를 들면 다항식으로 나타낼 수 없는 빛의 굴절과 같은 문제들을 해결하는 데는 많은 제약이 있었다.[140)]

그러나 17세기 후반에는 변화와 관련된 더 많은 물리적 현상들을 다루면서, 순간적인 변화에 대한 개념적 이해가 발달하였고, 그 계산 방법에 주된 관심을 가지면서, 라이프니츠와 뉴턴은 이 분야에 많은 공헌을 하였다. 그들의 문자 기호의 발명이 다음 수 세기 동안 해석학과 미적분이 급속도로 발전하는 데 필수적인 것이었고, 변화의 개념이 대수적 사고에 도입되는 것이 가능해졌다.[141)]

뉴턴은 물체의 운동에 관한 오렘, 비크맨, 갈릴레오의 아이디어를 좀 더 정확하게 형식화하였다. 뉴턴 이전의 과학자들은 지상의 물체의 운동과 천체의 물체의 운동을 서로 다른 이론으로 설명하였지만, 이 두 가지 운동의 관계를 설명하는 어떤 원리를 찾고자 계속 노력해 왔는데, 이를 해결한 사람이 뉴턴이다. 그 당시의 과학자들은 천체 운동의 경우에 힘의 방해를 받지 않는 한은 계속 직선 운동을 하지만, 이미 케플러에 의해 밝혀졌듯이 행성들은 태양을 중심으로 타원 운동을 하며, 이는 태양이 행성들에 힘을 가하고 있기 때문이라고 생각하였고, 지상의 운동에서는 지구의 중심이 물체를 잡아당긴다는 것을 알고 있었다. 뉴턴은 이 생각을 더욱 발전시켜 달의 운동을 연구하면서 지구와 달 사이에 잡아당기는 힘이 없다면, 달이 직선 운동을 하게 되겠지만, 지구가 달을 잡아당기는 힘 때문에 달이 지구 주위를 도는 것으로 생각하였다. 또한 우주의 모든 물체는 서로를 잡아당기며, 대략적인 계산을 통해 잡아당기는 힘은 두 물체의 중심 사이의 거리의 제곱과 관련이 있고, 거리가 증가할수록 감소한다는 사실을 인식하였다. 그는 달이 지구 쪽으로 1초당 얼마만큼씩 잡아당겨지는지를 계산하여 두 물체 사이의 잡아당기는 힘을 공식으로 나타내었고, 이를 지구상의 운동에도 적용할 수 있음을 보였다. 이와 같이 뉴턴은 지구상의 운동과 천체의 운동을 같은 공식으로 기술함으로써 두 가지 운동에 모두 동일한 힘이 작

용한다고 생각하였는데, 이 법칙이 아래와 같은 우리가 잘 알고 있는 만유인력의 법칙이다.[142)]

$$F = \frac{kMm}{r^2}$$ (M과 m은 두 물체의 질량, r은 두 물체 사이의 거리, k는 상수를 뜻함)

한편 그는 어떤 물체에 힘을 가했을 때 그 힘과 가속도와의 관계를 공식으로 $F=ma$와 같이 기술하였다. 이 때 F가 물체에 작용하는 중력이면 그 힘은 무게를 뜻한다. 그러나 이 당시는 아직 질량 개념에 대한 정확한 정의는 불가능했다. 위에서 제시한 만유인력의 법칙의 식과 $F=ma$(m은 물체의 질량, a는 가속도를 뜻함)의 식을 비교하면, $a=kM/r^2$인데, k는 상수, M은 지구의 질량, r은 물체와 지구까지의 거리이기 때문에, 이 식으로부터 같은 거리에 있는 물체들의 가속도는 모두 같게 되며, 이것은 이미 갈릴레오가 실험을 통해 추측한 것이다. 이런 뉴턴의 운동에 대한 연구는 그 이후의 비행기, 로켓, 인공위성과 같은 새로운 장치의 기반을 제공하였다.[143)]

뉴턴은 이 힘을 찾은 후에 그것들이 어떻게 작동하는지 설명하려 했다. 뉴턴은 17세기의 전통에 적합하게 기하학적 접근에 의해 설명하려 하였고, 좌표체계에서 기하학적 대상들의 운동을 다루었다.[144)] 뉴턴은 운동의 자취를 나타내는 곡선의 접선에 대해 연구하면서 [그림 Ⅱ－73]과 같이 곡선을 두 개의 움직이는 직선, 즉 가로선과 세로선의 교점의 자취로 생각하고, 이를 같은 시간 동안 서로 다른 직선을 따라 속도 $\dot{x}$와 속도 $\dot{y}$로 거리 x와 거리 y를 움직이는 두 점 A, B의 모델을 생각하였다. 이러한 접선의 연구는 유율법이라는 새로운 방법을 발명하게 된 동기가 되었다. 이 때 두 점 A, B가 등속운동을 하는 경우에는 이동한 거리가 속력에 비례함을 관찰할 수 있고, 등속운동을 하지 않는 경우에도 무한히 짧은 시간 동안의 모든 운동은 등속운동을 하는 것과 같다는 생각을 바탕으로 접선의 기울기를 계산하였다.[145)]

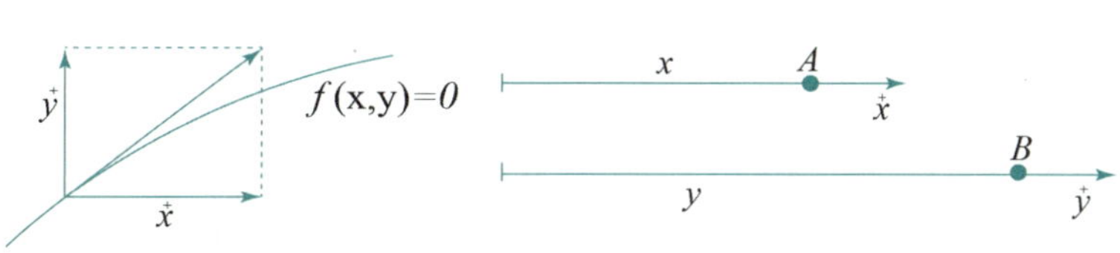

그림 Ⅱ－73 **뉴턴의 곡선의 접선에 대한 기하학적 모델**

뉴턴은 이와 같이 운동의 맥락을 사용해서 0에 가까워지는 두 양 사이의 비례 관계의 극한 과정에 대한 통찰을 제시하였다. 그는 소멸하는 두 양의 궁극적인 비를 어떤 물체가 특정한 위치에 도달한 그 궁극적인 순간의 물체의 속력으로 이해해야 한다고 주장하였다. 이에 따라 두 양이 위치와 시간일 때, 순간속력을 위치의 변화와 시간의 변화 사이의 극한 또는 소멸하는 비로 정의하였다. 뉴턴의 기호에서 양을 유량으로, 유량이 변하는 속력을 유율이라 하였는데, 이 유율은 순간변화율을 의미하며 현대적인 기호법으로는 $\dot{x} = dx/dt$, $\dot{y} = dy/dt$로 나타낼 수 있다. 그는 미분소를 유율의 모멘트로 정의하였고, 그는 직관적으로 극한 개념을 알고 있었지만 명확하게 형식화하지는 않았다.[146)]

이와 같이 변화하는 물체를 다루는 미적분의 본질적인 개념은 운동에서의 순간속력, 즉 순간 변화율이다.[147)] 물체의 운동에서 등속운동의 경우에는 평균속력, 즉 평균변화율로 충분하지만, 17세기에 많은 연구의 대상이었던 낙하 운동, 진자 운동, 발사체 운동과 같이 등속운동이 아니라 속력이 순간적으로 변하는 운동의 경우에는 평균변화율과 순간변화율의 차이를 이해해야 한다. 예를 들어, 자동차를 타고 오전 10시에 출발해서 2시간 동안 180km를 갔다면, 평균속력은 90km/h이지만, 이 속력이 정각 11시의 속력은 아니다. 그러면 정각 11시의 속력을 알기 위해 11시에서 11시 1분까지 간 거리 1.2km를 이용하여, 1분간의 평균 속력인 72km/h를 구하면, 이것이 11시 정각의 순간속력이라고 할 수 있는가? 우리는 1분 동안 얼마나 속력이 크게 변할 수 있는지 잘 알고 있다. 그러나 시간의 간격을 점점 더 줄여서 1초, 0.1초, 0.01초, …에 해당하는 평균속력을 구한다면, 정각 11시의 순간속력에 가까워질 것이다. 따라서 순간속력은 시간 간격이 점점 0에 가까워질 때 평균속력의 극한값이고 이는 단순히 거리를 시간으로 나눈 몫이 아니다. 뉴턴은 이런 이상화를 통하여 순간속력의 개념을 생각하였고, 다양한 운동과 관련된 변화 현상을 설명하는 도구로 확장할 수 있었다.[148)]

라이프니츠의 미적분에 대한 연구는 뉴턴과는 다르게 수열의 합과 차의 대수적 패턴과 그 성질에 관련되어 있다. 1672년 그는 미적분의 기본 정리를 형식화하기 전에 그의 저서인 「Historia et Origo」[149)]에 합의 수열과 합의 차의 수열에 대한 연구를 기술하고 있다. 라이프니츠는 한 수열 $a_0, a_1, a_2, \cdots$ 와 차의 수열 $d_1 = a_1 - a_0$, $d_2 = a_2 - a_1$, $d_3 = a_3 - a_2$, $\cdots$ 로부터 $d_1 + d_2 + \cdots + d_n = a_n - a_0$ 임을 유도하였다. 이런 차의 합에 대한 결과는 무한급수의 합에 대한 가능성을 제공하였다.[150)] 이와 같이 그는 합의 수열과 합의 차의 수열의 관계를 미적분을 위한 영감의 원천으로 삼았다.[151)]

라이프니츠의 생각을 바탕으로 미적분은 변화에 관련된 운동과 같은 현상들로부터 구조, 공식 및 그 그래프를 연구하는 것으로 그 초점이 이동하였다. 라이프니츠는 대수적인 배경에서 뉴턴보다 더 사용하기 쉬운 미적분 기호 체계를 도입하였다. 그런 이유로 현재는 라이프니츠의 기호를 사용한다. 그의 기호 체계 덕분에 라이프니츠의 미적분은 한 때는 아르키메데스나 뉴턴과 같은 천재를 필요로 했던 문제들을 일반적인 학생들도 해결할 수 있게 하였다. 그는 그의 기호 체계를 위한 기초로 극한 개념에 대해 많이 기술하지 않았다. 그는 자신의 방법을 미적분에 대한 첫 논문 「Nova Methods」[152]에서 맥락과는 아무런 관련이 없는 공식의 그래프를 사용하여 설명하였다. 또한 그는 '무한히 작은'에 대해서도 정의하지 않았다. 접선을 모든 가능한 길이보다 더 작은 거리에 있는 곡선 위의 두 섬을 지나는 직선으로 해석하였지만 이 정의를 논문에 넣지는 않았다.[153]

미적분에 대한 아이디어로부터 도형의 넓이를 선분의 위치와 길이가 순간순간 변하는 운동의 자취로 보는 것과 같이 순간변화율 개념과 도형의 길이, 넓이, 부피의 관계를 인식한 것은 뉴턴과 라이프니츠의 위대한 발견 중 하나이다. 이런 생각으로부터 주석으로 캔을 만들 때 최소한의 겉넓이로 최대한의 부피를 갖게 되는 모양을 생각하는 것과 같이 산업에서의 효율적인 생산을 가능하게 함으로써 현대 문명과 문화를 창조하는 데 매우 중요한 역할을 감당했다.[154]

18세기의 과학자들은 순간변화율을 기초로 하는 미적분을 이용하여 우주 설계의 보편적인 기본 원리를 발견하게 되는데 그것이 바로 자연의 운동은 자신을 나타내는 복잡한 수학적 양을 최대 또는 최소가 되도록 움직인다는 원리이다. 예를 들면, 낙하 운동에서의 직선 운동, 빛의 굴절에서의 직선 운동, 고무풍선이나 비눗방울을 불었을 때 최소의 겉넓이를 필요로 하는 구의 모양을 취하는 것 등과 같이 자연의 운동은 최대값 또는 최솟값을 갖는 경향이 있다는 것이다. 17세기의 과학자들도 여러 현상이 최댓값이나 최솟값을 가진다는 사실을 알고는 있었으나 앞에서 설명한 바와 같이 이를 구하는 방법은 매우 제한되어 있었다. 그러나 순간변화율을 이해하면서, 예를 들면 공을 위로 던졌을 때 순간적으로 속력이 0이 되는 순간에 최대 높이를 가진다는 것을 알고 이를 구하는 방법을 찾아냄으로써 많은 자연의 운동과 관련된 최댓값과 최소값 문제를 다룰 수 있게 되었다. 이러한 최대와 최소 원리는 그 이후로 현재까지 물리학을 지배하고 있다.[155]

18세기 초에 오일러의 연구 결과에 의해 미적분이 기하학과는 독립적인 수학의 한 분야가 되면서, 함수와 관련해서 해석적 식이 탐구의 대상이 되었다. 함수의 엄밀한 기초를 놓는 일은 미분과 미분소를 이해하는 것이었는데, 19세기 초, 볼차노Bolzano, 달랑베르d'Alembert, 코시Cauchy가 무한소를 종속적인 변량으로 정의함으로써 이런 기초가 정립되었다. 또한 코시가 극한 개념을 정의하면서 미적분에 대한 모든 오해가 사라졌고, 그의 미분몫에 대한 형식화는 오늘날 미적분 교육에서 계속 사용되고 있다.[156)]

이와 같이 미적분의 초기 연구는 엄밀하지 않았고 물리적인 현상을 바탕으로 하는 추론이 수학자들을 인도해 왔다. 이 시기의 과학자들은 물리적 우주에 대해 성립하는 수학적 관계를 발견하는 것이 목표였고, 뉴턴은 운동과 중력의 법칙을 알아냄으로써 목표에 공헌하였다. 이러한 법칙을 바탕으로 과학의 다른 많은 분야에서도 물리적 현상을 힘과 운동으로 보고 양적인 법칙을 탐구하기 시작하였다. 예를 들면 빛, 소리, 전기, 열, 화학적인 현상, 물체의 압력과 밀도, 체온과 혈압의 측정, 혈액의 흐름, 식물의 물의 흡수와 증발, 빛 등에 관한 연구로부터 망원경과 현미경의 발전 등이 이에 해당된다. 또한 미적분학은 곡선의 길이, 도형의 넓이, 부피 등을 구하는 데 응용됨으로써 최적의 물건을 만드는 효율적인 방법들을 제공해 왔다. 더 나아가서 미적분학의 연구는 과학과 철학, 종교, 문학, 예술, 미학, 경제, 사회에 이르기까지 모든 분야의 사고방식을 바꾸어 놓았다. 또한 미적분학이 좀 더 엄밀해지고 탄탄해지면서, 이를 기초로 한 해석학은 기존의 대수나 기하학보다 훨씬 넓은 수학의 한 분야가 되었고, 과학자들은 이를 이용하여 자연의 수학적 법칙을 계속 찾아왔고, 자연에 지배적인 영향력을 미치고 있다.[157)]

지금까지 살펴본 바와 같이 미적분학은 4세기 아리스토텔레스의 형상과 질료를 '중심으로 하는 운동학, 13세기 학자들의 돌진력 이론, 14세기 머튼 대학 수학자들의 순간속력 관념, 일정하게 변하는 속력 관념, 머튼의 법칙, 14세기 후반의 운동에 대한 직관적 통찰을 가능하게 한 오렘의 시간을 수평축으로 하는 그래프 방법, 16세기 스테빈의 자유낙하 시간은 무게와 관련 없다는 증명, 17세기 초에 비크맨의 그래프 넓이의 이산적 접근 방법과 속력을 변화시키는 물체의 외부에 존재하는 물체를 당기는 힘에 대한 생각, 이어서 갈릴레오의 그래프 방법과 순간속력 개념에 대한 정의와 자유 낙하의 공식 발견, 17세기 말에 뉴턴의 기하학적 방법과 라이프니츠의 대수적 방법에 의한 미적분학의 발명에 이르기까지 운동학에 대한 연구에서 발생한 이후로 오랜 세월 동안 많은 변화가 있었다. 이 과정에서 운동과 변화에 대한 이해와 관련하여 많은 수학자들이 변화 현상을 다루면서 어떤 점에서 어려움을 갖고 있었는지, 어떤 모델과 어떤 개념이 발생하여 이 분야를 조직해 왔는지를 알게 되었다. 수학자들이 운동과 변화에 대한 이해와 관련해서 가지고 있었던 어려움은 운동과 속력의 변화를 일으키는 힘이 물체의 내부에 존재하는지 외부에 존재하는지, 물체가 운동을 시작할 때 순간속력은 얼마인지, 즉 0인지 아닌지, 또한 이 상태에서 어떻게 가속도를 가질 수 있는지, 순간속력에 대한 정의를 어떻게 내릴 것인지 등이다. 이러한 것들을 이해하기 위해서 수학자들은 처음에는 산술적 접근을 시도하다가 오렘 등에 의해서 시간을 수평축으로 하는 그래프를 사용하는 기하학적 접근이 시작되었고, 라이프니츠에 의해서 대수적 접근으로 변화를 거듭했다. 또한 기하학적 접근의 경우도 속력의 변화를 일정한 시간 구간에서의 이동거리인 변위로 해석하는 이산 그래프, 일정한 시간 구간에서의 막대의 넓이로 해석하는 이산 그래프를 거쳐 17세기 이후 연속 그래프로 변화하면서 차분몫의 그래프를 다루게 되었다. 또한 이런 과정을 거쳐서 순간속력 개념, 낙하 운동에서 속력의 선형성과 이차의 수학적 공식, 그래프의 넓이와 이동 거리와의 관계, 거리 시간 그래프에서의 속력, 미적분의 기본 정리 등 다양한 수학적 개념이 발생되었다.

현실적 수학교육에서는 학생들에게 역사적 단계 그대로 미적분 개념을 재발명하도록 하는 것은 불가능함을 인정하지만 미적분 개념 발명 과정의 일부를 경험하게 할 수 있기를 기대한다. 따라서 역사적 분석 결과에서 영감을 얻어서 학생들을 위한 미적분 개념과 관련된 안내하의 재발명과 점진적 수학화 과정을 구상할 수 있도록 다음과 같은 방향을 설정할 수 있다.[158] 첫째, 아리스토텔레스를 포함한 많은 과학자들의 자유 낙하 운동이나 발사체 운동에 관한 연구를 통해 미적분이 발달한 것에서 알 수 있듯이 여러 가지 물체의 운동을 관찰하고 모델링하는 맥락은 속력과 순간속력과 같은 미적분의 기초 개념의 의미를 직관적으로 이해하는 데 도움을 줄 수 있다. 특히 자유 낙하 개념을 파악하는 것이 매우 중요한데, 학생들에게는 낙하 시간과 낙하 속력의 비례 관계가 자명하지 않을 뿐만 아니라 자유 낙하하는 처음 순간속력이 0임에도 불구하고 가속도가 존재한다고 하는 생각은 역사적으로도 많은 수학자들이 이해하기 어려워했던 것처럼 학생들에게도 어려움을 일으킬 수 있다. 둘째, 오렘이 속력을 시간에 수직인 선분으로 나타내고 등속운동이나 등가속도운동 등에서 시간에 따른 속력 그래프를 통해 시간에 따라 이동한 거리를 추론하거나, 비크맨이 낙하 운동에서 순간속력을 막대의 넓이로 생각하는 것을 통해 낙하 거리가 시간의 제곱에 비례한다는 것을 추론하거나, 갈릴레오가 그래프를 이용하여 자유낙하 운동을 연구하면서 낙하 시간과 이동한 거리 사이의 이차적 관계를 추론한 것에서 살펴보았듯이 여러 가지 물체의 운동을 미적분 계산을 위한 법칙으로 다루기에 앞서 시간, 속력, 이동한 거리와의 여러 가지 관계를 보여주는 그래프로 조직하는 것이 미적분의 기초 개념을 이해하는 데 도움을 줄 수 있다. 셋째, 미적분에서 사용하는 연속 그래프는 시간, 거리, 속도와 가속도뿐만 아니라 여러 가지 상황을 분석할 수 있는 좋은 모델이지만 우리가 사용하는 연속 그래프가 발명되기까지는 2000년 이상의 세월이 걸렸고, 그 이전에는 다양한 이산 그래프들이 개발되었으며, 현재와 같은 연속 그래프의 모양이나 심지어는 시간을 수평축으로 사용하는 것조차 오랜 역사의 산물인 것을 고려할 때, 여러 가지 물체의 운동을 기술할 때는 이산 그래프에서 연속 그래프로 나아가는 것이 미적분의 기초 개념을 이해하는 데 도움을 줄 수 있다. 넷째, 갈릴레오가 그래프를 이용해 낙하 시간과 거리 사이의 이차 관계를 추론하고 실험을 통해 확인하거나, 뉴턴이 그래프를 통해 곡선의 접선에 대해 연구하면서 접선의 기울기를 계산하고 순간속력에 대한 정의를 생각해냈듯이 충분한 그래프에 대한 이해와 그래프를 이용한 추론은 계산 법칙을 발견하는 데 도움을 줄 수 있다. 다섯째, 속력 관념을 일련의 시간 구간들내에서의 변위로부터 시작하여 시간분의 거리라고 하는 내포량으로 정의하는 데는 역사적으로 오랜 세월이 걸린 점과 라이프니츠가 생각했던 것처럼 변위에 관련된 수열의 합과 차의 급수가 미적분의 전조인 점을 고려할 때 이산적인 변위를 통해 운동이나 변화의 특성을 탐구하는 것이 시간, 속력, 거리 개념과 그 사이의 관계를 이해하는 데 도움을 줄 수 있다.

나) 학생들의 현실과 상식 탐색

단원 설계에서 고려해야 할 다른 주요 사항은 학생들이 미적분의 기본 개념에 대해 알고 있는 상식을 기초로 학생들에게 구체적으로 어떤 현실적인 맥락과 활동을 제공하여 안내된 재발명에 의한 미적분의 기본 개념의 점진적 수학화 과정을 경험하게 함으로써 더 높은 수준의 상식으로 이끌어갈 것인가 하는 점이다.

미적분의 기본 개념을 배울 학생들이 속력, 순간속력, 거리, 그래프 등에 대해 알고 있는 상식은 무엇인가? 여기서 단원 사례 개발의 예로 제시한 미적분 단원은 네덜란드의 10학년, 즉 고등학교 1학년 정도의 학생들을 위한 것이다. 학생들은 속력과 전체 거리와 관련해서 고양이가 움직일 때 고양이 발의 연속적인 위치에 대한 사진들을 관찰하고 고양이의 운동을 모델링하는 등의 맥락에서 변위와 전체 거리를 나타내는 표와 다양한 그래프들을 제시하고, 변위와 전체 거리 사이의 관계를 생각한다. 그러나 라이프니츠가 미적분을 위한 영감의 원천으로 삼았던 변위들의 합과 합의 차를 구하는 아이디어는 전혀 생각해 내지 못한다. 또한 순간속력과 관련해서는 텔레비전 만화 연속 프로그램 캐릭터의 자동차 속도위반에 대한 이야기에서 시간에 따른 거리 그래프를 통해 속력을 결정하는 맥락에서 한편으로는 그래프를 보고 순간적인 변화를 해석하며, 다른 한편으로는 공식을 이용하여 속력을 계산하려고 시도한다. 그러나 연속 그래프에 대한 추론으로부터 뉴턴이나 라이프니츠가 순간속력을 시간의 변화와 위치의 변화 사이의 극한으로 보았던 차분몫의 수학적 개념으로의 전이와 공식으로의 연결은 생각하지 못한다.[159)]

이런 학생들의 현실과 상식을 고려할 때, 미적분 개념을 알아가는 데 필요한 중간 단계들이 무엇일지를 고려하고, 이산적인 자료에 대한 추론에서 연속적인 그래프와 공식에 대한 추론으로의 전이를 위해서 이산 그래프를 그리기 쉽고 더 많은 상황들을 그래프로 탐구하기 쉽도록 컴퓨터 프로그램을 사용하는 것이 필요하다. 또한 컴퓨터 프로그램의 사용은 학생들이 그래프를 통한 추론에 초점을 맞추게 되고, 의미 있는 맥락에서 그래프의 특성들이 출현하며, 연속 모델로 전이하는 것이나 순간적인 변화에 대한 문제를 의식하게 하는 데 유용할 것이다. 이와 더불어 이산적인 그래프를 연속적인 그래프로 내삽하는 일련의 활동을 개발하는 것도 필요하다.

학생들에게 어떤 현실적인 맥락을 제공할 것인가와 관련해서는 역사적 분석에서 살펴보았던 미적분의 기본 개념이 발생한 맥락과 더불어 역사적 분석 결과 설정했던 방향을 고려해서 현재 미적분의 기본 개념이 응용되는 맥락을 탐색하는 것이 필요하다. 역사적으로는 미적분의 기본 개념이 발생한 맥락은 물체의 자유 낙하 운동, 발사체 운동, 천체의 운동, 최적화 문제와 관련된 산업, 빛, 소리, 물체의 압력과 밀도 등 과학의 다른 많은 현상으로 확장되어 왔고, 현재는 과학과 철학, 사회, 경제, 예술 등 많은 분야에 미적분의 기본 개념이 활용되고 있다.

역사적 맥락과 여러 연구 문헌과 학생들의 현실과 상식을 고려하고 여러 번의 교수실험을 통해 최종적으로 선택한 학생들의 현실적 맥락은 기상 예보 맥락, 동물의 달리기 맥락, 자유 낙하 맥락, 자동차 속도위반 맥락이다.[160)] 기상 예보 맥락은 모든 학생들에게 익숙하고 학생들에게 운동에 대한 변화를 파악할 필요가 있음을 단적으로 보여주며, 특히 허리케인의 위치 변화를 생각하면서, 허리케인이 그 지역에 언제 도달할 것인가를 예측하는 데, 동물의 달리기 맥락은 치타와 얼룩말이 움직인 거리와 속력을 표현하기 위해 적절한 그래프를 생각해 내는 데 적합하다. 자유 낙하 맥락은 역사적으로 물체의 운동을 연구하는 데 중요한 문제였을 뿐만 아니라 현재의 학생들에게도 추론을 가능하게 하는 적절한 맥락으로 낙하 시간과 속력 및 거리와의 관계를 알아내는 데, 자동차 속도위반 맥락은 순간속력의 필요성을 인식하고 평균속력과 순간속력의 관계를 이해하는 데 적합하다.

지금까지 살펴본 바와 같이 미적분의 기본 개념과 관련된 학생들의 상식은 변위와 전체 거리를 나타내는 다양한 그래프를 알고 있었으나 전체 거리와 변위 사이의 관계를 알지 못했고, 시간에 따른 거리를 나타내는 연속 그래프에서 순간적인 변화를 인식하지만 그래프에 대한 추론과 공식의 의미를 연결하지 못한다. 또한 학생들에게 적절한 현실 맥락은 기상 예보 맥락, 동물의 달리기 맥락, 자유 낙하 맥락, 자동차 속도위반 맥락이다.

다) 모델 탐색

단원 설계에서 고려해야 할 또 다른 주요 사항은 모델이다. 미적분의 기본 개념 지도에서의 모델은 [그림 Ⅱ－74]부터 [그림 Ⅱ－78][161]에서 보는 바와 같이 이산 그래프에서 연속 그래프까지 운동의 변화에 대한 일련의 그래프들의 계열로 같은 모델의 다양한 외적 표현이다.[162] 허리케인의 경로를 보여주는 스트로보스코프 사진에서 허리케인의 자취를 직선 위에 점으로 나타내는 'MO'에서 속력과 거리와의 관계를 탐색하는 데 사용되는 'MF'로 발달한다. 변화 개념의 일반적인 그래프는 연속 그래프이고, 최종적으로 이 그래프를 이해해야하지만, 역사적 분석 결과에서도 살펴보았듯이 처음부터 이 그래프를 다루는 것은 학생들에게 어려운 것이므로, 학생들이 이해하기 쉬운 이산 그래프에서 시작해서 적절한 그래프 표현의 전환을 통해 미적분의 기본 개념에 대한 수준 상승이 이루어지도록 해야 한다.[163]

미적분의 기본 개념 지도를 위해 처음 노입된 모델은 이산적인 1차원 자취 그래프이다. 1차원 자취 그래프는 [그림 Ⅱ－74]와 같이 허리케인의 예상 경로를 추측하는 상황에서 머리 속에서 경로를 상상해 보고 스트로보스코프 사진을 관찰하면서 물체의 운동에서 일정한 시간 간격에 따른 위치 변화를 선분 위의 점으로 나타내어 이동한 거리를 수평인 선분으로 표현하는 것이다. 역사적으로는 스트로보스코프 사진과 같은 도구가 없었기 때문에 머리속에서 상상을 통해 경로를 예측했을 것이고 갈릴레오는 못을 박은 미끄럼틀을 이용해서 자신의 추측을 검증했다.

모델의 출현과 전환 과정을 살펴보면, 학생들은 직접 스트로보스코프 사진을 보며 동일한 시간 간격에 따른 위치의 변화에 주목함으로써 활동의 자취를 볼 수 있고, 동일한 시간 간격에 따라 그 자취를 직선 위에 표현함으로써 1차원 자취 그래프가 출현한다. 이 1차원 자취 그래프는 학생들이 쉽게 발명하거나 생각하기 쉽고, 허리케인의 이동 경로의 이미지와 잘 들어맞는다. 이 때 1차원 자취 그래프는 허리케인의 이동 거리를 직선 위의 점으로 나타내고자 하는 정신적 활동을 표현하는 'MO'이다.

MO로 출현한 자취 그래프는 [그림 Ⅱ-75], [그림 Ⅱ-76]과 같이 시간에 따른 거리의 변화라는 관점을 생각해 내고 시간을 수평축으로 속력이나 거리를 수직인 선분으로 나타냄으로써 2차원 변위 그래프와 거리 그래프로 전환되면서 'MF'가 된다. 학생들은 1차원 자취 그래프에서 출발하여 변위를 나타낸 2차원 그래프를 이용하여 속력 변화와 전체 거리의 변화 사이의 관계에 대한 추론을 시작한다. 역사적 분석에서 보면 변위의 사용은 머튼 대학의 수학자, 오렘, 갈릴레오 등에 이르기까지 운동을 연구하는 중요한 방법이었고, 2차원 그래프는 오렘이 속력을 시간에 따라 수직인 선분으로 나타낸 것을 기초로 선이나 직사각형 같은 기하학적 요소들을 시간에 따른 변수값의 변화를 나타내는데 사용했던 방법과 관련된다. 학생들은 적절한 맥락이나 상황에서 속력이나 거리를 어림하는 2차원 그래프를 재발명해야 한다.

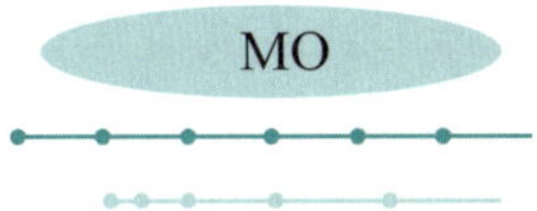

그림 Ⅱ-74 **자취 그래프**

MF

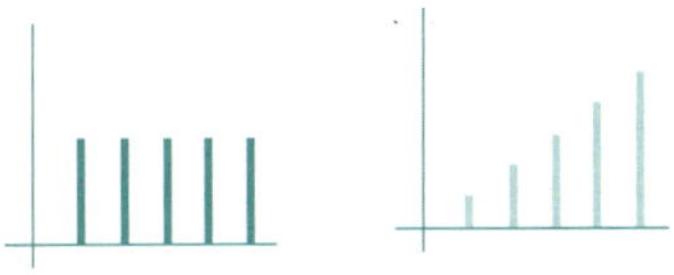

그림 Ⅱ-75 **변위 그래프 변위와 속력간의 관계 추론**

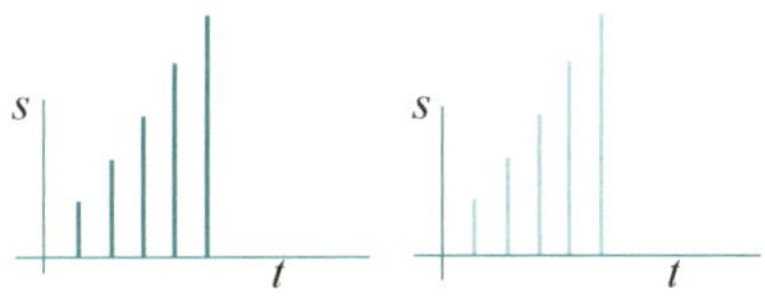

그림 Ⅱ-76 **거리 그래프 변위, 속력, 거리간의 관계 추론**

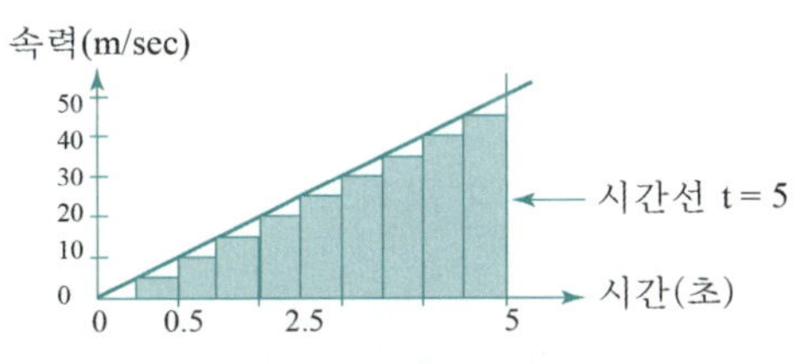

그림 Ⅱ-77 **막대그래프 순간속력과 거리의 관계 추론**

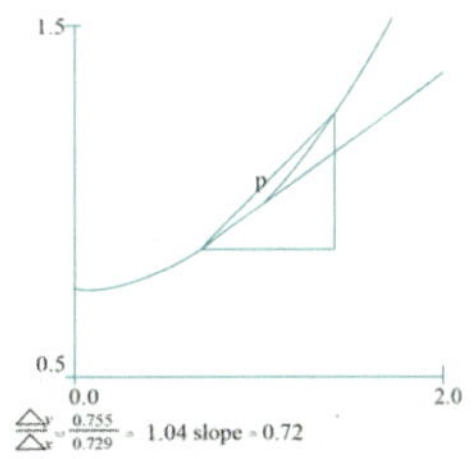

그림 Ⅱ-78 **연속 그래프 거리, 속력, 평균속력, 순간속력 어림간의 관계 추론**

다음으로 중세의 자유낙하 상황에서 순간속력 관념과 관련된 갈릴레오의 연구에 대해 이야기하는 맥락에서 [그림 Ⅱ-77]과 같은 2차원 이산 그래프인 막대그래프 모델이 도입된다. 이 모델은 2차원 이산 그래프인 변위 그래프와 거리 그래프에서 연속 그래프로의 전환을 위해 사용되며, 순간속력과 거리 간의 관계를 추론하는 데 사용된다. 학생들에게 변위 그래프와 거리 그래프를 기초로 물체의 변화에 대한 좀 더 정확한 예측을 하도록 하면, 학생들은 더 좁은 시간 구간들에 대한 더 많은 측정이 필요함을 인식하기 시작한다. 그러나 시간 구간들이 좁아지면, 변위가 작아질 것이고, 그러면 변위들의 변화 패턴을 나타내기가 어렵게 된다. 이를 해결하는 방법 중 하나가 일정한 시간 구간들 내에서의 변위를 그 시간 구간 내에서의 평균속력으로 생각하는 것이다. 이런 추론으로부터 막대그래프는 속력 시간 그래프에서 이동 거리를 어림하는 방법으로 출현한다. 이 모델은 역사적 분석에서 앞의 [그림 Ⅱ-70]에서 보는 바와 같이 17세기 비크맨이 자유 낙하 운동에 대한 가설을 표현하기 위해 사용한 막대그래프에서 살펴보았다. 이 막대그래프는 운동에 대한 2차원 이산 그래프와 연속 그래프 사이의 중간 단계에 해당되며, 각 막대의 넓이는 변위를 나타낸다. 학생들은 자유 낙하에서 시간과 거리 사이의 관계가 이차식이라는 갈릴레오의 가설을 입증하기 위해 막대를 순간속력으로 상징화하는 아이디어를 갖게 된다. 이 때 순간속력은 중세의 관념과 마찬가지로 움직이는 물체가 주어진 시간 간격 내에 순간속력을 유지할 때 움직인 거리를 의미한다. 따라서 막대그래프 모델은 일정한 시간 구간 내에서 순간속력을 나타내는 모델로 도입되어 순간속력과 거리 사이의 관계를 추론하는 모델의 역할을 한다.

이어서 순간속력을 생각해야 하는 속도위반 여부를 알아보는 맥락에서 [그림 Ⅱ-78]과 같은 연속 그래프가 도입된다. 이 모델은 거리 그래프의 기울기와 속력의 관계를 차분몫으로 연결하는 데 사용된다. 선형성과 일정한 속력 사이의 관계와 같은 시간과 거리의 연속 그래프에서 나타나는 특징은 이산 그래프에서 이미 다루었다. 학생들은 막대그래프 활동을 기초로 [그림 Ⅱ-78]과 같이 순간속력을 어림하기 위해 좁은 시간 구간에 해당하는 그래프 위의 양끝 두 점을 연결하여 평균속력을 계산하려는 생각을 하게 된다. 결과적으로 (거리/시간)로 표현되는 속력은 거리 그래프의 기울기의 크기로 생각된다. 그래프에서 구간들을 좁혀 나가면서 시간과 거리를 조정할 수 있고, 이런 방식을 계속 하다보면 그래프에서 한 점에서의 기울기는 바로 그 순간의 순간속력에 대한 어림이라는 것을 알게 된다. 이와 같이 연속 그래프 모델은 그래프를 해석하면서 거리 그래프와 기울기나 속력의 관계를 추론하는 모델로 사용된다.

지금까지 살펴본 바와 같이 미적분의 기본 개념 단원 사례에서는 속력과 변위를 연결하는 이산적인 1차원 자취 그래프가 'MO'이고, 변위, 속력, 거리간의 추론을 가능하게 하는 2차원 변위 그래프와 거리 그래프, 순간속력과 거리간의 관계를 추론하는 막대그래프, 일정한 속력, 평균속력, 순간속력의 어림 간의 관계를 추론하는 연속 그래프가 'MF'이다. 이와 같이 현실적 수학교육에서는 미적분의 기본 개념을 지도할 때 이미 체계화된 그래프를 처음부터 직접 제시해 주는 것이 아니라 역사적 분석과 학생들의 현실과 상식에 대한 탐색에 따라 학생들이 쉽게 생각해 낼 수 있는 적절한 모델을 제시하고, 이런 모델을 구조화하는 과정을 통해 체계화되고 형식화된 모델로 발전시켜가게 함으로써 미적분의 기본적인 개념인 속력, 순간속력, 거리 등을 이해하는 데 도움이 되도록 하는 것이 중요하다.

2) 미적분 개념 지도를 위한 단원 설계

이 절에서는 지금까지의 교수학적 현상학에 의한 분석을 바탕으로 단원의 초안을 설계하고 여러 차례의 교수 실험을 통해 분석된 결과를 바탕으로 미적분 개념 지도 단원의 설계 방향과 단원의 내용을 살펴본다.

가) 단원의 설계 방향

미적분의 핵심은 변화의 특성이다. 이러한 미적분의 기본 개념은 속력, 평균속력과 순간속력, 거리와 그 관계와 같은 변화율과 순간변화율 등이다. 미적분 개념의 발달에는 운동과 관련된 연구와 오렘, 비크맨, 갈릴레오를 통해 보았듯이 다양한 그래프들이 중요한 역할을 하였다.

교수학적 현상학에 의한 분석을 기초로 단원을 설계할 때 중요한 점은 다양한 물체의 운동과 변화 맥락에서 변화의 특성을 파악할 필요성을 인식하고 속력, 평균속력, 순간속력 등과 같은 변화율이나 순간변화율 개념을 어떻게 재발명하도록 할 것인가 하는 것이다. 역사적 분석에서 살펴보았듯이 속력에 대한 정의도 처음부터 (거리/시간)를 학생들에게 직접 제시하는 것이 아니라 학생들이 쉽게 접근할 수 있도록 1차원 자취 그래프를 이용하여 주어진 시간에 이동한 거리라는 의미로 시작하여, 내포량인 (거리/시간)의 의미로 전환하는 것이 필요하다. 또한 순간속력은 수학자들도 많은 어려움을 겪었던 개념임을 생각하면 좀 더 세심한 배려가 필요하다. 순간속력에 대한 정의도 움직이는 물체가 주어진 시간 간격 내에 순간속력을 유지할 때 움직인 거리에서 시작하여 시간과 속력을 나타낸 2차원 이산 그래프에서 동일한 시간 구간들내에서 각 구간의 시작점에서의 속력을 수직인 선분으로 나타내고, 이 구간들을 작게 했을 때 이 수직인 선분이 각 점에서의 순간속력을 나타낸다는 것을 이해하고, 더 나아가서 시간과 거리를 나타내는 연속 그래프에서 평균속력과 순간속력의 관계를 탐색하면서 차분몫, 즉 시간의 변화에 대한 위치의 변화의 극한으로 이해하는 것이 필요하다. 한편 시간과 속력 및 거리와의 관계를 다룰 때에는 오렘과 갈릴레오는 속력을 시간에 수직인 선분의 길이로, 비크맨은 막대로 나타낸 2차원 이산 그래프를 그리고 이를 탐구하는 과정에서 그 관계를 알아내었듯이 이산 그래프를 통한 탐구를 거쳐 연속 그래프로 나아가는 것이 필요하다.

교수학적 현상학에 의한 분석과 위에서 논의한 것을 토대로 미적분 개념 지도의 전체적인 방향을 다음과 같이 설정할 수 있다. 첫째, 일기예보 맥락에서는 변화의 특성을 파악할 필요성을 인식할 수 있도록 1차원 자취 그래프를 이용하여 허리케인이 육지에 언제 상륙할 것인지를 예측하게 한다. 둘째, 동물의 달리기 맥락에서는 2차원 이산 그래프를 이용하여 시간과 속력 및 거리의 관계를 직관적으로 탐색하게 한다. 셋째, 자유낙하 맥락에서는 2차원 연속 그래프로의 전환과 더불어 평균속력과 순간속력의 관계를 이해하고, 물체의 속력과 물체의 이동거리에 대한 갈릴레오의 일차식과 이차식에 대한 추론을 탐색하게 한다. 넷째, 자동차 속도위반 맥락에서는 순간속력의 필요성을 인식하고, 거리그래프에서 평균속력과 순간속력의 관계를 탐색하면서 순간속력이 차분몫의 극한임을 이해하며, 이를 이용하여 다양한 그래프에서 접선을 그릴 수 있게 한다.

교수학적 현상학에 의한 분석을 기초로 단원을 설계하고, 여러 차례의 교수실험과 분석을 통해 탐색된 10학년 학생들을 위한 미적분 지도 단원을 개관하면 다음과 같다.

나) 단원의 개관

본 단원의 목표는 학생들이 비형식적 수준에서 속력 개념, 순간속력과 평균속력, 속력과 운동 거리 사이의 관계를 이해하는 것이다. 이 단원은 기상 예보 맥락, 동물의 달리기 맥락, 자유낙하 맥락, 자동차의 속도위반 맥락을 중심으로 동일한 구간들 내에서의 변위들을 측정하여 속력과 거리의 관계를 알아보며, 평균속력과 순간속력의 차이를 이해하고, 속력 그래프에서 이동한 거리를 알아보고, 그래프의 기울기와 순간속력의 관계를 연결하며, 그래프도 이산적인 1차원 자취 그래프에서 막대그래프를 거쳐 연속 그래프와 같은 전통적인 방식으로 연결하며, 주어진 맥락에서 다양한 변화의 특성을 알아본다.[164]

단원의 주요 주제는 허리케인의 경로 예측, 운동에 대한 이산 그래프의 특성과 관계, 자유낙하하는 물체의 속력에 대한 갈릴레오의 가설, 자유낙하하는 물체의 이동 거리에 대한 갈릴레오의 추론, 평균속력과 순간속력의 관계이다. 이 주제들은 앞에서 언급하였듯이 역사적 분석 결과와 학생들의 현실과 상식 탐색 및 모델 탐색에 따른 방향의 설정과 여러 차례의 교수 실험 결과를 반영하여 계열을 재구성한 것이다.

각 주제별로 내용을 간단히 살펴보면, 허리케인의 경로 예측에서는 허리케인 올리비아에 대한 일기 예보를 듣고 그 경로 변화를 예측하는 활동을 통해 변화를 파악할 필요성과 운동을 모델링하는 방법을 생각해 보는 것에서 시작하여, 일정한 시간 구간들 내에서의 변위를 측정하고, 1차원 변위 그래프와 2차원 변위 그래프를 그리면서 속력에 대한 심상을 형성한다.

운동에 대한 이산 그래프의 특성과 관계에서는 회전하는 막대 상황, 달리는 동물 상황, 허리케인 올리비아 상황에 대한 스트로보스코프 사진을 관찰하며 두 점들 사이의 거리를 표, 변위 그래프, 거리 그래프 등으로 나타내어 평균 변위와 전체 운동 거리 사이의 관계를 구성하고 일정한 변위를 가진 운동의 그래프의 선형성을 알아본다.

자유 낙하하는 물체의 속력에 대한 갈릴레오의 가설에서는 역사적으로 많은 철학자와 과학자들이 운동학과 미적분의 연구를 해 왔던 자유 낙하 운동과 관련하여 갈릴레오의 가설을 다루면서 변위 그래프들을 그려서 변위가 증가하는 패턴을 보고 증가하는 속력을 어림하고 순간속력을 이해하며 일정한 비율로 증가하는 속력으로 운동하는 물체의 전체 운동 거리는 평균속력으로 일정하게 움직이는 물체의 운동 거리와 같음을 알아본다.

자유 낙하하는 물체의 이동 거리에 대한 갈릴레오의 추론에서는 계속 자유 낙하 상황에서 속력에 대한 연속 그래프를 도입하고 이를 이산 그래프에서의 변위와 연결하고, 각 구간의 변위를 계산하고 그 변위들을 합하여 전체 거리를 어림하며 갈릴레오의 추론 과정을 경험한다. 이어서 사이클 선수의 속력 그래프를 보고 운동 거리를 어림하는 문제를 다루면서 적분에 대한 심상을 형성한다.

평균속력과 순간속력의 관계에서는 친숙한 만화 캐릭터의 속도위반 맥락에서 시간에 따른 거리그래프를 보고 속력, 특히 순간속력을 알아보게 함으로써 일정한 시간 구간 내에서의 그래프의 기울기와 평균속력의 관계를 탐구하고 이 구간들을 좁히면서 차분몫을 구해보면서 순간속력과의 관계를 탐구한다.

이 과정에서 수학 교수와 학습의 원리, 즉 현실성의 원리의 구현을 살펴볼 수 있는데, 이런 원리들은 하나씩 분리되어 있다기보다는 복합적으로 나타난다. 위에서 살펴본 주제별 활동 내용과 함께 구현된 원리와 모델을 요약하여 제시하면 <표 Ⅱ-4>와 같다.

〈표 Ⅱ-4〉 **미적분 개념 지도를 위한 단원 개요**

주제	활동 내용	원리	모델
허리케인의 경로 예측	○ 기상 예보 맥락에서 허리케인 올리비아의 경로 변화를 표시한 지도를 보고 1차원 자취 그래프를 생각해 내고 속력의 변화에 대한 규칙성을 표현하기 ○ 허리케인의 경로 변화의 특징을 바탕으로 지도상에서 경로 예측하기	○ 수준의 원리 활동의 원리 안내의 원리 ○ 현실성의 원리 연결의 원리 상호작용의 원리	▸ MO 1차원 자취 그래프 
운동에 대한 이산 그래프들의 특성과 관계	○ 동물의 달리기 맥락에서 치타와 얼룩말이 달리는 상황에서 1차원 자취 그래프를 기초로 2차원 변위 그래프 도입하기 ○ 자유 낙하하는 공의 사진을 보고 등가속도 운동의 특징 탐색하기 ○ 회전하며 날아가는 막대의 운동을 컴퓨터 프로그램을 사용하여 표, 변위 그래프 또는 전체 거리의 그래프로 나타내어 보고 여러 관계를 알아보기 ○ 번지 점프하는 사람의 운동 특성을 그래프로 나타내고 해석하기	○ 현실성의 원리 안내의 원리 수준의 원리 ○ 상호작용의 원리 ○ 연결의 원리 ○ 활동의 원리	▸ MF 2차원 변위 그래프와 거리 그래프 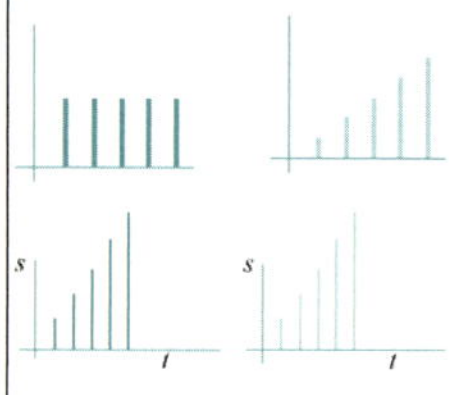
자유 낙하하는 물체의 속력에 대한 갈릴레오의 가설	○ 자유 낙하 맥락에서 공의 속력 변화를 알아보기 위해 등속운동과 등가속도 운동의 변위 그래프 탐색하기 ○ 이산적인 변위 그래프를 평균속력 시간 그래프로 전환하기 ○ 자유낙하하는 물체의 속력에 대한 갈릴레오의 비례 상수 탐색하기	○ 현실성의 원리 상호작용의 원리 안내의 원리 ○ 수준의 원리 연결의 원리 ○ 활동의 원리	▸ MF 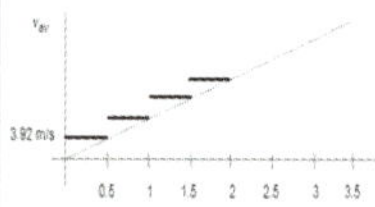
자유 낙하하는 물체의 이동 거리에 대한 갈릴레오의 추론	○ 자유 낙하 맥락에서 막대그래프 방법 등을 이용하여 자유 낙하하는 물체의 전체 이동 거리에 대한 갈릴레오의 추론 탐색하기 ○ 자유 낙하하는 물체의 정확한 전체 이동 거리 구하는 방법 발견하기 ○ 불규칙한 특성을 보이는 사이클 선수의 전체 이동 거리 탐색하기	○ 현실성의 원리 안내의 원리 수준의 원리 활동의 원리 ○ 상호작용의 원리 ○ 연결의 원리	▸ MF 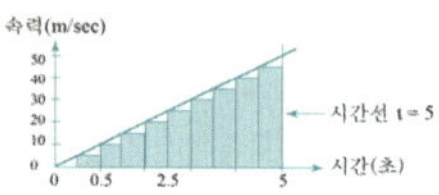

주제	활동 내용	원리	모델
평균속력과 순간속력의 관계	◦자동차 속도위반 맥락에서 만화 캐릭터의 속도위반과 관련된 상황에서 평균속력과 순간속력 탐색하기 ◦속도위반 상황에 대한 거리 그래프를 포물선로 모델링하여 좀 더 정확한 순간속력 알아보기 ◦Slope 프로그램을 이용한 평균속력과 순간속력의 관계 탐색하기 ◦Slope를 활용한 게임에서 다양한 곡률을 가진 그래프 위의 접선 그리기 ◦속도위반 상황을 포물선으로 모델링한 공식을 이용하여 속력을 어림하기 ◦위로 쏘아올린 돌의 운동을 탐색하면서 속력과 거리 탐구하기	◦현실성의 원리 ◦안내의 원리 ◦수준의 원리 연결의 원리 ◦활동의 원리 ◦상호작용의 원리	▸ MF 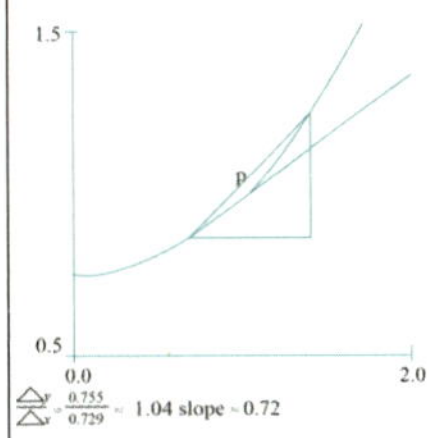

다) 단원의 구체적인 내용

주제와 핵심 활동을 중심으로 단원의 내용을 구체적으로 살펴보면 다음과 같다.165)

가) [주제 1] 허리케인 경로 예측

[주제 1]의 학습 목표는 규칙을 찾고 예측하기 위해서는 어떻게 변화를 나타낼 것인가를 생각하고, 변화를 조직하기 위한 방법으로 일정한 시간 구간들에서의 변위에 초점을 맞추고 그 규칙성에 대해 통찰하는 것이다. 주요 활동 내용은 허리케인 올리비아의 경로를 예측하기 위해 변화에 대한 적절한 표현 방법을 생각하는 것이다. 이 과정에서 학생들은 변위, 속력, 거리 등을 비롯한 미적분의 기본 개념에 대한 비형식적 지식을 드러낸다. 학생들의 현실과 상식 탐색에서 살펴본 바와 같이 학생들은 변위와 전체 거리를 나타내는 표나 다양한 그래프를 그릴 수는 있으나 변위, 속력, 거리 사이의 관계에 대해서는 잘 알지 못하는 상태이다. 활동 내용을 구체적으로 살펴보면, 다음과 같다.

① 허리케인의 변화 특성 표현 탐색

학생들은 [그림 Ⅱ-79]와 같이 교사가 제시한 멕시코 서해안으로 향하고 있는 허리케인 올리비아에 대한 일기 예보를 바탕으로 12시간 간격으로 지도 위에 표시된 허리케인이 지나간 다섯 지점에 대한 정보를 보고, 자신들의 상식을 이용해서 언제 허리케인이 네덜란드에 도착할 것인지를 각자 예측한다. 학생들은 [그림 Ⅱ-79]의 인공위성 사진을 보면서 점들 사이의 변위를 사용해서 허리케인의 변화를 예측하며, 변위의 길이가 변하는 것을 보고 속력이나 속력의 변화와 그 규칙 또한 변위의 방향에 대해 추론하고 논의하면서 "속력이 빨라진다." 또는 "속력이 느려진다."와 같은 용어로 표현한다. 이 때 교사는 학생들에게 왜 속력이 빨라지거나 느려진다고 생각했는지에 대해 질문을 함으로써 변위에 초점을 맞추게 한다(안내의 원리). 학생들 중에는 허리케인이 육지에 접근하면서 속력이 줄어든다는 사실도 생각하며, 진행 방향에 대해서도 예측해 보고 자신들의 의견을 공유한다. 이 때 교사는 좀 더 정확한 예측을 위해 허리케인의 변화 과정을 스트로보스코프 사진으로 제시하여 허리케인이 어떻게 점점 더 빨라지는지 질문하여 학생들이 허리케인의 변화에 대한 특성을 좀 더 정확하게 나타낼 수 있는 방법을 생각하고 논의하게 한다. 학생들은 스트로보스코프 촬영 사진을 관찰하면서 변화의 특성을 파악하기 위해 동일한 시간 구간들 내에서의 변위들을 측정하고, 일직선 위에 변위들을 이어서 나타내는 1차원 자취 그래프를 생각해 내고, 이 그래프에서 나타나는 규칙을 추측한다(수준의 원리). 이 과정에서 학생들은 변위, 속력, 거리에 대한 직관적인 심상을 형성한다(활동의 원리). 이 때 속력의 의미는 역사적 분석에서 살펴보았듯이 일정한 시간 내에 움직인 변위이다.

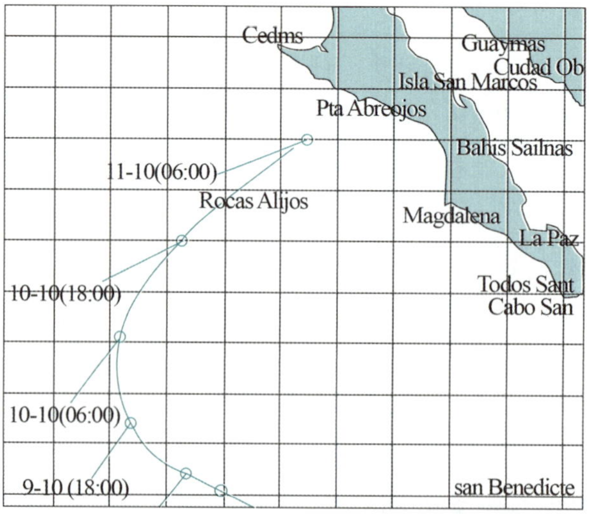

그림 Ⅱ-79 **허리케인의 위치에 대한 스트로보스코프 사진**

② 허리케인의 경로 예측

학생들은 1차원 자취 그래프를 통해 허리케인의 변위가 증가한다는 특징을 알게 되고,

이 때 교사는 [그림 Ⅱ－79]에 제시된 연속 그래프 위에서 허리케인의 경로의 방향을 예측해 보게 한다. 학생들은 허리케인이 바다와 육지에서 속도에 차이가 있다든지, 허리케인의 방향이 바뀌면 느려져서 그렇게 많이 가지 못한다든지 하는 자신이 허리케인에 대해 알고 있는 상식들을 이용하여 허리케인의 방향과 속력을 예측한다(현실성의 원리 · 연결의 원리). 예를 들면 학생들 중에는 허리케인의 경로를 예측하기 위해 마지막 측정한 변위를 다시 반복해서 경로를 예측하는 경우도 있고, 변위가 계속 증가한다는 점을 이용하여 경로를 예측하는 경우도 있다. 이 때 교사는 이런 예측을 하게 되는 가정이 무엇인지 학생들에게 질문한다. 학생들은 이런 예측이 다음 12시간 동안 같은 속력으로 움직인다는 가정이나 속력이 같은 시간 구간 동안 일정하게 증가한다는 가정에 기인한다는 것을 생각해낸다. 자신들이 예측한 허리케인의 방향에 맞게 그 다음 지점들의 연속적인 위치를 나타내어 허리케인의 경로를 예측하고 허리케인이 언제 네덜란드에 도착할 것인지를 논의한다(상호작용의 원리).

학생들은 [주제 1]을 다루면서 일기 예보 맥락에서 허리케인의 위치를 추론하는 과정에서 스트로보스코프 사진을 살펴보면서 두 지점 사이의 간격을 관찰하고, 그 간격의 변화에 초점을 맞추어 생각한다. 이 때 일정한 시간 간격에 따른 허리케인의 위치 변화를 좀 더 알기 쉽게 나타낼 수 있는 방법으로 1차원 변위 그래프가 MO로 출현한다. 학생들은 일기 예보 맥락에서 지도에 제시된 허리케인 위치를 나타내는 두 지점 사이의 거리를 어림해 보는 수평적 수학화의 과정을 경험하고, 1차원 자취 그래프를 이용해서 허리케인의 위치 사이의 거리인 변위를 표현하는 수직적 수학화의 과정을 경험한다.

나) [주제 2] 운동에 대한 이산 그래프들의 특성과 관계

[주제 2]의 학습 목표는 다양한 상황을 탐구하는 것을 통해 자취 그래프의 규칙성을 표현할 필요성을 이해하고, 변위 그래프와 거리 그래프를 고안하며 그 그래프들의 특성과 그 사이의 관계를 탐색하는 것이다. 주요 활동 내용은 동물의 달리기, 자유 낙하하는 공의 운동, 회전하며 날아가는 막대의 운동, 번지 점프 맥락 등에서 주어진 자료나 컴퓨터 프로그램을 사용하여 스트로보스코프 사진에 나타난 연속된 지점들을 클릭하면서 두 점 사이의 거리를 표, 변위 그래프 또는 거리 그래프로 나타내어 보고 여러 관계를 알아보는 것이다. 이 과정에서 학생들은 등속운동 등과 관련된 미적분의 기본 개념에 대한 비형식적 지식을 드러낸다. 학생들의 현실과 상식에서 살펴본 바와 같이 학생들은 표나 다양한 그래프를 알고 있지만 이들 사이의 관계가 명확하지 않다. 활동 내용을 구체적으로 살펴

보면 다음과 같다.

① 치타와 얼룩말 과제를 통한 이차원 변위 그래프의 도입

학생들은 치타와 얼룩말이 달리고 있을 때 치타가 언제 얼룩말을 따라잡을 수 있는지를 탐구하면서 정확한 비교를 위해서 1차원 자취 그래프가 아닌 2차원 그래프의 필요함을 이해한다. 교사는 학생들에게 세계에서 가장 빨리 달리는 동물인 치타는 17초 이내에 시속 110km 이상의 최고 속력에 도달할 수 있고, 450m 이상 이 속력을 유지할 수 있으나 그 이후에는 급격히 체력이 떨어지며, 얼룩말은 최고 속력인 시속 70km에 도달하는데 시간은 더 걸리지만 6km 이상 시속 50km를 유지할 수 있다는 이야기를 해 준다. 그리고 <표 Ⅱ－5>에서 보는 바와 같이 매 5초마다 치타와 얼룩말이 달린 거리를 제시하면서 치타가 언제 얼룩말을 따라잡을 수 있는지, 얼룩말이 따라잡히지 않으려면 치타보다 얼마나 앞서 달려야 하는지를 질문하고, 학생들 자신의 방법으로 해결하고 논의하게 한다. 학생들은 이런 문제를 결정할 수 있는지 논의하기도 하고, 표에 있는 모든 수들을 다 더해서 이동한 거리를 구한 다음에 얼룩말이 그 차이만큼 앞서 달리면 된다는 의견을 제시하기도 한다. 치타가 마지막에는 천천히 달리므로 그 차이보다 적으면 따라잡히지 않는다는 의견을 제시하기도 하고, 표에 있는 구간별 변위를 나타내는 1차원 자취 그래프나 2차원 변위 그래프를 그리기도 한다. 치타와 얼룩말이 달린 전체 이동 거리에 대한 2차원 그래프를 그려서 두 그래프가 만나는 점을 어림하고 치타가 얼룩말을 따라잡는 시간을 찾은 후에, 치타의 그래프를 오른쪽으로 수평 평행 이동해서 두 그래프가 만나지 않는 최소 시간을 찾거나, 치타의 그래프를 위로 수직 평행 이동해서 두 그래프가 만나지 않는 최소 거리를 찾는 등 다양한 방법을 제시하고 공유한다(현실성의 원리).

〈표 Ⅱ－5〉 **치타와 얼룩말의 5초마다 달린 거리**

치 타	76	116	133	134	132	100	55	36
얼룩말	95	97	96	94	95	94	98	96

교사는 이 때 학생들의 논의를 통해 표에 있는 수들을 다 더해서 이동한 거리를 구하는 방법은 전체 이동 거리만을 알 수 있을 뿐 치타가 얼룩말을 따라잡았는지 알 수 없고, 구간별 변위를 나타내는 자취 그래프나 변위 그래프는 속력의 변화는 알 수 있지만 언제 치타가 얼룩말을 따라잡는지를 보여주지 못함을 이해하게 한다(안내의 원리). 또한 학생들이

제시한 치타와 얼룩말이 달린 전체 이동 거리에 대한 이차원 그래프를 칠판 위에 그리게 하고, 수평으로 평행 이동한 방법과 수직으로 평행 이동한 방법의 차이, 즉 치타가 얼룩말을 따라잡지 못하도록 하려면 얼룩말이 몇 초 먼저 달려야 하는지를 구하는 것과 몇 m를 먼저 달려야 하는지를 구하는 것의 차이에 대해 학생들과 논의한다. 이 활동을 통해 학생들은 1차원 자취 그래프가 아닌 2차원 변위 그래프나 거리 그래프를 생각해 냄으로써 치타가 얼룩말을 따라잡지 못하도록 하려면 얼룩말이 얼마나 먼저 달려야 하는지를 추론한다(수준의 원리).

② 자유 낙하하는 공의 운동 탐색

학생들은 자유 낙하하는 공의 스트로보스코프 사진을 보고 표나 그래프를 그리면서 속력과 거리의 변화 등 등가속도 운동의 특성을 탐색한다. 교사는 스트로보스코프 사진을 보여 주고 다양한 방법으로 운동의 특성을 알아보게 한다. 학생들은 [그림 Ⅱ-80]과 같이 시간에 따른 높이의 그래프, 변위 그래프, 거리 그래프 등을 제시하고 논의한다. 교사는 학생들에게 다양한 그래프의 장단점에 대해 논의하게 하고, 시간 구간별 변위 그래프와 연속된 시간 구간에서의 전체 이동 거리 그래프에 대한 논의로 초점을 맞춘다(상호작용의 원리).

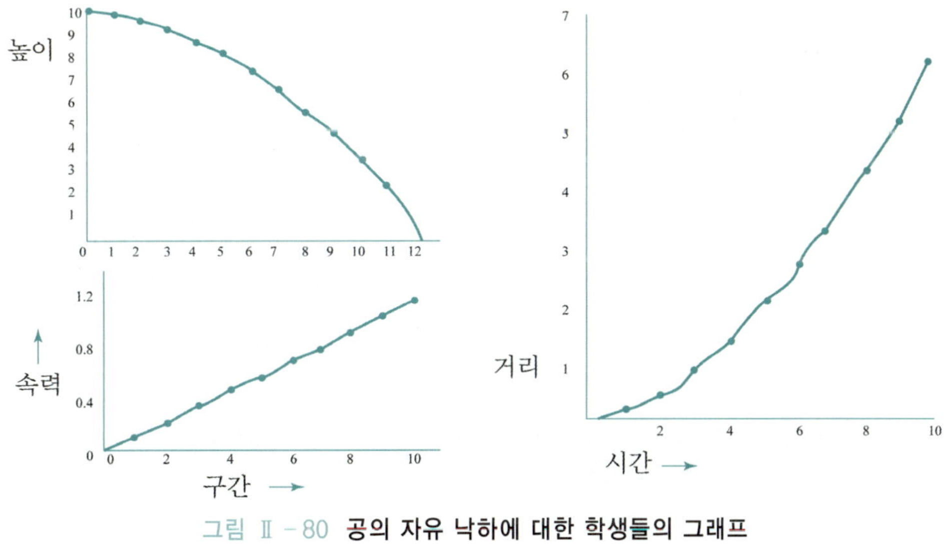

그림 Ⅱ-80 **공의 자유 낙하에 대한 학생들의 그래프**

③ 회전하며 날아가는 막대의 운동 특성 탐색

학생들은 플래쉬 프로그램에서 회전하며 날아가는 막대의 중점과 끝의 점의 운동을 보여주는 스트로보스코프 사진과 그 밑에 제시된 변위 그래프를 보고 운동의 특성과 그래프의 특성을 연결한다. 교사는 학생들에게 프로그램 화면에 제시된 사진과 그래프를 보게 하고 이 그래프가 무엇을 나타내는지를 질문한다. 학생들 중에는 그래프가 나타내는 것이 막대의 중점과 한 쪽 끝점에서 바닥까지의 거리로 해석하는 경우가 있을 수 있으나 막대 위의 점들의 위치가 그래프의 물결과 일치하지 않음을 곧 인식한다.

학생들은 [그림 Ⅱ－81]에서 왼쪽 위에 나타난 빨간 점들 사이의 간격과 파란 점들 사이의 간격을 눈으로 보고, 사진에서 막대의 중점의 연속된 지점들과 한쪽 끝점의 연속된 지점들을 클릭하여 그 거리들을 표로 나타내보고, 변위 그래프나 [그림 Ⅱ－82]와 같이 전체 거리 그래프를 선택하여 보면서 막대 위의 점들의 운동의 특성과 그래프의 특성을 연결한다. 이 때 그래프는 점으로 나타내는 것이 아니라 두 지점 간의 거리가 보존될 수 있도록 스트로보스코프 사진 상에 나타나는 두 지점 사이의 거리를 나타내주는 막대의 길이로 표현된다. 이 표현은 앞에서 언급한 역사적 분석에서 오렘이 그래프를 추상화된 점으로 나타내기 전에 선분과 같은 기하학적 도형을 양을 나타내는 데 사용했던 것에서 영감을 얻은 것이다.

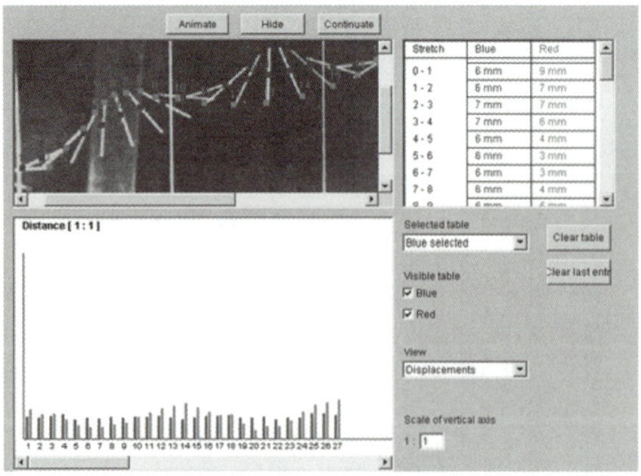

그림 Ⅱ－81 **회전하는 막대의 스트로보스코프 사진과 변위 그래프**

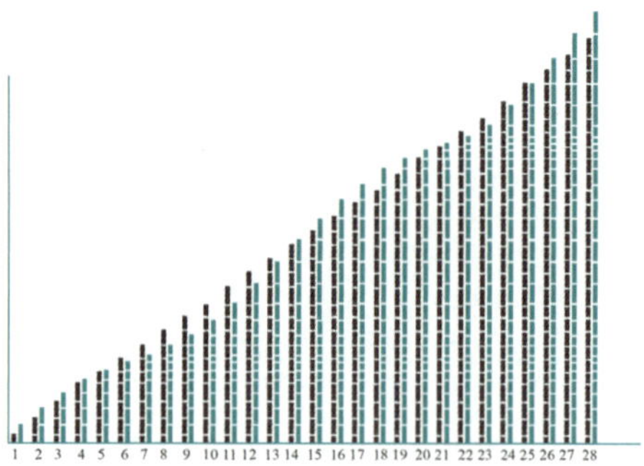

그림 Ⅱ－82 **회전하는 막대의 거리 그래프**

학생들은 "막대의 끝 점은 점점 빨라지다가 다시 느려지고 빨라지고 느려지고를 계속한다." 또는 "길이가 짧은 것은 느린 것에 해당된다.", "막대의 중점은 거의 일정하다.",

"막대의 중점은 거의 직선이다."와 같이 변위 그래프를 보고 속력에 관해 이야기한다. 이 때 교사는 사진에서는 속력의 변화를 어디에서 관찰할 수 있는지 질문한다. 학생들은 사진을 보며 "막대 사이의 공간이 커지면 빨라지고, 공간이 작으면 느려진다.", "막대 사이의 공간이 거의 일정하다."와 같이 실제로 막대가 움직일 때의 속력과 그래프에서 변위를 연결한다. 일정한 변위를 나타내는 등속운동과 직선을 대응시키고 속력이 빨라졌다 느려졌다를 반복하는 운동과 물결처럼 보이는 그래프를 대응시킨다(연결의 원리). 이 때 교사는 전체적으로 막대의 중점이 막대의 끝점보다 더 많이 움직이는지를 질문함으로써 전체 거리 그래프에 초점을 맞추게 한다. 학생들은 변위 그래프를 거리 그래프로 전환하며 "빨간 점의 이동 거리가 더 크다.", "빨간 선이 항상 더 높지는 않다.", "빨간 점은 파란 점 주위를 오르락 내리락하고 파란 점은 거의 일정하다."와 같이 거리 그래프의 특징을 나타낸다.

학생들은 앞에서 다루었던 치타와 얼룩말, 자유 낙하하는 공과 관련된 상황들을 플래쉬를 사용해서 다시 해결해 본다. 수업 후에 교사의 안내 하에 학생들은 플래쉬로 한 수업에서 경험한 것들을 나누고, "치타와 얼룩말 과제에서 거리 그래프는 치타가 얼룩말을 실제로 따라잡았는지를 보여주지만, 변위 그래프는 어느 동물이 더 빠른지를 보여준다."와 같이 구체적인 예를 통해 변위 그래프와 거리 그래프 사이의 차이점을 논의하고 파악한다.

④ 번지 점프 운동 탐색

학생들은 번지 점프한 사람의 운동을 관찰하면서 운동의 특성을 그래프로 나타내고 해석하며 그래프 그리는 기능을 연습한다. 교사는 학생들에게 번지 점프하는 사람의 운동을 보여 주고 학생들이 가장 최선이라고 생각하는 그래프를 선택해서 OHP 위에 그리게 한다. 교사는 학생들이 그린 그래프를 같이 공유하고 설명하게 하면서 어느 그래프가 번지 점프하는 사람의 운동을 가장 잘 기술하는지 살펴보게 함으로써 학생들이 다양한 그래프를 통해 속력의 변화, 변위와 거리 사이의 관계에 대해 추론하게 한다.

학생들은 [그림 Ⅱ-83], [그림 Ⅱ-84]와 같이 거리 그래프와 변위 그래프를 그리고, 거리 그래프를 보며 "거리는 점점 늘어나다 거의 일정해진다.", 변위 그래프를 보며, "올라갔다 내려갔다를 반복한다." 또는 "막대가 위로 올라가고 점점 더 길어지니까 처음에는 점점 더 빨리 아래로 떨어지고, 바닥에 오면 막대가 짧아지니까 느려지고, 다시 위로 올라가면 막대가 다시 점점 길어지니까 빨라지고, 이렇게 반복된다."와 같이 운동의 특성과 그래프의 특성을 이야기하면서 속력과 거리의 관계를 해석한다. 또한 학생들 중 일부는 [그림 Ⅱ-84]와 같이 거리 그래프를 그리고 "여기서는 짧은 시간에 많은 거리를 이동했기 때문에 내려가면서 빨라지고, 다시 내려가는데 같은 시간에 더 적은 거리를 이동했기 때문에 좀 느려진다."와 같이 거리의 변화와 기울기와 속력의 변화에 대해 설명한다. 학생들은 논의를 통해 거리 그래프에서 수평인 부분이 잘못 되었음을 파악한다. 이런 과정에서 변위, 속력, 거리, 그래프의 기울기와 그들 사이의 관계에 대한 심상을 형성한다(활동의 원리).

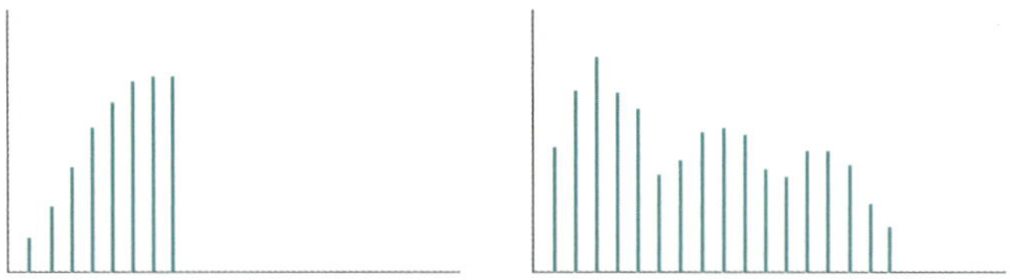

그림 Ⅱ-83 **번지 점프 거리 그래프와 변위 그래프**

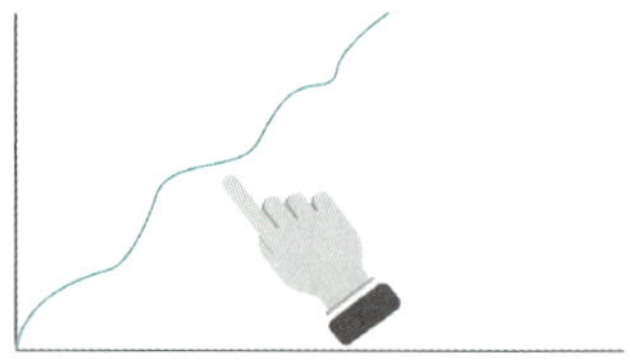

그림 Ⅱ-84 **번지 점프 거리 그래프**

학생들은 주제 2를 다루면서 연속하는 점들 사이의 간격을 표현하는 MO로 출현한 1차원 자취 그래프를 속력, 변위, 거리와의 개념적 관계를 추론하는 MF인 2차원 변위 그래프와 거리 그래프로 전환한다. 학생들은 회전하며 날아가는 막대 상황을 나타내는 스트로보스코프 사진에서 연속하는 점들 사이의 간격을 표나 2차원 그래프로 나타내는 수평적 수학화의 과정을 경험하고, 이를 바탕으로 그래프를 탐색함으로써 속력, 변위, 거리와의 관계에 대한 직관적인 개념을 인식하고, 이를 이용하여 변화의 특성을 파악하고 표현하는 수직적 수학화의 과정을 경험한다.

다) [주제 3] 자유 낙하하는 물체의 속력에 대한 갈릴레오의 가설

[주제 3]의 학습 목표는 자유 낙하하는 물체의 속력은 낙하하는 시간에 비례하여 증가한다는 갈릴레오의 가설을 해석하는 것을 통해 연속 모델로의 전이와 더불어 순간속력의 의미와 평균속력과의 관계를 이해하는 것이다. 주요 활동 내용은 갈릴레오가 피사탑에서 한 자유 낙하 실험 맥락에서 공의 변화 규칙을 찾는 것이다. 갈릴레오를 선택한 것은 모든 학생들이 역사에 관심이 있는 것은 아닐지라도 학생들에게 적절한 문제가 될 것이고, 앞에서 역사적인 분석을 통해 살펴본 바와 같이 운동학과 미분이라는 주제와 관련해서 핵심적인 문제였던 관계로 미분의 기초에 관련된 중요한 관점을 제공해 줄 것이기 때문이다. 활동 내용을 구체적으로 살펴보면 다음과 같다.

① 갈릴레오의 피사탑 실험 탐색

학생들은 갈릴레오의 피사탑 실험에 대한 이야기를 듣고, 공이 자유낙하할 때 속력의 변화에 대해 탐색한다(현실성의 원리). 교사는 갈릴레오가 피사탑에서 무게가 다른 두 개의 공을 떨어뜨려서 같은 시간에 땅에 떨어지는지를 알아본 실험에 대해 이야기하고, 학생들에게 공의 속력의 변화를 추측하게 한다. 학생들은 지금까지 사용한 이산적인 변위 그래프로 어림하는 방법을 생각한다. 교사는 학생들의 이산적인 변위 그래프에 대한 아이디어를 기초로 처음에는 학생들에게 시간 구간별로 일정한 변위를 가지는 속력 시간 그래프를 그리려면 시간 구간을 어떻게 하면 좋을지 생각하게 하게 한 후에 칠판에 [그림 Ⅱ－85]와 같이 일정한 길이의 막대들이 그려진 그래프를 제시한다. 이어서 교사는 시간 구간별로 변위가 똑같이 증가하지만 먼저 제시한 그래프와 전체 낙하 거리가 동일하다면 그래프가 어떤 모양일지 논의하게 한다(상호작용의 원리). 학생들은 처음에는 그래프의 대략적인 모양을 "비스듬하게 기울어진 선" 또는 "오른쪽으로 올라가는 비스듬한 선"과 같이 표현한다. 이 때 교사는 그래프를 그릴 수 있는 방법을 생각해 보게 한다(안내의 원리). 학생들은 "처음에는 막대들이 좀 작고, 나중에는 조금 더 크다."와 같이 대략적인 모양을 생각한다. 이 때 교사는 속력은 어떻게 변하고 있는지를 질문한다. 학생들은 시간에 따라 점점 더 빨라지고 직선으로 증가한다는 것을 이해한다. 교사는 학생들에게 정확하게 막대들의 길이가 어떻게 될지를 알아보게 한다. 학생들은 [그림 Ⅱ－85]에서 보는 바와 같이 가운데 막대가 평균이고 0을 출발점으로 가운데 막대의 끝을 지나는 직선을 찾는다.[166]

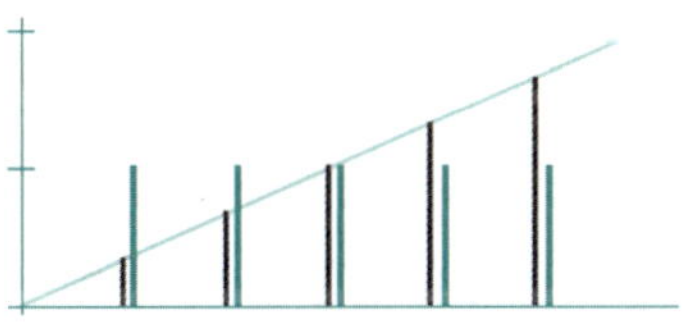

그림 Ⅱ－85 **등속운동의 변위 그래프와 등가속도 운동의 변위 그래프**

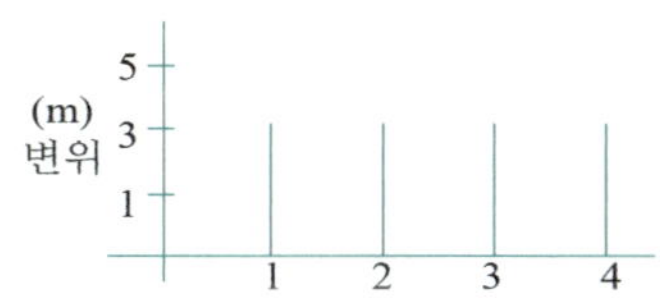

그림 Ⅱ－86 **일정한 속력의 변위 그래프**

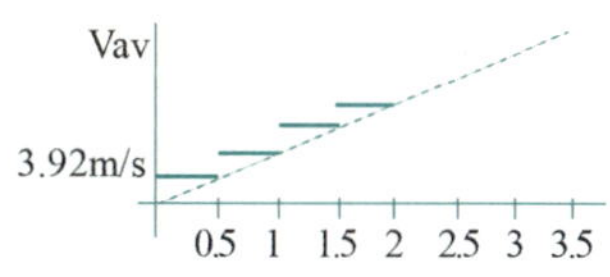

그림 Ⅱ－87 **연속적인 시간축 위의 평균속력 그래프**

이 때 교사는 학생들이 찾은 직선이 옳은 것인지 왜 그렇게 생각하는지 논의하게 한다. 학생들은 "모든 변위들의 합은 처음 일정한 변위들의 합과 같다." 또는 상보전략을 사용하여 "앞의 막대들의 부족한 부분이 나중에 있는 막대들의 남는 부분과 동일하다."와 같이 그 이유를 설명한다. 이러한 방법은 역사적으로 오렘이 일정한 비율로 증가하는 변위들의 전체 거리는 가운데 변위, 즉 평균 변위의 값을 갖는 일정한 변위들의 전체 거리임을 알아낸 것과 같은 것이다.

② 연속적인 시간축 위의 평균속력 탐색

학생들은 시간 구간별로 그려진 이산적인 변위 그래프를 연속적인 시간축 위에서의 평균속력을 나타내는 평균속력 시간 그래프로 전환한다. 이 활동은 $v=$ 상수 $\times t$라는 갈릴레오의 가설을 다루기 위해서는 이산적인 시간 구간이 아닌 연속적인 시간축 위에서의 속력을 고려해야 하기 때문에 포함된다.

학생들은 지금까지의 그래프 활동을 통해 그래프의 수평축을 시간축으로 이해하는 경우도 있지만, 아직은 1구간, 2구간, …과 같이 구간들을 나타내는 것으로만 이해하는 상태일 수 있다. 이 때 교사는 시간 구간별로 변위가 일정하게 3m인 그래프를 제시하고, 구간을 원래 구간의 반만큼씩 수를 늘여서 자주 측정한다면 새로운 구간들에 대한 변위가 어떻게 될 것인지 그리고 각 구간은 무엇을 나타내는지 논의하게 한다. 학생들은 새로운 구간별 변위가 1.5m라고 답하는 경우가 대부분이지만 수직축의 높이를 바꾸지 않고 여전히 3m라고 답하는 경우도 있을 수 있다. 이 때 교사는 수평축이나 수직축을 다양하게 생각해서 그린 학생들의 그래프를 칠판에 제시하고 그래프들을 비교하고 논의하게 한다. 이 논의를 통해 학생들은 수평축에 제시된 구간이 단순히 구간의 이름이 아닌 시간축임을 이해한다.

교사는 [그림 Ⅱ－85]의 변위 그래프를 보고 운동을 좀 더 정확하게 예측하기 위해 구간과 구간 사이의 속력을 어떻게 알 수 있는지 생각하게 한다. 학생들은 더 자주 측정하면 된다고 생각한다. 이 때 교사는 [그림 Ⅱ－86]과 같이 일정한 변위를 가지는 그래프를 제시하고 측정을 자주 한다면 변위가 어떻게 되는지 그려 보게 한다. 학생들은 측정을 자주 하면 변위가 작아져서 측정하기도 어렵고 그래프 상에서 다루기도 어려움을 알게 된다.

이 때 교사는 주어진 구간에서의 이동 거리를 나타내는 변위를 자주 측정하는 것보다 어떤 방법을 사용하면 좋을지 논의하게 한다. 학생들은 주어진 구간에서의 평균속력이라는 아이디어를 생각하게 된다. 이런 아이디어를 바탕으로 [그림 Ⅱ－87]과 같이 평균속력 그래프를 생각해내서 그리고, 구간을 점점 더 작게 하면 순간속력을 구할 수 있게 됨을 이해한다(수준의 원리 · 연결의 원리). 이 때 학생들이 평균속력을 생각해내지 못한다면, 점점 더 작은 시간 구간들 내에서의 변위와 평균속력은 어떤 관계가 있는지를 질문한다.

③ 갈릴레오의 비례상수 탐색

학생들은 평균속력 그래프를 이용하여 갈릴레오가 추측한 규칙 $v=$ 상수 $\times t$가 나온 이유를 이해하고, 피사탑의 높이가 55m이고, 떨어지는 데 걸린 시간은 3.5초일 때 상수가 얼마일지 알아본다. 교사는 [그림 Ⅱ－87]에서 시간 구간별로 평균속력을 그린 단계별 그래프를 보고, 구간을 계속 작게 한다면 그래프가 어떤 그래프일지 생각하고, 갈릴레오의 규칙에서 상수가 무엇을 의미하는지 논의하게 한다. 학생들은 평균속력 그래프는 직선으로 증가할 것이고, 이 그래프의 기울기가 갈릴레오의 속력에 대한 상수임을 알게 된다(활동의 원리). 이 때 교사는 학생들이 계산한 값은 7.86m/초이지만 갈릴레오가 생각한 상수는 9.81이며, 그 차이는 마찰에 의한 것임을 이야기한다.

학생들은 [주제 3]을 다루면서 자유 낙하하는 공에 대한 MO인 2차원 변위 그래프를 사용한다. 이 변위 그래프는 평균속력 그래프로 전환되면서 갈릴레오의 식에서 상수에 대한 MF가 된다. 이 과정에서 자유 낙하하는 공의 운동을 2차원 변위 그래프로 나타내는 수평적 수학화의 과정을 경험하고, 변위 그래프의 탐색을 통해 속력이 일정한 운동임을 인식하고 평균속력과 순간속력 개념에 대한 아이디어를 생각하는 수직적 수학화의 과정을 경험한다. 또한 주어진 시간 구간에 대한 평균속력을 계산하고 이를 평균속력 그래프로 나타내는 수평적 수학화의 과정을 경험하고, 평균속력 그래프의 특성을 인식하고 이 그래프의 기울기가 자유 낙하하는 물체의 속력에 대한 상수임을 알게 되는 대수화의 과정을 거치는 수직적 수학화의 과정을 경험한다.

라) [주제 4] 자유 낙하하는 물체의 이동 거리에 대한 갈릴레오의 추론

[주제 4]의 학습 목표는 연속적인 속력 시간 그래프로부터 거리를 알아내는 방법을 발견하는 것이다. 주요 활동 내용은 갈릴레오가 낙하하는 물체의 전체 거리를 추론한 방법을 경험하는 것이다. 학생들은 역사적 분석에서 갈릴레오가 생각한 것 같이 속력 시간 그래프를 일정한 속력을 갖는 막대그래프들로 어림하는 등 다양한 방법을 생각한다. 구체적인 활동 내용을 살펴보면 다음과 같다.

① 낙하하는 물체의 전체 이동 거리에 대한 갈릴레오의 추론 탐색

학생들은 갈릴레오가 낙하하는 물체의 전체 이동 거리를 추론한 방법을 탐색한다(현실성의 원리). 교사는 [그림 Ⅱ－88]과 같이 연속적인 속력 시간 그래프를 제시하고 운동 거리를 찾아보게 함으로써 스스로 추론을 통해 갈릴레오의 추론 과정을 예측해 보게 한다(안내

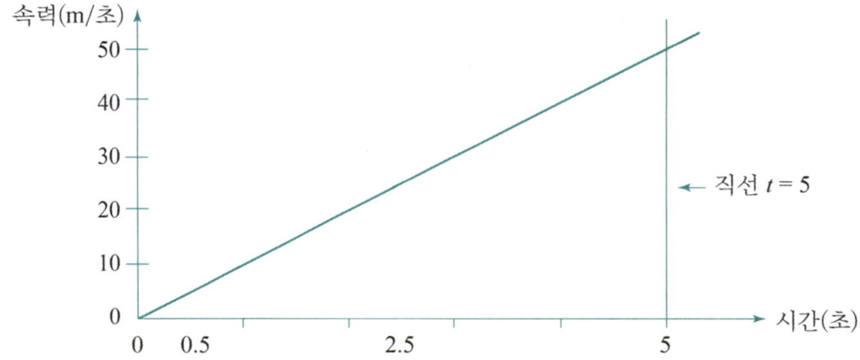

그림 Ⅱ－88 **속력과 시간의 비례 관계에 대한 연속적인 속력 시간 그래프**

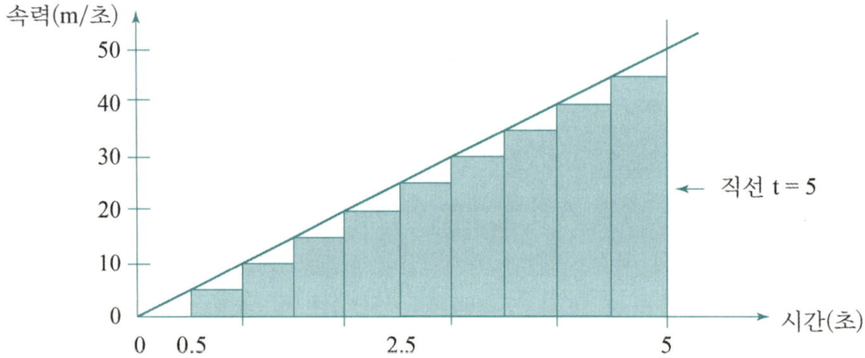

그림 Ⅱ－89 **속력과 시간의 비례 관계에 대한 이산적인 근사 그래프**

의 원리). 학생들은 구간별로 일정한 속력을 가진 이산적인 근사 그래프를 생각해 낸다. 교사는 이런 그래프를 이용해서 전체 이동 거리를 구할 수 있는지를 질문한다. 학생들의 추론이 끝난 후에 [그림 Ⅱ－89]와 같이 5초까지의 구간을 0.5초씩 10구간으로 나누고 각 구간의 초기 속력을 일정한 속력으로 갖는 이산적인 근사 그래프를 제시한다. 학생들은 이 그래프를 이용하여 전체 이동 거리에 대해 추론한다(수준의 원리). 이는 역사적으로 오렘과 갈릴레오가 생각했던 방법이다. 이 때 시간 구간과 일정한 속력의 곱, 즉 막대의 넓이는 대응되는 시간 구간에서의 이동거리를 나타낸다. 학생들은 변위 그래프에서 변위의 합을 구해서 거리를 구했던 것을 기초로 각 구간의 이동거리를 계산하고, 이들을 합함으로써 전체 거리를 어림한다(연결의 원리). 이 과정에서 이산적인 변위 그래프에서 변위들의 합이 전체 이동 거리와 같다는 사실을 기초로 각 구간에서의 평균 변위를 평균속력으로 대체하고, 이때의 평균속력은 처음 속력과 최종 속력의 평균이 아닌 각 구간에서의 모든 속력의 평균이라는 심상을 형성한다(활동의 원리). 교사는 학생들이 한 어림이 너무 크거나 작지는 않은지 판단하고, 더 나은 어림 방법을 생각해 보게 하고, 각 구간의 이동 거리는 그 구간에 있는 막대의 넓이와 같음을 알게 한다.

② 정확한 전체 이동 거리 탐색

학생들은 낙하하는 물체의 전체 이동 거리를 좀 더 정확하게 구하는 방법을 모색하고 갈릴레오가 추측한 전체 거리 공식을 발견한다. 교사는 $v(t)=5+2t$인 등가속도 운동에서 $t=10$일 때까지의 전체 이동 거리를 구하는 좀 더 정확한 방법을 찾아보게 한다. 학생들은 제시된 등가속도 운동의 그래프에서 막대들의 넓이가 변위를 어림한 것이고, 이 어림값을 더 정확하게 하기 위해서는 구간을 더 좁게 하는 방법, 막대들의 넓이와 막대 위의 삼각형의 넓이를 더하는 방법, 구간의 속력을 초기 속력으로 하는 대신 초기 속력과 최종 속력을 더한 것의 반으로 택하는 방법, 그래프에서 막대의 높이를 높여서 위 선분의 중점이 그래프와 만나도록 하는 방법, 전체 큰 삼각형의 넓이를 구하는 문제로 생각해서 가로 10, 세로 25인 직사각형에서 밑변 10, 높이 20인 삼각형의 넓이를 빼는 방법, 전체 구간에서의 일정한 평균속력을 이용하는 방법, 전체 삼각형의 넓이를 나타내는 공식 $s(t)=(t\times 10\cdot t)/2=5t^2$을 이용하는 방법 등 여러 가지 아이디어를 제시한다. 이 때 교사는 학생들의 모든 방법들을 적어 놓고 다양한 방법들을 공유하게 한다(상호작용의 원리). 학생들은 다양한 넓이 방법과 막대그래프 방법, 평균을 이용한 방법들을 비교한다. 이 때 교사는 공식을 발견한 학생의 방법을 같이 보며 갈릴레오도 낙하하는 물체의 전체 이동 거리를 이와 같이 추론했음을 이야기한다.

③ 사이클 선수의 이동 거리 탐색

학생들은 등가속도 운동이 아닌 사이클 선수의 속력 그래프를 보고 전체 운동 거리를 어림한다(연결의 원리). 교사는 학생들에게 [그림 Ⅱ－90]과 같이 사이클 선수의 속력 그래프를 제시한다. 학생들은 제시된 그래프를 보고 적절한 시간 구간들에서의 일정한 속력 막대로 사이클 선수의 속력 그래프에 대한 근사 그래프를 그리는 방법, 수평선을 그어 대략적인 평균속력을 구하고 시간을 곱해서 전체 이동 거리를 구하는 방법 등 다양한 방법으로 해결한다. 이 때 학생들은 평균속력을 처음 속력과 최종 속력의 평균이 아닌 모든 속력들의 평균임을 좀 더 명확하게 이해하게 된다. 근사 그래프를 그리는 방법은 막대로 변하는 속력을 어림하면서 운동을 묘사하고 함수를 적분하는 과정을 위한 기초 경험이다.

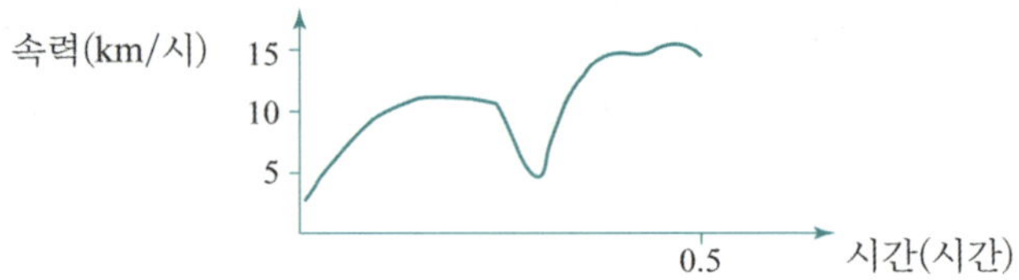

그림 Ⅱ-90 **사이클 선수의 속력 그래프**

학생들은 [주제 4]를 다루면서 자유 낙하하는 물체의 시간 구간별 속력이 일정한 것으로 생각하여 막대그래프로 그린 이산적인 속력 시간 그래프를 전체 거리에 대한 수학적 추론을 위한 모델로 사용한다. 이 과정에서 0.5초 시간 간격으로 일정한 속력을 가지는 막대들로 표현된 이산적인 변위 그래프를 보고 변위들을 계산하여 합하는 것을 통해 전체 거리를 어림하는 수평적 수학화를 경험하고, 이산적인 변위 그래프에서 구간을 점점 더 작게 함으로써 전체 운동 거리에 가까워짐을 인식하는 수직적 수학화의 과정을 경험한다. 또한 이산적인 속력 그래프가 연속적인 속력 그래프와 일치하게 될 것이라는 직관적 생각을 하는 수평적 수학화를 경험하고, 이산적인 속력 그래프의 막대들의 넓이와 연속적인 속력 그래프 아래의 전체 삼각형의 넓이를 연결하는 과정에서 자유 낙하 운동을 나타내는 이차식의 형태를 생각해내는 수직적 수학화를 경험한다.

마) [주제 5] 평균속력과 순간속력의 관계

[주제 5]의 학습 목표는 거리 그래프에서 순간속력을 알 수 있는지를 탐구하는 것이다. 주요 활동 내용은 학생들에게 친숙한 만화 캐릭터의 자동차 속도위반 맥락을 탐구하고, 컴퓨터 도구인 Slope를 탐색하면서, 거리 그래프의 기울기 및 평균속력과 순간속력의 관계를 추론하는 것이다. 학생들은 앞의 주제들을 다루면서 이산적인 변위 그래프, 이산적인 거리 그래프 및 평균속력과의 관계를 생각해 내었다. 그러나 연속적인 거리 그래프에서 평균속력과 순간속력의 관계를 다루는 것은 좀 더 어려운 문제이다. 활동 내용을 구체적으로 살펴보면 다음과 같다.

① 자동차 속도위반 상황 탐색

학생들은 만화 캐릭터가 마을길을 달리고 있는 중에 속도위반 혐의로 경찰에게 잡힌 상황에서 거리 그래프를 보고 어림을 이용하여 평균속력과 순간속력을 추론한다(현실성의 원리). 교사는 학생들에게 [그림 Ⅱ-91]과 같은 만화 상황을 제시한 후에 [그림 Ⅱ-92]의 거리 그래프를 보면서 일정한 속력으로 15분에 10km를 달렸다면 그래프 모양은 어떤지,

그가 속도 제한을 어겼는지 등을 알아보게 한다. 학생들은 짝과 활동하면서 일정한 속력으로 달리는 경우에는 그래프 모양이 직선인 것을 알고, 만화 캐릭터의 거리 그래프를 탐색하면서 그래프의 모양이 거의 직선인 구간에서는 속력을 어림할 수 있지만, 요철이 심한 부분에서는 속력의 변화가 많은 것이기 때문에 평균속력만을 계산할 수 있다고 생각하며, 속도 제한 여부를 알기 위해서 어떤 구간을 선택해서 변위와 그에 대응되는 시간 구간의 몫을 계산해 봐야 할지를 생각한다. 교사는 이어서 속력이 6분 후에 변하지 않는다면 그래프 모양은 어떻게 될 것인지를 알아보게 한다. 학생들은 이미 앞에서 이산 그래프를 다룰 때 일정한 시간 구간에 따르는 변위가 순간속력을 의미한다는 것을 추론했던 것을 근거로 눈으로 어림하여 6분이 되는 점에서 접선과 같은 직선 그래프를 그리는 방법, 시간 구간과 변위로 평균속력을 사용하는 방법 등 다양한 방법으로 기울기와 속력을 생각한다. 이 때 접선과 같은 직선 그래프는 순간속력을 의미한다.

그림 Ⅱ－91 자동차 속도위반을 나타내는 만화 장면

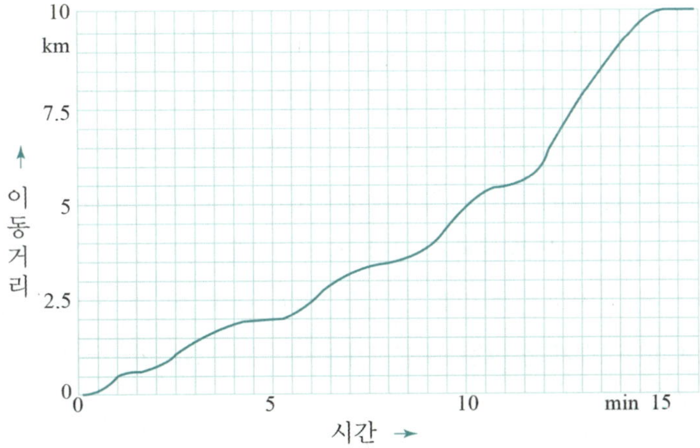

그림 Ⅱ－92 자동차의 이동 거리 그래프

② 공식을 이용한 자동차 속도위반 상황 탐색

학생들은 자동차 속도위반과 관련된 거리 그래프의 한 부분을 근사적으로 이차식의 포물선으로 모델링하고 그 공식에 맞는 그래프를 탐구하면서 순간속력을 좀 더 정확하게 찾는 방법을 추론한다. 이 방법은 갈릴레오가 순간속력을 좀 더 정확하게 추론하기 위해 사용했던 방법이다. 교사는 앞서 다루었던 문제에서 6분 후의 속력을 더 정확히 알 수 없는지, 선으로 연장하는 방법을 더 정확히 할 수 없는지를 질문한다(안내의 원리). 학생들은 대부분 앞에서와 마찬가지로 눈으로 보고 이차곡선 위의 일부 점에서 접선 같은 직선 그래프를 그리는 방법이나 변위와 시간 구간으로 차분몫을 계산하여 평균속력을 구하는 방법 등을 사용한다. 또한 일부 학생들은 기호를 사용하지는 않지만 그래프 위에 그림을 그려서 시간축의 구간과 변위의 구간이 점점 작아질 때 평균속력이 어떻게 변하는지를 예측함으로써 순간속력을 추론하는 전략 등을 생각한다. 교사는 학생들이 이런 문제들을 탐구한 후에 이 문제와 관련해서 학급 전체의 학생들의 생각을 서로 공유하게 한다.

③ Slope를 이용한 평균속력과 순간속력의 관계 탐색

학생들은 컴퓨터 프로그램인 Slope의 여러 도구들을 이용해서 평균속력과 순간속력 간의 관계를 추론한다. 학생들은 짝과 함께 프로그램 화면에 나타난 그래프와 파란 삼각형과 빨간 직선이 무엇을 의미하는지를 탐색한다. 처음에는 학생들이 무엇을 해야 할지를 잘 이해하지 못할 수도 있다. 이때 교사는 파란 삼각형의 두 점들은 포물선 위에 있는 점들이고, 두 점들을 점점 더 가까워지도록 하면 빨간 직선의 기울기를 구할 수 있음을 설명한다. 이 때 학생들은 Slope 프로그램의 그래프 모델을 사용하여 그래프의 기울기와 순간속력의 관계에 대한 수학적 추론을 하기 시작한다(수준의 원리). 학생들은 교사의 안내에 따라 현, 확대 도구 등 다양한 기능들을 활용하면서 파란 삼각형의 두 점들의 간격을 점점 좁히면서 [그림 Ⅱ -93]과 같이 Slope 프로그램 화면에 나타난 $\triangle y/\triangle x$의 변화를 보면서 $\triangle x$, $\triangle y$가 각각 파란 삼각형의 두 점에서 시간 구간의 차와 변위의 차임을 인식한다. 또한 차분몫$\triangle y/\triangle x$가 화면에 나타난 기울기임을 파악하고, 그것이 그래프 위에 있는 접선의 기울기를 적절하게 어림한 값임을 알게 된다. 이 때 교사는 P점에서부터 속력이 변하지 않는다면 그래프는 어떤 모양인가 하는 것을 질문함으로써 ①, ②에서 했던 활동과 연결한다(연결의 원리).

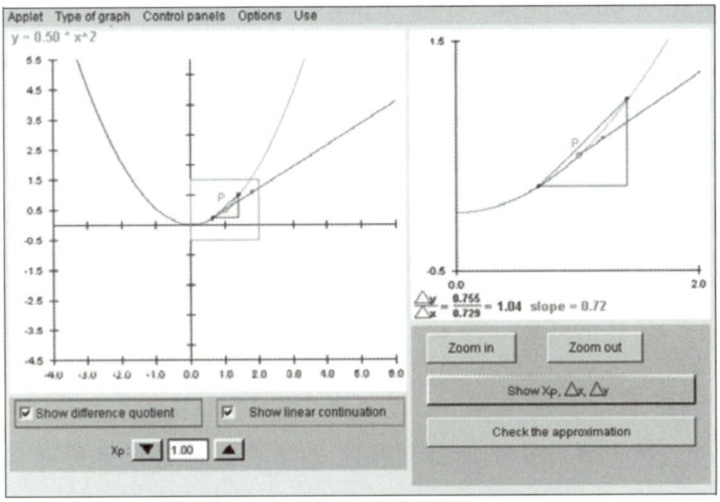

그림 Ⅱ - 93 Slope 프로그램 화면

④ Slope를 활용한 게임 활동

학생들은 몇 개의 과제를 다룬 후에 Slope를 활용한 게임을 한다. 이 게임은 차분몫으로 어림하여 다양한 곡률을 가진 그래프들의 어떤 점에서의 접선을 그리도록 하는 것이다. 학생들은 이런 Slope 활동에서 현과 파란 삼각형을 통해 그래프의 강력한 역동적인 이미지를 형성하고, 이 이미지로 그래프의 기울기, 차분몫, 그래프의 국소적인 직선성, 순간속력을 어림하는 것 사이의 관계를 알게 된다. 이러한 활동을 통해 차분몫으로 기울기를 어림하기 위한 기초가 되는 극한 개념에 대한 직관적인 심상을 형성한다(활동의 원리). 또한 학생들은 Slope 활동을 통해 만화 캐릭터의 속도위반 상황과 같은 상황 특수적인 추론에서 그래프, 차분몫, 순간적인 변화를 이용한 수학적인 추론으로 전환한다.

⑤ Slope를 활용한 속도위반 상황 탐색

학생들은 속도위반 상황에 대한 거리 그래프의 일부를 포물선으로 모델링한 공식의 그래프를 Slope의 역동적 이미지를 사용하여 어떤 순간에 만화 캐릭터의 속력을 어림한다. 교사는 프로그램 Slope의 역동적 이미지에 대해 학생들과 같이 이야기를 나누고, 만화 캐릭터와 관련된 공식인 $f(x)=0.4x^2$을 칠판에 쓴 다음 $x=1$에서의 직선을 연장하게 한다. 학생들은 이전에 배운 것을 기억하며 Δy를 $y(x+0.001)-y(x)$로 나타내고 x의 0.001 구간 사이의 기울기를 $y(x+0.001)-y(x)$를 0.001로 나누어 구하는 방법, Δy를

$y(x+0.001)-y(x-0.001)$로 나타내고 0.002로 나누어 기울기를 구하는 방법 등을 생각한다. 이 때 교사는 학생들에게 자신의 방법을 설명하고 공유하고 논의하게 한다(상호작용의 원리). 후자의 경우에는 평균속력을 구할 때 그 점의 값보다 높은 변위만을 선택하기보다 하나는 위, 하나는 아래를 선택하는 것이 더 좋은 방법이고 실제로 Slope 활동에서도 그렇게 했음을 기억한 것이다. 교사는 다른 학생들도 후자의 방법을 이해할 수 있는지 확인하고 이 문제를 해결하게 한다. 학생들은 이런 활동을 통해 그래프에서 현이나 삼각형과 관련된 구간들과 그 몫들의 극한 과정을 이해한다.

⑥ 위로 쏘아올린 돌의 운동 탐색

학생들은 투석기를 사용하여 위로 쏘아올린 돌의 운동을 통해 속력과 거리에 대한 기본 개념을 탐구한다. 교사는 학생들에게 돌의 높이는 m로 표시되며, $h(t)=30t-5t^2$으로 어림할 수 있다는 것을 이야기하고, 돌의 순간속력과 돌의 운동에 대한 시간 거리 그래프를 그리게 한다. 교사는 학생들이 이 문제를 해결하기 전에 처음에 돌을 쏘아 올릴 때, 즉 $t=0$일 때의 속력이 얼마인지를 질문한다. 이 문제는 역사적 분석에서도 살펴보았듯이 수학자들도 이해하기 어려웠던 내용이다. 학생들은 0이라고 하는 경우, 0에서 1까지 25m 올라갔다고 하는 경우, 30이라고 하는 경우 등 다양한 답을 할 수 있다. 첫째의 경우는 출발할 때의 순간속력이 0이라고 생각하는 것이고, 둘째의 경우는 속력을 생각할 때 시간축의 변화는 생각하지 않고 높이만을 고려하는 것인데 이는 이산 그래프에서 했던 방법을 연속 그래프에도 그대로 적용한 것이며, 셋째의 경우는 옳게 생각한 것이다. 이 때 교사는 학생들의 다양한 답을 전체 학생들이 공유하고 논의하게 한다. 교사는 학생들이 시간 구간에 따른 속력의 변화를 좀 더 고려할 수 있도록 한 학생이 그린 속력 시간 그래프를 이용해서 돌의 운동을 기술해 보게 한다. 학생은 돌이 쏘아 올려진 순간부터 돌은 올라가지만 속력은 점점 줄어들고, [그림 Ⅱ-94]에서 시간축을 지나는 점에서부터 아래로 떨어지기 시작하지만 속력은 계속 증가한다는 것을 이해한다. 교사는 또한 돌이 가장 높이 올라간 지점은 어디인지, 돌이 땅에 떨어질 때의 속력은 얼마인지 등을 학생들과 같이 탐색한다. 학생들은 이런 과정을 통해 증가와 감소, 평균속력과 순간속력의 차이, 음의 속도의 의미, 시간 거리 그래프의 특성 등을 돌의 운동과 관련하여 설명하면서, 그 기초가 되는 개념의 의미를 이해한다.

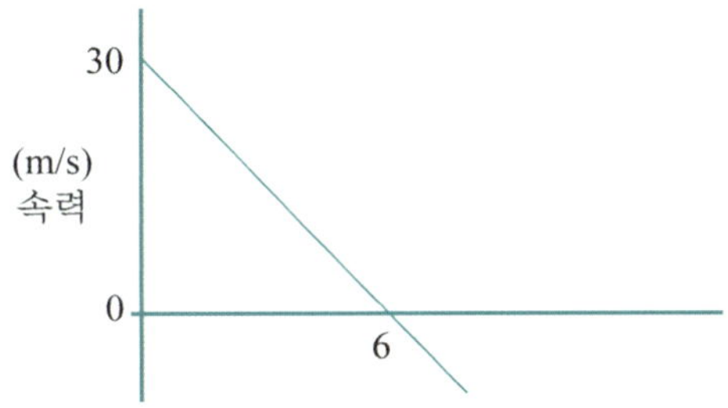

그림 Ⅱ－94 **돌의 운동을 나타내는 속력 시간 그래프**

교사는 학생들에게 모든 주제들을 끝낸 후에 지금까지 수업한 내용의 가장 중요한 부분들을 적어 보게 하고, 학생들이 적은 것들을 보고, 학생들과 논의하면서 이 수업의 핵심인 변화를 이해하는 것에 대한 전반적인 개관을 한다.

학생들은 [주제 5]를 다루면서 자동차의 이동 거리 그래프에서 순간속력을 알아내기 위해 Slope 컴퓨터 프로그램이 제공하는 차분몫에 대한 그래프를 MF로 사용한다. 이 과정에서 거리 그래프에서 전체 시간 구간에서의 평균속력을 구하기 위해 0에서 출발해서 15분 동안 10km를 일정하게 간 거리를 직선으로, 일부 시간 구간에 대해서도 시작점과 끝점을 직관적으로 시각적으로 연결해 보는 수평적 수학화의 과정을 경험하고, Slope 프로그램을 통해서 그래프 위의 두 점을 이은 선을 빗변으로 하는 직각삼각형을 보며 두 지점 간의 변위와 시간을 사용해서 평균속력을 구하는 수직적 수학화의 과정을 경험한다. 또한 시간 구간을 이용한 차분몫을 구하는 수평적 수학화의 과정을 경험하고, 시간 구간을 줄여 나가면서 차분몫이 순간속력에 가까워지며 이것이 접선의 기울기임을 알아내는 수직적 수학화의 과정을 경험한다.

4) 미적분 개념의 수학화 수업 과정

미적분 개념 단원에서 이루어지는 수학화의 과정을 도식으로 간단하게 제시하면 [그림 Ⅱ－95]와 같다.

미적분 단원을 살펴보면, 수학화의 출발점으로서의 현실 세계 맥락으로 허리케인 올리비아에 대한 일기 예보 맥락이 사용되며, 주제 2와 관련된 활동을 하는 동안 평균속력과 순간속력에 대한 심상을 형성하면서, MO인 스트로보스코프 사진과 MF인 이산 변위 그래프와 거리 그래프가 출현하고, 여러 차례의 수평적 수학화와 수직적 수학화가 교대로 일어난다. 형식화 · 추상화하는 과정에서 역사적으로 분석한 갈릴레오의 자유 낙하 맥락과 사이클 맥락이 현실 세계 맥락으로 사용되며, 평균속력과 순간속력에 대한 MF로 이산적인 속력 그래프와 연속적인 속력 그래프가 출현하고, 여러 차례의 수평적 수학화와 수직적 수학화가 교대로 일어난다.

다음으로 수학화된 평균속력 개념과 순간속력 개념을 새로운 장면에 응용하며 더욱 정교화하는 현실에의 응용 과정으로 이어진다. 속도위반 상황이 현실 세계 맥락으로 사용되며, Slope 프로그램을 통하여 순간속력의 의미를 더 탐색하는 것을 통해 차분몫을 계산하고 이를 통해 속도위반 여부를 판단한다. 이 과정에서 수평적 수학화와 수직적 수학화의 과정이 교대로 일어난다.

이와 같은 수학화의 한 사이클이 진행된 다음에는 더 높은 수준의 미적분 개념과 관련된 단원으로의 이행이 이루어진다. 이런 사이클이 반복되면서 미적분 개념에 대한 수학화가 계속 이루어지면, 미적분 개념과 관련된 다양한 측면들이 학생들의 현실로 포함된다. 학생들의 현실은 더욱 확장되며 질적으로도 높은 수준으로 나아가게 되며, 수학적 렌즈로 볼 수 있는 현실의 영역도 증가하므로 수학적 안목도 확대된다.

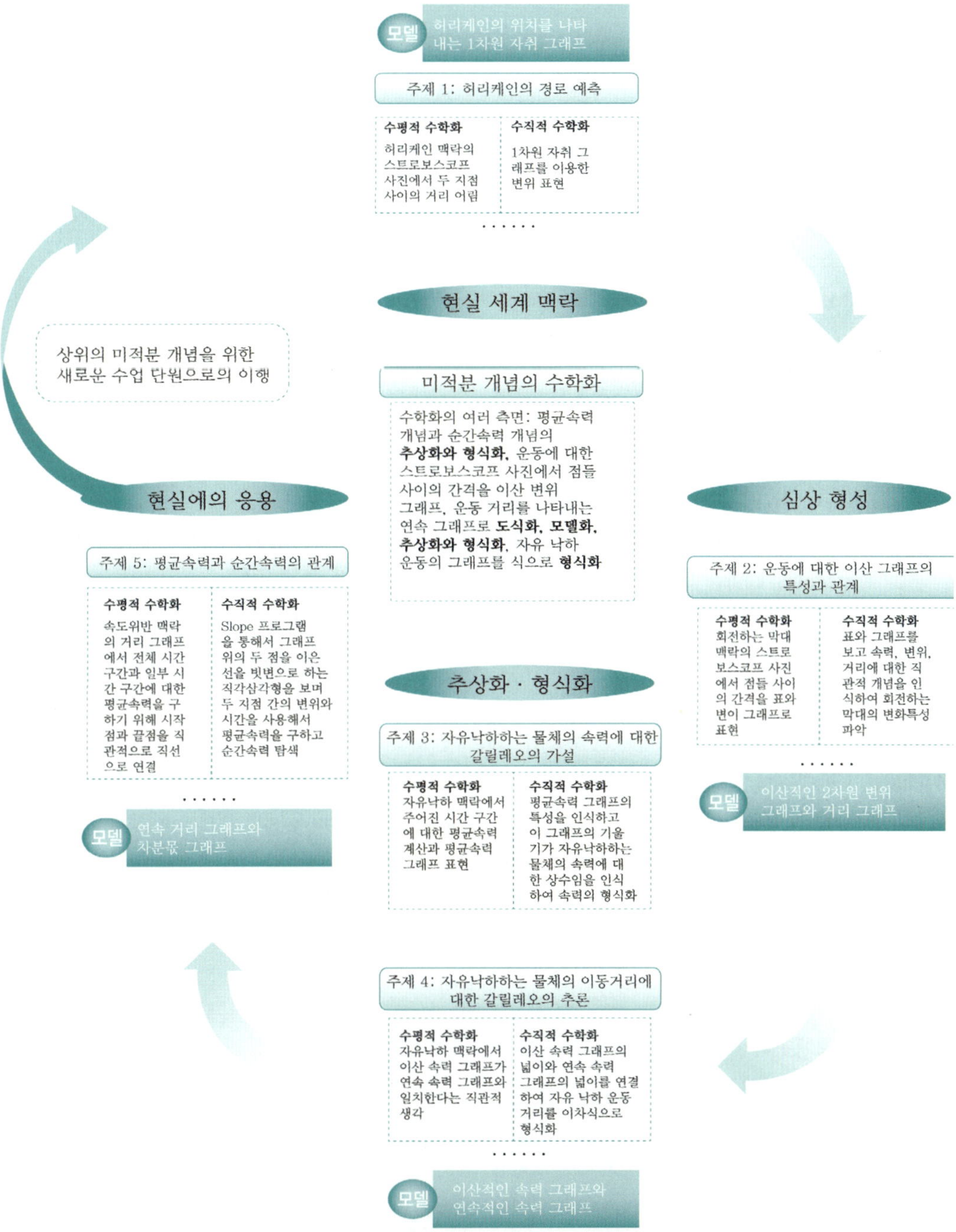

그림 Ⅱ-95 **미적분 개념의 수학화 과정의 여러 측면**

참고 문헌

김용운 · 김용국(1986). **수학사대전**. 서울: 우성문화사.

이호중(2011). **과학사사전**. 네이버 지식백과.

http://terms.naver.com/print.nhn?docId=419743&cid=42561&categoryId=42561.

홍준의 · 최후남 · 고현덕 · 김태일(2011). **살아있는 과학교과서. 1. 과학의 개념과 원리**. 서울: 휴머니스트.

Doorman, M. (2001). How to guide students? A reinvention course on modeling motion. Paper presented at *the Netherlands and Taiwan conference on common sense in mathematics education*. Taipei, Taiwan.

Doorman, M. (2005). *Modelling Motion: From Trace Graphs to Instantaneous Change*. Utrecht: CD-β Press, Center for Science and Mathematics Education

Edwards Jr., C. H. (2012). **미적분의 역사**. 류희찬 역. 서울: 경문사 (영어 원본은 1979년 출판).

Gravemeijer, G., & Doorman, M. (1999). Context problems in realistics mathematics education: A calculus course as an example. *Educational Studies in Mathematics 39*, 111~129.

Gravemeijer, G., & Doorman, M. (2009). Emergent modeling: discrete graphs to support the understanding of change and velocity. *Zentralblatt der Didaktik der Mathematik, 41*, 199~211.

Kline, M. (1953). *Mathematics in Western Culture*. New York: Oxford University Press, Inc.

Wildberg, Ch. "John Philoponus", The Stanford Encyclopedia of Philosophy (Fall 2008 Edition), Edward N. Zalta (ed.), URL = <http://plato.stanford.edu/archives/fall2008/entries/philoponus/>. Stanford Encyclopedia of Philosophy.

2 교수 학습 사례

이 장에서는 현실적 수학교육 이론에 따라 함수 개념 지도를 위한 초기 단원을 설계하고, 이 단원을 활용하여 우리나라 학생들과 교사가 함수의 초기 개념을 교수 학습한 사례를 살펴본다.

가. 함수의 기본 개념에 대한 교수학적 현상학에 의한 분석

1) 역사적 분석

함수의 역사를 살펴보면, 함수는 아주 오래 전부터 천체 운동과 같은 변화와 관련된 상황을 조직하기 위한 수단으로 발생되었지만, 학문으로서의 기초를 세우기 시작한 것은 근대 이후에 미적분학과 관련해서 함수의 의미를 명확히 하고자 했던 때부터이다. 함수는 그 이후로 해석학과 추상수학의 발전을 이끌었으며, 현재는 일상생활과 자연과학뿐만 아니라 사회과학 전반에 걸쳐 많은 분야에 폭넓게 적용되고 있다. 이러한 함수 개념의 역사적 발달 단계는, 천체 운동을 기술하기 위한 수단으로 사용한 전 함수 단계, 그래프와 곡선의 형태로 표현된 기하적 함수 단계, 식으로 표현된 대수적 함수 단계, 대응으로 표현된 논리적 함수 단계로 나누어 볼 수 있다.[167]

가) 전 함수 단계

함수는 역사적으로 고대 바빌로니아나 그리스에서 그 기원을 살펴볼 수 있다. 그 당시에는 함수 개념에 대해서는 생각하지 않았고, 자연의 변화를 관찰하기 위한 표와 그 변화의 모양을 개략적인 그림으로 나타내었다. 바빌로니아 사람들은 천체 운동을 관찰해서 표로 기술하였고, 이를 통해 천체의 주기성을 파악했으며 주기적인 변화의 특성을 개략적이고 질적인 형태의 지그재그 모양의 선으로 나타내었다. 한편 그리스 사람들은 천체 운동을 관찰하고 이를 시간에 따른 변화로 해석하였으며, 현재의 일차함수나 삼각함수와 관련된 형태로 표현하였다.

일차함수, 이차함수, 삼차함수 등의 기원은 바빌로니아에서 찾아볼 수 있다. 그리스에서는 일차함수를 비례로 보았고, $y=ax\pm b$ 형태의 일차함수도 "비에서 좀 더 크게 또는 좀 더 적게 주어진 양"과 같이 비례를 중심으로 생각하였다. 또한 이차함수에 해당하는 포물선, 타원, 쌍곡선 형태의 함수를 분류하는 데에 기하학적 도형과 관련된 언어를 사용하였다.

이것을 현대적인 기호로 표현해 보면, 가로가 a이고 세로가 x인 직사각형과 한 변의 길이가 y인 정사각형에서 직사각형과 정사각형의 넓이가 $ax=y^2$, $(a-x)x=y^2$, $(a+x)x=y^2$의 관계에 있을 때, 각각에서 정사각형의 넓이 y^2은 원래 직사각형의 넓이 ax와 일치, 가로의 길이가 $a-x$인 직사각형의 넓이로 감소, 가로의 길이가 $a+x$인 직사각형의 넓이로 증가하게 된다. 그리스 시대에는 이를 각각 일치, 감소, 증가에 해당하는 그리스 단어인 parabolic, elliptic, hyperbolic으로 나타내었고, 현재 우리는 이를 포물선, 타원, 쌍곡선이라 부르고 있다. 이와 같이 그리스 시대에는 선분의 길이가 증가하거나 감소할 때의 변화된 넓이로 나타내는 기하학적 도형과 관련된 언어를 사용하여 이차함수를 표현하였다.

나) 기하적 함수 단계

근대에 이르러 함수 개념은 미적분과 더불어 운동을 나타내는 곡선과 관련된 기하학적인 함수로 시작되었다. 기하학적 함수의 대표로는 오렘, 갈릴레오 등을 들 수 있다. 오렘은 앞의 미적분 개념과 관련해서 살펴보았듯이 그리스 시대 이후에 연속량을 선분으로 나타내넌 섯을 이용하여 다양한 형태의 물리적인 양을 선분으로 나타내었다. 특히 등가속도 운동을 포함한 다양한 운동을 나타내기 위한 방법으로 시간을 기준으로 속력을 수직인 선분으로 나타내는 속력 그래프를 그림으로써, 시간과 속력의 관계처럼 변수 사이의 함수를 기하학적으로 다루기 시작하였다. 이러한 오렘의 방식은 갈릴레오에 의해 더욱 발전되었고 함수의 대수화로 이어졌다.

다) 대수적 함수 단계

"하나의 변화하는 양에 의해 다른 변화하는 양을 찾는 방식"으로 직관적으로 기술되었던 함수 개념이 기하학의 대수화로 인해 대수적인 함수 개념으로 전환되었다. 베르누이Bernoulli는 "변수와 상수들이 어떤 방식으로 구성된 양", 오일러Euler는 "해석적 표현"으로 함수 개념을 정의하였다. 베르누이와 오일러의 정의를 좀 더 간단하게 표현하면 함수 개념은 대수적 식을 의미한다. 이 때 베르누이와 오일러의 정의는 모두 변수 개념을 포함하고 있는데, 당시에는 변수 개념이 모호했기 때문에 오일러는 변수를 사용하지 않고 함수를 정의하고자 시도했으며, "어떤 양이 함수라는 것은 오로지 후자가 변하면 전자가 변화를 겪는 방식으로 다른 양에 종속될 때를 말한다."라고 정의를 바꾸었다.

라) 논리적 함수 단계

푸리에Fourier 급수와 디리클레Dirichlet 함수의 출현으로 인해 대수적 식으로 표현될 수 있는가의 여부로 함수인지 아닌지를 판단할 수 없게 되었다. 또한 새롭게 접하게 된 현상들을 포함시킬 수 있도록 함수 개념을 확장할 필요성이 제기되었다. 이에 디리클레는 함수 개념을 "주어진 구간에서 x의 각 값에 y의 유일한 값이 대응할 때, y는 x의 함수"라고 정의하였다. 이러한 정의는 함수를 더욱 일반적인 개념으로 만들었으며, 함숫값이 수학적 식으로 표현되는지 또는 전체 구간에서 동일한 규칙이 적용되는지의 여부는 함수에서 중요하지 않게 되었다.

이상에서 살펴본 바와 같이, 함수 개념은 변화 현상을 해결하기 위해 발생되어 의식화되기까지 오랜 시간이 걸렸고, 그 과정에서 함수 개념의 본질은 종속에서 대응으로, 동적인 것에서 정적인 것으로, 규칙적인 것에서 임의적인 것으로 전환되었다. 이렇게 발달된 함수 개념은 현재는 모든 분야에서 변화와 대응에 관련된 문제를 해결하는 데에 중요한 역할을 하고 있다.

함수에 대한 역사적 분석 결과로부터 학생들에게 의미 있는 문제 상황을 제공하고 학생들이 함수 개념을 재발명할 수 있도록 지도하기 위한 몇 가지 방향을 설정할 수 있다. 첫째, 함수 지도 방식은 다양한 변화 현상으로부터 점진적으로 함수 개념을 추출해 나가는 방향으로 이루어지는 것이 적합하다. 둘째, 학생들에게 다양한 변화 현상에 대한 지관적 경험을 제공하고, 변화 현상에서 나타나는 종속성의 특성, 예를 들면 증가와 감소, 비례적인 변화, 주기적인 변화, 지수적인 변화, 대응적인 관계 등을 학생들이 인식할 수 있도록 한다. 셋째, 학생들이 변화 현상을 다루면서 표나 개략적이고 질적인 그래프를 통해 변화의 특성을 인식하고 설명할 수 있도록 한다. 더 나아가서 학생들이 변화의 특성을 좀 더 정확하게 나타내는 식과 정확한 그래프로 표현할 수 있도록 하며, 표, 그래프, 식 사이의 관계를 이해할 수 있도록 한다. 넷째, 학생들이 다양한 변화 현상으로부터 특별한 규칙성을 보이는 정비례와 반비례, 일차함수, 이차함수, 삼각함수, 지수함수 등을 분류할 수 있게 한다. 또한 규칙성을 나타내지 않는 다양한 변화 현상을 제공함으로써 대응 관계를 파악할 수 있게 한다.

2) 학생들의 현실과 상식 탐색

현실적 수학교육에서는, 학생들이 함수 개념과 관련하여 이미 알고 있는 상식을 기초로 하여 학생들에게 현실 맥락과 활동을 제공할 필요가 있다. 또한, 학생들이 안내하의 재발명에 의해 함수 개념의 점진적 수학화 과정을 경험하고 더 높은 수준의 상식으로 진행할 수 있도록 지도하는 것이 바람직하다.

함수의 기본 개념을 배울 학생들이 함수와 관련해서 알고 있는 상식은 무엇인가? 이하에서 제시하는 학생들의 상식은 우리나라 초등학교 5학년 학생들을 대상으로 조사한 것이다.[168] 조사에서는 [그림 Ⅱ－96]부터 [그림 Ⅱ－99]까지 제시하고 학생들이 개략적인 그래프를 그리고 그 특성을 해석할 수 있는가에 초점을 두었다. 이것은 역사적 분석 결과를 반영한 것으로서, 개략적인 그래프 그리기와 그 특성 해석이 변화 현상의 특성을 파악하는 데 가장 기초적이고 중요한 것으로 파악되었기 때문이다.

조사 결과, [그림 Ⅱ－96]에서 학생들은 꺾은선그래프를 보고 최고의 판매량을 보이는 회사, 세 회사의 판매량이 같은 달, 판매량이 꾸준히 증가하는 회사 등을 파악할 수 있었다. [그림 Ⅱ－97]에서 학생들은 시간에 따른 온도 변화에 대한 언어적 설명을 보고 이에 적절한 개략적인 그래프를 찾을 수는 있었지만, 그 이유를 설명하는 것에서는 날씨에 대한 설명 중 일부 제한된 정보만을 사용하는 등 어려움을 겪었다. [그림 Ⅱ－98]의 그래프는 6초 동안 움직인 자동차의 위치를 1초 간격으로 나타낸 것이다. 학생들은 이 그래프를 보고 전체 거리를 파악하고 시간에 따른 그래프를 그릴 수 있었다. 또한 자동차가 가장 빨리 달린 때는 1초간 길이가 가장 긴 부분, 그래프의 경사가 큰 부분, 그래프가 가장 급격하게 올라간 부분 등임을 이해하고 자동차 속력 변화를 어느 정도 설명할 수 있었다. 그러나 그래프를 그릴 때 원점을 잘 표시하지 못하는 학생들도 있었다. [그림 Ⅱ－99]는 한 사람이 먼저 출발하는 달리기 시합을 나타낸 그래프이다. 학생들은 거리 차이, 시간 차이, 그래프의 간격을 고려하여 먼저 출발한 사람, 이긴 사람, 더 빨리 달린 사람 등을 이해하였다. 그러나 대부분의 학생들이 속력이나 거리를 비교하거나 속력과 그래프의 기울기를 연결하는 데는 많은 어려움을 겪었다.[169]

이상에서 나타난 학생들의 상식을 요약하면, 학생들은 꺾은선그래프 그리기의 해석, 언어적 설명에 따른 개략적인 그래프 그리기, 직선 모양의 그래프에서 간단한 변화의 특성 인식 등은 잘 수행하였다. 그러나 다소 복잡한 그래프 그리기, 그래프의 특성 설명, 속력과 거리의 비교, 속력과 그래프의 기울기 연결 등에서는 많은 어려움을 겪었다.

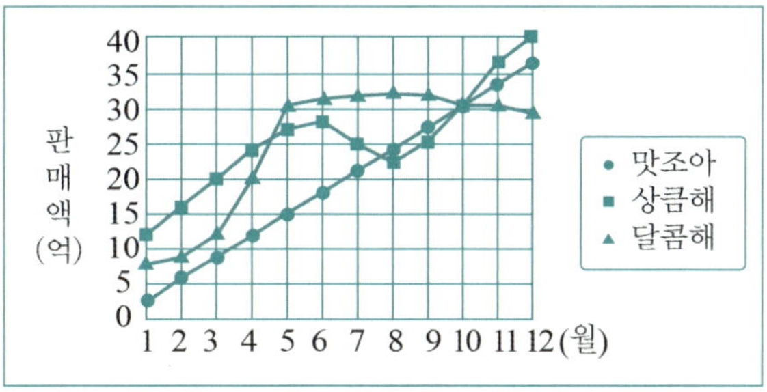

그림 Ⅱ-96 오렌지 주스 회사의 월별 판매량

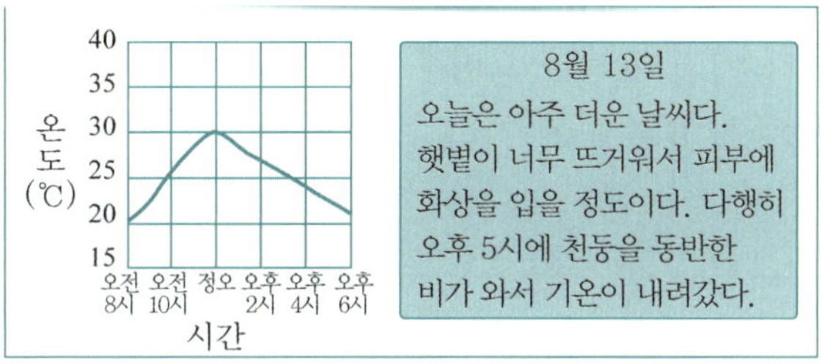

그림 Ⅱ-97 시간에 따른 온도 변화

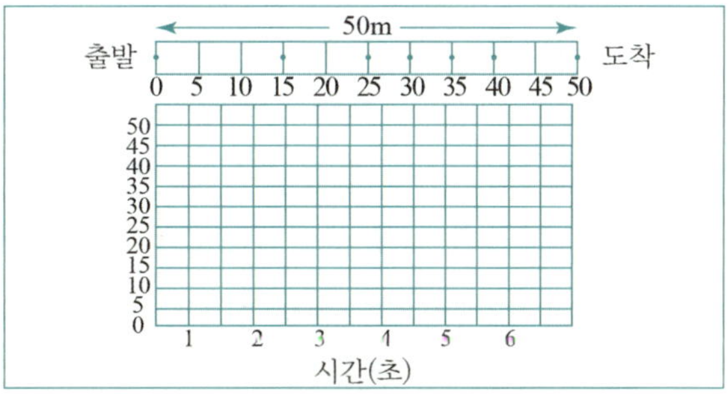

그림 Ⅱ-98 자동차의 속력과 움직인 거리

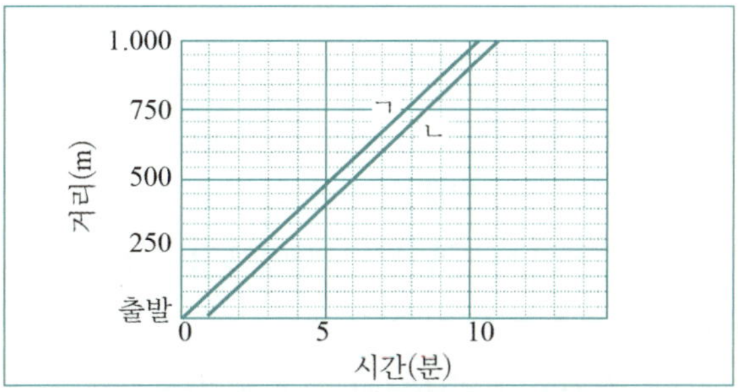

그림 Ⅱ-99 두 사람의 달리기 그래프

한편 학생들에게 현실 맥락을 제공하기 위해서는 역사적 분석과 여러 연구 문헌과 학생들의 현실과 상식을 고려하고 현재 함수 개념이 응용되는 맥락을 탐색하는 것이 필요하다. 이러한 탐색을 통해 학생들에게 제공할 수 있는 현실 맥락으로 달리기 맥락, 얼음 수송 맥락, 신문 기사 맥락, 비커 맥락, 휴대폰 요금 맥락, 자동차 속력 맥락 등을 추출할 수 있다. 달리기 맥락은 변화 상황 특성의 개략적 파악에, 얼음 수송 맥락은 변화 상황의 수량적 파악에, 그리고 신문 기사 맥락은 변화 현상 특성을 언어적 설명에 적합하다. 또한 비커 맥락은 다양한 모양의 비커에 담는 물의 높이 변화를 통해 직선 모양과 그렇지 않은 모양을 구분하는 데에, 휴대폰 요금 맥락은 직선 모양을 보이는 두 변화 상황에서 정비례 관계와 정비례가 아닌 관계를 보여주는 데에 적합하다. 자동차의 속력 맥락은 정비례 관계인 등속운동과 정비례 관계가 아닌 등가속도 운동의 특성을 파악하는 데에 적합하다.[170)]

3) 모델 탐색

단원 설계에서 고려해야 할 또 다른 주요 사항은 모델이다. 함수의 기본 개념 지도에서의 모델은 [그림 Ⅱ－100]부터 [그림 Ⅱ－102]에서 보는 바와 같이 1차원 스냅사진 그래프와 2차원 연속 그래프이다. 함수의 기본 개념 지도를 위해 처음 도입된 모델은 1차원 스냅사진 그래프이다. 1차원 스냅사진 그래프는 [그림 Ⅱ－100]과 같이 정해진 간격에 해당하는 시간을 나타내는 것이다. 2차원 연속 그래프는 [그림 Ⅱ－101]과 같이 변화 상황을 시간에 따른 변화로 해석하여 주어진 값을 점으로 나타내고 내삽과 외삽을 통해 점을 연속적으로 이은 그래프를 의미한다. 변위를 나타내는 1차원 스냅사진 그래프는 'MO'이며, 변화의 특성을 탐색하는 데 사용되는 2차원 연속 그래프는 'MF'이다.

모델의 출현과 전환 과정을 자세히 살펴보면, 올림픽 달리기 상황에서 20m 간격으로 최초에 도달한 선수를 기준으로 스냅사진을 찍고, 선수들이 달리는 레인을 일종의 직사각형의 격자로 표현하고, 포착된 선수들을 점으로 표시하면서 1차원 스냅사진 그래프가 출현한다. 1차원 스냅사진 그래프는 사진에 익숙한 학생들이 이해하기 쉽고 달리기 상황과 잘 들어맞는다. 1차원 자취 그래프는 달리기 상황에서 선수들의 위치를 점으로 나타내는 활동을 표현하는 'MO'이다.

1차원 스냅사진 그래프는 [그림 Ⅱ－101]의 왼쪽과 같이 시간별 거리를 나타내는 중간 모델을 거쳐 내삽과 외삽을 통해 시간에 따른 거리를 나타내는 2차원 연속 그래프로 전환되면서 'MF'가 된다. 학생들은 초등학교 2000m 달리기 대회에서 두 선수의 위치를 [그림 Ⅱ－101]의 왼쪽 그림에 나타낸 결과를 오른쪽 모눈종이에 옮겨 그리는 활동을 통해 선 그래프의 모델로 전환한다. 학생들은 이 과정에서 30초마다 두 선수의 위치를 추측하여 그래프에 점으로 표현하며, 이 때 3분, 5분, 7.5분, 9분 등의 이산적인 시각에 대한 상황 표현이 연속적인 시각에 대한 상황 표현으로 전환된다. 주어진 달리기 상황에 의존하지만 직접 제시되지는 않은 자료들을 포함하여 꺾은선그래프를 그리고 해석하면서, 꺾은선그래프가 달리기 상황을 이해하는 수단이 된다. 학생들은 꺾은선그래프를 해석하는 과정에서 선수들의 전반적인 달리기 과정의 특징을 시간에 따른 거리의 변화라는 측면에서 해석하게 된다. 학생들은 이를 바탕으로 [그림 Ⅱ－102]와 같이 연속적인 선그래프를 탐색하는 과정에서 기울기에 대한 직관적인 의미를 이해하게 되고, 선그래프를 시간에 따라 물이 녹는 양과 같은 좀 더 새롭고 일반적인 변화 현상에 대해 추론하기 위한 모델로 사용한다.

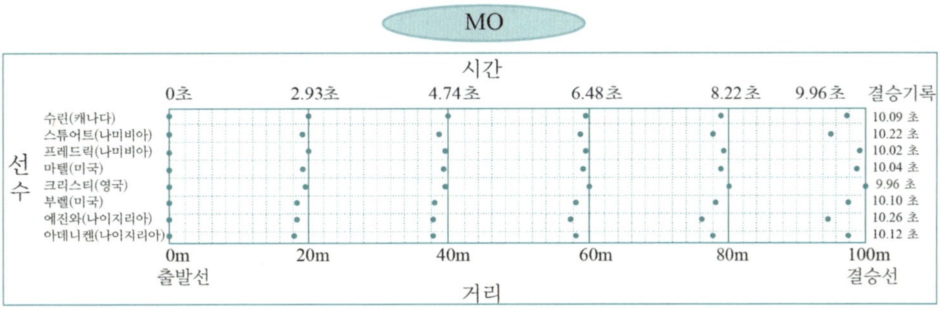

그림 Ⅱ－100 1차원 스냅사진 그래프

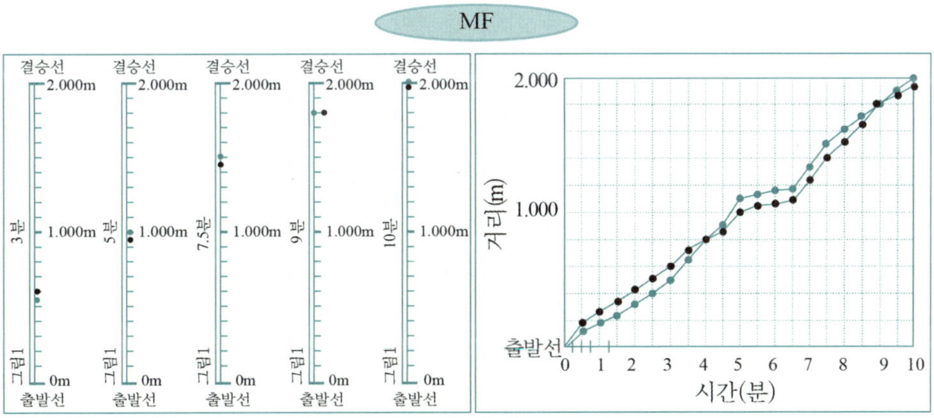

그림 Ⅱ－101 2차원 연속 그래프

다음에 있는 네 개의 그래프를 보고 위의 기사 제목에 알맞는 그래프는 무엇일지 알아봅시다.

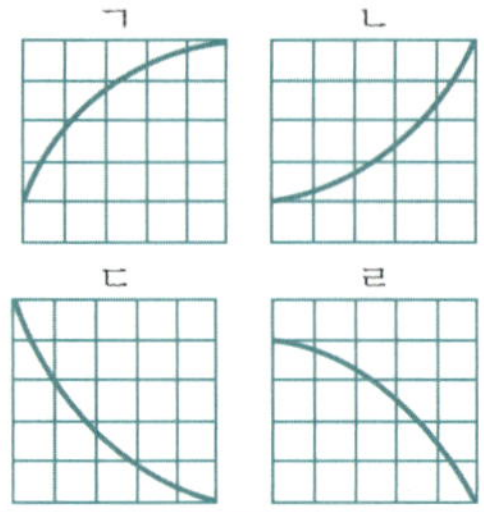

얼음이 운반되는 도중에 얼마나 녹는지 다음의 그래프를 보면서 알아봅시다.

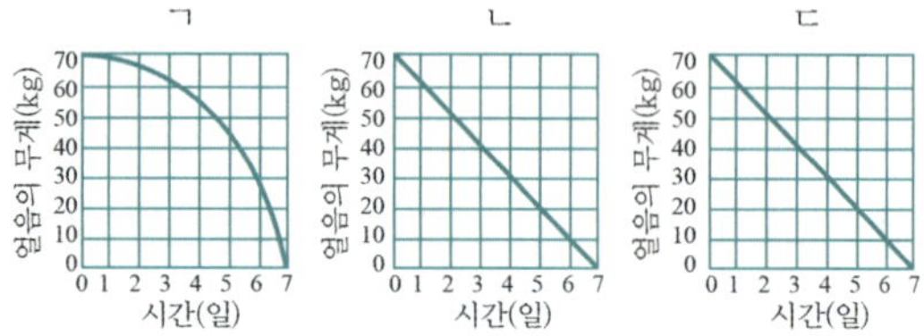

그림 Ⅱ-102 'MF' 2차원 연속 그래프

지금까지 살펴본 바와 같이, 함수 단원에서는 1차원 스냅사진 그래프가 변화하는 대상을 표현하는 'MO'이고, 시간에 따른 개략적인 2차원 연속 그래프가 변화의 특성을 탐색하기 위한 'MF'이다. 현실적 수학교육에 따른 함수의 기본 개념 지도에서는, 이미 체계화된 2차원 연속 그래프를 처음부터 직접 제시하지 않는다. 대신에 역사적 분석 및 학생들의 현실과 상식에 대한 탐색을 토대로, 학생들이 쉽게 생각할 수 있는 적절한 모델을 제시하고 이런 모델을 구조화하는 과정을 통해 체계화되고 형식화된 모델을 발전시켜 나가도록 안내함으로써 함수의 기본 개념을 이해하도록 지도한다.

나. 함수 초기 단원 설계

1) 단원의 설계 방향

이상에서 실시한 역사적 분석, 학생들의 현실과 상식 탐색, 모델 탐색 등을 토대로 함수의 초기 단원 설계의 흐름을 다음과 같이 설정할 수 있다. 첫째 단계에서는 증가나 감소와 관련된 다양한 변화 현상의 특징을 개략적인 그래프를 중심으로 질적이고 직관적으로 파악한다. 둘째 단계에서는 앞 단계에서 파악한 변화 현상에 대한 직관적 관념을 의식함으로써 증가와 감소에 관련된 변화 현상의 특징을 좀 더 수량적이고 분석적으로 파악한다. 셋째 단계에서는 다양한 변화 현상 중에서 직선 모양으로 나타나는 변화 현상과 다른 변화 현상과의 공통점과 차이점을 인식하고, 직선 모양으로 나타나는 것 중에서 정비례 관계의 특징을 파악한다. 넷째 단계에서는 이전 단계에서 학습한 내용을 좀 더 확장하여 다양한 현상에 응용하는 경험을 제공한다. 이런 과정에서 변화 현상에 대한 그림, 설명, 그래프, 표, 식 사이의 번역 활동이 매우 중요하며, 특히 그래프 해석과 관련된 다양한 접근 방법을 통합적으로 사용하는 것이 중요하다. 이와 같은 내용을 요약하면 [그림 Ⅱ－103]과 같다.

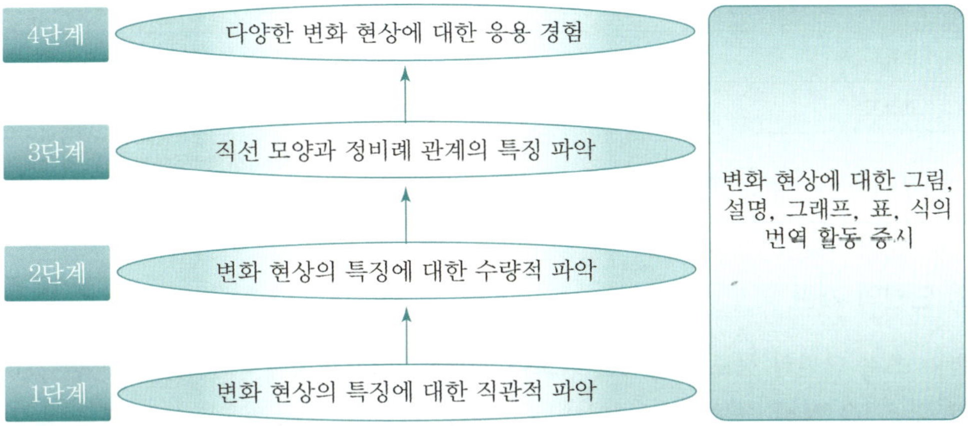

그림 Ⅱ－103 **함수 초기 단원 설계의 흐름**

한편 그래프 해석과 관련된 다양한 접근 방법에는 점별 접근, 국소적 접근, 전체적 접근 및 양적 접근, 질적 접근 방법 등이 있다. 그래프를 해석하는 방식은 두 가지 기준에 따라 분류할 수 있는데, 하나는 그래프를 읽거나 그릴 때 공간에서 초점을 어디에 두느냐 하는 것이고, 다른 하나는 수치적인 값에 초점을 두는지 그렇지 않은지 하는 것이다. 전자의 관점에 따라 점별 접근, 국소적 접근, 전체적 접근으로 구분할 수 있고, 후자의 관점에 따라 양적 접근과 질적 접근으로 구분할 수 있다.[171] 그래프를 의미 있게 다루려면 점별 접근, 국소적 접근, 전체적 접근 방식의 통합이 필요하다. 또한 그래프를 처음 다루는 단계에서는 좌표평면이나 모눈종이와 같은 고정된 틀을 제시하기 전에 비수치적이고 개략적인 형태의 그래프를 그리고 해석하는 질적 접근으로 시작하고, 이후의 정교화 단계에서 수치적이고 좀 더 정확한 양적 접근으로 전환하는 것이 바람직하다.[172]

쟝비어Janvier는 함수의 표현 양식 사이의 번역 활동이 중요함을 강조하였다. 그는 함수와 관련된 표현 양식으로 <표 Ⅱ－6>과 같이 상황·언어적 표현, 표, 그래프, 대수식을 제시하고, 이들 사이의 번역 활동으로서 측정하기, 그래프 개형 그리기, 대수적 모델링, 읽기, 점 찍기, 식 알아내기, 해석하기, 점의 좌표 읽기, 곡선 알아내기, 매개변수 인식하기, 계산하기를 제시하였다.[173]

〈표 Ⅱ-6〉 **함수 표현 양식 간의 번역 활동**

	상황 · 언어적 표현	표	그래프	대수식
상황 · 언어적 표현		측정하기	그래프 개형 그리기	모델링
표	읽기		점 찍기	식 알아내기
그래프	해석하기	점의 좌표 읽기		곡선 알아내기
대수식	매개변수 인식하기	계산하기	그래프 개형 그리기	

2) 단원의 개관

함수 초기 단원의 목표는 증가와 감소에 관련된 변화 현상에서 표와 그래프를 그리고 해석하는 것을 통해 그 특성을 파악하는 것이다. 단원의 주요 주제는, 그래프를 통한 변화 상황의 개략적 파악, 변화 상황에 대한 그래프 그리기와 그래프 해석, 변화 상황에 대한 그래프의 수량적 파악, 변화 상황의 설명에 맞는 그래프 탐색, 직선 그래프와 차가 일정한 변화와의 관계 파악, 정비례 관계의 의미 파악, 자동차의 속력과 거리와의 관계 탐색 등이다.

각 주제별 내용을 간단히 살펴보면, 그래프를 통한 변화 상황의 개략적 파악에서는 증가하는 변화 현상에 대한 직관적 인식에 초점이 있다. 이를 위해 100m 달리기 결과를 20m마다 스냅사진을 찍어 그 위치를 나타낸 그래프를 제시하고, 누가 금메달을 땄는지, 어떤 구간에서 어느 선수가 더 빨리 달렸는지 등을 해석하고, 이를 바탕으로 두 선수의 기록을 비교하는 글을 작성한다.

변화 상황에 대한 그래프 그리기와 그래프 해석에서는, 학교 대항 2000m 달리기 대회에서 몇 분 간격으로 선수들의 위치를 수직선 위에 나타낸 다음, 이를 가로가 시간, 세로가 거리인 모눈종이 위에 점으로 나타내고 그린 점들 사이를 직선으로 이어 선그래프를 그리고, 그래프를 그릴 때 필요한 조건 등을 생각한다. 이어서 세 선수의 달리기 기록을 나타내는 선그래프를 보고 두 그래프의 차이점, 달리기 대회 과정에서 어떤 일이 일어났는지, 한 선수의 그래프가 거의 직선인 이유 등을 생각하고 세 선수의 달리기 과정을 중계하는 이야기를 작성한다.

변화 상황에 대한 그래프의 수량적 표현에서는, 남극에서 사막으로 얼음을 가져오는 과정에서 얼음이 녹는 상황을 시간과 무게의 관계로 생각하고, 감소하는 일차그래프와 이차

그래프를 제시하여 그 상황을 설명한다. 그래프를 보고 점의 좌표 읽기를 통해 표를 작성함으로써 변화 현상을 수량적으로 파악하고 설명한 후, 그래프에 대한 설명과 표에 대한 설명을 비교함으로써 그 차이점을 이해한다.

변화 상황의 설명에 맞는 그래프 탐색에서는, 인구 변화와 계산기 가격의 변화에 관련된 신문 기사 제목을 보고 알맞은 그래프를 찾고, 역으로 그래프를 보고 적합한 신문 기사 제목을 만들어 봄으로써 그래프 개형을 찾는 활동을 한다.

직선 그래프와 차가 일정한 변화 관계 파악에서는, 원기둥 모양의 비커와 원뿔대 모양의 비커에 일정한 속도로 물을 담아 그 높이를 측정하는 상황에서 비커의 모양만 보고 높이의 변화가 어떻게 될지 추론해서 그래프로 그린다. 표와 그래프를 이용하여 수량적으로 파악하는 것을 통해 직선 모양의 그래프로 표현되는 변화 상황은 일정한 시간에 따른 변화량이 일정함을 파악한다.

정비례 관계의 의미 파악에서는, 서로 다른 방식의 휴대폰 통화료 비교를 통해 직선 모양의 두 변화 상황에서 공통점과 차이점을 인식하고, 통화 시간이 2배, 3배, 4배, … 가 될 때, 통화 요금도 각각 2배, 3배, 4배, … 가 되는 관계가 정비례 관계임을 이해한다. 직선 모양 중에는 정비례 관계인 것도 있고 정비례 관계가 아닌 것도 있음을 파악하고, 정비례 관계의 그래프는 원점을 지나고 □=(숫자)×△와 같은 관계식을 가짐을 이해한다.

자동차의 속력과 거리와의 관계 탐색에서는, 자동차의 속력 그래프를 보고 자동차가 달리는 도중에 어떤 일들이 일어나는지, 자동차가 달린 도로는 어떤 특성을 가지는지, 자동차가 과속을 했는지를 판단한다. 또한 자동차의 속력 그래프가 0을 지나는 직선일 때 속력 변화의 특성을 알아보고, 속력과 거리와의 관계를 추론하여 개략적인 그래프를 그린다.

함수 초기 단원은 전반적으로 증가와 감소에 관련된 다양한 변화 현상을 다루고, 이런 현상 중에 그래프가 직선 모양으로 나타나는 것들에 주목하고, 그 중에서 더 특수한 경우로서 정비례 관계가 되는 현상을 인식함으로써 정비례 관계 개념을 이해하도록 설계되었다.

이 과정에서 수학 교수·학습 원리의 구현을 살펴볼 수 있는데, 이 원리들은 하나씩 분리되어 있다기보다는 복합적으로 구현되어 있다고 할 수 있다. 위에서 살펴본 주제별 주요 내용과 함께 구현된 주요 원리들과 모델을 요약하여 제시하면 다음의 <표 Ⅱ-7>과 같다.

〈표 Ⅱ-7〉 **함수 지도를 위한 단원 개요**

주제	활동 내용	원리	모델
그래프를 통한 변화 상황의 개략적 파악	○ 달리기 맥락에서 베이징 올림픽의 100m 달리기 결과에 대한 1차원 스냅사진 그래프 보고 변화 상황 파악하기 ○ 1차원 스냅사진 그래프에서 '빠르기'의 의미 탐색하기 ○ 1차원 스냅사진 그래프에서 두 선수 사이의 거리 변화 해석하기	○ 현실성의 원리 수준의 원리 ○ 활동의 원리 연결의 원리 안내의 원리 ○ 상호작용의 원리	▸ MO 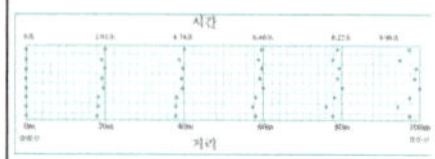
변화 상황에 대한 그래프 그리기와 그래프의 해석	○ 달리기 맥락에서 학교 대항 2000m 달리기 대회에 대한 자료와 설명을 바탕으로 1차원 스냅사진 그래프 그리기 ○ 2000m 달리기 선수들의 위치를 모눈종이 위에 몇 개의 점으로 나타내고 이를 연결하여 2차원 그래프 그리고 해석하기 ○ 지난해의 달리기 상황에 대한 설명을 보고 이에 대한 그래프 그리기 ○ 이웃 도시에서 열린 달리기 대회 그래프 보고 이에 대한 기사 작성하기	○ 현실성의 원리 상호작용의 원리 ○ 활동의 원리 수준의 원리 ○ 안내의 원리 ○ 연결의 원리	▸ MO 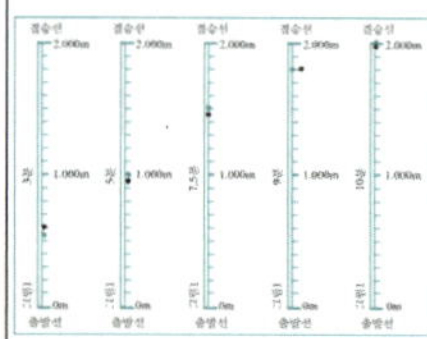 ▸ MF 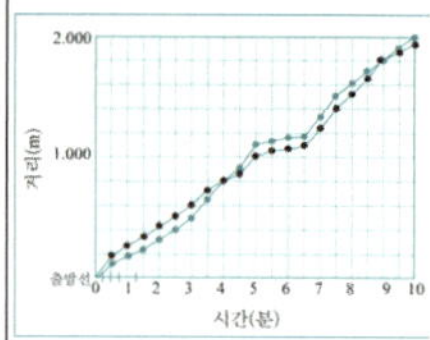
변화 상황에 대한 그래프의 수량적 파악	○ 얼음 수송 맥락에서 얼음이 녹는 상태에 대한 그래프를 보고 기울기의 의미 탐색하기 ○ 얼음이 녹는 과정에 대한 그래프 해석하기 ○ 얼음이 녹는 과정에 대한 표의 작성을 통해 변화의 수량적 파악 ○ 학생들 자신이 상상해서 얼음이 녹는 과정에 대한 그래프 그리기	○ 현실성의 원리 연결의 원리 활동의 원리 ○ 상호작용의 원리 ○ 안내의 원리 ○ 수준의 원리	▸ MF 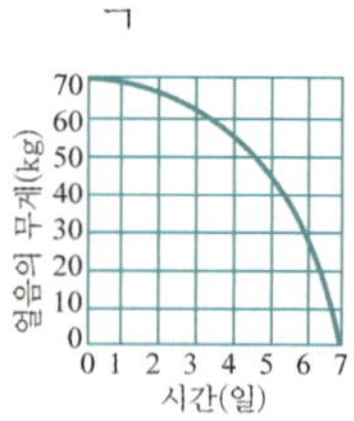
변화 상황의 설명에 맞는 그래프 탐색	○ 신문 기사 맥락에서 기사 제목을 보고 의미를 탐색하고 질적 접근에 의한 그래프 개형 그리기 ○ 신문 기사 제목을 보고 의미를 탐색하고 양적 접근에 의한 그래프 개형 그리기 ○ 그래프에 적합한 신문 기사 제목 만들기	○ 현실성의 원리 상호작용의 원리 수준의 원리 ○ 안내의 원리 활동의 원리 ○ 연결의 원리	▸ MF 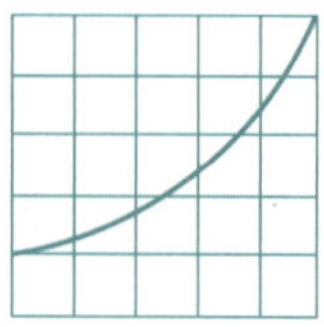
직선 그래프와 차가 일정한	○ 비커 맥락에서 서로 다른 모양의 비커에 일정한 속도로 물을 담을 때 모양에 따	○ 현실성의 원리 안내의 원리	▸ MF

주제	활동 내용	원리	모델
변화와의 관계 파악	른 물의 높이를 예측해서 그래프 개형 그리기 ○ 표를 보고 그래프를 그리고 수량적 파악을 통해 직선 모양의 그래프와 차가 일정한 변화 관계 이해하기 ○ 정비례에 대해 직관적으로 탐색하기	활동의 원리 ○ 연결의 원리 상호작용의 원리 수준의 원리	
정비례 관계의 의미 파악	○ 휴대폰 요금 맥락에서 서로 다른 휴대폰 요금 체제에 따른 표 만들기와 그래프 그리기 ○ 두 직선 그래프의 변화 상황에서 공통점과 차이점을 인식하고 정비례 관계의 의미 파악하기 ○ SF요금 체제가 정비례 관계인지 판단하기	○ 현실성의 원리 연결의 원리 수준의 원리 ○ 안내의 원리 활동의 원리 상호작용의 원리	▸ MF 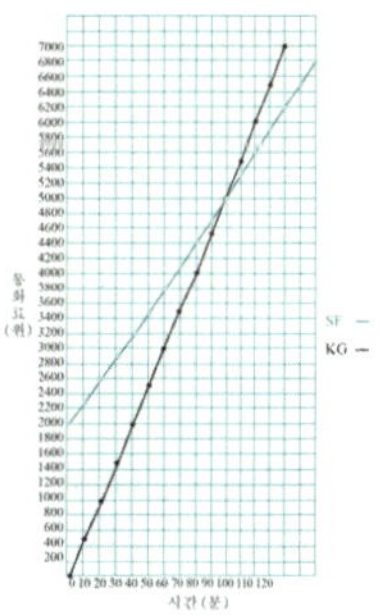
자동차의 속력과 거리와의 관계 탐색	○ 자동차의 속력 맥락에서 그래프를 보고 자동차 속력의 변화를 설명하고 과속 여부 판단하기 ○ 자동차의 속력 그래프를 보고 속력 변화의 특성을 알아보고 등속운동과 등가속도 운동을 비교하며, 속력과 거리의 관계를 파악하고 등가속도 운동에 대한 개략적인 그래프 그리기	○ 현실성의 원리 연결의 원리 안내의 원리 ○ 상호작용의 원리 활동의 원리 수준의 원리	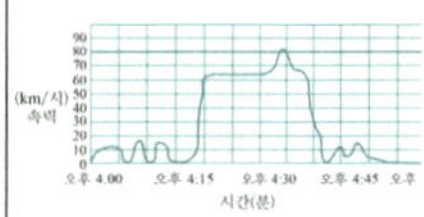

다. 함수 초기 단원의 교수 학습 실제[174)]

앞에서 설계한 함수 초기 단원을 적용한 수업 내용을 구체적으로 살펴보면 다음과 같다.[175)]

1) [주제 1] 그래프를 통한 변화 상황의 개략적 파악

[주제 1]의 학습 목표는 바르셀로나 올림픽의 100m 달리기 과정에 대한 스냅사진 그래프를 보고 변화 상황의 특성을 개략적으로 해석하는 것이다. [주제 1]의 활동 내용을 교수 학습하는 과정에서 양적 접근과 질적 접근, 점별 접근, 국소적 접근, 전체적 접근 등을 시도하게 된다. 주요 활동 내용에 따른 구체적인 수업 상황과 장면을 살펴보면 다음과 같다.

① 100m 달리기 과정의 1차원 스냅사진 그래프 해석

학생들은 [그림 Ⅱ－104]와 같이 바르셀로나 올림픽의 100m 달리기의 과정을 거리를 기준으로 걸린 시간을 표시하는 1차원 스냅사진 그래프를 탐색하였다.

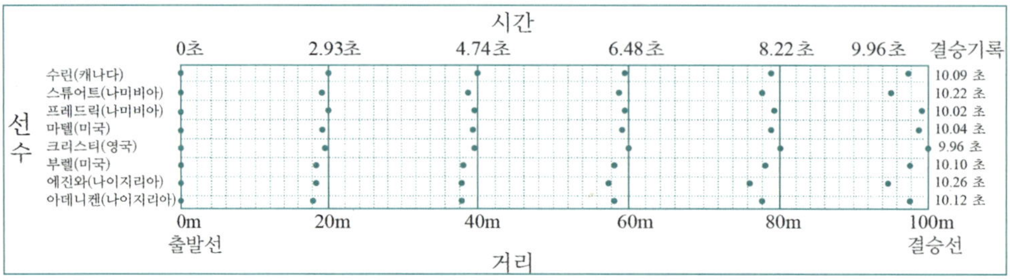

그림 Ⅱ－104 **100m 달리기 선수들의 1차원 스냅사진 그래프**

교사는 2008 베이징 올림픽 대회에서 박태환 선수의 400m 수영 경기에 대한 동영상을 보여주는 것으로 수업을 시작하였다(현실성의 원리). 학생들은 동영상에서 박태환 선수가 처음부터 끝까지 선두로 나선 것이 아니라 계속 순위가 바뀌면서 마지막에 금메달을 따는 과정을 살펴보았다. 교사는 이에 대해 매번 동영상을 보지 않고 어떤 선수의 경기 과정에 대한 자료를 손쉽게 볼 수 있는 방법이 무엇인지를 질문했다. 한 학생은 '1초마다 각 선수들이 얼마나 갔는지 표로 나타내는 방법'을 생각하였고, 또 다른 학생은 '꺾은선그래프로 매초마다 간 거리를 표시하는 방법'을 생각하였다.

교사는 학생들과 달리기 선수의 경기 과정에 대한 자료를 손쉽게 볼 수 있는 방법에 대해 논의한 후에, 학생들이 제시한 시간을 기준으로 간 거리를 표시하는 방법을 바탕으로 [그림 Ⅱ－104]와 같이 바르셀로나 올림픽의 100m 달리기 과정을 거리를 기준으로 시간을 표시하는 1차원 스냅사진 그래프를 제시하였다. 그리고 이것은 달리기의 과정을 20m 간격으로 표현한 그래프임을 설명하고 그래프를 읽는 방법을 학생들과 함께 알아보았다. 예를 들어, 20m 지점에서 그은 선에 있는 점과 왼쪽에 있는 점들의 차이에 대해, 학생들은 양적 접근과 점별 접근을 통해 선 위에 있는 점은 그 시각에서 20m 지점에 도달한 선수이고, 왼쪽에 있는 점들은 아직 들어오지 못한 선수들을 나타낸다는 것을 파악할 수 있었다. 또한 학생들은 질적 접근과 국소적 접근을 통해 1차원 스냅 사진 그래프의 구간을 따라가면서 금메달을 딴 선수의 달리기 과정을 추론할 수 있었다(수준의 원리). 1차원 스냅사진 그래프는 학생들에게 생소한 그래프이지만 학생들은 이 그래프를 별다른 어려움 없이 읽을 수 있었다.

② 1차원 스냅사진 그래프에서 '빠르기'의 의미 탐색

학생들은 바르셀로나 올림픽의 100m 달리기 선수들의 기록을 20m 간격으로 나타낸 그래프에서 점을 읽고 해석하는 과정에서는 별다른 어려움을 겪지 않았다. 그러나 이 그래프를 해석할 때 '수린' 선수가 첫째 구간과 둘째 구간 중 어느 구간에서 더 빨리 달렸는지를 알아보는 과정에서는 다소 어려움을 겪었다. <장면 1>은 교사와 학생들이 '더 빠르다'는 의미에 대해 탐구하는 과정이다.

〈장면 1〉 빠르기의 의미 탐색

교 사: 지금 거리는 어때요? 20m, 20m 거리가 같아요. 그러면 빠르냐 느리냐를 비교하려면 무엇을 비교하면 좋을까요?

유 신: 빠르다라는 것은 어떤 일정한 거리를 뛰는 데 걸린 시간을 측정하는 것이니까, 어떤 선수가 어느 지점에서 어느 지점까지 얼마나 걸려서 뛰었나를 보면 알 수 있어요.

교 사: (전체 학생들에게 다시 질문) 거리가 20m로 같아. 뭐가 달라야 빠르기를 비교할 수 있지? (교사는 교탁 앞에서 교실 문까지 빠르기를 달리 해서 걸어가는 모습을 보여 주면서) 선생님이 여기에서 문까지 1분에 갔어. 똑같은 거리야, 이번에는 30초에 갔어. 빠르기가 두 개 다르죠? 같은 거리인데, 뭐가 차이가 나는 건가요?

나 리: 달린 거리는 같은데 달린 시간은 달라서, 30초가 더 짧으니까 더 빨라요.

교 사: 짧은 시간 안에 달린 것이 더 빠르다. 자 해결됐습니까?

일반적으로 속력은 (거리) ÷ (시간), 즉 일정한 시간을 기준으로 간 거리를 의미하지만, 이 활동에서 제시된 그래프는 일정한 거리를 기준으로 그려진 것이기 때문에 이런 상황에 맞게 속력에 대한 의미를 재해석할 필요가 있다(활동의 원리 · 연결의 원리). 대부분의 학생들은 이 문제에 대해 처음에는 어려움을 겪었지만, 같은 거리를 1분에 걸어가는 것과 30초에 걸어가는 것을 비교하는 교사의 적절한 안내에 의해 속력의 의미를 파악하게 되었다(안내의 원리).

③ 1차원 스냅사진 그래프에서 두 선수 사이의 거리 변화 해석하기

<장면 2>는 양적 · 질적 접근과 전체적 접근을 통해 달리는 도중 가장 빠른 선수와 가장 느린 선수 사이의 거리가 어떻게 변했는가에 대한 학생들의 설명이다.

〈장면 2〉 두 선수 사이의 거리 변화

유 미: 달리는 도중 가장 빠른 선수와 가장 느린 선수 사이의 거리가 점점 더 벌어지고 있어요.

교 사: 달리는 도중 가장 빠른 선수와 가장 느린 선수 사이의 거리가 점점 더 벌어졌더라. 또 누구?

명 하: 구체적으로 말하면, 첫 번째 구간에서는 일등하고 꼴등이 약 2m 차이가 나고, 그 다음 구간은, 이것도 약 2m, 세 번째 구간은 잘 보면 약 3m, 또 그 다음 구간은 4m, 마지막 결승전 구간에는 약 6m 차이가 나요.

학생들은 1차원 스냅사진 그래프를 보면서 전체적 접근을 시도하였다. 또한 유미와 같이 직관적인 질적 접근이나 명하와 같이 양적 접근으로 선수들의 달리기 과정을 어려움 없이 해석하였다. 학생들은 전반적으로 그래프를 통해 변화 상황을 개략적으로 파악할 수 있었으며, 자신의 생각들을 다른 학생들과 공유하였다(상호작용의 원리).

학생들은 [주제 1]을 다루면서 바르셀로나 올림픽의 100m 달리기 선수들의 위치를 나타내기 위해 MO로서 1차원 스냅사진 그래프를 사용하였다. 이 과정에서 달리기 선수들의 경기 상황을 알기 위해 1차원 스냅사진 그래프를 읽는 수평적 수학화를 경험하였으며, 1차원 스냅사진 그래프를 해석하는 과정에서 속력과 거리에 대한 직관적인 심상을 형성하는 수직적 수학화를 경험하였다.

2) [주제 2] 변화 상황에 대한 그래프 그리기와 그래프 해석

[주제 2]의 학습 목표는 선수들의 달리기에 대한 기록을 보고 적합하게 2차원 연속 그래프를 그리고, 달리기 과정을 나타낸 그래프를 보고 선수들의 달리기 과정을 해석하는 것이다. [주제 2]의 주요 활동 내용을 교수·학습하는 과정에서 양적 접근, 질적 접근, 전체적 접근 등에 의한 그래프 해석하기, 점찍기, 그래프 개형 그리기 등의 활동을 하게 된다. 주요 활동 내용에 따른 구체적인 수업 상황과 장면을 살펴보면 다음과 같다.

① 2000m 달리기 선수들의 위치에 대한 스냅사진 그래프 그리기

교사는 학생들에게 바르셀로나 100m 달리기에 대한 이야기를 상기시키고, [주제 2]의 내용과 관련해서 학교 간 육상 대회나 교육청배 육상 대회 등 학생들에게 익숙한 육상 대회를 이야기하는 것으로 시작하였다(현실성의 원리). 학생들은 행복초등학교의 대표 선수

민수와 희망초등학교의 대표 선수 진호의 달리기에서 3분, 5분, 7분 30초, 9분이 경과했을 때 선수들의 위치를 설명한 내용을 바탕으로 활동지에 제시된 직선 도로에 선수들의 위치를 나타내는 개별 활동을 하였다. 학생들은 [그림 Ⅱ-105]의 왼쪽 그래프와 같이 직선 도로에 주어진 시간에서의 선수들의 위치를 표시하였다. 개별 활동이 끝난 후 학생들은 자신의 그림과 다른 학생의 그림을 비교하면서 그림이 옳은지를 함께 확인하였다(상호작용의 원리).

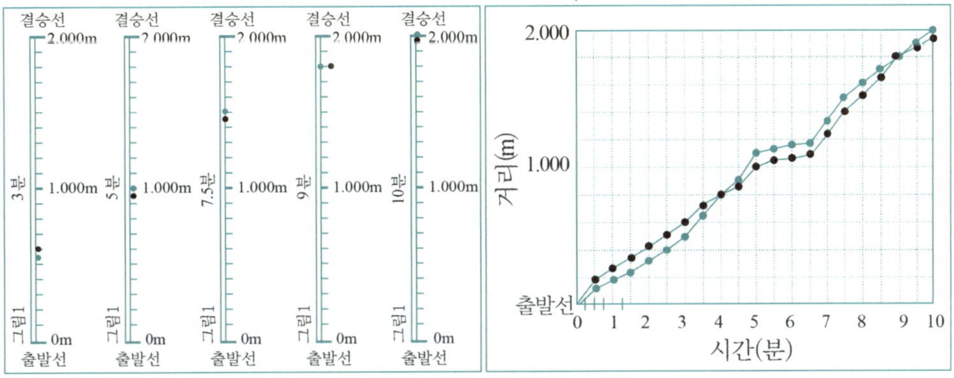

그림 Ⅱ-105 **유정의 선수들의 위치 표시와 2차원 연속 그래프**

② 2000m 달리기 선수들의 기록에 대한 2차원 연속 그래프 그리기

학생들은 직선 도로 그림 위에 표시한 것을 모눈종이로 옮기고 더 많은 점들을 내삽해서 [그림 Ⅱ-105]의 오른쪽과 같은 2차원 연속 그래프를 그렸다. 학생들은 제시된 선수들의 위치를 점으로 찍고, 나머지 부분은 자신들의 상상으로 채워감으로써 양적 접근과 질적 접근을 혼합하여 그래프의 개형을 그렸다(활동의 원리). 이 과정에서 변화의 특성을 파악하기 위한 MF인 2차원 연속 그래프가 출현하였고, 이를 활용하여 달리기 과정의 특성에 대해 수학적으로 추론하였다(수준의 원리). 한편 출발선에 있는 두 선수의 위치를 점으로 나타내도록 제시하였지만, 많은 학생들은 시작점을 표시하지 않았다.

개별 활동이 끝나고 교사는 학생들의 그래프를 서로 비교해 보기 위해, [그림 Ⅱ-106]과 같이 세 명의 학생들의 그래프를 전체 학생들에게 제시하고 서로 다른 점을 설명하도록 하였다.

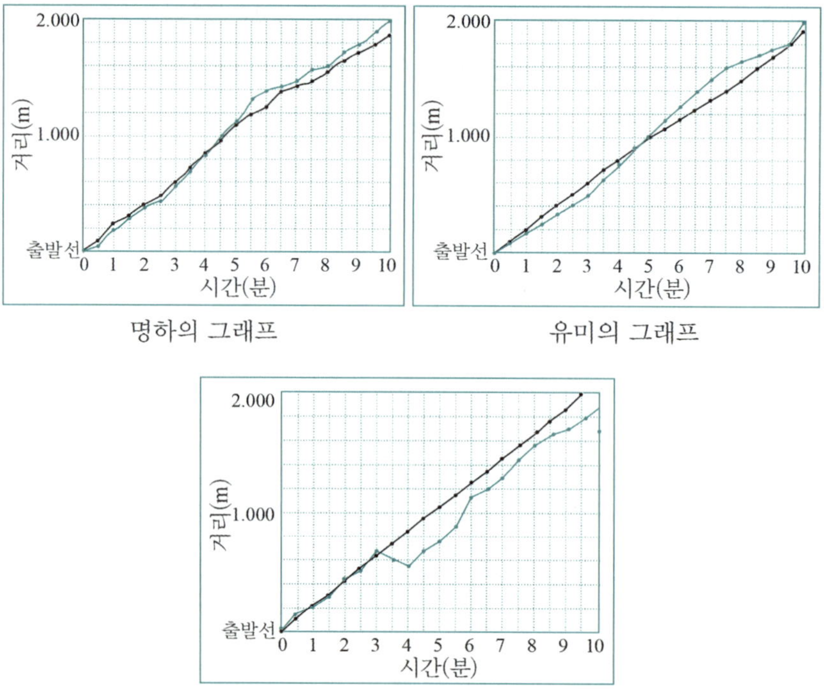

명하의 그래프

유미의 그래프

유신의 그래프

그림 Ⅱ-106 **2000m 달리기에 대한 학생들의 2차원 연속 그래프**

[그림 Ⅱ-106]에 제시된 명하는 전반적으로 선수들의 위치를 점으로 잘 표시하였고, 두 선수들이 달리는 과정을 상상하며 30초 간격마다 점을 찍고 내삽을 통해 그래프를 완성하였다. 유미는 3분과 7분 30초에서의 두 선수의 위치를 표시하는 데서 약간의 실수를 했지만, 출발점과 30초 간격의 점을 잘 표시하여 그래프를 완성하였다. 그러나 유신이는 한 선수의 그래프에서 3분과 4분 사이의 거리가 감소하는 오류를 보였다. 유미는 다른 학생들과 자신의 그래프를 비교하고, '다른 친구들은 두 선수의 순서가 바뀌는 교차점이 나보다 많았고 속도 변화는 적었다.'와 같이 차이점을 설명하였다. 학생들은 유신의 그래프가 적절하고 가능한가에 대해 논의하였다.

③ 지난해의 달리기 대회에 대한 설명에 알맞게 그래프 그리기

학생들은 다음과 같은 지난해의 달리기 대회에 대한 설명을 듣고 이에 맞는 그래프를 그리는 활동을 하였다.

선수들은 처음 3분 동안은 650m를 근소한 차이로 달렸습니다. 그런데 희망초등학교의 선수가 넘어지는 바람에 행복초등학교의 선수가 앞서 나가기 시작했습니다. 6분 후, 행복초등학교의 선수는 1300m를 달리고 있었으며 150m 정도의 큰 차이로 앞서고 있었습니다. 희망초등학교의 선수도 속도를 내보려 했지만 도저히 따라잡을 수가 없었습니다. 달리기 대회 결과는 1등 행복초등학교(9분 30초), 2등 희망초등학교(10분)였습니다.

교사는 학생들과 함께 달리기 대회의 설명을 읽은 후에, 학생들에게 알맞은 그래프를 그리도록 하였다. 이후 교사가 그린 그래프를 보고 학생들과 함께 달리기 과정을 해석해 본 후, 그래프를 그릴 때 유의할 점으로 가로축, 세로축, 시작점의 위치, 눈금 그리기 등에 대해 생각해 보고 논의하였다(안내의 원리).

④ 이웃 도시에서 열린 달리기 대회 그래프 해석하기

학생들은 [그림 Ⅱ－107]에서 세 선수 A, B, C의 달리기 과정의 특징과 그래프 B와 그래프 C의 교점, 14분에 3000m를 나타내는 점, 그래프 A에서 15분에 해당되는 점 등이 무엇을 의미하는가를 탐구하였다. 이 과정에서 질적 접근과 점별·전체적 접근을 시도하였다.

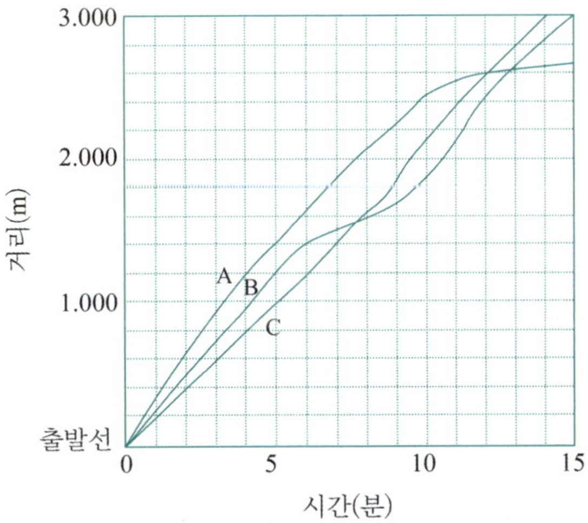

그림 Ⅱ－107 세 선수의 달리기 그래프

<장면 3>은 교사와 학생들이 그래프를 보고 세 선수의 달리기 과정을 해석하고 교점의 의미에 대해 논의하는 과정이다.

〈장면 3〉 달리기 과정과 교점의 의미 논의

교 사: 그래프 C에 해당하는 선수는 어떻게 달렸을까?

세 정: C는 곡선이 없기 때문에 넘어지거나 하는 변화 없이 일정하게 달린 것임을 알 수 있어요.

교 사: 그러면 그래프 B는?

한 교: 처음에는 잘 달리다가 갑자기 넘어져서 비틀거리다가 다시 속도를 유지해서 달렸어요.

교 사: 그러면 그래프 A는?

찬 석: A는 계속 잘 달리다가 갑자기 다리가 아파서 넘어졌는데 굴러서 병원에 실려 갔어요.

교 사: 병원에 실려 간 것이 아니라 끝까지 안 달렸어.

교 사: (그래프 B와 그래프 C가 만나는 점을 가리키며) 이건 뭘까?

철 민: B랑 C가 만나는 점.

교 사: (달리는 동작을 하며) 달리기 이렇게 하는데 같이 만나?

철 민: 거리와 시간이 겹쳐졌다.

성 연: 아까 배웠던 것처럼 민수랑 진호랑 비슷하게 달렸다라는 이야기와 유사하게 따라잡은 것.

교 사: 지금 성연이가 이야기한 것처럼 그래프 상에서는 만났지만 앞서던 사람을 뒤에 있던 사람이 따라잡은 것을 말하지요? 거의 나란히 달리다가 여기서부터 누가 앞섰어? B가 앞섰어, C가 앞섰어?

학생들: B?

학생들: C?

교 사: 누가 앞섰어?

학생들: C.

교 사: (그래프 C의 끝을 가리키며) 이건 뭘까?

세 희: 좀 더 빠른 시간 안에 같은 1000m를 앞쪽에, 15분보다 빠르게 1000m를 왔다는 것은 가장 빨리 도착했다는 것을 알 수 있어요.

학생들은 조금은 장난기 섞인 설명을 하면서 약간의 오류를 범하기도 했지만, 세 선수의 달리기 과정을 나타내는 그래프를 실제 상황과 연결하여 해석하면서 매우 즐겁게 수업을 진행하였다[(연결의 원리)]. 그래프가 거의 직선 모양으로 나타난 선수 C는 거의 일정한 속도로 달렸다고 해석한 점, 선수 B는 속도가 줄었다가 다시 원래의 속도로 달렸다고 해석한 점, 선수 C의 그래프에서 시간축과 거의 평행인 부분이 있는 것을 넘어진 상태, 즉 멈추어 있는 상황으로 해석한 점, 그래프의 끝점을 보고 누가 먼저 들어왔는지 알아낸 점 등에서 알 수 있듯이, 학생들은 아직 속력에 대한 정확한 개념은 없지만 자신들의 직관적인 생각을 바탕으로 선수들의 전체적인 달리기 과정을 그래프의 모양과 연결하여 잘 해석하였다.

학생들은 [주제 2]를 다루면서 달리기 선수들의 정보를 나타낸 MO인 1차원 스냅사진 그래프를 이용하여 모눈종이 위에 시간과 위치를 나타내는 몇 개의 점을 찍고 내삽에 의해 수학적 추론을 위한 2차원 연속 그래프로 전환하였다. 학생들은 3분, 5분, 7분 30초, 9분일 때의 두 선수의 위치를 설명에 맞게 스냅사진에 나타내는 수평적 수학화 과정을 경험하였다. 또한 이것을 시간에 따른 변화로 인식하였으며, 한 축을 시간으로, 다른 축을 거리로 정하여 2차원 그래프를 그리고 이 그래프를 이용하여 선수들의 속력과 교점의 의미 등을 해석하는 수직적 수학화 과정을 경험하였다.

한편 시간이 충분하지 못해서 [주제 2]의 주요 활동의 일부 내용을 수업 시간에 다루지 못하였다. 따라서 [주제 2]에 제시된 주요 활동을 충분하게 경험하기 위해서는 더 많은 시간을 확보할 필요가 있다. 또한 학생들이 몇 개의 점을 연결하여 그래프를 그릴 때 시작점에 유의하지 않는 것으로 보아 그래프의 시작점을 좀 더 강조하여 학생들을 안내할 필요가 있다고 판단된다.

3) [주제 3] 변화 상황에 대한 그래프의 수량적 파악

[주제 3]의 학습 목표는 여러 형태의 감소하는 변화 현상을 그래프를 보고 직관적으로 해석하고 표를 통해 좀 더 수량적으로 해석하는 것이다. 다음과 같은 주요 내용을 교수·학습하는 과정에서 양적 · 질적 접근과 점별 · 국소적 · 전체적 접근에 의한 그래프 해석하기, 점의 좌표 읽기, 그래프 개형 그리기 등의 활동을 하게 된다.

① 얼음이 녹는 상태에 대한 그래프를 보고 기울기의 의미 탐색하기

학생들은 사막에 부족한 물을 보충하기 위해 남극에서 빙산의 얼음을 운반하는 이야기를 듣고, 얼음이 녹는 과정을 나타내는 [그림 Ⅱ-108]과 같은 그래프를 보고 그 특성을 이해하면서 기울기의 의미를 탐색한다(현실성의 원리).

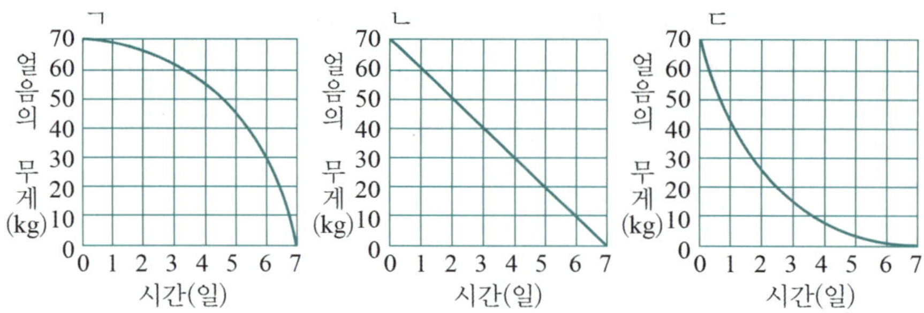

그림 Ⅱ－108 **얼음이 녹는 과정을 나타내는 그래프**

교사는 남미의 어느 나라에서 물이 부족해서 우물을 팠는데 최근 그 우물이 매년 몇 m씩 줄어든다는 동영상을 보여 주면서 우리나라도 물 부족 국가라는 사실을 이야기하는 것으로 수업을 시작하였다(연결의 원리). 교사는 주어진 상황을 한 학생에게 읽게 하고, 얼음이 녹는 상태를 나타낸 [그림 Ⅱ－108]의 세 그래프를 제시하였다. 교사와 학생들은 그래프의 가로축과 세로축을 확인하였고, 그래프가 이전에 다룬 그래프들과는 다르게 왼쪽 위에서 시작하는 점에 주목하면서 그 의미가 무엇인지를 논의하였다. 그래프를 어떻게 읽을 것인가를 함께 탐구하였고, 이 과정에서 그래프의 기울기에 대해 논의하게 되었다. 이 과정에서 그래프에 대한 양적·질적 접근과 전체적 접근이 시도되었다. <장면 4>는 기울기에 대한 교사와 학생들의 논의 과정이다. 학생들이 서로 다르게 변하는 상황에 대한 그래프를 보면서 기울기에 대한 심상을 형성하고 있음을 확인할 수 있다(활동의 원리).

〈장면 4〉 기울기 개념에 대한 직관적 이해

교 사: 하루가 지났더니 어떻게 된 거야? 어떻게 읽어야 할까요?

세 희: 예를 들어서 이게 가장 높게 시작되는 70이라는 것은 무게라는 kg의 숫자인데, 70kg에서 하루하루 지날수록 내려가는 것을 보면서 하루하루 지나면서 무게가 내려간다는 것을 알 수 있어요.

교 사: 예. 0이라는 것은 뭐야? 출발하기 전이야. 출발하기 전에는 얼음의 무게가 70kg이었어. 그런데 하루, 이틀, 사흘, 나흘, 닷새, 엿새, 이레, 일주일 동안 운반하다보니 점점 점점 작아, 줄어들더라 이런 얘기네요. 또 다른 사람? 보충하거나 다르게 말해볼 사람?

명 하: 그래프를 읽는 것 중에 선의 기울기라는 게 있는데, 얼마나 기울어졌는지 봐서 어떤 식으로 녹았는지 알 수 있는데, ㄱ의 그래프를 보면 출발하고 나서 거의 비슷하니까 잘 안 녹고, ㄴ의 그래프는 일정하게 계속 10kg씩 녹는 걸 알 수

있고, ㄷ의 그래프를 보면 처음에는 많이 녹다가 나중에는 아주 조금씩 녹는 것을 볼 수 있어요.

교 사: 명하가 거의 답, 기울기라는 어려운 말도 했는데, 기울기가 무엇인지 보충해 줄 수 있을까요? 처음 듣는 말이라. 기울어졌다고 했는데 뭘 기준으로 해서 기울어졌다는 것일까?

유 미: 보통 그래프에서는 변화가 없으면 그 직선이 일정하게 일직선으로(손으로 수평선과 수직선을 그리며) 되어 있는데요. 거기에서 얼마나 변화가 있는지에 따라 그 직선에 많이 변했으면 많이 기울어지고, 조금 변했으면 조금 기울어지는 직선의 기울기를 가지고 기울기라고 해요.

교 사: 유미의 말에 따르면 명하가 말한 기울기가 아무런 변화가 없으면 요렇게(수직선을 그리며) 직선이고 요렇게(수평선을 그리며) 직선인데 그 직선에서부터 기울어졌을 때 기울기라고 말한대요. 기울기라 그러니까 기울어진 정도인 것 같아.

② 얼음이 녹는 과정에 대한 그래프 해석하기

학생들은 제시된 세 그래프를 어떻게 해석할지에 대한 전체적인 탐색이 끝난 후에 개별적으로 얼음이 어떻게 녹는지 설명하였다. 교사는 몇몇 학생들의 설명을 발표하고 공유하도록 지도하였다(상호작용의 원리). <장면 5>는 학생들이 세 그래프를 보고 얼음이 녹는 과정에 대해 그래프를 해석하는 과정을 해석한 것이다.

〈장면 5〉 그래프를 보고 얼음이 녹는 과정 해석

교 사: 그래프 ㄱ을 누가 설명해 보세요. 저기 6조에서 설명해 보세요.

찬 석: 그래프 ㄱ은 얼음이 3일째까지는 10kg 정도로 천천히 녹다가 3일째부터는 급격히 녹기 시작해서 7일째는 다 녹았습니다.

교 사: 처음에는 천천히 녹다가 급격히 녹았다. 7일째에는 다 녹았더라. 다르게 설명해 볼 사람? 다 같습니까? 네 좋습니다. 그러면 그래프 ㄴ을 설명해 볼 사람?

태 언: 그래프 ㄴ을 보면, 맨 처음 70kg으로 나와 있고, 1일은 60kg, 2일 50kg, 일정하게 10kg씩 준다는 것을 알 수 있습니다.

교 사: 일정하게 줄어들고 있더라. 매일 매일. 또 다른 사람? 다 같습니까? 그러면 그래프 ㄷ은 제가 한 번 발표해 보겠습니다.

병 인: 그래프 ㄷ은 얼음의 무게가 3일까지는 급격히 줄다가 그 후로부터는 천천히 녹는 것을 알 수 있습니다.

교 사: 급격하게 녹다가 천천히 녹아서 7일째 되니까 다 녹았더라. 우리가 정리해 보면

그래프 ㄱ은 처음에는 천천히 녹다가 나중에는 급격하게 녹았더라. 그래프 ㄴ은 처음부터 끝까지 다 녹을 때까지 계속 일정한 양으로 녹는다. 그래프 ㄷ은 처음에는 굉장히 빨리 녹다가, 첫째 날 30kg이나 녹아버렸네, 처음에는 70kg이었는데. 처음에는 급격히 녹다가 그 다음에는 천천히 녹다가 다 녹았더라. 지금 우리가 그래프 세 개를 읽어 보니까 그래프가 담고 있는 것, 그런 것들이 어떤 내용인지 알게 되었어요.

학생들은 그래프 '천천히 녹다가 나중에 급격히', '처음부터 끝까지 일정하게', '급격히 줄다가 나중에 천천히'와 같은 자신들의 언어를 사용하여 각각 ㄱ(◝), 그래프 ㄴ(╲), 그래프 ㄷ(◟)의 특징을 잘 해석하였으며, 얼음이 녹는 변화 상황의 특징을 잘 파악하였다.

③ 표의 작성을 통한 변화의 수량적 파악

이 활동은 학생들이 그래프를 보고 표를 작성하여 변화의 특성을 좀 더 구체적이고 수량적으로 탐색하는 것을 목적으로 하였다. 교사는 먼저 그래프 ㄱ에 대한 표를 제시하고, 그래프를 보고 표를 작성할 때 표의 위와 아래에 각각 어떤 양을 써야하는지에 대해 학생들에게 질문하였다(안내의 원리). 학생들은 교사의 안내에 따라 표의 윗칸과 아랫칸에 무엇을 적어야 할지를 이야기하는 과정에서 기준이 되는 것과 이에 따라 변하는 것이라는, 즉 독립변수와 종속변수로 표현할 수 있는 두 양을 인식하게 되었다.

학생들은 논의한 내용에 주의하면서 표를 완성하였고, 표를 보면서 변화의 특징을 기술하였다. <장면 6>은 표를 보고 얼음이 녹는 과정을 설명하면서, 표와 그래프의 장단점에 대해 설명하는 내용이다.

〈장면 6〉 표 읽기를 통해 얼음이 녹는 과정 해석

교 사: 표를 다 완성했지요? 표를 보고는 어떻게 설명하면 될까요?

준 식: 녹은 양이 하루와 하루의 차만큼 살펴보면요. 한 12－3 정도가 많이 녹은 거라고 볼 수 있습니다. 그러므로 ㄱ은 3일까지는 조금씩 녹기 시작했지만 3일부터 7일까지는 매우 많이 녹기 시작하였습니다.

교 사: 준식이가 아까 그래프를 보고 설명한 것과 표를 보고 설명한 것이 내용이 똑같아요? 똑같아요, 안 똑같아요? 그걸 한 번 다시 설명해 볼까?

명 하: 아까 전에 준식이 말한 대로 표를 보면 정확한 수치나 그런 걸 알 수 있으니까 표를 보면 그래프 ㄱ을 보면 약 1일하고 2일까지 약 2kg씩 녹았고, 3일까지

4kg 녹았고, 4일까지 7kg, 5일까지 12kg, 6일까지 14kg 녹았고, 7일까지 29kg 녹는 것으로 보아 4일부터 7일까지는 1일부터 3일까지 보다 더 많이 녹았다는 것을 알 수 있습니다.

교 사: 그래요. 그러면 명하가 조금만 더 보충 설명을 해 주세요. 지금 아까 그래프만 보고 설명한 것을 표를 보고 설명한 것과 비교해서 다시 한 번 이야기를 해보세요. 어느게 명하가 해석하기에, 설명하기에 더 좋았다든가 이런 보충해 보세요.

명 하: 제 생각에는 표로 나타내서 어느 정도 줄어든 게 나타나는 게 더 낫다고 생각하는데, 그 이유는 예를 들어 그래프만 보고 어디서는 조금 녹았고, 어디서는 많이 녹았다 그런 거를 알 수 없이서, 얼마나 더 많이 녹았는지 알 수 없기 때문에 표로 나타내서 표현하는데 더 정확히 알 수 있어요.

교 사: 명하는 표로 나타내서 해석하는 것이 훨씬 더 정확한 양을 알 수 있어서 좋았다고 했어요. 그런데 사실 그래프만 보고 해석할 때 좋은 점도 있긴 있어요. 그래프만 보고 해석해도 좋은 점이 있죠? 뭐예요?

학생들: 변화를 한 눈에 알 수 있어요.

교 사: 표는 하나하나 정확한 수치를 알 수 있지만, 그래프는 변화를 한 눈에 알 수 있어요.

학생들이 표를 보면서 변화의 특징을 설명할 때 본격적으로 양적 접근이 시도되었다. 교사는 그래프로 나타냈을 때와 표로 나타냈을 때의 장단점을 질문하였다. 학생들은 논의를 통해 표는 줄어드는 양이나 늘어나는 양을 정확히 알 수 있는 반면 그래프는 차이를 한 눈에 알 수 있다고 설명하였다.

④ 학생들 자신이 상상해서 얼음이 녹는 과정에 대한 그래프 그리기

학생들은 자신들이 상상해서 얼음이 녹는 변화 상태를 나타내는 그래프를 그리고 해석하는 활동을 하였다. <장면 7>은 학생들이 얼음이 녹는 과정에 대한 그래프를 상상해서 그린 후에 자신의 그래프에 대해 설명하는 내용이다.

〈장면 7〉 상상을 바탕으로 그래프 개형 그리기

유 영: ([그림 Ⅱ－109]을 실물 화상기에 놓고) 처음 3일까지는 빨리 녹다가 3일 이후 모든 것이 녹지 않는 나라에 도착하여서 3일에서 5일까지 머무는 동안 녹지 않다가 다시 그 나라를 빠져나와 7일째 모든 것이 녹게 되었습니다.

교 사: 아 그래요, 아주 잘했다. 또? 한 사람만 더.

학생들: 지헌이! (지헌이는 쑥스러운지 자리에 앉아 있고 찬석이가 발표하러 나간다.)

찬 석: ([그림 Ⅱ－109]를 실물 화상기에 놓고) 여기에서 4일째까지는 아직 남극에 있었기 때문에 15kg정도 녹았지만, 태평양을 갔기 때문에 5일째부터 6일까지 급격히 녹았고, 결국 현해탄에서 7일째 모두 녹았습니다.

교 사: 아, 그래요. 아주 잘했어요. 그런데 선생님이 보다보니까, 한 사람만 굉장히 독특한 사람을 봤어요. (교사가 [그림 Ⅱ－109]의 지헌이의 그래프를 실물 화상기에 올려놓자 학생들 크게 웃는다.)

교 사: 박수, 다시 박수 시작. 자 좋아요, 선생님은 이 그래프가 아주 재미있는 것 같애. 이거 어떻게 읽으면 될까? 어떻게 읽으면 될까? 준호?

준 호: (지헌이가 자신의 그래프에 대한 발표를 안 하자 준호가 대신 그래프를 해석한다.) 제가 발표하겠습니다. 처음에는요. 남극에서 배가 암초를 만나 추락해가지고 얼음이, 얼음 저장고가요 가라앉아가지구요…

교 사: 아 묶자마자, 얼음이 없어졌다, 그래서 7일째까지 계속 0이 되었다.

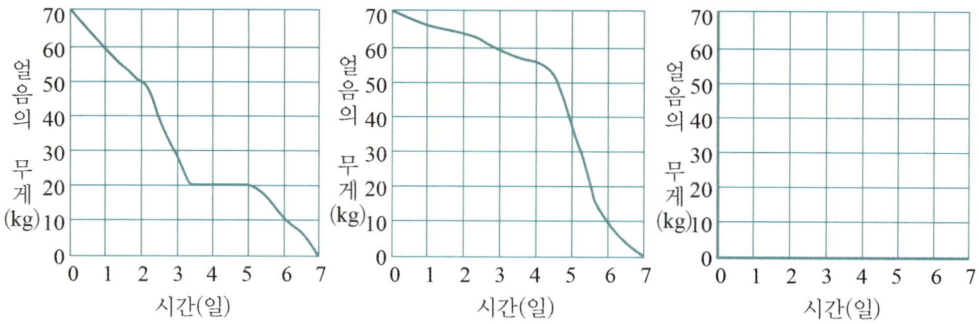

유영의 그래프 찬석의 그래프 지헌의 그래프

그림 Ⅱ－109 **경험과 상상을 기초로 얼음이 녹는 과정을 그린 학생들의 그래프**

학생들은 <장면 7>에서와 같이 자신의 상상력이나 알고 있는 사실 등에 비추어 얼음이 녹는 과정에 대한 2차원 연속그래프를 그리고, 자신의 추론에 대한 설명을 제시하였다(수준의 원리). 물론 학생들이 제시한 설명이 실제로는 일어나기 어려울 수도 있지만, 중요한 것은 학생들의 이야기와 그래프가 일치하는가이다. 지헌의 그래프는 엄밀하게 생각하면 옳지 않은 그래프이지만 초등학교 5학년으로서 자신의 생각을 표현하는 데는 무리가 없다고 할 수 있다.

학생들은 [주제 3]을 다루면서 얼음이 녹는 과정을 나타낸 2차원 연속 그래프를 MF로 사용하였다. 학생들은 얼음이 녹는 과정을 나타낸 그래프를 개략적이고 질적으로 해석하는 수평적 수학화의 과정을 경험하였고, 일정한 간격에 따른 변화의 양을 비교함으로써 기울기에 대한 직관적 심상을 형성하고 이를 이용해서 변화의 특성을 이해하는 수직적 수학화의 과정을 경험하였다.

4) [주제 4] 변화 상황의 설명에 맞는 그래프 탐색

[주제 4]의 학습 목표는 변화의 특징을 기술한 신문 기사에 적합한 그래프를 찾는 것이다. 다음과 같은 주요 내용을 교수·학습하는 과정에서 양적·질적 접근과 점별·국소적·전체적 접근에 의한 그래프 해식하기, 그래프 개형 그리기 등의 활동을 하게 된다.

① 신문 기사 제목을 보고 의미를 탐색하고 질적 접근에 의해 그래프 개형 그리기

학생들은 '시애틀 인구 해마다 급격히 증가', '계산기 가격 갈수록 하락폭 커져' 등의 신문 기사의 제목을 보고, [그림Ⅱ－110]에 제시된 그래프들 중에서 적절한 그래프를 찾는 활동을 하였다(현실성의 원리). 이것은 상황 · 언어적 표현에 맞는 그래프를 찾는 활동으로서 의미를 갖는다.

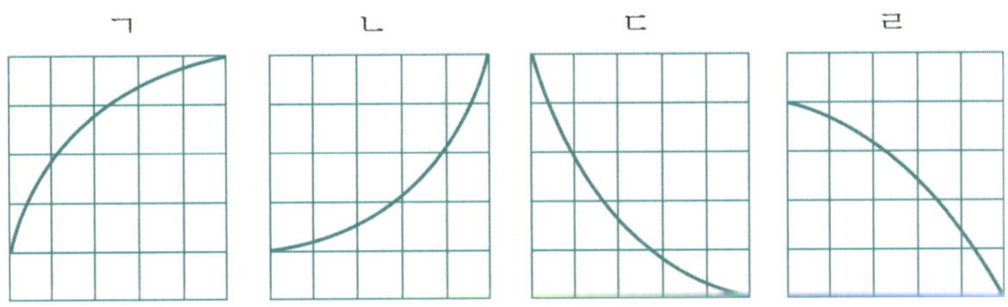

그림 Ⅱ－110 **증가와 감소를 나타내는 그래프**

학생들은 '해마다 급격히 증가'와 '갈수록 하락폭 커져'의 의미를 해석하는 데 다소 어려움을 겪었다. 학생들이 모둠별 활동을 하면서 교사에게 '해마다 급격히'와 '하락폭'이 무엇인지 질문하자, 교사는 전체 학생들과 함께 '해마다 급격히'와 '하락폭'이 무엇을 의미하는가를 논의하였다. <장면 8>은 이에 대해 교사와 학생들이 논의하는 내용이다.

〈장면 8〉 '해마다 급격히'와 '갈수록 하락폭 커져'의 의미 파악과 그래프 개형 그리기

교 사: 자! 보세요. 2조에서 나온 의견이 이거예요. '급격히 증가'라는 말과 '하락폭'이 뭘 의미하는 거예요? 급격히 증가? 이게 무슨 뜻일까? 그냥 증가가 아니고.

태 언: 급격히 증가라는 말은 갑자기 증가한다는 말예요. 그러니까 급격히 올라간다는

것과 같은 거예요.

교 사: 태언이의 발표에 보충할 사람? 급격히 증가라는 것을 보는 기준? 시각? 급격히 증가?

명 하: 그냥 증가라고 하면, 앞에서 ㄴ그래프처럼 증가하는 그래프가 나오는데. (손으로 직선 모양을 그리며). 일정하게 증가하는 그래픈데요.

교 사: 그냥 증가라고 하면, ㄴ같은 그래프가 나와요? 아! 맨 앞에? (교사는 이 학생이 전 차시에 배운 얼음이 녹는 그래프 중 가운데 직선 그래프를 말하는 것임을 깨닫고 ppt에 전 차시의 그래프를 보여준다.) 아! 그냥 증가. 명하가 말이 그냥 증가라면 ㄴ같은 그래프라고 할 수 있는데. 이건 감소인데? 아! 이런 식으로(증가하는 직선 그래프 모양을 그리며) 이렇게.

명 하: 급격히 증가하는 것은 갑자기 많이 올라가는 것인데, (그래프 ㄴ의 모양을 손으로 그리며) 그러니까 조금씩 올라가다가 갑자기 많이 올라가는 것인데, 네 개의 그래프를 보면 ㄱ의 처음 부분이나 ㄴ의 맨 마지막 부분이 급격히 증가하는 거예요.

교 사: 급격히 증가라는 말에 대해 했고, 그러면 하락폭은 뭐예요?

준 식: 하락폭은 계속 떨어지는 범위가 넓어지는 거예요.

교 사: 범위?

준 식: 하락폭은 떨어지는 양보다 더 떨어지는 거예요.

교 사: 떨어지는 양이 더 커지는 거예요. (학생들의 반응을 보며) 하락폭이 커졌다. 그래도 어려우면 어떻게 바꾸는 것이 좋을까?

유 신: 하락폭이 커졌다는 것은 하락하는 정도가 커졌다는 거예요.

신문 기사에 적절한 그래프 찾기는, 상황에 대한 설명을 보고 이에 맞는 그래프를 찾는 것으로 질적 접근과 국소적·전체적 접근에 의한 그래프 개형 그리기 활동이라고 할 수 있다. 이 활동에서 학생들은 처음에는 '해마다 급격히 증가'와 '갈수록 하락폭 커져'의 의미를 파악하는 데 어려움을 겪었지만 교사와의 논의를 통해 그 의미를 이해하였다. 학생들은 일정하게 증가하는 직선 그래프와는 달리 '해마다 급격히 증가'라는 말을 '갑자기 증가', '급격히 올라가는 것', '조금씩 올라가다가 갑자가 많이 올라가는 것' 등으로 이해하였고, '갈수록 하락폭 커져'는 '계속 떨어지는 범위가 넓어지는 것', '하락하는 정도가 커졌다', '줄어드는 정도'가 커지는 것 등으로 이해하였다(상호작용의 원리). 학생들은 이와 같이 그래프를 사용한 수학적 추론을 통해 기울기에 대한 심상을 확장하였다(수준의 원리).

② 신문 기사 제목을 보고 의미를 탐색하고 양적 접근에 의해 그래프 개형 그리기

교사는 학생들이 '갈수록 하락폭 커져'라는 표현을 좀 더 잘 이해할 수 있도록 양적 접근에 의해 그래프를 수량적으로 파악하도록 안내하였다(안내의 원리). <장면 9>는 교사의 안내에 따라 학생들이 '갈수록 하락폭 커져'의 의미를 수량적으로 좀 더 정확히 파악하는 내용이다.

〈장면 9〉 양적 접근에 의한 '갈수록 하락폭 커져'의 의미 파악과 그래프 개형 그리기

교 사: 좋아요. (교사는 아직도 이해하지 못하는 학생이 있음을 인지하고 이전 차시에 직싱했던 표를 나시 세시한다.) 이게 70kg에서 41kg으로 줄었으니까 양이 얼마가 준거야?

학생들: 29.

교 사: 그런데 또 어디를 비교할까?

학생들: 41하고 25.

교 사: 얼마예요?

학생들: 16.

교 사: 요기도 해 봐요?

학생들: 10.

교 사: 하락폭이 가장 큰 곳이 어디야?

학생들: 70에서 41.

교 사: 그 다음 하락폭이 큰 곳은?

학생들: 41에서 25.

교 사: 하락폭이라는 말을 이해하는 것 같아서. 5번으로 가 봅시다. 태양 신문에 적합한 그래프는 어느 것입니까? 그 이유는 무엇입니까?

영 후: ㄴ인 것 같습니다.

교 사: 왜 그렇게 생각했습니까?

영 후: ㄴ을 보니 점점 증가하는 반응을 보이다가 나중에 기울기가 심해지는 것으로 보아 그 때 급격히 증가하는 것 같습니다.

교 사: 아, 그래요. 저도 ㄴ인데요. 이유가 다른 사람?

세 희: ㄱ도 증가하는 것을 나타냈지만, ㄱ은 천천히 큰 변화 없이 나타났고, ㄴ은 급격히라는 말을 나타낼 수 있도록 확 올랐기 때문에 ㄴ을 택하였습니다.

교 사: 아! 그렇구나. 그러면 색연필이 여기 있으니까 어떻게 양이 증가했는지 ㄱ과 ㄴ을 비교해서 표시해 볼 수 있을까?

병 인: (ppt에 제시된 ㄴ그래프 위에 색연필 기능을 활용해서 매년 증가량을 [그림 Ⅱ −111]과 같이 표시하면서) 처음에는 요만큼 증가했는데, 2년째에는 이만큼 증가했고, 여기에서 이렇게 하면 다음 해에는 이만큼, 다음 해에는 더 많이 증가해서, 이렇게 보면은 갈수록 증가했으니까 급격히 증가했음을 알 수 있습니다.

교 사: 그래요. 시애틀 인구가 해마다 급격히 증가했다고 했는데, 병인이가 여기에 사인펜으로 잘 표시해 줬어요. 선생님이 병인이가 한 것을 다시 한 번 해 볼께요. 이것은 1년째, 2년째, … 5년째를 표시한 것이구요. 1년이 지난 다음에 양이 요만큼, 그 다음 2년째 요만큼, 3년째 요만큼, 4년째는 요만큼 늘었는데, 5년째에는 요만큼. 어? 되게 많네. 굉장히 많이 늘었네. 그러므로 급격히 증가했네요.

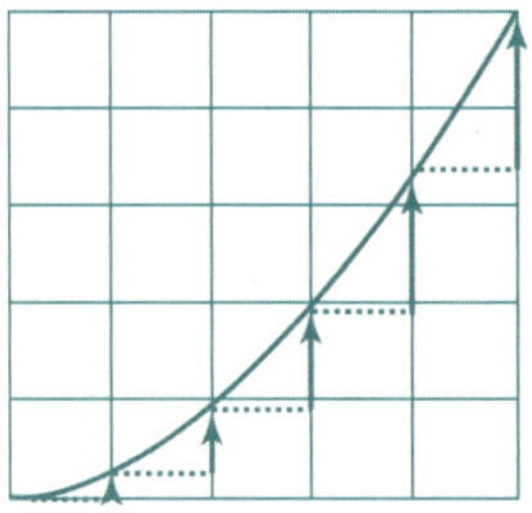

그림 Ⅱ −111 **"급격히 증가"에 대한 병인의 양적 접근**

교사는 "갈수록 하락폭 커져"라는 신문 기사의 그래프에 대해서 학생들의 설명을 듣고, 병인이를 앞으로 나오게 하여 어떻게 증가하는지 표시하도록 했다. 병인이는 그래프 ㄴ위에 [그림 Ⅱ −111]과 같은 방식으로 표시하여 1년마다 증가한 양을 수선의 길이로 나타내어 비교하는 방법을 설명하였다(활동의 원리). 이후에 학생들은 세희처럼 질적 접근에 의하거나 병인이처럼 양적 접근에 의해 문제를 해결하였다. 학생들이 이 문제를 해결하기 위해서는 증가인지 감소인지를 판단해야 하고, 증가하는 그래프 중에도 '해마다'와 '급격히 증가' 또는 '갈수록'과 '하락폭 커져'라는 두 가지 조건을 동시에 고려해야 한다. 대부분의 학생들은 증가인지 감소인지를 판단하는 데는 어려움을 겪지 않았지만, 일부 학생들은 두 가지 조건을 동시에 고려하는 데 어려움을 겪었다.

③ 그래프에 적합한 신문 기사 제목 만들기

학생들은 자신들의 현실과 상식에 기초하여 [그림 Ⅱ −110]의 그래프 ㄱ, ㄴ, ㄷ에 적합한 신문 기사 제목을 작성하는 활동을 하였다(연결의 원리). 학생들이 제시한 신문 기사 제목을 살펴보면, 학생들은 그래프 ㄱ에 대해서는 '경제 성장폭 갈수록 하락', '시애틀 인구 증가 갈수록 줄어', '선풍기 가격 매년 여름 증가폭 줄어' 등으로 적절한 제목을 제시하였다. 그래프 ㄴ에 대해서는 '인구 점점 증가', '교통사고 사망자 갈수록 쑥쑥' 등과 같은 적절한 제목과 함께, '햄버거 판매량 늘어', '물건 가격 계속 증가', '전화 가입수 증가', '경제 성장률 소폭 상승' 등과 같이 증가의 특징이 명확하지 않은 제목이 제시되었으며, '계산기 가격 갈수록 작아져'와 같이 감소의 특징을 나타내는 제목도 제시되었다. 그래프 ㄷ에 적절한 제목으로는 '환율 하락폭 갈수록 작아져', '계산기 가격 갈수록 하락폭 줄어', '실업률 하락폭 갈수록 줄어' 등이 제시되었다. '유가 하락폭 줄어', '주식 하락폭 줄어', '물가 하락폭 줄어' 등과 같이 계속되는 의미가 들어 있지 않은 제목을 제시한 경우도 있었고, '교통사고 사망자 해마다 급격히 증가', '폐렴 사망 갈수록 증가', '맥도널드 광우병 소 사육에 매출액이 갈수록 줄어' 등과 같이 잘못된 제목을 제시한 경우도 있었다.

[주제 4]의 주된 활동은 학생들이 변화의 특징에 대한 설명을 보고 이에 적합한 그래프를 찾는 것이었다. 학생들의 현실과 상식 탐색에서, 일부의 학생들은 날씨에 대한 설명을 보고 알맞은 그래프를 찾는 상황에서 제시된 정보의 일부만 사용하는 경향이 있었다. [주제 4]에서도 일부 학생들은 제한된 정보만을 이용했기 때문에 적합한 그래프를 찾는 데 어려움을 겪었다. 예를 들어, '해마다 급격히 증가'에서 '급격히'라는 부분만을 고려하고 전체를 고려하지 못하는 학생들이 있었는데, 이 학생들은 모둠 논의나 전체 학급 논의를 통해 어려움을 해소하였다. 그러나 일부 학생들의 경우는 전체를 충분히 이해하지 못한 상태로 활동이 마무리되었다. 또한 학생들이 제시한 기사 제목 중에는 교통사고나 맥도널드에 대한 것처럼 오류가 있는 경우도 있었는데, 이에 대한 충분한 논의가 교수·학습 과정에서 이루어지지 않은 점은 개선이 필요하다고 판단된다.

학생들은 [주제 4]를 다루면서 2차원 연속 그래프를 MF로 사용하였다. 학생들은 신문 기사로 제시된 상황 · 언어적 표현에 맞는 그래프를 찾는 활동을 하면서, 그래프를 개략적으로 해석하여 증가와 감소를 인식하는 수평적 수학화의 과정을 경험하였다. 또한, 그래프에서 일정한 간격에 해당하는 높이 변화를 비교하여 그래프의 기울기의 변화를 인식하고 이를 이용하여 상황 · 언어적 표현의 의미를 파악하는 수직적 수학화의 과정을 경험하였다.

5) [주제 5] 직선 그래프와 차가 일정한 변화의 관계 파악

[주제 5]의 학습 목표는 직선 모양의 변화 상황과 그렇지 않은 상황에 대한 그래프와

표를 비교함으로써, 직선 모양의 변화를 인식하고 그 특징으로 일정한 시간에 따른 변화량이 일정함을 파악하는 것이다. 다음과 같은 주요 내용을 교수 · 학습하는 과정에서 양적 · 질적 접근과 점별 · 국소적 · 전체적 접근에 의한 그래프 해석하기, 점찍기, 표 읽기, 그래프 개형 그리기 등의 활동을 하게 된다.

① 비커 모양에 따른 물의 높이를 예측해서 그래프 개형 그리기

이 활동의 목표는 [그림 Ⅱ-112]와 같이 서로 다른 모양의 비커에 일정한 속도로 물을 넣을 때 물의 높이가 어떻게 변하는지를 학생들이 예측하고 개략적인 질적인 그래프를 그리는 것이었다[현실성의 원리].

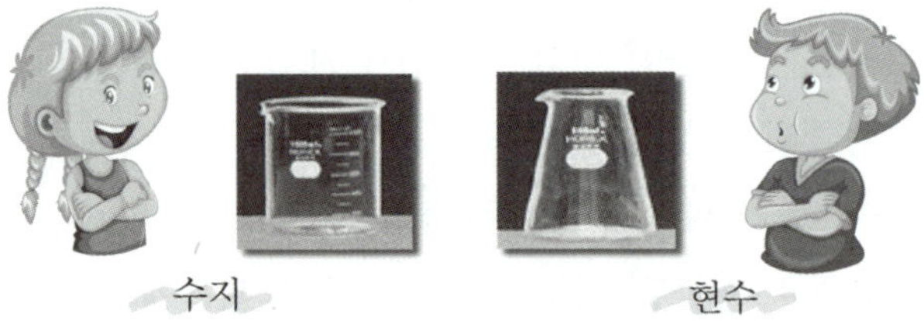

그림 Ⅱ-112 **서로 다른 비커에 부은 물의 높이 변화 예측**

교사는 서로 다른 모양의 비커에 일정하게 같은 양씩 물을 넣을 때, 물의 높이를 나타내는 그래프의 모양이 어떻게 될 것인지를 예상해서 그려 보는 문제를 학생들 각자 해결해 보도록 하였다. 교사는 학생들이 활동하는 모습을 둘러본 후에, 학생들이 상황에 대한 인식이 분명하지 않음을 파악하고, 모양이 다르고 들어가는 양이 일정하게 같을 때 무엇이 달라질지에 대해 학생들에게 질문하였고, 학생들은 물의 높이가 달라짐을 이해하였다[안내의 원리].

이러한 활동은 질적 접근과 전체적 접근의 대표적 활동이다. 이 활동은 서로 다른 모양, 즉 하나는 폭이 일정한 원기둥 모양의 수지의 비커, 다른 하나는 폭이 좁아지는 삼각뿔대 모양의 현수의 비커에 일정하게 같은 속도로 물을 넣을 때, 학생들이 자신의 상식을 바탕으로 물의 높이가 어떻게 될 것인지를 예상해서 그려 보는 것이다[활동의 원리]. 학생들은 이 활동에 많은 어려움을 겪었는데, 학생들이 정확한 값을 양적으로 다루는 데는 익숙하지만 질적으로 예측하는 데는 익숙하지 않기 때문으로 나타났다. <장면 10>은 학생들이 자신이 예측해서 그린 그래프에 대해 설명하는 내용이다.

〈장면 10〉 비커 모양에 따른 물의 높이 그래프 개형 그리기

명 하: ([그림 Ⅱ－113]의 첫째 그래프를 보고) 파란색이 이거 이렇게 꺾어져 있는 게 파란색이고.

교 사: 어

명 하: 일직선으로 가는게 빨간색이예요.

교 사: 빨간색이예요 수지거라는 소리죠.

명 하: 빨간색인데 표를 보면 빨간색 같은 경우는 일정하게 1분마다 2센티미터 증가하는 걸 높이가

교 사: 늘어나는데.

명 하: 그게 일정하게 2센티미터씩 증가하니깐 어 일정한 그래프는 이렇게 되고 또 파란색 표 그러니깐 현수의 표를 보면 처음 처음에 처음 중간쯤 있다가 한 11.18 센티미터 정도 늘었다가 갑자기 팍 늘었기 때문에 이렇게 그려졌어요.

교 사: 아! 처음에 조금씩 조금씩 늘다가 갑자기 팍 늘어, 급격히 증가했기 때문에 그랬다. 그래서 모양이 지금 그렇게 된 거예요?

명 하: 네.

교 사: 그럼 이건 뭐죠? 왜 잠깐만 요건 뭐죠 요건 요게 겹쳐서 요 밑으로 내려갔어요. 빨간색 밑으로요?

명 하: 어.

교 사: 맞아요?

명 하: 어? 잘못 그렸나?

교 사: 자. 요거 다시 한 번 확인해 보세요.

태 언: 저는 좀 다른데요. ([그림 Ⅱ－113]의 둘째 그래프를 보고) 현수의 비이커를 보면은요. 수지꺼는 빨간색이 수지껀데 수지꺼는 너비가 일정하지만 현수는 삼각플라스크같이 생겨서 갈수록 좁아지는데요. 이 물이 일정한 속도로 따른다고 하면 여기 그 같은 높이에 비해서 현수꺼는 수지꺼에 비해서 갈수록 높이 올라갈 것이기 때문에.

교 사: 같은 양인데 높이 올라갈 것이다.

태 언: 삼각플라스크처럼 되어 있기 때문에.

교 사: 어.

태 언: 그러니깐 현수꺼는 2, 4, 6, 8 이렇게 일정하게 변하지만 현수는 삼각플라스크처럼 생겨서 많이 올라가고 있습니다.

교 사: 어 그럴 것이다. 자 지금 태언이 발표한 걸 선생님이 다시 한번 정리를 해보면 그 수지꺼는 밑이나 위나 다 일정하기 때문에 일정한 양으로 늘어날 것이다. 그

렇지? 그런데 현수꺼는 그치? 파란색 현수꺼는 밑에 밑받침 있는데는 넓지만 일정하게 늘어나다가 위에는 좁으니깐 급격히 늘어날 거다. 좀 더 늘어날거다.

태 언: 갈수록 조금씩 빨리.

교 사: 아 갈수록 빨리 높이의 길이가 길어질 것이다. 높이가 늘어날 것이다. 그래서 요렇게 됐다. 어 잘했어요 또 제 그래프 한번 발표해보겠습니다. 제거 한번 보겠습니다. 또 다른 사람 없어요 어? 다 똑같아요?

유 신: ([그림 Ⅱ-113]의 셋째 그래프를 보고)맨 처음이 맨 아랫부분은 왼쪽에 있는 원통 모양의 비커랑 비슷하기 때문에 처음엔 별 차이 없이 올라가는데 여기 그러니깐 그러니깐.

교 사: 위에 중간 이상부터

유 신: 네. 아 그렇다.

교 사: 왜 뭐가 좀 잘못된 것 같아요?

유 신: 네. 잘못되었어요.

교 사: 뭐가 잘못된 것 같아요?

유 신: 그러면 이렇게 올라가는 게 아니고 여기부터(그래프의 앞부분을 가리키며) 천천히 올라갔어야 되요.

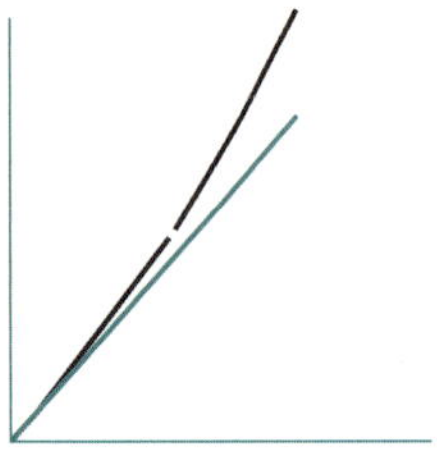
유형 1
태언의 그래프

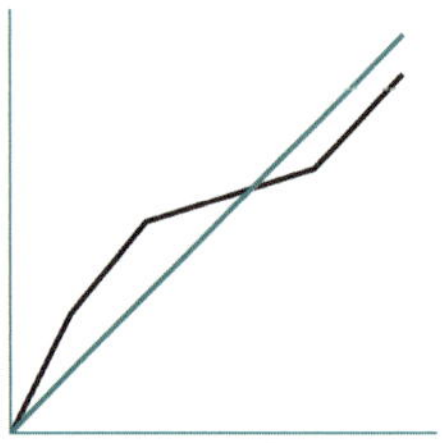
유형 2
태언의 그래프

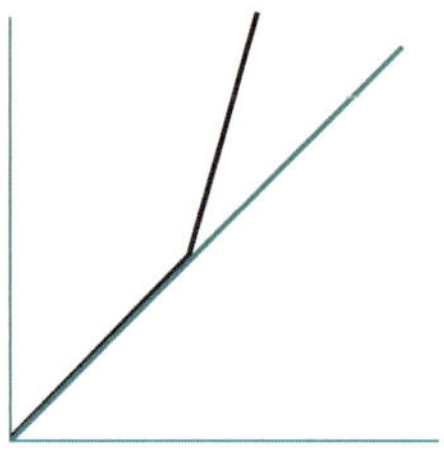
유형 3
태언의 그래프

그림 Ⅱ-113 **비커 모양에 따른 물의 높이 변화에 대한 학생들의 그래프 개형**

[그림 Ⅱ-114]에 제시된 그래프와 같이, 학생들은 폭이 일정한 수지의 비커에 대해 '일정하게 증가', '같은 높이로 올라갈 것' 등으로 추론하며 직선 모양의 그래프의 개형을 그렸다. 폭이 좁아지는 현수의 비커에 대해서는 '갑자기 팍 늘었기 때문에', '갈수록 높이 올라갈 것', '갈수록 조금씩 빨리 올라갈 것' 등으로 추론하면서 서로 다른 그래프를 그렸다.

태언이와 달리 명하와 유신이는 비커의 높이를 예상해서 그래프를 그리는 과정에 어려움을 겪었다. 태언이는 삼각뿔대 모양의 비커에 대한 그래프를 거의 곡선으로 그렸는데, 이는 이전 수업에서 다룬 신문기사 그래프에서 점점 더 빨리 증가하는 변화의 특징이 곡선으로 표현된다는 것을 학습한 것을 반영했다고 할 수 있다. 명하는 구체적인 수치를 선호하는 경향이 매우 강하기 때문에 이 활동에 대해 생소함을 느꼈다. 명하는 실제로 그래프를 그리는 과정에서 자신의 예측에 의해 그린 것이 아니라 활동지의 뒤쪽에 나오는 표를 일부 참조해서 그렸기 때문에 설명하는 과정에서 표에 나오는 수치들을 사용하였다. 유신이는 삼각뿔대 모양의 비커에서 물의 높이가 더 빨리 증가할 것이라고 예측하였지만, 처음에는 별로 차이가 없을 것이라고 생각해서 처음 부분은 두 그래프가 겹쳐지도록 그렸다. 그러나 자신의 그래프를 설명하는 과정에서 오류를 깨닫고 그래프를 수정하였다.

학생들의 질적 접근에 따른 그래프 형태는 [그림 Ⅱ－114]와 같이 매우 다양하게 나타났다. 학생들은 둘 다 직선인 경우[유형 4], 두 그래프가 만나면서 하나는 직선이고 하나는 곡선인 경우[유형 5], 하나는 직선이고 하나는 직선 위의 꺾은선인 경우[유형 6], 두 그래프가 한 번 만나면서 하나는 직선이고 하나는 직선 밑에서 시작된 꺾은선인 경우[유형 7], 하나는 직선이고 하나는 직선 밑의 꺾은선인 경우[유형 8] 등의 다양한 그래프를 제시하였다.

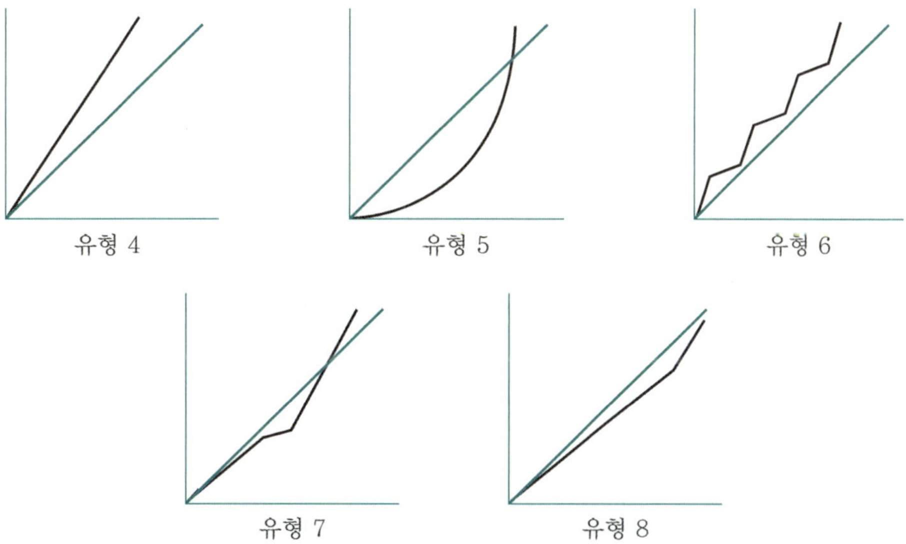

그림 Ⅱ－114 **비커 모양에 따른 물의 높이 변화에 대한 학생들의 다양한 그래프 개형**

학생들이 제시한 그래프 개형 중에서 유형 1을 제시한 학생들은 적절한 추론을 하였고, 유형 2, 유형 4, 유형 5, 유형 6의 그래프를 제시한 학생들은 어느 정도는 타당한 예측을 하였지만, 다른 학생들은 질적 접근에 의한 그래프 그리기에서 다소 어려움을 겪었다.

② 직선 모양의 그래프와 차가 일정한 변화 관계 이해하기

학생들은 질적 접근에 의한 그래프 개형 그리기 활동이 끝난 후 <표 Ⅱ-8>, <표 Ⅱ-9>에 제시된 실제 자료를 보고 양적 접근에 의해 그래프를 그렸다. 학생들을 두 그래프를 비교하고 자신의 오류를 수정하였으며 그래프의 전체 모양에 대해 정리하였다.

〈표 Ⅱ-8〉 수지의 비이커에 담은 물의 높이

시간(분)	0	1	2	3	4
높이(cm)	0	2	4	6	8

〈표 Ⅱ-9〉 현수의 비이커에 담은 물의 높이

시간(분)	0	1	2	3	4
높이(cm)	0	2.4	5.0	7.8	11.2

학생들은 이미 이웃 도시의 달리기 상황에서 한 선수의 그래프가 거의 직선으로 표현된 것, 얼음 녹는 과정을 나타낸 그래프 중 직선 모양으로 표현된 것 등을 해석하는 활동을 통해 일정하게 변화하는 상황이 직선 모양의 그래프로 표현된다는 것을 경험하였다. 학생들은 이러한 경험을 바탕으로 비커의 물 높이 변화에 관련된 활동을 하면서 직선 모양의 그래프와 차가 일정한 변화의 관계를 탐구하였다(연결의 원리). <장면 11>은 높이가 일정하게 변하는 수지의 비커와 높이가 점점 더 빨리 변하는 현수의 비커를 비교함으로써 직선 모양과 차가 일정한 변화에 대해 교사와 학생들이 논의하는 내용이다(상호작용의 원리).

〈장면 11〉 직선 모양의 그래프와 차가 일정한 변화 관계 이해

유 신: 수지의 경우는 시간이 지남에 따라 일정한 폭으로 이렇게 높이가 올라가지만 현수는 갈수록 이렇게 높이가 올라가는 이런 정도가 커집니다. 따라서 그래프에서 수지는 일정한 정도로 높이가 증가하고 현수는 갈수록 경사가 급해지는 것이라고 볼 수 있습니다.

교 사: 그렇군요. 수지는 일정하게 높이가 올라간다 증가한다 늘어난다. 그런데 현수는 조금 급격하게 늘어나는 것을 알 수 있다. 또 그래프 전체적인 모양을 가지고 또 다른 사람?

명 하: 수지의 그래프는 물의 높이가 2씩 일정하게 늘어나서 직선 모양으로 나타나고 또 현수의 그래프는 물의 높이가 2.4, 2.6, 2.8씩 불규칙하게 늘어나서 방금 유신이가 말했듯이 경사가 급해지면서 늘어나는 선이 불규칙하게.

교 사: 직선 모양이 아니다. 자, 지금 명하가 굉장히 중요한 이야기를 했는데 다른 사

람들은 어때요? 지금 명하가 그래프에 대해 설명을 했었죠? 수지는 그 시간당 일정한 양이 늘어나서 직선 모양을 보였는데, 현수꺼는 처음에는 좀 늘다가 그 다음에 급격하게 느는 바람에 직선 모양이 아니더라. 이렇게 말을 했어. 그래프의 모양을 보니깐. 아 혹시 이 표에 나오는 자료와 그래프의 모양에 대해서 누가 조금 예기해 볼 사람?

<장면 11>에서 유신이는 수지의 비커에 대해 유신이는 '일정한 정도로 높이가 증가한다'고 설명하였고, 명하는 '물의 높이가 일정하게 늘어나서 직선 모양으로 나타난다'고 설명하였다. 현수의 비커에 대해서는 '갈수록 경사가 급해지는 것', '경사가 급해시면서 늘어나는 선이 불규칙하게' 등의 표현으로 그래프가 직선 모양이 아님을 설명하였다. 여기에서 그래프는 변화의 특성을 탐색하는 추론을 위한 모델의 역할을 한다(수준의 원리).

대부분의 학생들은 직선 그래프와 일정한 변화의 관계를 잘 연결하였다. 학생들은 수지의 비커에 대해 '비커의 폭이 일정한 모양이다', '일정하게 늘어난다', '일정하게 높이가 올라간다', '그래프가 직선 모양이다', '경사가 일정하다', '2cm씩 증가' 등과 같이 표현하였다. 그러나, 현수의 비커에서 물의 높이 변화에 대해서는 그 특징을 표현하는 데 약간의 어려움을 겪는 학생들이 일부 있었다.

③ 정비례의 의미에 대한 직관적인 탐색

학생들은 수지의 비커에 담은 물의 높이 변화를 탐색하면서 일정하게 변하는 것은 직선 그래프로 나타난다는 점을 인식한 후에, 정비례에 대한 직관적인 생각, 즉 시간이 2배, 3배, 4배 늘어나면 물의 높이가 어떻게 되는지를 탐구하였다. 학생들은 시간에 따라 일정하게 변하는 것이 직선 그래프인 것은 확실히 이해했지만, 정비례에 관련된 아이디어를 생각해 내는 데는 어려움을 겪었다. 따라서 [주제 5]의 활동③은 정비례 성질에 대한 직관적 탐구보다는 수지의 그래프는 차가 일정하고 현수의 그래프는 차가 일정하지 않음을 확인하는 것으로 수정할 필요가 있다.

학생들은 [주제 5]를 다루면서 2차원 연속 그래프를 MF로 사용하였다. 서로 다른 비커에 일정한 속도로 물을 넣을 때의 상황을 그래프로 표현하는 수평적 수학화의 과정을 경험하였고, 높이 변화를 나타낸 표를 보고 2차원 연속그래프로 나타내고 직선 그래프와 차가 일정한 변화 관계를 연결하는 수직적 수학화의 과정을 경험하였다.

6) [주제 6] 정비례 관계의 의미 파악

[주제 6]의 학습 목표는 직선 그래프로 표현되는 변화 중에서 정비례 관계가 성립하는 상황과 그렇지 않은 상황의 비교를 통해 정비례 개념을 이해하는 것이다. 다음과 같은 주요 내용을 교수 · 학습하는 과정에서 양적 · 질적 접근과 점별 · 국소적 · 전체적 접근에 의한 그래프 해석하기, 측정하기, 점찍기, 표 읽기, 그래프 개형 그리기, 공식 알아내기 등의 번역 활동을 하게 된다.

① 휴대폰 요금 체제에 따른 표 만들기와 그래프 그리기

이 활동의 목적은 KG 텔레콤의 요금은 1분당 50원이고, SF 텔레콤의 요금은 기본요금 2000원에 1분당 30원일 때 학생들이 각각의 요금 체계를 표와 그래프로 나타내고 그래프 모양을 비교하는 것이었다(현실성의 원리).

교사는 비커의 높이 변화 상황에서 일정하게 변하는 양에 대해서는 그래프가 직선으로 나타났고, 일정하게 변하지 않는 것은 직선이 아니었음을 상기하는 것으로 수업을 시작하였다. 교사는 휴대폰 상황과 관련해서 휴대폰을 사용할 때 도대체 기본요금이 얼마이고 어느 것이 경제적이고 나에게 알맞은 것인지를 찾는 것이 중요함을 이야기하였다(연결의 원리). 많은 학생들이 휴대폰을 사용하고 있었기 때문에 휴대폰에 관련된 자연스러운 이야기들이 오고 갔다. 교사는 학생들에게 KG 텔레콤과 SF 텔레콤의 요금 체제에 맞게 표를 완성하고 그래프를 그리도록 하였다. 이 과정에서 측정하기, 표 읽기, 점찍기, 그래프 개형 그리기의 번역 활동이 이루어졌다.

세희는 [그림 Ⅱ－115]와 같이 두 회사를 구분하기 위해 그래프를 빨간색과 파란색으로 그리고 회사 이름을 표시함으로써 어느 그래프가 어느 회사 요금을 나타내는 것인지를 잘 표현하는 아이디어를 제시하였다. 교사는 세희의 아이디어를 다른 학생들과 공유함으로써 학생들이 도움을 얻도록 하였다. 이 그래프는 이후에 정비례 관계의 특성을 추론하기 위한 모델의 역할을 하였다(수준의 원리).

교사는 학생들이 표와 그래프를 완성하자 그래프를 보고 알 수 있는 것을 이야기하도록 하였다. <장면 12>는 학생들이 자신이 그린 그래프를 보고 두 요금 체계를 비교하면서 설명하는 내용이다.

〈장면 12〉 그래프를 통해 KG 텔레콤과 SF 텔레콤 요금 체계의 비교

교 사: 세희걸로 한 번 보자. 자 SF 텔레콤이 빨간색이고, KG 텔레콤이 파란색이야.

자 한 번 설명해 보세요. (실물화상기에 [그림Ⅱ－115]가 제시된다.)

세 희: 파란색인 KG는 10분당 500원씩 올라가기 때문에 0부터 시작해서 끝까지 일정하게 직선을 이루고, 이 빨간색 SF는 기본료가 2000원이기 때문에 이 0이 2000원에서 시작해서 2000원부터 쭉 시작해서 300원씩 10분마다 늘어나게 됩니다.

교 사: 어? 그래요? 또 뭐 더 특이할 만한 내용 없어요? 우리가 좀 주목할 만한 내용. 어? 유미 뭐예요? 주목할 만한 게 있어요?

유 미: 어. 그래서요. SF에서는요. 통화를 많이 사용하는 사람이 하면 좀 더 싼 가격으로 할 수 있고.

교 사: 한 달에 통화량이 많은 사람이 뭘 써요?

유 미: 어, SF를 쓰면 돈을 더 줄일 수 있고, 그 다음에 통화량이 적은 사람은 KG를 쓰는 것이 더 통화량을 적게 소비할 수 있습니다.

교 사: 유미 말대로. 왜?

유 미: 그 이유는 여기서는 100, 10분에, 아 100분에 똑같은 가격이 되는데 많이 쓰는 사람은 그 뒤부터는 SF는 300원씩 늘어나고 KG는 500원씩 늘어나기 때문에 많이 쓰는 사람은 SF가 더 좋고 그 다음에 적게 쓰는 사람은 100분 전에는 KG가 좀 더 가격이 싸기 때문에 KG가 더 좋습니다.

교 사: 그래요. 어우! 야, 유미 너무 대단하다. 그래프까지. 자 지금 유미 말에 따르면 선생님같이 이렇게 한 달 통화시간이 긴 사람은 뭘 써야 될까?

학생들: SF.

교 사: SF를 써야겠다. 그런데 너희들처럼 어머니가 허락해줘야지만 쓸 수 있는 그죠? 어 그런 사람들은 KG를 써야겠더란 말이야 그렇죠? 아 그렇구나 자 좋아요 자 여러분들 그래프 이와 같이 나왔습니까? 또 다른 사람 있습니까? 전 좀 다르게 나왔습니다. 그렇군요 자 둘 다 근데 지금 보니깐 앞에서 우리 첫 번째 시간에서 공부했다시피 둘 다 다 직선으로 나타났네요. 왜 직선으로 나타났을까? 왜? 왜 직선으로 둘 다 나타났을까? 왜 직선으로 나타났을까? 재윤이 좋아요. 재윤이?

재 윤: SF는 일정하게 300원씩 KG는 일정하게 500원씩 늘어났기 때문에 굴곡이 없이 일정하게 늘어나는 것을 알 수 있습니다.

교 사: 그렇군요. 늘어난 양이 일정하기 때문에 둘 다 다 직선으로 나타났다. 그런데 둘 다 직선 그래픈데 좀 차이점이 있죠? 차이점 있어요, 없어요? 뭐가 있어요? 선생님은 보이는데 뭐가 있어요? 병인이.

병 인: 어 그 KG 회사는 어.

교 사: 어 파란색. 파란색이 뭔데?

병 인: KG. 파란색은 일정하게 0원에서 시작을 하지만, 어 SF는 2000원에서 시작되고 그리고 KG 텔레콤은 0에서 시작해서 좀 빨리 늘어납니다.

교 사: 그래요. 공통점은 직선이라는 직선 그래프라는 공통점은 있는데 지금 병인이 말대로 차이점이 있다면 여기 파란색이 KG텔레콤은 0점을 지나는데 비해서, 음 SF는 어떻다? 0점 아니고 2000원에서 시작된다. 이런 차이점이 있구나. 아 그래요. 그런 차이점이 있군요.

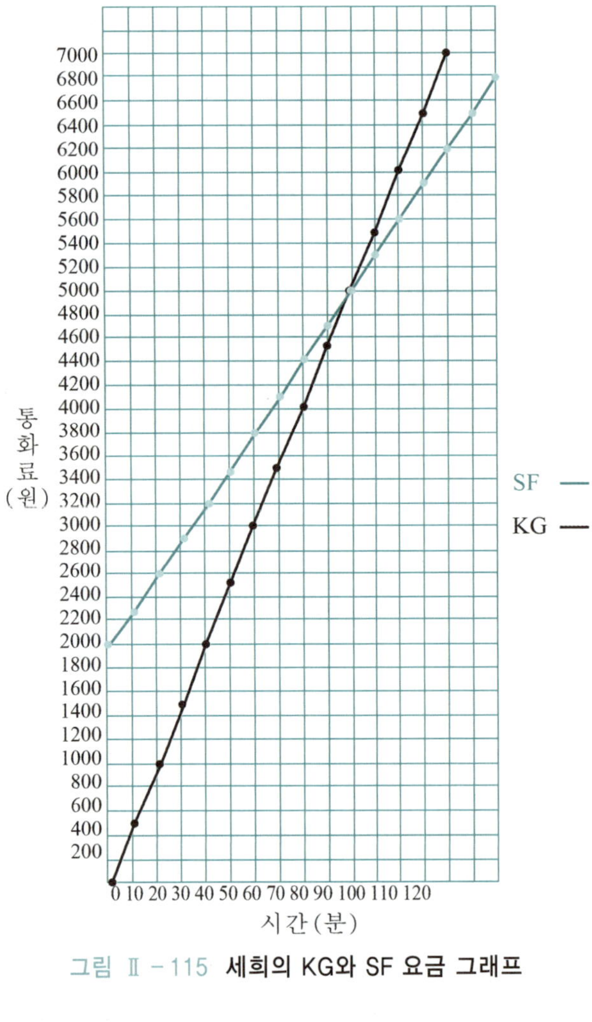

그림 Ⅱ－115 **세희의 KG와 SF 요금 그래프**

학생들은 두 회사의 요금을 나타낸 그래프를 보고, 두 그래프가 직선이라는 점, 한 달에 100분 이상을 쓰는 사람은 SF를 그 이하를 쓰는 사람은 KG를 쓰면 좋다는 점, KG의 그래프는 0에서 시작하고 더 빨리 증가한다는 점 등을 파악하였다.

② 정비례 관계의 의미 이해하기

학생들은 두 회사의 요금을 나타내는 그래프의 공통점과 차이점에 대해 두 그래프가 직선이라는 점, KG의 그래프는 0에서 시작하고 더 빨리 증가한다는 점 등은 잘 이해하였다. 그러나 한 양이 2배, 3배, 4배 … 가 될 때 다른 양도 2배, 3배, 4배 … 가 되는 정비례 관계의 의미를 이해하는 데는 다소 어려움을 겼었다.

학생들에게 정비례 관계의 의미와 관련된 문제를 학생들 스스로 해결하도록 했을 때 대부분의 학생들은 문제의 의도와는 다르게 일정한 변화에만 초점을 맞추었다. 이런 상황에서 교사는 KG 회사의 요금에서 10분 통화했을 때 500원, 20분 통화했을 때 1000원, 30분 통화했을 때 1500원, 즉, 시간이 두 배, 세 배, 네 배, 다섯 배가 될 때, 돈의 액수는 어떻게 변하는지를 학생들에게 논의하였다. 그러나 학생들은 여전히 이것의 의미를 쉽게 이해하지 못했고 10분마다 늘어나는 요금을 이야기했기 때문에, 교사는 정비례 관계의 의미에 대한 논의를 다소 직접적으로 이끌어갔다. <장면 13>은 정비례 관계에 대한 교사와 학생들의 논의 과정이다.

〈장면 13〉 정비례 관계의 의미 탐색

교 사: 시간을 두 배, 세 배, 네 배, 다섯 배 썼어, 그랬더니 KG 텔레콤에서는 돈은 어떻게 늘어? 돈은?

태 언: 돈은 500원씩 일정하게 늘어나기 때문에.

교 사: 시간이 두 배, 세 배, 네 배인데, 돈은 500, 1000, 1500, 2000, 2500, 3000 이렇게 늘어. 그러면 10에서 30으로 늘 때 세 배지? 500에서 1500원으로 몇 배 늘었어?

태 언: 세 배.

교 사: 아 그러면, 시간이 두 배, 세 배, 네 배 늘 때 돈은 어떻게 느니?

태 언: 마찬가지로 두 배, 세 배, 네 배.

교 사: 아 그래 돈도 두 배 세 배 네 배 늘어요? 아 그렇군요 시간이 두 배, 세 배, 네 배, 다섯, 여섯, 일곱 배 씩 늘면 돈도 두 배, 세 배, 네 배, 다섯 배 그런데 우리가 흔히 이런 경우를 보고 그런 얘기해요 어! 돈이 뭐 한다 그런 말을 하는데. 자! 뭐한다. 그 뭐 어떻게 한다 말을 하는데 그 좋아 지금 잘 모르는 사람이 있는 거 같은 … 다 몰라? 들어본 적 없어?

학생들: (일부) 정비례? 같이 변한다.

교 사: 정비례. 어, 그래요. 자 그러면 그 이야기는 전체가 다 모르고 일부만 아니까. 교과서 넘겨보세요. 자 유정이가 뭐냐고 물어보니까 같이 봅시다. 보세요 너희

> 들 교과서 그 다음 장 넘기면 보세요. 너희가 가지고 있는 교과서 '정리해 볼까요' 쪽 보세요. 정리해볼까요. 보세요. 여기 이 말을 알면 이럴 때 쓰면 되겠지. 봐 지금 여기 보니깐 시간이 한 배 늘면 얘도 한 배, 시간이 두 배 늘면 얘도 두 배 늘어갔다는 소리잖아 그쵸? 자! 보세요. 직선 모양의 변하는 상황 중에서 아까 KG텔레콤 말이야 통화시간하고 돈이 시간이 두 배 늘면 통화료도 두 배 늘고 또 시간이 세 배 늘면 통화료도 세 배 되고 통화시간이 두 배 세 배 네 배 늘면 돈도 어떻게 한다. 두 배 세 배 네 배 는다. 이런 두 관계를 정비례라 한다.

<장면 13>에서 알 수 있듯이, 학생들은 차가 일정하게 늘어나는 특징에 대해서는 잘 이해했지만, 한 양이 두 배, 세 배 될 때, 다른 양이 두 배, 세 배 되는 관계의 특징에 대해서는 잘 이해하지 못하였다.[176] 이러한 상황에서 교사는 '통화 시간이 10분에서 30분으로 늘어나면, 통화료는 어떻게 변했나요?'와 같은 질문을 수정하여 '10에서 30으로 늘 때 세 배지? 500에서 1500원으로 몇 배 늘었어?'와 같이 좀 더 명시적인 질문을 하였다. 교사가 통화 시간이 10분에서 30분으로 세 배 되면 통화료는 몇 배가 되는가를 질문함으로써, 학생들은 시간에 따른 통화료의 변화 관계를 파악할 수 있게 되었다(안내의 원리 · 활동의 원리). 그러나 이때 학생들이 계속 어려워한다면 10분 간격을 다루기 전에 1분 간격으로 요금을 계산해서 비교하는 과정을 거친다.

교사는 학생들이 정비례 관계를 좀 더 잘 이해할 수 있도록 실생활에서 정비례 관계를 찾아보도록 하였다. 학생들은 전기세, 수돗물, 밥값, 고용비, 알바, 연비, 기름값 등을 제시하였다. 한편 한 학생이 전기요금이나 수도요금은 많이 쓴 사람이 더 많이 낸다는 사실을 이야기하자 교사는 누진세에 대해 간단히 설명하였다. 학생들은 교사의 안내 하에 전기요금과 수도요금은 정비례 관계가 아님을 파악하였다.

③ SF 요금 체계가 정비례 관계인지 판단하기

이 활동의 목적은 학생들이 SF 텔레콤의 요금이 정비례 관계인지 아닌지를 탐구하는 것이었다. 처음에는 SF 텔레콤의 요금이 정비례 관계라고 하는 학생들도 있고 정비례 관계가 아니라고 하는 학생들도 있었지만, 논의를 통해 SF 텔레콤의 요금이 정비례 관계가 아니라는 것을 이해하였다(상호작용의 원리). <장면 14>는 이에 대해 학생들이 논의하는 내용이다.

〈장면 14〉 정비례 관계 여부 판단

교 사: 정비례예요? 아니에요?

준 호: 정비례가 아닙니다.

준 호: 왜냐하면. 저걸 분으로 따지면요, 0분일 때 2000원인데요. 10분이면 그 배수로 되어야 하기 때문에, 10분을 썼을 때 2300원이기 때문에요. 안되요.

교 사: 두 배가 아니다. 안되요가 아니고 그 두 배가 아니구나. 또 있어요? 아까 분명히 선생님이 정비례관계는 요 위의 시간이 2배 3배 4배 되면 얘도 어떻게 된다? 2배 3배 4배 된다 얘 2배야? 2배야? 아니야. 2배야? 3배야? 4배야? 아니야. 정비례가 아닌 그래프 한번 보세요 그래프 다시봐봐. 정비례인 그래프하고 정비례가 아닌 그래프 하고 여러분들 그래프를 보고 6번을 써보세요. 자 6번까지 한번 써보세요. 자 요거죠? 선생님이 그리다 말았는데 지금 여기 파란 색의 요거. KG텔레콤은 정비례라는 것을 우리가 얘기했어. 아 정비례이구나. 빨간색 요거 SF는 정비례가 아니라고 그랬어. 공통점은 뭐고 차이점은 뭔지 5번 6번 다 써보세요.

교 사: (학생들이 5번과 6번을 해결한 뒤) 왜 이 빨간색(SF)이 정비례가 아니에요? 왜 아니야?

유 미: 정비례는요. 처음부터 그 늘어, 사용시간이 늘어날 때, 사용 요금도 일정하게 똑같이 일정하게 늘어나는게 정비렌데요.

교 사: 그렇지.

유 미: 처음에 시간이 없었을 때는 그 요금이 2000원이기 때문에 그 다음에 2300원이 되었기 때문에 정비례가 되려면 2000원에서 4000원이 되던가 그렇게 되야 되기 때문에 정비례가 아닙니다.

교 사: 그렇구나. 시간이 두 배가 되면 가격도 두 배가 되어야 하는데, 2000원에서 4000원. 그렇지 않기 때문에. 좋아. 그 다음에 그럼 공통점은 뭐예요?

재 연: 정비례에서처럼 2배, 3배, 4배 일정하게 안 늘지만, 통화시간이 늘수록 통화료도 일정하게 늘어나고 있습니다.

<장면 14>에서 볼 수 있는 바와 같이, 학생들은 SF 텔레콤의 요금이 정비례 관계가 아니라는 것을 이해했지만 그 이유에 대해서는 다소 미흡한 설명을 제시하고 있다. 학생들은 2300이 2000의 배수가 아니므로 정비례 관계가 아니라고 설명하고 있다. 이러한 설명에 따르면, SF 텔레콤의 그래프와 같이 (0, 2000)에서 시작하는 그래프라고 하더라도 10분 후의 요금이 4000, 6000 등과 같이 2000의 배수가 된다면 정비례 관계가 될 수 있

다. 즉 학생들은 정비례 관계의 그래프가 원점을 지나야 한다는 것은 파악하지 못하였다. 따라서 정비례 관계의 의미에 대한 탐구에서 정비례 관계의 그래프가 원점을 지난다는 것을 적극적으로 다룰 필요가 있다.

학생들은 [주제 6]을 다루면서 2차원 직선 그래프를 MF로 사용하였다. 두 회사의 휴대폰 요금 체계를 비교하면서 2차원 직선그래프로 나타내는 수평적 수학화의 과정을 경험했으며, 두 직선 그래프의 차이점을 비교하면서 정비례 관계의 의미를 파악하는 수직적 수학화의 과정을 경험하였다.

7) [주제 7] 자동차의 속력과 거리와의 관계 탐색

[주제 7]의 학습 목표는 자동차 맥락에서 자동차의 속력과 거리 그래프의 특성을 파악하고, 속력과 거리의 관계를 직관적으로 알아보는 것이다. 다음과 같은 주요 내용을 교수학습하는 과정에서 양적 · 질적 접근과 점별 · 국소적 · 전체적 접근에 의한 그래프 해석하기, 측정하기 등의 번역 활동을 하게 된다.

① 자동차의 속력 그래프 탐색

학생들은 [그림 Ⅱ-116]을 보고 자동차의 속력이 차가 출발한 15분 정도까지는 어떤 일이 일어나고 있는지, 몇 번이나 정지했는지, 출발한지 20분에서 30분 사이에는 어떤 도로를 달렸는지, 속력은 어떠한지, 속력 제한이 시속 70km일 때 과속을 했는지 등을 탐구하였다(현실성의 원리).

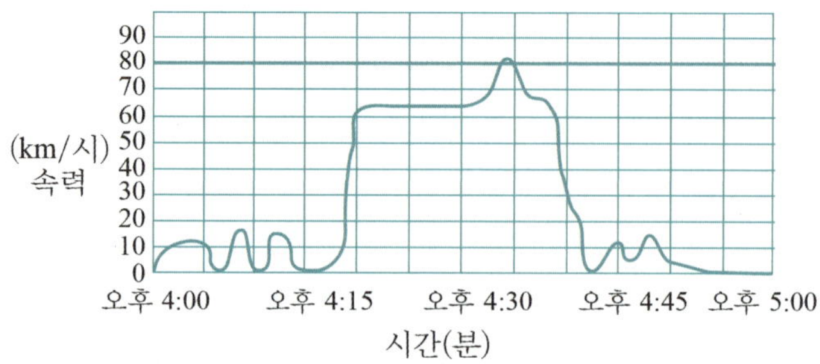

그림 Ⅱ-116 **자동차의 속력 그래프**

교사는 학생들이 자동차를 탔던 경험을 이야기하거나 자동차가 달리는 동영상을 보거나 한 학생이 교실 앞에서 속력을 달리하며 걷는 장면을 보면서 학생들이 속력의 변화를 인식하고 개략적인 그래프로 나타내도록 하였다(연결의 원리 · 안내의 원리). 학생들은 [그림 Ⅱ−116]을 보면서 출발한지 15분까지는 아주 천천히 달리고 있고 세 번 정지했다는 것을 파악했으며, 교통 체증이 심하거나 주차장에서 차가 출발하는 상황이라고 생각하였다. 또한 20분과 30분 사이에서는 일정한 속력으로 고속도로를 달리거나 한적한 도로를 달렸으며, 35분 전후에서 속력을 높였다는 것을 파악하였다.

② 자동차의 속력과 거리의 관계 탐색

학생들은 [그림 Ⅱ−117]과 같은 자동차의 속력 그래프를 보고 그 특성을 알아보고 이에 적절한 거리 그래프를 개략적으로 탐색하였다.

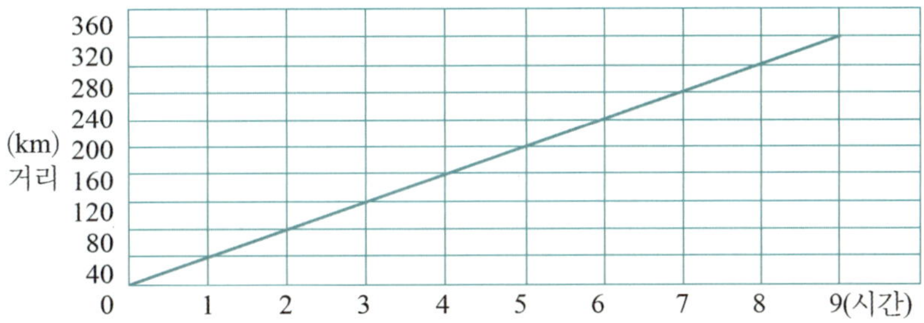

그림 Ⅱ−117 **자동차의 속력 그래프**

교사는 학생들에게 자동차의 속력에 대해 무엇을 말할 수 있는지 질문하였다. 학생들은 '속력이 일정하게 늘어난다', '시간과 속력은 정비례한다' 등과 같이 자동차의 속력의 특징을 찾아냈다. 이 때 교사는 속력이 일정하게 늘어나는 것과 속력이 일정한 것의 차이점을 생각하도록 했으며, 속력이 일정하게 늘어날 때 거리는 어떻게 변하는지에 대해 논의하도록 하였다(상호작용의 원리). 속력이 일정하게 늘어나는 것과 거리가 일정하게 늘어나는 것을 잘 구분하지 못하는 학생들도 일부 있었다. 그러나 대부분의 학생들은 논의를 통해 [주제 3]의 얼음이 녹는 과정, [주제 4]의 신문 기사 제목에 맞는 그래프 탐색, [주제 5]의 비커의 물높이 변화에서 보았던 것을 토대로, 속력이 일정하면 같은 시간에 같은 거리를 가는 것이므로 거리는 일정하게 늘어나고, 속력이 일정하게 늘어나면 같은 시간에 거리가 점점 더 많이 늘어난다는 것을 직관적으로 파악함으로써 등속운동과 등가속도 운동에 대한 심상을 형성하였다(활동의 원리). 학생들은 이러한 활동을 통해서 개략적이고 질적인 거리 그래프를 그리면서 등가속도 운동에서 거리의 변화에 대해 추론하였다(수준의 원리).

학생들은 [주제 7]을 다루면서 2차원 연속 그래프를 속력과 거리 관계의 MF로 사용하였다. 이 과정에서 학생들은 속력 그래프를 읽고 특성을 파악하는 수평적 수학화의 과정을 경험하며, 속력이 일정하게 늘어나는 운동에 대한 거리 변화를 추론하는 수직적 수학화의 과정을 경험한다.

라. 함수 개념의 수학화 과정

함수 초기 단원에서 이루어지는 수학화의 과정을 도식으로 간단하게 제시하면 [그림 Ⅱ－118]과 같다. 수학화의 출발점인 현실 세계 맥락으로 달리기 맥락, 신문 기사 맥락, 얼음 수송 맥락이 사용된다. 현실 세계 맥락의 탐구를 시작으로 [주제 1], [주제 2], [주제 3], [주제 4]와 관련된 활동을 하는 동안 변화 현상의 특성을 파악하고 그래프의 기울기와 속력에 대한 심상을 형성하게 된다. MO로서 1차원 스냅사진 그래프가 출현하고 MF로서 2차원 연속 그래프가 출현하며, 이 과정에서 여러 차례의 수평적 수학화와 수직적 수학화가 교대로 일어난다.

형식화하고 추상화하는 과정에서 [주제 5], [주제 6]의 비커 맥락과 휴대폰 요금 맥락이 사용되며, 직선 그래프의 특성과 차가 일정한 변화와의 관계, 정비례 관계의 의미가 좀 더 형식화되고 추상화된다. 2차원 연속 그래프를 통해 수학적 추론이 이루어지며, 이 과정에서도 여러 차례의 수평적 수학화와 수직적 수학화가 교대로 일어난다.

다음으로 이제까지 다룬 함수 초기 개념을 새로운 장면에 응용하는 현실에의 응용 과정으로 나아간다. 지금까지 다루지 않은 새로운 맥락인 자동차 맥락이 현실 세계 맥락으로 사용되며 2차원 연속 그래프 모델이 사용된다. 이 모델을 통해 다양한 변화 현상에 대한 추론이 이루어지고, 이 과정에서도 수평적 수학화와 수직적 수학화가 교대로 일어난다.

이와 같은 수학화의 한 사이클이 진행된 다음에는, 더 높은 수준의 함수 개념 교수·학습을 위한 새로운 단원으로의 이행이 이루어진다. 수학화의 사이클이 계속 되면서 함수 개념에 대한 수학화가 계속 이루어지면, 함수 개념과 관련된 다양한 측면들이 학생들의 현실로 포함된다. 학생들의 현실은 더욱 확장되어 질적으로 높은 수준으로 발전하게 되며, 수학적 렌즈로 볼 수 있는 현실의 영역도 증가하면서 수학적 안목도 확대된다.

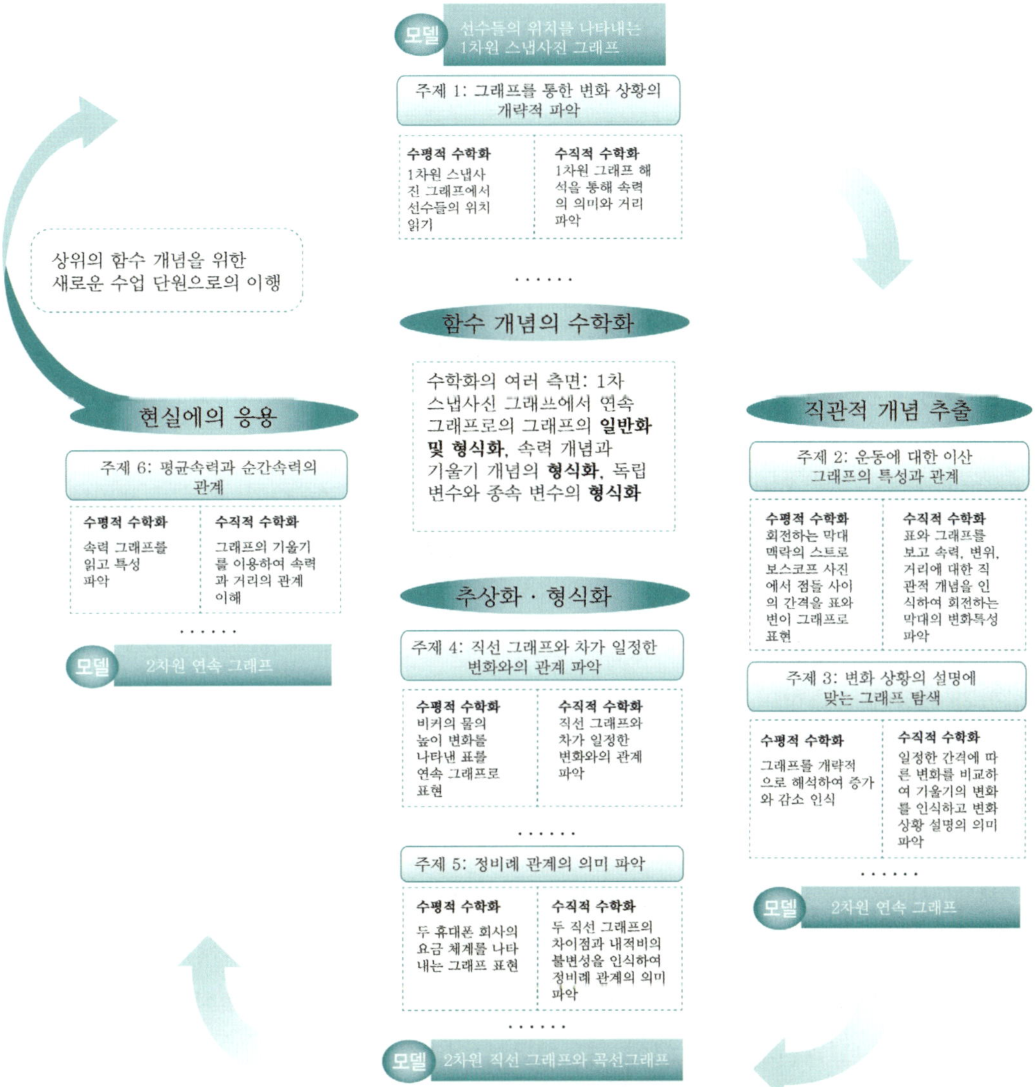

그림 Ⅱ－118 **함수 개념의 수학화 과정의 여러 측면**

마. 함수 개념 지도의 시사점

지금까지 살펴본 함수 초기 단원의 교수·학습 사례에 대한 분석 결과를 요약하면 다음과 같다.

첫째, 변화 현상에 대한 직관적 파악, 수량적 파악, 정비례 개념의 순서로 구성된 함수 초기 단원은, 학생들이 점진적 수학화 과정을 경험하는 데에 적절한 것으로 판단된다. 학생들은 현실 세계 맥락을 탐구하는 활동으로 시작하여 학생들 간의 상호작용과 적절한 모델을 사용한 수준 상승을 통해 스스로 수학적 지식을 구성하고 현실 세계와 자연스럽게 연결할 수 있었다.

둘째, 함수 초기 단원 설계에서 구상했던 교수 · 학습 원리가 적절하게 구현되었다고 할 수 있다. 학생들은 개별적으로 현실 세계의 문제 상황을 탐구하다가 의문이 생기면 서로 의사소통하고, 반성을 통해 자신의 오류를 수정하였다. 학생들은 자신의 수학적 아이디어를 다른 학생에게 설명하는 과정에서 자신의 아이디어나 표현을 더욱 명확히 하면서 개념을 이해하는 특징을 보였다. 학생들은 교재에서 제시된 정보가 부족한 경우에는 자신의 경험과 상상에 기초하여 부족한 정보를 보충하거나 스스로 전체 상황을 생각해서 그래프를 그렸다. 이러한 활동을 통해서 학생들이 그래프를 다양하게 그릴 수 있고 이에 적합한 설명을 제시한다는 것을 확인할 수 있었다. 또한 학생들은 교사가 어떤 제안을 하지 않아도 문제 상황을 일상생활에서 접할 수 있는 상황과 연결하여 이야기하는 특징을 보였다.

셋째, 학생들은 그래프와 표에서 변화 상황의 특징을 대체로 잘 해석하였지만 특정한 부분에서는 어려움을 겪었다. 학생들은 변화 상황에 대한 그래프 해석에서 점별 접근, 국소적 접근, 전체적 접근 등에서 어려움을 겪지 않았으며, 언어적 설명이나 표를 보고 그래프의 개형을 그리는 양적 접근에서도 별다른 어려움을 겪지 않았다. 그러나 학생들은 속도, 점점 더 빠르게 증가 등의 의미를 파악하는 데는 약간의 어려움을 겪었으며, 그래프 해석에 대한 질적 접근에서도 어려움을 겪었다.

넷째, 설계된 함수 초기 단원은 정비례 개념과 관련하여 다소간의 개선이 필요한 것으로 판단된다. 학생들은 직선 모양의 그래프의 특징이 일정한 시간에 따른 변화량이 일정하다는 것은 잘 이해했지만, 정비례 관계의 특징을 이해하는 데는 어려움을 겪었다. 이로부터 정비례 관계와 관련된 단원의 내용을 좀 더 다양한 현상으로 보완할 필요가 있음을 확인할 수 있다. 또한 그래프와 표에서 변화 상황의 특징을 해석하는 활동과 변화 상황에 대한 언어적 설명이나 표를 보고 그래프 개형 그리기 활동은 축소하고, 정비례 개념과 직접 관련된 내용을 좀 더 강화할 필요가 있다. 학생들에게 개방형 질문을 제시할 경우와 좀 더 직접적인 유도를 하는 질문을 제시할 경우를 잘 고려해서 수정하는 것도 필요하다.

이 절에서 제시한 교수·학습 사례는, 현실적 수학교육 이론을 바탕으로 설계된 함수 초기 단원을 우리나라의 실제 수업에 적용한 것이다. 이 교수 · 학습 사례를 통해 현실적 수학교육 이론을 좀 더 심도 깊게 이해하고 우리나라 상황에서 현실적 수학교육의 적용이 갖는 가능성과 한계를 이해할 수 있기를 기대한다.

참고 문헌

박교식(1992). **함수 개념 지도의 교수현상학적 접근**. 서울대학교 대학원 박사학위논문.

이경화, 정영옥, 나귀수, 김성여(2009). **수학 국정교과서 개발 사전 기획연구**. 한국과학창의재단.

정영옥(1997). **Freudenthal의 수학화 학습-지도론 연구**. 서울대학교 대학원 박사학위논문.

Abels, M., & De Jong, A., Meyer, M. R., shew, J. A., Burrill, G., & Simon, A. (1998a). Ups and downs. In T. A. Romberg (Ed.), *Mathematics in Contexts: A Connected Curriculum for Grades 5 –8*. Chicago: Encyclopedia Britannica Educational Corporation.

Abels, M., & De Jong, A., Meyer, M. R., shew, J. A., Burrill, G., & Simon, A. (1998b). Ups and downs Teacher Guide. In T. A. Romberg (Ed.), *Mathematics in Contexts: A Connected Curriculum for Grades 5 –8*. Chicago: Encyclopedia Britannica Educational Corporation.

De Jong, J. A., Querelle, N., Meyer, M. R., & Simon, A. N. (1998a). Tracking Graphs. In T. A. Romberg (Ed.), *Mathematics in Contexts. A Connected Curriculum for Grades 5 8*. Chicago: Encyclopedia Britannica Educational Corporation.

De Jong, J. A., Querelle, N., Meyer, M. R., & Simon, A. N. (1998b). Tracking Graphs. Teacher Guide. In T. A. Romberg (Ed.), *Mathematics in Contexts: A Connected Curriculum for Grades 5 –8*. Chicago: Encyclopedia Britannica Educational Corporation.

Freudenthal, H. (1983). *Didactical Phenomenology of Mathematical Structures*. Dordrecht: D. Reidel Publishing Company.

Janvier, C. (1980). Translation processes in mathematics education. *Proceedings of the fourth International Conference for the Psychology of Mathematics Education*, 237~242.

Krabbendam, H. (1982). The non-quantitative way of describing of relations and the role of graphs. *Conference of functions report 1*(pp. 125~146). Enschede: SLO Foundation for curriculum development.

Tierney, C. C. et al. (1988). Telling stories about the plant growth: Fourth grade students interpret graphs. *Proceedings of the fourth International Conference for the Psychology of Mathematics Education*, 66~73.

Verstappen, P. (1982). Some reflections on the introduction of relations and functions. *Conference of functions report 1*(pp. 166~184). Enschede: SLO Foundation for curriculum development.

1) 현실적 수학교육에서의 단원 개발 연구는 개념에 대한 교수학적 현상학에 의한 분석과 더불어 그 개념에 관련된 기존의 많은 연구들을 총체적으로 모아서 현실적 수학교육 이론의 방향에 맞게 재조직하는 과정을 통해서 이루어진다. 즉, 교육과정, 교과서, 수학교육과 관련된 문헌, 연구보고서 등 기존의 문서 자료를 포함하여 가능한 한 여러 가지 근원에서 아이디어를 얻고, 이런 아이디어를 원래 쓰이던 맥락과는 다르게 현실적 수학교육 이론의 원리에 맞게 새롭게 해석하는 과정이 포함된다. Gravemeijer(1994)는 이러한 방법을 '이론이 안내하는 브리콜라주'라고 부른다. 그러나 여기서는 지면의 한계로 인해 기존의 연구와 관련된 문서 자료에 대해서는 언급하지 않고, 교수학적 현상학에 의한 분석에만 초점을 맞추어 단원 설계 사례를 기술한다.

2) 변희현(2005: ⅰ)

3) 예를 들면 가로와 세로가 각각 1, 2인 직사각형의 대각선의 길이에 해당하는 수로 현재는 우리 모두 무리수로 알고 있는 수들이다. 그 당시는 이런 수는 두 자연수의 비인 분수로 표현할 수 없었고 다른 방법은 아직 명확하지 않았기 때문에 연속량은 수로 다루기보다는 기하에서 선분으로 다루었다.

4) 변희현(2005: 27~29)

5) Gravemeijer, Boswinkel, Meyer & Shew(1997a, 1997b)

6) Streefland(1991: 7)

7) Brousseau(1997: 104)

8) Gravemeijer, Boswinkel, Meyer & Shew(1997a: 3)

9) http://news.naver.com/main/read.nhn?mode=LSD&mid=sec&sid1=102&oid=038&aid=0002365718 http://imgnews.naver.net/image/origin/038/2013/03/18/2365718.jpg“

10) Freudenthal(1973: 204)

11) 김용운 · 김용국(1997: 26)

12) 중국인들은 기원전 13세기에 이미 소수 측정 체계를 가지고 있었다(Brousseau, 1997: 90)

13) 김용운 · 김용국(1997: 148)

14) Ibid, 148

15) 분수와 소수는 공통점도 있지만 근본적으로 차이점이 있다. 분수는 측정하고자 하는 양이 주어졌을 때 단위를 그 주어진 양에 맞추어 그때그때 2등분이든, 3등분이든, 10등분이든 동일한 크기로 등분할하여 그 개수로 측정하고자 하는 양을 파악한다. 반면, 소수는 측정하고자 하는 양과 관계없이 계속적으로 단위를 10으로 세분해서 각 단계에서 생기는 나머지를 좀 더 정확하게 파악함으로써 측정하고자 하는 양에 점차 가깝게 접근하는 것이다. 따라서 분수의 경우는 한 번의 세분으로 양이 정해지지만, 소수의 경우는 때로는 유한 번, 때로는 무한 번 세분이 반복된다는 것이다. 이와 같이 소수의 무한 번 반복 세분이 가능하다는 성질 때문에 지금까지 기하에서 크기로 다룰 수밖에 없었던 무리수를 수로 받아들일 수 있게 된 것이고, 이것이 실수 체계를 발달시키는 계기가 된 것이다.

16) 변희현(2005: 24~28)과 Brousseau(1997: 90~91)

17) 우리나라의 경우 화폐 단위는 소수를 지도하기에는 적합하지 않다. 그 이유는 우리나라의 경우

230원을 2백 30원이라고 표현해도 2.30백원이라고 표현하는 것은 익숙하지 않고, 1원과 5원은 실제로 실생활에서 잘 사용하지 않기 때문이다. 그러나 대부분 서양의 여러 나라의 화폐 단위는 소수 지도에서 아주 중요한 맥락이다. 따라서 우리나라에서 소수를 지도할 때는 화폐 맥락보다는 우리나라 학생들의 상식과 현실에 적합한 맥락을 고려하는 것이 필요하다.

18) Gravemeijer, Boswinkel, Meyer & Shew(1997b: 33)

19) 소수 개념에 대한 학생들의 상식은 Gravemeijer(1998: 282, 289~290)와 Keijer, van Galen, & Oosterwaal(2004)을 참조한 것이다.

20) 역사적 맥락이 여전히 학생들에게 중요한 현실적 맥락이 될 수도 있지만 그렇지 않은 경우도 있고, 수학 내용에 따라서는 그 기록이 많이 남아 있지 않아서 역사적 분석 자체가 어려울 수도 있으며, 학생들에게 가르쳐야 할 개념이 적용되는 현실 맥락이 더 풍부한 경우도 있을 수 있다.

21) Gravemeijer et al. (1997b: 7)

22) Ibid, 15

23) Ibid, 19

24) [그림 Ⅱ-8]는 Gravemeijer et al. (1997b: 51), [그림 Ⅱ-4]에서 [그림 Ⅱ-12]는 순서대로 Gravemeijer et al. (1997a)의 1, 6, 10, 21, 21, 26, 35, 36쪽을 참조하였다.

25) Gravemeijer et al. (1997a, 1997b)

26) 각 주제의 내용 중 교사의 안내와 학생의 반응은 Gravemeijer et al. (1997b)를 참조하여 재구성하였는데, 주제 1은 4, 17쪽, 주제 2는 30, 33, 37쪽, 주제 3은 44, 47, 49쪽, 주제 4는 58, 69쪽을 참조하였고, [그림 Ⅱ-13]에서 [그림 Ⅱ-27]은 순서대로 Gravemeijer et al. (1997a)의 1, 3, 5, 9, 10, 14, 15, 19, 21, 24, 25, 27, 31, 35쪽을 참조하였다. 또한 주제별로 제시하는 수평적 수학화와 수직적 수학화는 모든 것을 분석한 것이 아니라 한두 가지 예를 제시한 것이다.

27) Keijer et al. (2004: 3~4)는 학생들이 소수를 재발명하는 과정에서 반복 10등분을 스스로 생각해내는 것은 어려울 것으로 생각해서 교사가 역사적 사실을 언급하는 수업을 제안하고 있다.

28) Keijer et al. (2004: 4)

29) Gravemeijer(1998: 289)

30) 안동규 · 오광기 · 엄기수(2014: 17)

31) Bakker(2004a: 1)

32) 김영미 · 박영희(2006: 222)

33) Stigler(2010: 71)

34) Bakker(2004a)

35) Stigler(2010: 23~25, 32~33)

36) Kline(1953: 340~342)

37) Bakker(2004a)는 평균, 표집, 중앙값, 분포, 그래프에 대한 역사적 분석을 제시하고 있으나, 여기서는 대푯값, 분포, 그래프에 대해서만 간단하게 살펴보고자 한다. 또한 대푯값과 관련된 일부 내용은 우정호 외(2007: 91~92)에 이미 소개한 바 있다.

38) 한국교육평가학회(2004). 교육평가용어사전. 서울: 학지사.
http://terms.naver.com/entry.nhn? docId=1924505&cid=42125&categoryId=42125

39) Bakker(2004a: 54~56).

40) Bakker(2004a: 56~58)

41) Heath(1921: 85)

42) Boyer(1968: 61)

43) [그림 Ⅱ-29]에서 [그림 Ⅱ-42]는 순서대로 Bakker(2004a)의 57, 75, 75, 77, 81, 83, 93, 93, 93, 260, 260, 214, 262, 246, 224쪽에서 발췌하였다.

44) Bakker(2004a: 57~58)

45) Bakker(2004a: 58)

46) Bakker(2004a: 58)

47) Stigler(2010: 18~19, 93~102)

48) Bakker(2004a: 59~60)

49) Stigler(2010: 101~102)

50) Bakker(2004a: 60, 73~74)

51) Stigler(2010: 19)

52) Bakker(2004a: 61)

53) Kline(1953: 352~354)과 Stigler(2010: 352~354)

54) Kline(1953: 358~359)

55) Bakker(2004b: 63)는 분포(distribution)를 정규분포와 같은 어떤 특정한 분포가 아닌 일반적인 의미에서 'distribution of data over a variable'로 표현하고 있다.

56) Stigler(2010: 74)

57) Bakker(2004a: 74~77)

58) Kline(1953: 346~349)

59) Bakker(2004: 74~80)

60) Beniger & Robyn(1978: 2)

61) Bakker(2004a: 81)

62) Sachs(2014: 5)

63) Beniger & Robyn(1978: 4)

64) Beniger & Robyn(1978: 4)

65) Beniger & Robyn(1978: 4)

66) Stigler(2010: 510~515)

67) Bakker(2004a: 82~84)

68) Stigler(2010: 554)

69) Bakker(2004a: 80~87)

70) Kline(1953: 351~355)

71) Bakker(2004a: 56~61, 80~86, 106~109)

72) Bakker(2004a: 92~100, 142~145, 178~179)

73) 코끼리 수 어림 맥락은 Boswinkel et al. (1997), 건전지 맥락은 Cobb 등을 중심으로 이루어진 Nashville 프로젝트에서 사용된 맥락이고, 기구 맥락은 Van den Heuvel-Panhuizen(1996)에 제시된 북극곰 문제, 즉 "북극곰 한 마리의 몸무게는 몇 명의 학생들의 몸무게와 같은가?"에서 영감을 얻어 구성한 맥락이다(Bakker, 2004a: 106).

74) Gravemeijer(2002: 4~5)와 Bakker(2004a: 111)

75) 측정값 막대그래프는 value bar graph를 번역한 것인데, 여기서 value는 자료를 측정한 값을 의미하기 때문에 값 막대그래프 보다는 측정값 막대그래프가 더 적합한 것으로 판단되어, 이 용어를 사용하였다.

76) Minitool 컴퓨터 소프트웨어는 형식적인 그래프 표현만을 사용하는 일반 교육용 통계 소프트웨어와는 달리 Cobb, Gravemeijer, Bowers, & Doorman에 의해 분포 개념을 재발명 과정과 분포를 조직할 수 있는 그래프 표현을 지원할 수 있도록 개발된 통계 소프트웨어이다(Bakker, 2004a: 22). 이 소프트웨어는 http://www.fi.uu.nl/wisweb/Software&GR에서 다운받아 사용할 수 있다.

77) 이 단원 설계는 개발연구에 의해 이루어진 것으로 통계의 기본 개념에 대한 교수학적 현상학에 의한 분식을 기초로 학생들의 가설 학습 경로를 세우고, 이를 많은 학급을 대상으로 여러 차례의 교수실험을 통해 검증한 것이다. 그러나 이런 절차를 통해 검증된 내용도 여전히 하나의 가설이며, 계속 수정과 보완의 여지가 남아 있다. Bakker(2004a)는 7학년과 8학년을 대상으로 한 교수실험에서 학생들은 중앙값을 재발명하지 못하였고, 표집과 관련된 맥락도 역사적 분석 결과 표집 관념이 발생한 동전 품질 검사 맥락을 사용하려고 하였으나 학생들에게는 적절한 현상이 되지 못하였고, 청바지 제조 회사에 사이즈별로 얼마나 많은 청바지를 만들어야 하는지를 결정하는 청바지 사이즈 맥락도 학생들에게는 적절한 현상이 되지 못하였음을 보고하고 있다. 따라서 우리나라 학생들에게 통계를 지도할 때는, 우리나라 학생들의 현실과 상식을 고려하여, 어떤 맥락을 사용할 것인지, 어떤 주제들을 어떻게 배열할 것인지에 대한 연구가 필요하다.

78) 퍼짐이라는 용어는 spread를 번역한 것으로, 범위, 사분위수 범위, 표준편차나 분산과 같은 산포도에 대한 다소 비형식적인 용어로 생각된다. 이 단원에서 퍼짐과 관련된 주제들은 여러 개인데, 그 중 "퍼짐"이라는 용어를 학생들이 본격적으로 사용하는 주제는 다섯째 주제인 '퍼짐의 비교'에서이다. 그 전까지 퍼짐이라는 용어는 학생들이 사용하는 용어가 아니라 연구자가 학생들의 퍼짐에 대한 관념을 표현하기 위해 사용한 것이다.

79) Bakker(2004a: 100~104)

80) Ibid, 111~127

81) Ibid, 244~248

82) 각 주제의 내용은 Bakker(2004a)를 바탕으로 재구성한 것이다. 주제 1은 112~113, 244~245쪽, 주제 2는 115~117, 149~153, 245~246쪽 주제 3은118~121, 245쪽, 주제 4는 116, 121~122, 245~247쪽, 주제 5는 151~156, 170쪽, 주제 6은 114, 161, 247쪽, 주제 7은 161~163, 165~166, 248쪽, 주제 8은 166~168쪽, 주제 9는 127~133, 218~224, 248쪽을 참조하였고, [그림 Ⅱ-43]에서 [그림 Ⅱ-63]은 순서대로 112, 246, 246, 246, 116, 122, 155, 155, 163, 163, 165, 246, 166, 167, 167, 167, 167, 128, 130, 131, 224쪽에서, <표 Ⅱ-3>은 119쪽에서 발췌하였다.

83) 이 도식은 단원 전체의 흐름을 대략적으로 기술한 것이고, 수평적 수학화와 수직적 수학화의 경우도 모든 것을 다 분석한 것이 아니라 한 예를 제시한 것이다.

84) Gravemeijer & Doorman(2009: 199)

85) Edwards(2012: ⅳ, 224~225)

86) Doorman(2005)

87) Doorman(2005)과 Edwards(2012)

88) 홍준의 · 최후남 · 고현덕 · 김태일(2011)

89) Doorman(2005: 84)

90) 홍준의 · 최후남 · 고현덕 · 김태일(2011)

91) Kline(1953: 188)

92) 홍준의 · 최후남 · 고현덕 · 김태일(2011)

93) Kline(1953: 189)

94) Wildberg(2008)

95) Ibid, 2008

96) 이호중(2011)

97) Kline(1953: 189)

98) Wildberg(2008)

99) Doorman(2005: 84)

100) Edwards(2012: 100)

101) 김용운 · 김용국(1986: 223~225)

102) Wildberg(2008)

103) Doorman(2005: 84)

104) Ibid, 85

105) Ibid, 85

106) Wildberg(2008)

107) Edwards(2012: 100)

108) Ibid, 100

109) Doorman(2005: 86)

110) Edwards(2012: 100)

111) Doorman(2005: 86)

112) Edwards(2012: 101)

113) Doorman(2005: 86)

114) Edwards(2012: 101)

115) Ibid, 101

116) Doorman(2005: 86)

117) A Treatise on Configurations of Qualities and Motions

118) Edwards(2012: 102)

119) Doorman(2005: 87)

120) 오렘은 주어진 구간의 각 점을 경도, 각 점에서의 강도를 위도 또는 고도라고 불렀다(Edwards, 2012: 103)

121) Doorman(2005: 87)

122) [그림 Ⅱ-67]은 Gravemeijer & Doorman(1999)의 121쪽, [그림 Ⅱ-73]은 Edwards(2012)의 227쪽, [그림 Ⅱ-66]에서 [그림 Ⅱ-72]는 순서대로 Doorman(2005)의 87, 87, 88, 89, 90, 91 쪽에서 발췌하였다.

123) Gravemeijer & Doorman(1999: 121)

124) Doorman(2005: 87)과 Edwards(2012: 103)

125) 김용운·김용국(1986: 168)

126) Edwards(2012: 104)

127) Doorman(2005: 88)

128) Ibid, 88

129) Ibid, 89

130) Ibid, 89

131) Kline(1953: 184~186)

132) Ibid, 190

133) Ibid, 191

134) Doorman(2005: 90)

135) Ibid, 91

136) Ibid, 91~92

137) Gravemeijer & Doorman(1999: 121)

138) Kline(1953: 195)

139) Edwards(2012: 224~225)

140) Kline(1953: 225)

141) Doorman(2005: 93)

142) Kline(1953: 198~201)

143) Ibid, 202~203

144) Doorman(2005: 93)

145) Edwards(2012: 227~229)

146) Doorman(2005: 93)

147) Kline(1953: 247)

148) Ibid, 216~220, 223~225)

149) History and Origin

150) 즉, 수열 $a_1, a_2, \cdots, a_n, \cdots$의 차의 수열 $a_i - a_{i+1}$를 $b_1, b_2, \cdots, b_n, \cdots$이라 할 때 $b_1 + b_2 + \cdots + b_n = a_1 - a_{n+1}$이고, $\lim_{n\to\infty} a_n = 0$이면 $\sum_{n=1}^{\infty} b_n = a_1$이다(Edwards, 2012: 279~280).

151) Edwards(2012: 276~279)

152) New Methods

153) Doorman(2005: 94)

154) Kline(1953: 223~224)

155) Ibid, 224~229

156) Doorman(2005: 95)

157) Kline(1953: 207~238)

158) Doorman(2001: 99)와 Gravemeijer & Doorman(2009: 200)

159) Doorman(2005: 98~101)

160) Ibid, 97~98, 105, 114~115)

161) [그림 Ⅱ-74]에서 [그림 Ⅱ-78]은 순서대로 Doorman(2001)의 102, 102, 103, Doorman(2005)의 113, 113쪽에 발췌하였다.

162) Doorman(2001: 4; 2005: 95~98, 102~104, 111~114)

163) 역사적 분석에서도 살펴보았듯이 미적분 개념과 관련해서 초기의 중요한 모델은 이산 그래프이고 역사적으로 한참 뒤에 연속 그래프가 출현하였다. 그러나 이산 그래프 또한 학생들이 스스로 생각해 내기에는 어려운 점이 있고, 적절한 맥락에서 변화와 순간적인 변화를 파악하고 예측할 수 있는 적절한 상황의 모델이 필요하다. 연구자들은 이런 상황의 모델로 보이드와 루빈(Boyd & Rubin: Doorman, 2005: 37~38)이 제안한 시간의 흐름에서 연속적인 위치 사이의 구간들이 운동 상황을 조직화할 수 있는 중요한 요소가 됨을 생각하였다. 보이드와 루빈의 실험에서는 학

생들이 공이 미끄러져 내려가는 비디오를 보고 공의 자취를 그래프로 나타내 보는 것이었다. 학생들은 소프트웨어를 이용해서 스냅 사진 위의 공을 드래그하면서 운동의 자취를 알아볼 수 있었다. 그 중 한 학생이 동일한 시간 간격에 따른 위치의 변화를 나타내는 공의 1차원 자취 그래프를 그렸는데, 비디오와의 상호작용이 동일한 시간 구간들의 위치 변화에 그 학생이 집중할 수 있게 했고, 이것이 그래프의 구성을 가능하게 한 요인이었다.

164) Doorman(2005: 105~118)

165) 각 주제의 내용은 Doorman(2005)을 중심으로 재구성한 것이다. 주제 1은 105~107, 119~124, 167, 171쪽, 주제 2는 107~110, 124~135, 160~176, 181~184쪽, 주제 3은 111, 135~141, 160~161, 164~166, 169, 180, 주제 4는 112~114, 141~145, 169, 180쪽, 주제 5는 114~115, 145~154, 169~171, 180쪽을 참조하였고, [그림 Ⅱ－79]에서 [그림 Ⅱ－87]은 Doorman(2005)의 106, 173, 108, 129, 175, 176, 138, 164, 140쪽, [그림 Ⅱ－89]에서 [그림 Ⅱ－94]는 113, 113, 115, 115, 116, 154쪽에서 발췌하였다.

166) [그림 Ⅱ－85]의 변위 그래프는 일정한 시간 구간별 이동한 거리를 시간 구간의 끝에 표현하는 방법으로 등속운동에 해당되는 선분의 길이의 합이나 등가속도운동에 해당하는 선분의 길이의 합은 동일하다. 그러나 오렘이나 갈릴레오가 생각한 그래프는 시간 구간이 아닌 연속적인 시간축 위에 나타낸 것이다. 오렘이나 갈릴레오의 방식에서는 선분의 길이의 합이 아닌 넓이의 합이 같으나, [그림 Ⅱ－85]의 그래프에서는 넓이의 합이 같지 않다. 넓이의 합이 같으려면 처음에 그린 그래프의 둘째와 셋째 막대의 끝을 이은 중점을 지나는 직선을 그려야 한다. 따라서 이를 위해서는 이산적인 구간이 아닌 연속적인 시간축을 이해할 수 있어야 하며, 이를 ② 연속적인 시간축 위의 평균 속력 탐색에서 다룬다.

167) 본고에서 함수 개념에 대한 역사적 분석은 정영옥(1997)의 135~143쪽에서 발췌하였다.

168) 이경화 외(2009)

169) 이 문항들은 Abels, De Jong, Meyer, Shew, Burrill, & Simon(1998b), De Jong, Querelle, Meyer, & Simon(1998b)을 참고한 것이다.

170) 달리기 맥락, 얼음 수송 맥락, 신문 기사 맥락, 자동차 맥락 등은 De Jong, Querelle, Meyer, & Simon(1998a), Abels, De Jong, Meyer, Shew, Burrill, & Simon(1998a)를 참조한 것이고, 비커 맥락과 휴대폰 요금 맥락은 연구자들이 고안한 것이다.

171) Freudenthal(1983)과 Krabbendam(1982)

172) Krabbendam(1982), Tierney(1988)와 Verstappen(1982)

173) Janvier(1980)

174) 본 단원을 적용할 때 수업을 실시한 K 교사는 초등교사 경력은 21년이며 평소에 현실적 수학교육에 관심을 가지고 있었다. 연구 대상은 K 교사가 담임을 맡은 학급의 학생들이다. 본 단원의 실험은 주제 1에서 주제 6과 관련하여 2008년 12월 15일부터 12월 23일까지 6차시에 걸쳐 진행되었고, 주제 7은 실제 수업이 아닌 사고 실험에 의한 것이다.

175) 본고에서 사용한 단원 지도 사례의 수업 내용의 일부는 이경화 외(2009)에서 발췌하였다.

176) 학생들의 이러한 이해 양상은 두 양의 차이를 먼저 인식하고 그 다음 단계에서 두 양의 비례 관례를 인식한다는 Piaget의 주장(박교식, 1992)과 일관된다.

III

현실적 수학교육에서의 평가

이 장에서는 현실적 수학교육에서의 평가의 관점과 원리, 평가 문제와 맥락, 수학적 역량, 평가 방법, 학생의 응답 해석과 피드백, 단원 평가 예시 등에 대해 살펴본다. 현실적 수학교육에서의 평가는 현실적 수학교육 철학을 바탕으로 수학교육을 개선하기 위해 적절한 평가가 무엇인가를 탐색하는 과정에서 연구되었다. 이 장에서는 판 덴 훼펠 판하위전과 드 랑어의 연구[1]를 중심으로 현실적 수학교육에서의 평가를 살펴본다.[2]

1 평가의 관점과 원리

가. 평가의 관점

현실적 수학교육에서 추구하는 평가는 현실적 수학교육의 세 가지 핵심 관점, 즉 교과로서의 수학에 대한 관점, 수학 지도에 대한 관점, 수학 학습에 대한 관점과 조화를 이루어야 한다. 현실적 수학교육의 세 가지 핵심 관점을 보다 자세하게 기술하면 다음과 같다.

- 수학에 대한 관점 : 의미 충실한 인간의 활동으로서의 수학 및 수학 교과와 연결된 목적
- 수학 지도에 대한 관점 : 맥락, 모델, 학생 자신의 구성, 반성, 상호작용, 학습 요소의 통합 등을 통한 지도
- 수학 학습에 대한 관점 : 학생들 자신의 활동, 학생들의 이해 수준과 수학화 수준, 학습 과정의 불연속적 성질 등을 고려한 학습

이와 같은 현실적 수학교육의 세 가지 핵심 관점들은, [그림 Ⅲ－1]에서 보는 바와 같이, 함께 결합되어 무엇을, 왜, 그리고 어떻게 평가할 것인가를 결정한다.

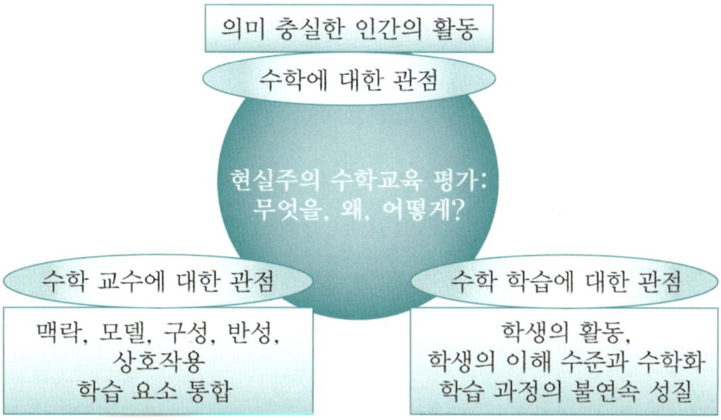

그림 Ⅲ-1 **현실적 수학교육의 핵심 관점을 반영한 평가**

현실적 수학교육 평가를 위해서는 기존의 평가 관점을 근본적으로 변화시킬 필요가 있다. 기존의 평가 관점과 대비되는 현실적 수학교육 평가의 주요 관점은 [그림 Ⅲ-2]에서 보는 바와 같이 능동성, 역동성, 공정성, 풍부한 불확실성, 다양성 등이다.[3)]

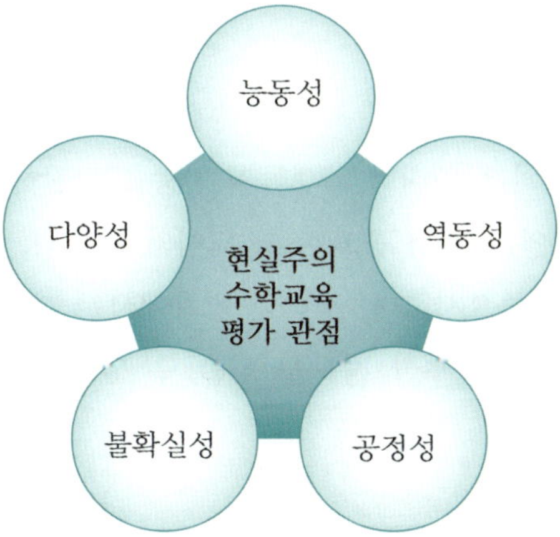

그림 Ⅲ-2 **현실적 수학교육 평가의 주요 관점**

1) 능동성

현실적 수학교육에서는 수학을 행함으로써 가장 잘 학습할 수 있는 인간 활동으로 파악한다. 능동적 평가는 인간 활동으로서의 수학을 강조하는 관점에서 학생들이 수업에서뿐만 아니라 평가에서도 능동적으로 참여할 수 있어야 한다는 것을 의미하는바, 수동적 평가와 대비되는 관점이다. 능동적 평가에서는 학생들이 분석하고 조직할 수 있고 수학적 수단을 활용하여 문제를 해결할 수 있음을 입증할 수 있는 기회를 제공하는 것이 중요하다.

이를 위해서는 학생들이 능동적으로 평가에 참여할 수 있는 방식으로 문제를 개발하고 선정해야 한다. 학생들에게 의미 풍부한 문제를 개발함으로써,[4] 학생들이 문제를 자신의 현실과는 무관한 대상이 아닌 자신의 현실과 밀접한 관련을 갖는 대상으로 인식함으로써 문제에 대한 소유감을 가질 수 있도록 해야 한다. 학생들이 자신들의 응답을 능동적으로 제시할 수 있고 다양한 답을 제시하도록 격려하는 개방형 문제를 개발하는 것이 필요하다.

2) 역동성

역동적 평가는 정적인 평가와 대비되는 관점으로서, 평가가 교수에서의 의사결정을 위한 역동적인 정보를 제공해야 함을 의미한다. 정적인 평가에서는 교수 · 학습 과정과 평가를 분리되어 있는 별개의 것으로 파악하고, 평가는 단지 교수 · 학습의 결과만을 측정한다는 관점을 취한다. 정적인 평가에서 학생들은 질문을 제기하지 못하고 교사의 질문에 답만 제시할 수 있을 뿐이며, 교사는 학생들의 수준에 맞추어 더 쉬운 질문으로 대체하거나 도움을 주는 것이 허용되지 않는다.

역동적 평가에서는 평가가 학생들의 교육적 경험을 향상시키기 위한 정보를 수집하는 수단이 되어야 하며, 학습 과제에 대한 학생들의 반응을 관찰하고 이를 토대로 이후의 교수·학습을 위한 시사점을 얻는 것이 중요하다. 교사와 학생의 상호작용을 통해서 수업을 이끌어가는 역동적 과정을 중요시하며, 정적인 평가에서는 파악하기 어려운 학생들의 수학적 이해 상태에 대한 더욱 풍부한 정보를 얻을 수 있다.

3) 공정성

평가의 공정성은 객관성과 대비되는 관점이다. 현실적 수학교육에서는 평가의 공정성이 평가의 객관성이나 표준화보다 더 중요한 개념으로 파악된다. 평가에서 공정성은, 학생들 사이에 차이점이 있음을 인정하고 다양한 학생들이 자신들이 할 수 있는 것을 드러낼 수 있는 기회를 제공하여 모든 학생들이 공정한 평가를 받도록 해야 함을 의미한다. 학생들에게 자신의 배경에 의존하여 자신의 방식으로 문제를 해석하고 해결할 수 있도록 기회를 제공하는 것이 중요하다. 따라서 학생들의 다양한 사회적 배경에서 오는 차이점이 학생들의 과제 해석에 많은 영향을 미칠 수 있음을 고려하여 과제를 준비하고 개발할 필요가 있다.

공정한 평가에서는 학생들의 수학적 수행을 공정하고 적절하게 판단하는 교사의 능력을 신뢰하는 것이 매우 중요하다. 이러한 관점은 교사의 능력을 신뢰하지 않고 객관적인 채점만을 강조하는 전통적인 관점에서의 표준화의 개념과 대비된다. 평가에서의 공정성은, 시험의 질을 시험의 내용으로 판단해야 하며, 객관적인 채점이 가능한지 그렇지 않은지에 의해 판단해서는 안 된다는 것을 의미한다. 평가의 공정성과 대비되는 객관성은 마치 기계가 하는 것처럼 평가를 정확하게 실시하고 관리해야 함을 의미한다.

4) 풍부한 불확실성

풍부한 불확실성을 추구하는 평가는 한정적 확실성을 추구하는 평가와 대비된다. 현실적 수학교육 평가에서는 학생들의 발달 수준의 위치를 확실하게 결정하는 것 보다는, 비록 불확실하더라도 학생들의 수학적 이해에 대한 풍부한 정보를 제공하는 것을 중요시한다. 예를 들어, Ⅲ장 2절에서 살펴볼 [예시문제 Ⅲ－1]의 돌고래 문제에 대한 학생들의 응답은 학생들의 발달 수준을 확실하게 보여 주지는 않지만, 이후의 교수 · 학습을 위한 기반을 제공한다. 또한 학생들의 수학적 수준을 확실하게 결정하는 것만을 추구하지 않음으로써, 학생들을 더 잘 이해할 수 있는 기회를 제공한다.

전통적인 평가 관점에서의 확실성은 학생들이 무엇을 알고 있고 무엇을 할 수 있는가를 가능하면 정확하고 확실하게 측정해야 함을 의미한다. 전통적인 평가에서는 확실성을 확보하기 위해 통제 가능한 평가를 어떻게 실시할 것인가에 모든 초점이 주어졌다. 그러나 풍부한 불확실성을 추구하는 평가에서는 모든 사료를 바탕으로 학생들의 다양한 수행에 대해 통합적이고 상세한 해석을 하는 것이 중요하며, 이때 해석은 고정된 것이 아니라 지속적으로 수정되는 것이다. 어떤 학생이 평가 문항들에서 비일관적인 수행을 보인다고 해서 평가를 확실하지 않은 것으로 무효화해서는 안 되며, 학생의 비일관적인 수행을 설명해 주는 통합적이고 포괄적이고 정교한 해석을 찾는 것이 중요하다.

5) 다양성

평가의 다양성은 다양한 수준의 문제와 함께 다양한 수준의 응답을 동시에 추구하는 것을 의미한다. 이것은 문제의 수준에서만 다양성을 추구하는 것으로부터 문제에 대한 응답으로까지 다양성을 확장하는 것이며, 학생의 발달과 평가의 통합을 추구하는 것이다.

이를 위해서는 학생에게 자신만의 특별한 수준으로 응답할 수 있는 적절한 문제를 제시하는 것이 필요하다. 그러므로 학생들이 다양한 수준에서 해결할 수 있도록 문제를 개발하고 질문을 제기하는 것이 중요하다.

다양한 수준에서 해결할 수 있는 적절한 문제로서 Ⅲ장 2절에서 살펴볼 [예시문제 Ⅲ－12]의 넓이/둘레 문제를 살펴보자. 넓이/둘레 문제에서의 (4)번 문제는 학생들이 다양한 수준에서 응답할 수 있는 기회를 제공한다. 이와 같이 다양한 수준의 응답을 가능하게 하는 문제는 이후의 더 나은 지도를 위한 차별화된 정보를 제공한다.

나. 교육과 통합된 평가

현실적 수학교육에서는 교육과 밀접하게 통합된 평가를 추구하며, 이것을 ‘교수학적 didactical 평가’로 명명한다.[5] 교수학적 평가에서는 [그림 Ⅲ－3]과 같이 평가의 목적, 내용, 절차, 도구 등이 모두 교육과 통합되어야 한다.

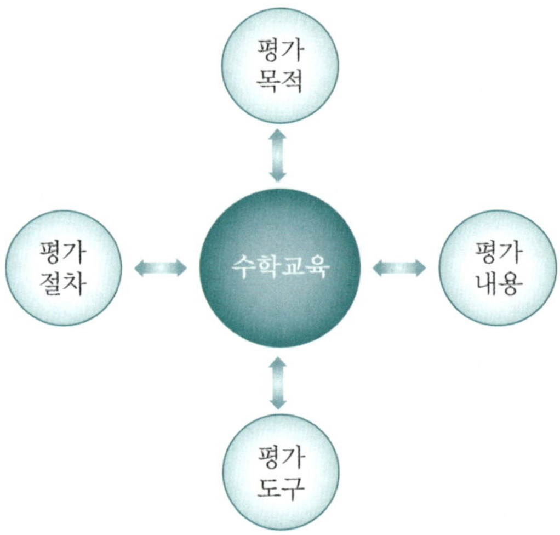

그림 Ⅲ－3 **교육과 통합된 평가**

1) 평가 목적

평가 목적이 교육과 통합된다는 것은 평가를 통해 교수·학습을 개선하는 것에 초점을 두어야 한다는 것이다. 이를 위해서는 학생들의 학습 과정에 대한 다양한 자료를 모아서 특별한 교육적 결정을 하는 데에 기여해야 한다. 특별한 교육적 결정은, 어떤 학생이 진급하고 어떤 학생이 진급하지 못할 것인가에 대한 결정, 어떤 학생이 추가적인 도움을 필요로 하는가에 대한 결정, 어떤 새로운 교육 프로그램을 도입할 것인가에 대한 결정, 프로그램 요소에 대한 주어진 접근 방법의 적절성에 대한 결정, 수학교육의 전반적 설계를 위한 대규모 측정 시행에 대한 결정 등 광범위한 수준에서의 결정으로부터, 내일의 수학 수업에서의 적절한 지도 활동에 대한 국소적인 결정까지 다양한 수준에서 이루어진다.

특히 교실에서의 평가는 학생들이 현재 가지고 있는 지식과 능력을 가장 잘 연결할 수 있는 교육이 어떤 것인가를 결정하는 데에 기여해야 한다. 평가가 교육 실제와 직접적으로 연결되지 않을 때 '반교수학적anti-didactical' 평가의 위험성이 존재한다고 할 수 있다.

2) 평가 내용

평가 내용이 교육과 통합된다는 것은 평가의 내용이 현실적 수학교육에서 달성하고자 하는 목적과 긴밀하게 연결되어야 함을 의미한다. 평가는 폭과 깊이의 두 측면을 고려하면서 수학교육에서 목적으로 하는 전체 범위를 모두 다루어야 한다. 폭의 측면에서는 교육과정에서 다루는 모든 수학 요소들과 그 요소들 사이의 연결성을 다루어야 하며, 깊이의 측면에서는 다양한 이해 수준을 모두 다루어야 한다. 학생들이 습득해야 하는 기본적인 지식과 기능은 물론 고차원적인 추론 능력을 균형 있게 평가하는 것이 중요하다. 측정하기에 용이한 분절된 개별적인 기능만을 제한적으로 평가해서는 안 된다.

평가 내용과 교육의 통합은, 현실적 수학교육에서 학습 과정에 우선 순위를 부여하는 것에서 더욱 분명해진다. 현실적 수학교육에서는 수학을 학생 자신의 활동, 즉 주어진 문제 상황을 파악하고 해결하기 위해 학생 자신의 수학적 통찰력과 도구들을 사용하는 활동으로 파악하기 때문에, 평가에서도 문제해결의 결과가 아니라 문제해결의 과정 그 자체가 주요 초점이 된다. 평가는 학생들의 수학화 활동 과정에 대한 정보를 제공해야 한다.

3) 평가 절차

평가 절차가 교육과 통합된다는 것은 교수·학습과 평가가 통합되어야 한다는 것을 의미한다. 이것은 평가가 교수 · 학습 과정의 매 단계에서 중요한 역할을 함으로써 달성될 수 있다. 그러므로 평가 방법과 절차는 교육적 실제에 적합해야 하고, 교육적 실제 내에서 수행될 수 있어야 한다.

교수 · 학습과 평가의 통합은 평가가 '되돌아보기look backward' 뿐만 아니라 '앞을 내다보기look forward'라는 것을 함의한다. '되돌아보기'는 교육적 결과의 의미에서 학생들이 무엇을 배웠는지를 결정하는 것이며, '앞을 내다보기'는 평가를 통해 이후의 지도를 위한 디딤돌을 확보하는 것이다. 앞을 내다보기는, 학생들의 참여와 공헌을 강조하고 학생들이 이미 알고 있는 것에 근거하여 이후의 학습을 진행할 것을 강조하는 현실적 수학교육의 주장과 일관된다. 교수학적 평가는 이후의 좋은 교육을 위한 '앞을 내다보기' 뿐만 아니라 학생들에게 자신들의 학습 과정에 대한 피드백을 제공하여 '되돌아보기'를 하도록 함으로써 학습을 개선할 수 있다.

교수 · 학습과 평가의 통합에서 중요하게 고려해야 할 또 다른 측면은 교사의 역할이다. 학습 과정은 교사가 학생들의 현재 상태에 근거하여 수행하는 지도 방법에 의해 결정적인 영향을 받는다. 이와 마찬가지로 교사는 무엇을, 어떻게, 그리고 언제 평가할 것인가를 결정하는 데에 중요한 역할을 한다. 지도와 평가의 통합을 가장 잘 보여주는 예는 Ⅲ장 4절에서 살펴볼 관찰이나 구술－시험과 같은 비형식적 형태의 평가이다.

4) 평가 도구

평가 도구가 교육과 통합된다는 것은 학생들의 수학적 수행에 대해 완전한 설명을 하고 학생들에 대한 필요한 정보를 수집하기 위해 광범위하고 다양한 도구를 사용해야 함을 의미한다. 평가 도구는 학생들의 학습 과정을 드러내고, 학생들의 지식, 기능, 통찰력 등에 대한 정보를 제공해야 한다. 이를 위해서는 개방된 평가 방법이 필요하며, 학생들이 평가 과정에서 자신들의 능력과 자신들이 할 수 있는 것을 드러낼 수 있도록 기회를 제공하는 것이 중요하다.

현실적 수학교육 평가에서는 '학생들이 알고 있는 것을 드러내는 것에' 초점을 둔다. 학생들이 어떤 수준에서 할 수 있고 어떤 수준에서 알고 있는가를 확인하는 것이 일차적으로 가장 중요하다. 그렇다고 해서 학생들이 모르고 있는 것을 확인하는 것이 전혀 중요하지 않다는 것은 아니다. 학생들이 알고 있는 것과 모르고 있는 것을 구분하는 것은 평가에서 이차적으로 중요하다고 할 수 있다.

다. 평가의 원리

현실적 수학교육 평가에서는 위에서 논의한 평가에 대한 관점 및 교수학적 평가의 본질을 토대로 다음과 같은 평가 원리를 강조한다. 첫째, 수학 평가의 가장 주요한 목적은 학생의 수학 학습을 개선하는 것이다. 지도와 평가는 분리되어서는 안 되며, 교사들은 평가의 결과로부터 학생의 학습과 교사 자신의 지도 활동에 대한 정보를 얻어서 이후의 더 나은 지도를 위해 수업을 재구조화할 필요가 있다.

둘째, 평가는 수학교육의 모든 목표들을 고려해야 한다. 이를 위해서는 수학의 영역domain을 분석하고 평가의 목적goal 기술 방식을 개선할 필요가 있으며, 평가에서도 '교수학적 현상학에 의한 분석'을 실시할 필요가 있다. 교수학적 현상학에 의한 분석에서는 주어진 영역의 전체 구조가 있는 그대로 드러나야 하고, 그렇게 함으로써 학습에서의 유의미한 모든 지점들을 드러내는 것이 중요하다. 이러한 분석에 토대를 둔 시험만이 불균형과 피상성의 위험을 방지할 수 있다. 평가는 수업과 연결되어야 하며, 학생들이 자신의 기본적인 지식을 드러낼 수 있는 기회와 함께 학생들이 반성하고, 조직하고, 모델을 형성하고, 표현할 수 있는 기회를 제공해야 한다.

셋째, 평가에서는 학생들의 현실을 반영한 문제를 활용할 필요가 있으며, 그러한 문제에는 수학 내용이 포함되어 있어야 한다. 또한 수학 내적 영역과 외적 영역에서 수학화할 수 있는 기회를 제공하는 순수 문제와 응용문제를 포함하는 의미 풍부한 다양한 문제를 제공하여 학생들의 다양한 능력을 평가할 수 있어야 한다.

넷째, 다양한 평가 방법은 학생들이 무엇을 모르고 있는가가 아니라 무엇을 알고 있는가, 무엇을 할 수 있는가, 그리고 어떻게 사고하는가를 확인할 수 있어야 한다. 또한 학생의 등급을 매기는 것이 아니라 학생 개개인에 대한 총체적 정보를 얻을 수 있도록 고안되어야 하며, 학생들이 서로 다른 수준에 있다는 것을 고려해야 한다. 학생들이 자신의 성취를 나타내고 보일 수 있는 다양한 수준의 문제와 다양한 유형의 문제를 적절하게 활용할 필요가 있다. 이를 위해서는 총괄평가 뿐만 아니라 형성평가에 대해서도 많은 관심을 기울일 필요가 있다. 프로이덴탈은 형성평가가 학습 과정에 대한 교사의 인식을 확장하고 정련시키는 역할을 할 수 있다고 강조하였다. 프로이덴탈에 따르면, 형성평가를 더욱 강조하여 추구함으로써 총괄평가에서 발생할 가능성이 큰 독성, 즉 학생들의 등급 매기기에만 집중하게 되는 평가의 독성을 중화시킬 수 있다고 하였다.

다섯째, 평가를 통해 학생 개개인에 대한 총체적 정보를 얻는 과정과 학생에게 점수를 주고 등급을 매기는 평가의 전 과정은 공개되어야 한다. 또한 채점 기준은 공적이고 일관적으로 적용되어야 하며, 채점 기준을 예시하는 학생의 응답을 함께 제시해야 한다. 동시에 학생의 응답에 대한 참된 피드백을 학생에게 제공해야 한다.

여섯째, 평가의 질은 전통적인 의미에서의 객관적인 점수 부여, 신뢰성, 타당성 등에 의해 정의되는 것이 아니라, 공정성, 진실성, 그리고 위에서 언급한 원리들을 충족하는 정도 등에 의해 정의되어야 한다.

2 평가 문제와 맥락

가. 문제의 중요성

현실적 수학교육 평가에서는 평가 문제가 중요한 역할을 한다. 문제에서는 질문하고 있는 내용what이 문제의 형식이나 질문 방식보다 훨씬 더 중요하다. 예를 들어, 지필 형식의 빈약한 문제를 구술 형식으로 문제의 형식을 바꾸어서 제시한다고 해서 그 문제가 즉각적으로 개선되는 것은 아니다. 평가의 개선은 원칙적으로 평가 문제의 개선을 통해 추구되어야 한다.

문제 자체에 대한 강조는 현실적 수학교육의 중요한 특징이다. 현실적 수학교육에서는 평가뿐만 아니라 교수·학습 방식도 문제 중심적problem-centered이다. 학생들은 특별한 문제로부터 시작하여 수학적 수단과 통찰력을 발달시키며, 새로운 문제를 해결하기 위해 수학적 수단과 통찰력을 이용한다. 문제는 해결을 필요로 하는 상황이며, 문제해결은 수학화에 의한 자료의 조직화와 도식화, 정보 처리 과정 등을 통해 도달될 수 있다. 새로운 문제에 적용될 수 있는 수학적으로 정교한 해결 방법의 고안은 수학적 활동에 대한 반성이라고 할 수 있으며, 수학적 활동에 대한 반성은 수준 상승을 가능하게 하는 수학화의 필수적인 부분이다. 문제 상황은 수학적 구조 뿐만 아니라 실생활 상황과 관련될 수 있으며, 복잡성과 수준의 측면에서 매우 다양하다.

교수학적 현상학은 교육의 전개에서 중요한 역할을 하는 것처럼 평가 문제의 내용을 결정하는 데서도 중요한 역할을 한다. 평가 측면에서 교수학적 현상학은 어떤 상황과 문제가 학생들의 통찰력과 기능에 대한 정보를 얻기 위해 적절한가를 결정하고, 학생들의 통찰력과 기능에 대해 무엇을 아는 것이 가치 있는가를 결정하는 데에 중요한 영향을 미친다. 문제는 두 가지 필요 요건을 만족해야 하는데, 그것은 문제가 의미 풍부해야 한다

는 것과 학생들의 수학적 이해에 대한 정보를 제공해야 한다는 것이다.[6)]

1) 의미 풍부한 문제

현실적 수학교육은 인간 활동으로서의 수학이라는 아이디어에 토대를 두고 있다. 따라서 가장 우선적인 교육 목적은 학생들이 활동으로서의 수학을 학습하는 것이며, 이것은 수학이 학생들에게 유용하도록 가르쳐야 함을 시사한다. 학생들은 문제 상황을 분석하고 조직하는 것을, 그리고 학생들에게 의미 풍부한 문제 상황에서 수학을 유연하게 적용하는 것을 학습할 필요가 있다.

문제가 의미 풍부해야 한다는 것은 학생 측면과 수학 교과 측면의 두 측면에서 살펴볼 수 있다. 학생의 관점에서 보았을 때, 문제는 학생들이 접근가능하고 학생들에게 가치 있는 것이어야 한다. 문제는 학생들에게 도전적이어야 하며, 주어진 문제에 대한 답이 왜 요구되는가가 학생들에게 명확해야 한다. 의미 풍부한 문제는 학생들이 스스로 질문을 하고 그 질문에 대해 생각해 보도록 하며, 학생들이 문제 상황을 스스로에게 특별한 의미를 갖도록, 즉 자신의 문제가 되도록 한다. 예를 들어, 학생들이 실제 생활에서 어떤 물건을 살 것인가를 결정하기 위해 할인율을 고려해야 하는 백분율 문제가 여기에 해당된다.

수학 교과의 측면에서 문제가 유의미하기 위해서는 문제가 중요한 목적을 반영해야 한다. 어떤 것을 학습하는 것이 가치가 없다면, 그것을 평가하는 것도 가치가 없다. 문제는 수학적으로 옳은 것이어야 하고, 더 나아가서 쉽게 평가할 수 있는 내용에만 국한되어서는 안 된다. 문제는 수학 영역 전체의 폭과 깊이를 모두 다룰 수 있어야 한다. 이것은 평가가 수학 교과의 모든 주제를 다루어야 하며, 기본 기능에서부터 고차원적인 추론에 이르기까지 다양한 수준에 적절한 문제를 포함해야 함을 의미한다. 고차원적 추론에 대한 문제는, 학생들에게 생소한 문제 상황과 수학화의 기회를 제공하고 학생들이 다양한 방식으로 해결할 수 있는 것이어야 한다.

2) 학생에 대한 정보를 제공하는 문제

현실적 수학교육에서는 학생들이 적극적으로 자신의 수학적 지식을 구성할 것을 강조한다. 학생들이 학습하는 지식은 학생들의 비형식적 지식과 긴밀하게 연결되도록 지도해야 하며, 교사는 학생들이 안내하의 재발명을 통해 더 높은 수준의 이해에 도달하도록 도와야 한다. 그러므로 평가 문제는 교사에게 학생들의 수학적 지식, 기능, 통찰력, 문제해결 전략 등에 대한 최대한의 정보를 제공함으로써 안내하의 재발명의 과정을 뒷받침할 필요가 있다. 문제에 대한 학생들의 응답으로부터 얻은 다양한 정보는 교사와 학생의 교수·학습 활동에 적극적으로 피드백되어 학생들의 학습 개선에 기여해야 한다.

이러한 과정이 성공적이기 위해서는 학생들이 평가에 접근하는 것이 가능해야 한다. 문제와 함께 제시되는 시험 지침이 학생에게 최대한 명확해야 하며, 학생이 자신의 언어와 말로 자신의 응답을 제시할 수 있는 문제를 제공해야 한다. 문제에는 학생이 자신의 산출물을 만들 수 있는 여지가 존재해야 하며, 이를 위해서는 서로 다른 수준에서 서로 다른 방식으로 해결하는 것이 가능하도록 문제를 개발할 필요가 있다. 문제는 교사와 학생 모두에게 학습 과정을 투명하게 내비칠 수 있도록 고안되어야 한다.

문제가 제공하는 정보는 유용해야 한다. 유용한 정보는 학생들의 수학적 이해에 대한 정확한 양상을 제공해야 하며, 시험에서 부당한 불이익을 받는 학생들이 없도록 시험이 모든 학생들에게 공정하게 수행되어야 한다. 이를 위해서는 문제가 긍정적인 테스트에 적합해야 하는데, 이것은 문제가 학생들이 알지 못하는 것이 아니라 알고 있는 것을 드러낼 수 있도록 해야 한다는 것이다.

나. 문제에서 맥락의 유형과 역할

맥락의 활용은 현실적 수학교육에서 강조하는 주요 특징 중의 하나이다. 맥락은 수학교육의 모든 측면에서, 즉 개념 형성과 적용, 특정한 기능의 연습과 적용, 모델 형성 등에서 중요한 역할을 한다. 현실적 수학교육에서 평가의 주요 목표 중의 하나는 수학적 소양을 갖추도록 돕는 일이다. 수학적 소양을 갖추는 것은, 기본적인 수학적 지식과 기능을 숙달하는 것과 함께 수학 내적, 외적 맥락에서 수학을 발견하고 적용하는 것을 의미한다. 따라서 맥락은 현실적 수학교육 평가에서 중요한 역할을 한다.

맥락은 폭넓은 의미에서 문제가 놓여 있는 상황을 의미한다. 다시 말해서, 맥락이란 학생들에게 제시되는 문제의 정보를 포함하고 있는 상황이며, 특히 수학교육에서는 수학적 정보를 포함하고 있는 상황을 의미한다. 맥락은 일상생활의 상황으로부터 상상속의 판타지 상황, 그리고 수학적 문제를 드러내는 상황까지를 포괄한다. 문제에 내포되어 있는 상황은 수학화에 적절한 것이어야 하며, 학생들은 상황을 활용한 수학화에서 자신들의 경험이나 지식을 활용할 수 있고 무엇인가를 상상할 수 있다.

1) 맥락의 유형

맥락은 학생들과의 거리, 현실성의 정도 등의 여러 측면에서 그 유형을 분류할 수 있다.[7)] 이렇게 맥락을 여러 측면으로 구분하여 고려하는 것은 다양한 맥락을 학생들에게 제공함으로써 맥락이 학습과 평가에 기여할 수 있는 바를 극대화하기 위한 것이다.

학생들과의 거리 측면에서, 맥락은 개인 상황, 학교 상황, 직업 상황, 사회 상황, 학문 상황으로 구분할 수 있다. 개인 상황은 학생들의 일상적인 개인 생활과 관련되며, 학교 상황은 학교 생활과 관련된다. 직업 상황은 일과 여가 활동과 관련되며, 사회 상황은 지역 공동체 생활과 사회 생활과 관련된다. 학문 상황은 구체적인 실생활 장면이 결합되지 않은 수학 내적인 맥락이나 실생활에서는 가능하지 않을 수도 있는 수학 외적인 맥락과 관련된다. 학생들이 각각의 상황에 대하여 느끼는 거리감은 다르며, 개인적 상황에서 학문적 상황으로 갈수록 학생들이 느끼는 거리감은 더 멀어진다. 학생들에게 '더 가까운' 상황이 학생들의 흥미도와 성취도를 고취시키는 데에 항상 긍정적인 영향을 주는 것은 아니다. 맥락과 학생들의 거리감이 문제해결에 어떤 영향을 미치는가에 대해서는 더욱 심층적인 연구가 필요하다.

현실성의 정도 측면에서는, 실제적 맥락, 가상적 맥락, 인공적 맥락, 수학적 맥락 등으로 맥락을 구분할 수 있다. 실제적 맥락은 실제로 존재하는 물리적, 사회적, 학문적 실제 자체에서 이끌어낸 요소로 이루어진 것이다. 가상적 맥락은 실제 자체는 아니지만 실제에서 유도된 것으로 단순화, 이상화, 일반화된 것을 말한다. 인공적 맥락은 실제로는 존재하지 않는 대상이나 구성물을 말하는 것으로, 대부분 상상의 세계에 속하는 것이다. 수학적 맥락은 수학 자체에서 택한 것으로써 이전의 수업에서 배운 내용을 적용해야 하는 친숙하지 않은 수학적 상황을 말한다.

2) 맥락의 역할

평가 문제에서 맥락의 주요 역할은 크게 세 가지로 살펴볼 수 있다. 맥락은 문제에 대한 접근가능성을 향상시킨다는 점, 문제의 폭과 투명성에 기여한다는 점, 다양한 전략 개발에 도움을 준다는 점 등이 그것이다.

맥락이 문제에 대한 접근가능성을 향상시킨다는 것은, 학생들이 평가 문제에 제시된 맥락을 통해 문제에 보다 쉽게 접근할 수 있다는 것을 의미한다. 문제의 맥락은 학생들이 쉽게 생각할 수 있는 상황으로부터 출발하는 것이 바람직하다. 특히 시각적으로 제시된 상황은 학생들이 상황을 쉽게 인식하고 상상하는 것을 돕고, 동기유발을 통해 맥락에의 접근가능성을 증대시킬 수 있다.

맥락이 문제의 폭과 투명성에 기여한다는 것은, 평가 문제에 제시된 맥락이 학생들 자신의 능력을 보여줄 수 있는 폭 넓은 기회를 제공하고, 자신의 수학적 이해 상태를 투명하게 드러낼 수 있는 기회를 제공한다는 것을 의미한다. 예를 들어, '325÷25를 세로셈으로 계산하시오.'와 같이 맥락이 포함되어 있지 않은 비맥락 문제bare problem에 대한 학생들의 응답은 맞거나 틀리거나 두 가지 경우 중의 하나이다. 대부분의 비맥락 문제에서는 수행되어야 할 연산이 고정되며, 학생들이 이전에 학습했던 특정한 절차를 수행할 수 있는지 없는지 만을 확인할 수 있다. 그러나 '우리 학교 4학년 교사와 학생 총 325명이 모두 현장 체험학습을 가려고 한다. 25인승 버스를 이용하려고 한다면 총 몇 대의 버스가 필요한가?'와 같은 맥락 문제에서는, 세로셈으로 계산하여 답을 구할 수도 있고 동수누감의 방법으로 답을 구할 수도 있다. 맥락 문제는 서로 다른 다양한 수준에서 해결될 수 있기 때문에 문제의 탄력성이 증가한다. 우수한 학생들도 문제를 해결할 수 있으며, 조금 낮은 수준의 학생들 역시 낮은 수준에서 문제를 해결할 수 있다. 맥락 문제는 비맥락 문제가 빠질 수 있는 '모 아니면 도all-or-nothing', 즉 '옳은 답 아니면 틀린 답'이라는 위험성을 감소시킬 수 있다.

평가에 포함된 맥락은 문제를 해결하기 위한 다양한 전략 개발에 도움을 준다. 학생은 문제에 담긴 상황에서 스스로를 상상함으로써 상황에 의해 영감을 받은 방식으로 문제를 해결할 수 있다. 또한 학생들은 주어진 맥락 내에 포함되어 있는 어떤 행동으로부터 전략을 이끌어 낼 수도 있다. 문제의 맥락으로부터 다양한 해결 전략을 고안하고 실행하는 능력은 학생들의 수학적 지식과 통찰력을 확장하고 향상시키는 역할을 한다.

3) 맥락 문제와 비맥락 문제

가) 맥락 문제 예시: 돌고래 문제

여기에서는 맥락 문제context problem의 예로 [예시문제 Ⅲ-1]의 돌고래 문제를 살펴본다. 돌고래 문제는 초등학교 3학년 학생들에게 제시될 수 있는 문제이다. 3학년 학생들은 곱셈구구 내에서의 곱셈과 나눗셈에 대해 매우 익숙해 있다. 이 학생들은 두 자리의 자연수의 곱셈과 나눗셈에 대해서는 제한된 경험을 가지고 있으며 나누어지는 수가 세 자리인 자연수의 나눗셈에 대해서는 아직 배우지 않은 상태이다. 돌고래 문제는 학생들이 이전에 배웠던 것을 살펴보기 위한 '되돌아보기'와 앞으로의 지도를 위한 디딤돌을 찾기 위한 '앞을 내다보기'를 시도하기 위해 개발된[8] 문제이다.

[예시문제 Ⅲ－1] 돌고래 문제

오른쪽 사진과 같은 돌고래 한 마리의 무게는 보통 500kg이라고 합니다. 얼마나 많은 아동들이 있으면 돌고래 한 마리의 무게와 같게 될까요?

돌고래 문제는 익숙하면서도 가치있는 문제해결이 필요하기 때문에 학생들에게 의미 풍부한 과제라고 할 수 있다. 학생들은 이러한 종류의 문제를 TV 프로그램, 잡지, 가게 등에서 자주 접한다. 학생들은 돌고래 문제에서 자신들이 알고 있는 계산 절차와 측정과 관련된 지식을 적용해야 한다.

돌고래 문제는 문제해결의 절차가 미리 알려져 있지 않고 문제해결에 필요한 모든 정보가 제시되어 있지 않는 문제이다. 학생들은 자신의 몸무게를 근거로 하여 문제해결에서 사용할 아동의 몸무게를 스스로 생각해 내야 하므로, 이 문제는 아동들의 현실과 밀접하게 관련되어 있다고 할 수 있다. 이러한 과정에서 학생들은 자신이 무엇인가를 구성할 수 있는 여지를 갖게 되는데, 이것은 평가 문제가 갖추어야 할 바람직한 측면이다.

다음의 [그림 Ⅲ－4]는 돌고래 문제에 대한 학생들의 문제해결 과정과 결과이다.

[윤수]	[희서]
아동들의 몸무게는 거의 17kg-29kg입니다. 이런 아동들이 2명이 있으면 58kg입니다. 제 생각엔 아동들이 30명이 있으면 될 것 같습니다.	제 몸무게를 계속 더한다. 25+25=50+25=75+25=100+25=125+25=150+25=175+25=200+25=225+25=250+25=275+25=300+25=325+25=350+25=375+25=400+25=425+25+=450+25=475+25=500 19번을 하면 된다.
[정미]	**[은지]**
아동 1명의 몸무게는 25kg입니다.	아동들의 몸무게를 20kg 이라고 한다면 쉽게 말해 500-20-20-20-20-20=400 이므로 20이

<table>
<tr>
<td>25+25+25+25+25+25+25+25+25+25+25+25+25+25+25+25+25+25+25+25=500입니다.

25×20=500 이므로 아동 20명의 무게는 돌고래 1마리의 무게와 같습니다.</td>
<td>5개라면 100이라는 것을 모은다면 위 계산을 통해 알게 될 수 있고 20(×5)을 100으로 치면 500−100(20×5)−100(20×5)−100(20×5)−100(20×5)−100(20×5)=0입니다. 20으로 돌아가자면 계산이 25가 되므로, 아동들이 25명이 있어야 돌고래 한 마리의 무게가 됩니다.</td>
</tr>
<tr>
<td>[승주]
아동 1명 = 25kg
아동 4명=100kg
따라서 아동 20명은 500kg입니다.</td>
<td>[선희]
20kg × 25kg = 500kg
20kg 아동이 25명 있으면 500kg이 된다. 그러면 돌고래 한 마리 무게다.</td>
</tr>
<tr>
<td colspan="2">[경미]
3학년 1명 당 약 30KG 라면 30을 계속 더해서 500이 될 때까지 더하면 30을 얼마나 더했는지 알아본다. 그래서 30+30=60+30=90+30=120+30=150+30=180+30=210+30=240+30=270+30=300+30=330+30=360+30=390+30=420+30=450+30=480+ 2학년 몸무게 20을 더한다. 그러면 3학년 16명과 2학년 1명이 있어야 한다.</td>
</tr>
</table>

그림 Ⅲ－4 **학생들의 응답 예시: 돌고래 문제**

학생들은 아동의 평균 몸무게로 17kg에서 30kg까지 다양한 몸무게를 사용하고 있으며 다양한 문제해결 전략을 적용하고 있다. 어떤 학생들은 어림수를 사용하고 있고 또 다른 학생들은 어림수를 사용하지 않고 있다. 3학년 학생들은 학교에서 '(세 자리의 수)÷(두 자리의 수)'의 나눗셈을 아직 배우지 않은 상태이기 때문에, [그림 Ⅲ－4]에서 어떤 학생도 '(세 자리의 수)÷(두 자리의 수)'의 나눗셈 연산을 수행하지 않고 있다. 대신에 학생들은 500kg에 가깝게 될 때까지 하나의 몸무게 값을 계속 더하거나, 500에서 같은 몸무게 값을 계속 빼거나, 곱셈을 활용한 전략을 활용하고 있다. 윤수는 아동들의 몸무게를 17~29kg으로 어림한 다음 아동 2명은 58kg이고 따라서 30명이면 될 것 같다는 어림 전략과 어림 결과를 제시하고 있다. 희서는 아동의 몸무게 25를 두 번 더해서 50을 구하고 50에 25를 다시 더해서 75를 구하고 이런 방식을 계속 반복하여 500에 도달했지만, 처음의 25를 세지 않는 실수를 해서 19번을 더하면 500kg이 된다고 응답하였다. 정미는 25를 20번 더해서 500을 구하고 이것을 25×20=500이라는 곱셈식으로 정리한 다음, 아동 20명의 몸무게가 돌고래의 몸무게와 같다고 응답하였다. 은지는 똑같은 수를 계속 빼는 전략을 활용하고 있는데, 500에서 20을 5번 빼서 400을 구하여 20이 5개이면 100이라는 것을 설명한 다음 500에서 100을 5번 빼서 0을 구하고 아동들이 25명 있으면 돌고래 1마리와 같게 된다고 응답하였다. 승주는 아동 1명의 몸무게를 25kg으로 정하고 암산으로 계산하여 4명의 몸무게가 100kg이고 20명이 500kg이라고 응답하였다. 선희는 20×25=500을 계산하여 20kg 아동이 25명 있으면 500kg이 된다고 응답하였다. 경미는 3학년 아동의 몸무게를 30kg으로 정하고 30을 16번 더하여 480을 계산하고 여기에 20kg인 2학년 아동 1명의 몸무게를 더하여 500을 만든 다음, 3학년 16명과 2학년 1명이 있어야 한다고 응답하였다.

학생들은 돌고래 문제에서 자신이 무엇을 알고 있는가를 보일 수 있는 기회를 갖게 된다. 교사는 학생들이 문제를 어떻게 다루는지, 측정에 대한 학생들의 지식, 학생들이 적용하는 나눗셈 전략, 학생들이 지금까지 다루어 본 적이 없는 나눗셈 문제에서 자신들의 사고 과정을 뒷받침하기 위해 어떤 모델과 표기법을 사용하는지 등에 대한 다양한 정보를 얻을 수 있다.

나) 비맥락 문제 예시: 같은 답이 나오는 곱셈 만들기 문제

다음에 제시되는 [예시문제 Ⅲ－2]의 '같은 답이 나오는 곱셈 만들기' 문제는 비맥락 문제bare problem라 하더라도 현실적 수학교육에 적절한 평가 문제가 될 수 있음을 보여준다. 이 문제는 학생들의 통찰력과 전략에 대한 정보를 얻는 데에 활용될 수 있다. 이 문제는 4~5학년 학생들을 대상으로 하며, 연산과 곱셈에 대한 학생들의 이해력이 어느 정도인가를 확인하는 데에 목적이 있다.

[예시문제 Ⅲ－2] 같은 답이 나오는 곱셈 만들기

오른쪽에 제시된 곱셈의 답과 같은 답이 나오는 곱셈을 여러 가지 제시하시오.
(단, 오른쪽에 제시된 곱셈에 쓰인 숫자를 그대로 사용해서는 안 됩니다. 그리고 오른쪽에 제시된 곱셈의 답을 쓸 필요는 없습니다.)

32×18

다음의 [그림 Ⅲ－5]는 '같은 답이 나오는 곱셈 만들기' 문제에 대한 학생들의 문제해결 과정과 결과이다.

[지희]	[현승]	[민주]
곱셈식 ① : 81×23= 곱셈식 ② : 576×1= 곱셈식 ③ : 82×13= 곱셈식 ④ : 1×823= 곱셈식 ⑤ : 284×2= 곱셈식 ⑥ : 831×3=	곱셈식 ① : 321×8=571 곱셈식 ② : 32×18=576 [정현] 곱셈식 ① : 576×1 곱셈식 ② : 1×576	곱셈식 ① : 1×576 곱셈식 ② : 2×288 곱셈식 ③ : 3×192 곱셈식 ④ : 4×144 곱셈식 ⑤ : 5×115 곱셈식 ⑥ : 6×96 곱셈식 ⑦ : 7×82

[두현]	[건희]
곱셈식 ① : 282×2 곱셈식 ② : 192×3 곱셈식 ③ : 144×4 곱셈식 ④ : 96×6 곱셈식 ⑤ : 72×8 곱셈식 ⑥ : 64×9 곱셈식 ⑦ : 48×12	곱셈식 ① : 64×9 곱셈식 ② : 16×36 곱셈식 ③ : 8×72 곱셈식 ④ : 4×144 곱셈식 ⑤ : 288×2 곱셈식 ⑥ : 1×576 곱셈식 ⑦ : 6×96

그림 Ⅲ-5 **학생들의 응답 예시: 같은 답이 나오는 곱셈 만들기**

지희의 응답을 살펴보면 576×1을 제시하고 있는데 이것으로부터 이 학생이 32×18의 곱셈 계산을 수행할 수 있음을 알 수 있다. 그러나 지희는 32와 18에서 일의 자리와 십의 자리의 수를 각각 바꾼 81×23이나, 23의 십의 자리에서 1을 가져와서 81의 일의 자리에 더하여 82×13을 같은 답이 나오는 곱셈으로 제시하고 있다. 지희는 32×18의 계산을 수행할 수 있지만, 자릿값 개념이 정립되어 있지 않고 곱셈적으로 사고해야 하는 문제에서 덧셈적으로 사고하고 있음을 알 수 있다.

현승이는 32×18=576의 계산을 수행할 수 있지만 더 나아가지 못하고 있다. 정현이는 32×18을 계산하여 576을 구한 다음 576×1과 1×576을 제시하고 있는데, 이 학생은 곱셈에서 1이 갖는 성질을 활용하고 있다. 민주는 32×18을 계산하여 576을 구한 다음, 576을 1, 2, 3, 4, 5, 6, 7로 나누어서 몫을 구한 다음 나머지가 0인가 0이 아닌가에 상관없이 곱셈식을 제시한 것으로 파악된다. 민주는 2×288, 3×192와 같은 옳은 답과 함께 5×115,

7×82와 같은 잘못된 답을 제시하고 있는데, 이로부터 이 학생은 곱셈과 나눗셈의 계산을 수행할 수는 있지만 몫과 나머지의 의미는 정확하게 이해하지 못하고 있음을 알 수 있다.

두현이는 32×18을 계산하여 576을 구한 다음 576을 여러 가지 수로 나누어서 나누어 떨어지는 경우를 구하여 옳은 답을 제시하고 있다. 예를 들어, 576을 6으로 나누었을 때는 너머지가 0이므로 96×6이라는 곱셈을 제시하고 있지만, 7로 나누었을 때는 나머지가 0이 아니기 때문에 곱셈을 제시하지 않고 있다.

건희는 32×18에서 32는 2배로 하고 18은 반으로 나누는 전략을 활용하여 64×9라는 곱셈을 제시하거나, 32는 반으로 하고 18은 2배로 하여 16×36이라는 곱셈을 제시하였다. 건희는 이와 같이 2배 하기와 반으로 나누기라는 전략을 활용하여 여러 가지 곱셈을 제시하고 있다.

'같은 답이 나오는 곱셈 만들기' 문제를 Ⅲ장 1절에서 언급한 평가 관점에 비추어 살펴보면, 먼저 '능동성'과 관련하여 학생들은 자신이 가지고 있는 수학적 지식과 기능을 활용하여 문제의 해결에 능동적으로 참여할 수 있다. '역동성'과 관련하여, 이 문제에 대한 학생들의 응답 정보는 이후의 교육을 어떻게 진행할 것인가에 대한 역동적인 정보를 제공한다. '공정성'과 관련하여, 이 문제는 학생 개개인이 할 수 있는 것을 드러낼 수 있는 기회를 제공하여 학생들 각자가 공정한 평가를 받을 수 있는 기회를 제공하고 있다. 이 문제는 학생들의 연산과 곱셈의 이해 상태를 확인할 수 있다는 측면에서, 즉 시험 내용의 측면에서 질 높은 문제라고 판단할 수 있으며, 객관적인 채점의 가능성 여부에 의해 이 문제의 질을 판단해서는 안 된다. '풍부한 불확실성'과 관련하여, 이 문제는 연산과 곱셈에 대한 학생들의 수학적 이해 상태에 대한 풍부한 정보를 제공하지만, 학생들의 정확한 발달 수준을 결정하는 것에 초점을 두지 않는다. '다양성'과 관련하여, 이 문제는 위에서 제시한 학생들의 응답에서 알 수 있듯이 다양한 수준에서 응답을 제시할 수 있는 문제이다.

3 수학적 역량

가. 수학적 역량

평가는 교육의 통합적 요소로 간주되어야 하며, 단지 학생들의 잘못된 반응을 얻는 것으로 파악되어서는 안 된다. 평가의 목표는 수학교육의 목표, 즉 수학적 안목의 형성을 위해 교수·학습 과정과 교육적 의사결정에 도움이 되는 정보를 다양한 방법으로 산출하는 것이다.

현실적 수학교육에서는 수학적 안목을 갖추기 위해 필요한 수학적 역량mathematical competency으로 수학적 사고, 수학적 논쟁, 모델링, 문제 제기와 문제 해결, 표현, 기호와 형식적 언어, 의사소통, 보조 교구와 도구의 활용 등의 8가지를 설정하고 있다. 각각의 수학적 역량과 관련된 핵심 요소를 제시하면 다음과 같다.[9)]

수학적 사고

- 수학에 특징적인 문제("…이 존재하는가?", "만약 그렇다면, 얼마나 많이 존재하는가?", "…을 어떻게 구해야 하는가?" 등과 같은) 제기하기
- 문제에 대해 수학이 제공하는 다양한 유형의 해 알기
- 다양한 유형의 용어, 예를 들어, 정의, 정리, 추측, 가정, 예, 조건부 주장 등의 차이점 알기
- 주어진 수학적 개념의 범위와 한계를 이해하고 활용하기

수학적 논쟁

- 수학적 증명이 무엇인가를 알고, 수학적 증명이 다른 종류의 수학적 추론과 어떻게 다른가를 알기
- 다양한 유형의 수학적 논쟁들을 이해하고 평가하기
- 발견술에 대한 감각 (무엇이 일어날 수 있는지, 무엇이 일어날 수 없는지, 왜 그런지 등) 갖추기
- 수학적 논쟁 만들어 내기

모델링

- 모델링되어야 하는 영역이나 상황을 구조화하기

- 수학화하기 (즉, '현실'을 '수학'으로 번역하기)
- 탈수학화하기 (즉, 수학적 모델을 '현실'에 비추어 해석하기)
- 모델 다루기 (수학적 영역 내에서 작업하기)
- 모델 타당화하기
- 모델과 모델링 결과를 반성하고, 분석하고, 비평하기
- 모델과 모델링 결과에 대해, 결과의 제한점들을 포함하여 의사소통하기
- 모델링 과정을 조절하고 통제하기

문제 제기와 문제 해결

- 다양한 수학적 문제들을 (예를 들어, '순수한', '응용', '열린', '닫힌' 문제들) 제기하고 형식화하고 만들기
- 다양한 유형의 수학적 문제들을 다양한 방식으로 해결하기

표현

- 수학적 대상과 상황에 대한 다양한 형식을 이해하고 해석하고 구분하며, 다양한 표현 사이의 상호관련성을 이해하기
- 다양한 유형의 표현을 상황과 목적에 맞게 선택하고 변환하기

기호와 형식적 언어

- 상징적이고 형식적인 언어의 의미를 이해하고 해석하며, 상징적이고 형식적인 언어와 일상 언어 사이의 관련성 이해하기
- 일상 언어를 상징적이고 형식적인 언어로 변환하기
- 기호와 공식들을 포함하는 명제와 식 다루기
- 변수를 사용하여 방정식을 풀고 계산하기

의사소통

- 수학적 요소를 가지고 있는 것들에 대해 말이나 글 등의 다양한 방식으로 나타내기
- 수학적 요소를 가지고 있는 것들에 대해 다른 사람이 쓰거나 말한 진술을 이해하기

보조 교구와 도구의 활용

- 수학적 활동을 뒷받침하는 (정보 기술 도구들을 포함한) 다양한 보조 교구와 도구에 대하여 알고 이용하기
- 보조 교구와 도구들의 한계에 대해 알기

나. 수학적 역량 수준

수학적 역량을 개별 문항에서 개별적으로 평가하는 것은 바람직하지 않다. 수학적 역량들은 많은 부분에서 중첩되며, 실제로 수학을 행할 때는 다양한 역량들이 동시에 필요하기 때문이다. 현실적 수학교육에서는 학생들이 다양한 수학적 역량을 동시에 발휘할 수 있도록 수학적 역량들을 포괄하여 수준1－재생, 수준2－연결, 수준3－반성의 세 수준으로 다음의 <표 Ⅲ－1>과 같이 조직하였다.[10]

〈표 Ⅲ－1〉 **수학적 역량 수준과 문항 유형**

	수준1－재생	수준2－연결	수준3－반성
수학적 역량	재생, 절차, 개념 및 정의 • 사실에 대한 지식 • 수학의 대상과 특성의 표현 • 정형적인 절차의 수행 • 표준 알고리즘의 적용 • 공식과 식에 대한 조작	문제해결을 위한 연결과 통합 • 비정형적인 문제해결 • 정보를 다양한 수학적 언어로 표현 • 정의, 주장, 예시, 증명 등의 이해 • 수학적으로 논쟁하기 • 상황에 적합한 모델 개발 및 비판적인 모델의 사용	수학화, 수학적 사고, 일반화, 통찰 • 여러 가지 맥락에서의 수학화 • 자신의 모델과 전략 개발, 분석, 해석 • 일반화와 증명을 포함한 수학적 논증 • 의사소통 • 학문으로서의 수학과 수학적 모델링을 통해 수학의 응용에 대한 통찰력
문항 유형	선택형, 완성형, 연결형, 진위형, 폐쇄형 단답형	개방형 단답형, 개방형 서술형	개방형 서술형, 슈퍼(복수) 문항형 두 단계 시험, 에세이 시험

❂ 수준1－재생 : 재생, 절차, 개념 및 정의

수준1은 수학적 지식과 절차를 알고 재생하여 사용하는 것과 관련된다. 수학적 사실에 대한 지식, 동치임을 표현하고 인식하기, 수학의 대상과 성질을 상기하기, 정형적인 절차를 수행하기, 표준 알고리즘을 적용하기, 표준 형태의 공식과 기호를 포함하는 명제와 식을 세우고 조작하기 등이 수준1에 해당한다.

❂ 수준2－연결 : 문제해결을 위한 연결과 통합

수준2는 학생들이 수학의 여러 요소와 영역을 연결하고 정보를 통합하고 여러 가지 전략과 수학적 도구를 선택하여 비교적 간단한 비정형적인 문제를 해결하는 것과 관련된다. 상황과 목적에 따라 다양한 유형의 수학적 표현을 사용하여 문제에 있는 정보를 수학적 언어로 번역하기, 정의, 주장, 예시, 조건부 주장, 증명 등을 구분하기, 수학적으로 논쟁하기, 즉 수학적으로 추론하고 추론의 근거를 설명하고 주장하기, 상황에 대한 모델을 만들거나 알고 있는 모델을 비판적으로 다루고 그 답을 상황에 맞게 수정하기 등이 수준2에 해당한다.

❁ 수준3 – 반성 : 수학화, 수학적 사고, 일반화, 통찰

수준3은 여러 가지 맥락에 포함된 수학을 인식하고 추출하며, 추출된 수학을 사용하여 문제를 해결하는 수학화 능력과 관련된다. 이 과정에서 학생들은 자신의 모델과 전략을 개발하고 분석하고 해석할 수 있으며, 일반화와 증명을 포함한 수학적 논증을 제시할 수 있으며, 여러 가지 방법으로 의사소통할 수 있어야 한다. 또한 문화와 역사를 포함하여 학문으로서의 수학의 특성에 대한 통찰력과 수학적 모델링을 통해 다른 교과를 포함한 여러 가지 현상에 수학이 적용된다는 것을 이해하는 통찰력이 필요하다. 수준3은 현실적 수학교육에서 추구하는 수학적 안목의 형성에서 가장 중요한 부분으로서 인지적 측면뿐만 아니라 정의적 측면까지 모두 고려한 것이라 볼 수 있다.

이상에서 살펴본 역량 수준은 수학 내용, 난이도와 함께 평가의 세 차원으로 파악될 수 있다. 드 랑어는 수학 평가를 위해 수학 내용, 역량 수준, 난이도의 세 차원으로 이루어진 피라미드 모델을 [그림 Ⅲ – 6]과 같이 제시하였다.[11)]

수학 내용은 대수, 기하, 수, 통계/정보처리 등으로 구성되고, 역량 수준은 재생, 절차, 개념 및 정의에 해당하는 수준1, 문제해결을 위한 연결과 통합에 해당하는 수준2, 수학화, 수학적 사고와 추론 및 일반화와 통찰에 해당하는 수준3으로 구성된다. 정육면체나 직육면체가 아니라 피라미드 모양으로 나타낸 것은 수준1, 수준2, 수준3의 문제 비율을 다르게 적용할 필요성을 나타내기 위해서이다.

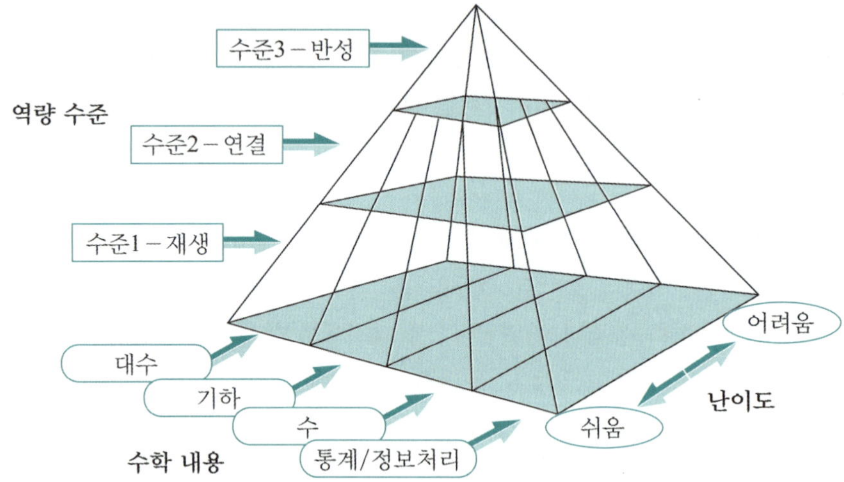

[그림 Ⅲ – 6] **평가 피라미드**

다. 수학적 역량 수준과 수학화

앞에서도 강조한 바와 같이, 현실적 수학교육 평가에서 수학은 의미 풍부한 적용에 초점을 두는 인간 활동으로서 간주된다. 현실적 수학교육 평가에서는, 교육에서와 마찬가지로, 맥락과 모델을 활용하여 다양한 수준의 수학화를 경험함으로써 자기 자신의 수학을 발달시켜 나가는 학생들의 역할을 강조한다.

수학화의 과정은 크게 보았을 때 두 개의 서로 다른 국면으로 전개된다.12) 첫 번째는 수평적 수학화로서 실세계에서 수학적 세계로 진행하는 과정이다. 두 번째는 수직적 수학화로서, 수학적 세계 내의 문제에서 작용하며 문제를 해결하기 위해 수학적 도구를 발달시키는 것이다. 한편 수학적 세계 내에서 구한 해를 원래 문제의 측면에서 반성하는 것은 수학화의 과정에서 또 다른 핵심적인 부분이다.

수평적 수학화는 수학적 아이디어와 개념을 활용하여 현실을 조직하는 것이다. 수학화는 학생들이 자신의 수학적 지식과 기능을 이용하여 알려지지 않은 규칙, 관계, 구조 등을 발견하는 조직화 활동이다. 한편, 실세계 문제가 다소간의 수학적 문제로 변형되면 그 문제는 수학적 도구를 활용하여 다룰 수 있게 된다. 다시 말해서 수학적으로 모델링된 실세계 문제를 조작하고 정련하는 데에 수학적 도구를 적용할 수 있다.

수학화는 모든 수학적 역량 수준에서 작용하는데, 그 이유는 맥락화된 문제를 해결하기 위해서는 그 문제에 적절하고 관련된 수학적 지식과 기능을 이용해야 하기 때문이다. 수학화에서 복잡성의 다양함은 다음의 세 가지 예시문제를 통해 확인할 수 있다. 아래의 예시문제들은 13~15세의 학생들에게 의미있는 문제이며, 세 문제 모두 동일한 수학적 개념, 즉 비와 비율 개념의 이해를 필요로 한다. [예시문제 Ⅲ－3]에서 [예시문제 Ⅲ－5]로 갈수록 문제해결에 요구되는 역량 수준이 높아지며, 단순한 수학화로부터 좀 더 복잡한 수학화로 복잡성이 높아지고 있다.

[예시문제 Ⅲ－3]은 단순한 수학화를 요구하는 반면, [예시문제 Ⅲ－5]는 보다 복잡한 수학화를 요구한다. [예시문제 Ⅲ－3]은 수준1의 재생에 해당하는 문항으로서, 학생들은 이미 학습한 비의 개념과 정의를 재생하여 남학생 수(기준량)에 대한 여학생의 수(비교하는 양)의 비를 13:15로 표현하면 된다. [예시문제 Ⅲ－4]는 수준2의 연결에 해당하는 비교적 간단한 비정형적인 문제이다.[13] 학생들은 '28명의 학생들'과 '남학생 수에 대한 여학생 수의 비는 4:3'이라는 문제에 제시된 정보를 연결하여 여학생의 수를 구해야 한다. [예시문제 Ⅲ－5]는 수준3의 반성에 해당하는 문제이다. 학생들은 문제의 맥락에 포함된 비율 개념을 인식하고, 비율 개념을 적용하여 문제를 해결해야 한다. 문제에 제시된 어떤 국가의 총 예산에 대한 국방 예산의 비율은 2012년에는 $\frac{30억}{500억}\times 100(\%)=6(\%)$이고 2013년에는 $\frac{35억}{605억}\times 100(\%)=5.8(\%)$이다. 그리고 2012년의 국방 예산을 기준으로 했을 때 2013년의 국방 예산 증가량의 비율은 $\frac{35억-30억}{30억}\times 100(\%)=16.7(\%)$이다. 따라서 (1)번 문제에서는 총 예산에 대한 국방 예산의 비율이 2012년에서 2013년으로 오면서 6%에서 5.8%로 감소했다는 것을 주장해야 한다. (2)번 문제에서는 2012년 국방 예산을 기준으로 했을 때 2013년의 국방 예산 증가량의 비율이 16.7%로서 물가상승률 10%보다 높게 증가했으므로 국방 예산이 증가했다고 주장해야 한다.

[예시문제 Ⅲ－3]

민주네 반에서 남학생은 15명, 여학생은 13명이다. 민주네 반에서 남학생 수에 대한 여학생 수의 비를 구하시오.

[예시문제 Ⅲ－4]

영주네 반 학생들은 모두 28명이며, 남학생 수에 대한 여학생 수의 비는 4:3이다. 영주네 반에서 여학생은 모두 몇 명인지 구하시오.

[예시문제 Ⅲ-5]

2012년의 어떤 국가의 국방 예산은 30억 원이고 총 예산은 500억 원이었다. 2013년의 이 국가의 국방 예산은 35억 원이고 국가 총 예산은 605억 원이었다. 2012년을 기준으로 한 2013년의 물가상승률(inflation)은 10%였다.

(1) 민수는 평화주의자 단체에서 강연을 하면서 이 국가의 국방 예산이 2012년과 2013년 사이에 감소했다고 주장하려고 한다. 민수가 어떻게 주장하면 좋을지 설명하시오.

(2) 진우는 군사 학교에서 강연을 하면서 이 국가의 국방 예산이 2012년과 2013년 사이에 증가했다고 주장하려고 한다. 진우가 어떻게 주장하면 좋을지 설명하시오.

4 평가 방법

가. 평가 방법

현실적 수학교육에서 제안되는 평가 방법은 관찰 평가, 면담 및 구술 평가, 에세이 시험, 두 단계 시험, 산출물 평가, 정보 추론 시험 등이 있다.

1) 관찰 평가

관찰observation 평가는 현실적 수학교육에서 가장 우선시되는 평가 방법으로서, 교실에서의 상호작용적인 학습 과정을 평가할 때 사용할 수 있다. 프로이덴탈에 따르면, 교사가 학습 과정을 관찰하는 것을 지원함으로써 미시적인 교실 환경에서부터 평가의 개선을 시도하는 것은 매우 중요하다. 교사는 관찰을 통해 의미 있는 학습이 발생할 때와 그렇지 않을 때를 인지할 수 있어야 한다. 학생들의 수학적 수행에 대한 체계적인 관찰은 학생들의 수학적 역량에 대한 더욱 참된 지표를 제공할 수 있다. 교사는 관찰을 통해 학생들이 수학적 토론의 결과를 어떻게 그리고 얼마나 잘 조직하는지를 확인할 수 있으며, 학생들의 수학적 자신감 수준을 확인할 수 있다.

관찰은 또한 시험 개발의 출발점으로서 활용될 수 있다. 시험 개발자는 관찰을 통해 교수·학습 과정에서의 어떤 국면을 활용하여 학생들의 발전을 도울 것인가에 대한 통찰을 얻게 된다. 관찰할 때는 학생들이 알고 있는 것과 이해하고 있는 것을 파악하기 위해서 학생들의 응답을 학생들과 함께 논의하는 것도 필요하다.

한편, 교사들은 관찰 평가를 수행하는 데에 많은 어려움을 겪는다. 관찰 평가에서의 어려움은 관찰을 체계적인 방식으로 조직하기가 쉽지 않은 데서 비롯된다. 관찰을 효과적으로 조직하기 위한 제안을 제시하면, 교사로서의 성찰을 활용하여 수행 척도를 개발한 다음 학생들의 학습을 정기적으로 관찰하여 교사가 개발한 척도를 기준으로 학생들의 수행을 기록하는 것이다. 이러한 제안은 복잡하게 들릴 수도 있지만, 매우 간단한 형태로 실행될 수 있다. 예를 들어, 교사가 학생들의 수학적 개념 이해를 목적으로 한다면, '개념을 전혀 이해하지 못함', '개념을 부분적으로 이해함', '개념을 완전히 이해함' 등과 같이 세 수준으로 구성된 간단한 수행 척도를 개발한 다음, 학생들의 수행을 관찰하여 세 수준에 따라 기록하는 것이다. 물론, 교사가 활용할 수행 척도는 위의 세 수준보다 더욱 상세하게 개발될 수도 있다.

다음의 <표 Ⅲ-2>는 한국의 5학년 수학 수업을 참관하면서 실시된 저자의 관찰과 학생과의 논의를 함께 제시하고 있다. <표 Ⅲ-2>에 제시된 수업은 초등학교 예비교사가 실시한 수업으로서, (자연수)÷(자연수)를 계산하여 몫을 소수로 나타내는 방법을 다루고 있는 수업이다.

〈표 Ⅲ-2〉 **학생들의 학습 과정 관찰 예시**

이 수업에서 영수는 3÷8, 11÷66을 각각 다음과 같은 세로셈으로 계산하였다.	영수의 나눗셈 계산 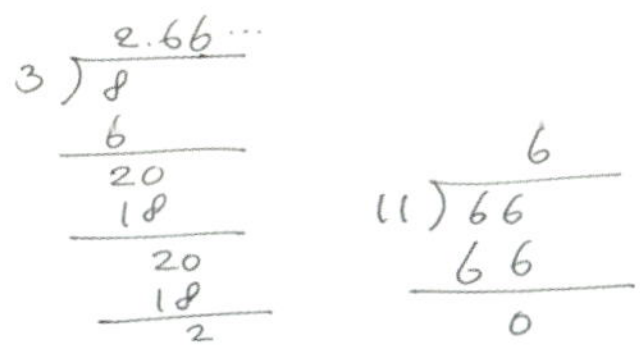
교사는 학생들이 각자 나눗셈 계산을 한 후 짝과 함께 답을 비교해 보도록 하였다. 영수는 짝인 민지와 함께 답을 비교하였는데 영수와 민지의 답에는 큰 차이가 있었다. 영수와 민지는 서로의 세로셈 식을 비교해 보고 세로셈 식에서 두 수의 위치가 서로 바뀌어져 있는 것을 확인하였다.	민지의 나눗셈 계산 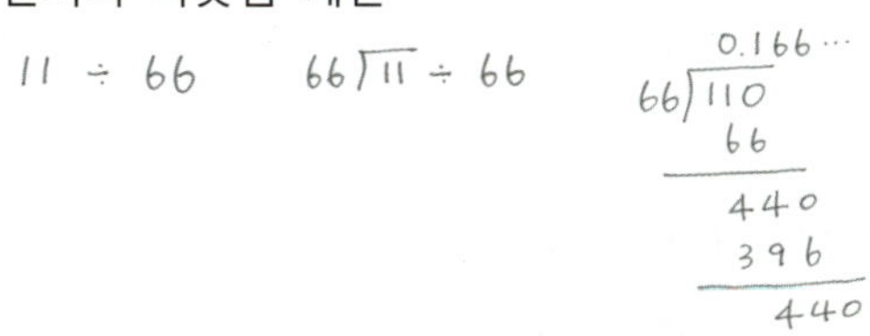

다음은 영수와 민지의 대화이다.

영수: (민지의 세로셈 식에서 66을 가리키면서) 왜 66을 여기에다 적었어?

민지: 11÷66이니까 66을 여기에다 적었지.

영수: 왜 그렇게 해야 하는데?

민지: 그냥 그렇게 하는 거야. 어쨌든 11을 여기에다 적고 66을 여기에다 적어서 나눗셈을 하는 거야. 영수는 11÷66의 세로셈을 $11\overline{)66}$ 이 아니라 $66\overline{)11}$ 으로 계산해야 한다는 것을 계속 이해하지 못하였다. 이를 관찰한 연구자가 영수에게 8÷2의 세로셈을 써 보도록 하자, 영수는 $2\overline{)8}$ 이라고 적었다. 다시 연구자가 영수에게 2÷8의 세로셈을 써 보도록 하자, 영수는 $2\overline{)8}$ 이라고 적었다.

이를 관찰한 연구자는 8÷2와 2÷8에 대해 영수가 제시한 세로셈 식을 서로 비교해 보도록 하였다. 두 세로셈 식을 비교한 후에 영수는 '자연수(□)÷자연수(△)'의 세로셈 형식이 $\triangle\overline{)\square}$ 이라는 것을 알았다. 그리고는 연구자에게 다음과 같이 말하였다.

영수: 그러면 $11\overline{)66}$ 에서 11과 66을 서로 바꾸어 $66\overline{)11}$ 을 계산해야 하니까요… 아까 계산한 것에서 답이 6이었으니까, 이제 답은 0.6이예요.

<표 Ⅲ-2>에서와 같이 수업 중에 실시한 관찰은 학생들의 학습 과정과 수학적 오류를 상세하게 파악하는 데 도움을 준다. 영수는 자연수끼리의 나눗셈 'a÷b'에서 '나누는 수(b)'와 '나누어지는 수(a)'의 의미를 명확하게 이해하지 못한 상태에서 무조건 큰 수를 '나누어지는 수'로, 작은 수를 '나누는 수'로 간주하여 세로셈을 시작하였다. 영수는 이 수업 이전에도 자연수와 관련된 다양한 나눗셈 계산을 하였는데, '나누는 수'와 '나누어지는 수'의 의미를 정확하게 이해하지 못한 상태에서 기계적으로 나눗셈의 세로셈 계산을 한 것이다. 또한 영수는 나눗셈에서 몫의 의미를 정확하게 이해하지 못하고 있다. $11\overline{)66}$ 의 몫은 6이니까 $66\overline{)11}$ 의 몫은 0.6일 것이라고 대답하고 있다.

민지의 나눗셈 계산 과정을 살펴보면, 민지는 몫이 소수로 나타나는 자연수끼리의 나눗셈 계산을 잘 수행하고 있다. 그러나 민지는 영수의 질문에 대해 적절한 수학적 설명을 제시하지 못하고 있다. 이로부터 민지가 나눗셈에서 '나누는 수'와 '나누어지는 수'의 의미를 미흡하게 이해하고 있음을 알 수 있다. 또한 민지의 나눗셈 계산 과정에서 나타나고 있는 $66\overline{)11}\div 66$ 표현을 살펴보면, 민지는 자연수끼리의 나눗셈 'a÷b'의 계산을 수행하기 위해 나눗셈에서 먼저 나오는 a 위에 $\overline{)}$ 를 쓰고 그 앞쪽에 b를 써서 나눗셈을 수행하는 나름의 전략을 활용하고 있음을 알 수 있다.

2) 면담 및 구술 평가

면담 및 구술 평가interviews and oral test는 높은 수준의 수학적 과정을 다루는 데에 주로 활용된다. 구술 평가에는 학생들이 알고 있는 특정 수학 주제에 대한 구술 토론, 학생들에게 주어진 어떤 과제에 대한 구술 토론, 숙제로 제시된 과제를 학생들이 완성한 다음 그 과제에 대해 실시하는 구술 토론 등의 세 가지 형태가 있을 수 있다.

3) 에세이 시험

에세이 시험essay test은 여러 가지 아이디어를 생각해내고 이를 종합하여 서술하는 전 과정을 요구한다. 에세이 시험은 단편적인 지식을 측정하기에는 비효율적이지만 복합적인 능력을 측정하기에는 적절한 방법이다. 여기에서 복합적인 능력은 여러 아이디어를 조직하고 통합하고 표현하는 능력, 여러 아이디어들을 종합하여 새로운 아이디어를 산출해내는 능력 등을 의미한다. 예를 들어, 학생들은 에세이 시험에서 신문 기사에 대한 반응을 쓰거나 일상생활에서 발생한 문제를 해결하기 위한 수학적 방법을 제시한다.

에세이 시험의 가장 큰 특징은 학생들의 응답의 자유도에 있다. 학생들은 에세이 시험에서 자신들 스스로의 응답을 자유롭게 만들 할 수 있다. 학생들은 집이나 학교에서 에세이를 작성할 수 있으며, 개별적으로 또는 소집단으로 에세이를 완성할 수 있다. 필요에 따라서는 에세이를 작성하는 동안 교과서를 활용하는 것을 허용할 수도 있다.

4) 두 단계 시험

두 단계 시험two-stage test은 다양한 시험 형태를 결합한 것으로, 응답 시간이 제한된 전통적인 지필 시험인 1단계 시험과 좀 더 개방적인 과제를 활용한 시험인 2단계 시험을 결합하는 방식으로 수행될 수 있다. 1단계의 지필 시험에서는 모든 학생들이 동일한 시험을 정해진 시간 내에 끝마치게 되는데, 계산과 같은 낮은 수준의 수학적 역량을 다루며 주로 선택형 문항을 활용하게 된다. 2단계 시험에서는 1단계 시험에서 놓친 것을 보완하는 것이 중요하다. 2단계 시험에서는 시간의 제한이 없어야 하며, 해석, 반성, 의사소통 등과 같은 높은 수준의 수학적 역량을 다루어야 한다. 2단계 시험에서는 또한 시험의 구조가 보다 개방적이어야 하며, 개방형 서술형 문항이나 에세이 시험 등을 포함해야 한다.

두 단계 시험의 또 다른 예를 들어보면, 1단계로서 학생이 학교에서 지필 시험을 치르면 교사가 학생의 응답을 수정하거나 논평을 한다. 그런 다음에, 2단계로서 교사가 학생에게

집에서 공부할 추가적인 문제를 제시하면 학생이 그 문제를 해결해 오는 방식이다.

5) 산출물 평가

산출물production 평가는 학생 자신의 산출물을 통해 학생을 평가하는 방법이다. 산출물 평가에서는 학생이 자신이 배웠던 수학 내용에 대해 시험 문항을 개발하고 그것을 활용하여 평가를 실시하게 된다. 한 학생이 쉬운 수준, 중간 수준, 어려운 수준의 문항들을 만들고 다른 학생들이 이 문항들을 활용해 시험을 치르는 방식이다.

산출물 평가 방법은 실제로 미국의 한 고등학교에서 자료 시각화data visualization를 주제로 연구되었다. 이 연구에서는 5주 동안 자료 시각화에 대해 학습한 학생들에게 다음과 같은 과제를 제시하였다.[14]

〈표 Ⅲ - 3〉 **산출물 평가 예시: 자료 시각화 과제**

학급 친구들이 이용할 수 있는 시험지를 만들어 보시오. 이 시험지에서는 이 단원(자료 시각화)에서 배운 내용을 모두 다루어야 합니다. 잡지나 책에서 자료, 표, 그래프 등을 찾아서 시험지에 활용할 수 있습니다. 이 단원(자료 시각화)에서 학습한 수학적 아이디어들을 모두 적어본 다음에 시험지를 만드는 것도 좋은 방법입니다. 앞으로 3주 동안 시험지를 만들고 그 다음에 발표해보도록 하겠습니다. 시험지를 만들 때 다음 사항에 유의하세요. – 1시간 동안 실시되는 시험지를 만듭니다. – 여러분은 여러분이 만든 시험 문제에 대한 답을 모두 알고 있어야 합니다.

이와 같은 산출물 평가의 결과는 교사들에게 큰 도움이 되었다. 일부 학생들은 매우 실망스런 결과를 나타냈는데, 이 학생들은 교과서에 있는 문항들을 그대로 가져와서 시험지를 만들었다. 또 다른 학생들은 더 나은 시험지를 만들기는 하였지만, 학생들이 만든 대부분의 문제들은 재생 수준에 속했다. 학생들이 만든 과제를 예시하면 <표 Ⅲ - 4>와 같다.

〈표 Ⅲ－4〉 **산출물 평가 결과 예시: 자료 시각화 과제**

다음의 막대그래프는 여러 국가에서 GNP와 비교하여 군사 비용에 얼마나 많은 돈을 썼는가에 대한 정보를 포함하고 있다.

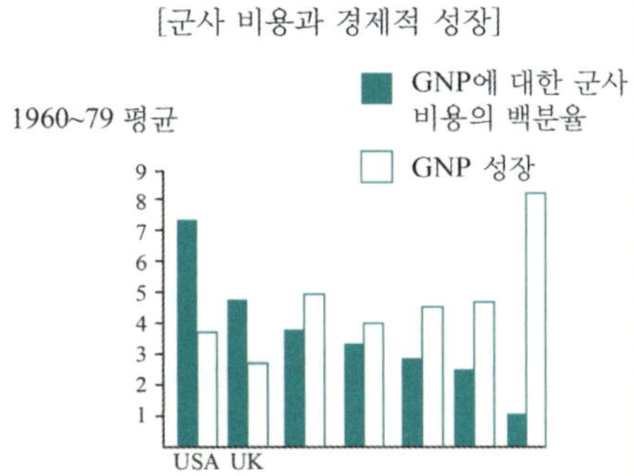

이 정보는 읽고 이해하기에 쉬운가? 왜 그런가를 설명하시오.

아니다. 왼편에 있는 숫자가 아무런 의미를 갖지 않기 때문에 정보를 읽어 내기가 쉽지 않다. 왼편에 있는 숫자가 백만을 나타내는지 조를 나타내는지를 말할 수 없다.

이 정보를 더 잘 표현할 수 있겠는가? 설명해 보시오.

아니다. 선 그래프, 그림 그래프, 원 그래프, 줄기와 잎그림 등도 잘 들어맞지 않기 때문이다.

이 그래프는 정확한가? 왜 그런지 설명하시오.

아니다. 이 그래프는 1960년과 1979년 사이의 평균에 근거하고 있기 때문이다.

학생들이 만들어 낸 대부분의 시험 문제들은 전통적인 것이었으며, 주로 그래프에 수를 나타내거나 그래프를 읽고 해석하는 것과 같은 문제들이었다. 산출물 평가의 결과는, 자료 시각화와 관련하여 5주 동안 이루어진 교수 · 학습 과정을 성찰하는 교실 담화를 촉진하는 데에 사용되었다. 연구자들은 학생들이 고안해 낸 시험 문제들을 통해 자료 시각화의 교수 · 학습이 성공적이지 못했다고 결론지었다. 이와 같이 산출물 평가 방법을 활용하여 교수 · 학습 과정에 대한 정보를 수집하는 것은 매우 효과적이며 학생들에게 피드백을 주기에도 적절하다.

판 덴 브링크Van den Brink는 1학년 학생들과 함께 '수학 교과서 만들기'를 통한 산출물 평가를 제안하였다.[15] 연구자는 학생들이 수학 교과서를 만들어서 산출물로 제출하면 그것을 활용하여 학생들을 평가하였다. 연구 결과, 수학 교과서 만들기 활동은 학생들이 자신의 학습을 반성하고 자신의 수학적 지식을 적절한 방식으로 표현하도록 돕는 것으로 나타났다.

한편, 산출물 평가는 특히 형성 평가에서 활용하기에 좋은 방법이다. 학생들이 수학적 사고를 촉발하는 질문을 만들고 그 질문들에 대해 스스로 답하도록 하는 것은 매우 효과적인 형성 평가 방법이다. 학생들은 교사가 제시하는 질문보다 자신의 질문에 대해 답함으로써 더욱 의미있는 수학적 사고를 경험할 수 있다.

6) 정보 추론 시험

정보 추론 시험fragmented information reasoning test에서는 분절되어 있는 단편적인 형태의 정보와 가설을 학생들에게 개별적으로 또는 소그룹으로 제시한다. 학생들은 주어진 분절적인 정보들 중에서 관계있는 정보들을 추출하고 결합하고 추론하여 주어진 가설을 테스트해야 한다.

나. 문제 유형

문제의 유형 그 자체가 평가 문제의 질을 결정하는 것은 아니다. 중요한 것은 문제에서 다루고 있는 내용이며, 교사의 교수 활동과 학생의 학습 과정에 대한 풍부한 정보를 제공할 수 있어야 한다.

풍부한 정보를 제공하는 평가 문제를 만들기 위한 첫 번째 조건은 문제는 오직 한 가지 방법으로 해결될 수 있고, 문제는 오직 하나의 정답을 가지고 있고, 문제에 대한 정답은 항상 존재한다는 잘못된 관점을 버리는 것이다. 학생이 무엇을 할 수 있고 어떻게 할 수 있는가를 분명하게 확인할 수 있는 평가를 위해서는 문제에 대해 보다 개방적인 태도를 견지할 필요가 있다. 즉, 문제는 다양한 방식으로 해결될 수 있으며, 문제는 하나 이상의 정답을 가질 수 있으며, 어떤 문제에서는 정답이 결정될 수 없다는 등과 같은 개방적 관점이 필요하다.

두 번째 조건은 소위 '모 아니면 도all-or-nothing' 식의 시험을 가능한 한 피하는 것이다. 이것은 학생이 무엇을 할 수 있는가를 보일 수 있는 최상의 기회를 제공하기 위한 시험이 갖추어야 할 중요한 조건이다. 이것을 달성할 수 있는 한 가지 방식은 시험 문제를 다양한 측면에서 '유연하게' 만드는 것이다. 유연한 평가 문제는 학생이 다양한 수준에서 해결할 수 있는 가능성을 포함하고 있어야 한다. 이러한 문제는 학생들의 이해 수준과 전략에 대해 다양한 정보를 드러내기 때문에 교사에게도 많은 도움이 된다.

평가 문제의 유형으로는 선택형, 폐쇄형 단답형, 개방형 단답형, 개방형 서술형, 슈퍼문항형, 복수 문항형 등이 있다. 선택형과 폐쇄형 단답형을 제외한 문제 유형은 학생들이 자유롭게 응답할 수 있는 기회를 제공하며, 학생들의 응답 수준을 확인하는 것을 가능하게 한다.

1) 선택형 문제

선택형은 제시된 보기 중에서 옳은 답을 고르는 문항을 의미한다. [예시문제 Ⅲ－6]은 선택형 유형을 활용하여 수와 관련된 학생들의 추론 능력을 평가할 수 있는 문제이다. 이 문제는 학생들이 자신의 수학적 정교함에 의존하여 다양한 방식으로 해결될 수 있다. 이 문제를 해결하기 위해서는 '(세 자리 수)×(두 자리 수)'의 곱셈 결과가 어떻게 나오는가에 대해 높은 수준의 추론을 수행해야 한다. 학생들은 1, 2, 3, 4, 5의 다섯 가지 숫자를 □칸에 배치했을 때 곱셈의 결과가 어떻게 나올 것인가에 대한 자신의 전략을 개발하여 문제를 해결해야 한다. 이 문제는 수준3의 반성에 해당하는 문제이며, 선택형 유형을 통해서도 높은 수준의 수학적 사고를 평가할 수 있음을 보여준다.

[예시문제 Ⅲ－6]

다음의 빈 칸에 1, 2, 3, 4, 5의 다섯 가지 숫자를 한 번씩 넣어서 곱셈을 하려고 한다.

$$\begin{array}{r} \square\square\square \\ \times \quad \square\square \\ \hline \end{array}$$

곱셈을 해서 가장 큰 값을 얻으려고 할 때, 가장 큰 값은 다음의 어디에 속하는가?

① 10000과 22000 사이
② 22001과 22300 사이
③ 22301과 22400 사이
④ 22401과 22500 사이

[예시문제 Ⅲ－7]은 선택형 유형을 활용하여 학생들의 어림 능력을 평가할 수 있는 문제이다. 이 문제를 해결하기 위해서는 주차장에 주차되어 있는 자동차의 전체 대수를 구하기 위해서 곱셈 기호 '×'를 활용하여 어림셈을 수행하는 능력이 필요하다. 학생들이 생각할 수 있는 가능한 응답이 보기로 이미 제시되어 있기 때문에, 학생들은 59×81을 직접 계산하지 않고 적절한 어림셈을 표현한 식을 선택해야 한다. 학생들은 문제에 제시된 정보를 통합하고 반올림, 곱셈 등을 연결하여 문제를 해결해야 하므로, [예시문제 Ⅲ－7]은 수준2의 연결에 해당한다.

[예시문제 Ⅲ－7]

백화점 주차장에 자동차가 59열로 주차되어 있고, 각 열에는 81대의 자동차가 있다. 주차되어 있는 자동차의 전체 대수를 어림 계산으로 구할 때 가장 적합한 식은 다음 중 어느 것인가?

① 50×80=4000
② 50×90=4500
③ 60×80=4800
④ 60×90=5400

2) 폐쇄형 단답형 문제

폐쇄형 단답형은 답을 적는 문항을 의미한다. [예시문제 Ⅲ－8]은 폐쇄형 단답형 문제이며 수준2의 연결에 해당하는 문제이다. [예시문제 Ⅲ－8]은 수학의 기본적인 원리라고 할 수 있는 곱셈과 나눗셈을 이해하고 적용하는 문제이다. 학생들은 목수가 가지고 있는 각각의 재료로 만들 수 있는 선반의 개수를 생각한 다음, 여러 가지 재료를 동시에 고려해야 한다는 점을 파악하여 그 개수 중에서 가장 작은 것을 제시해야 한다.

[예시문제 Ⅲ－8]

아래의 오른쪽과 같은 선반 한 개를 완전하게 만드는 데에 필요한 재료는 다음과 같다.

긴 널판 4장,
짧은 널판 6장,
작은 경첩 12개,
큰 경첩 2개,
나사 14개

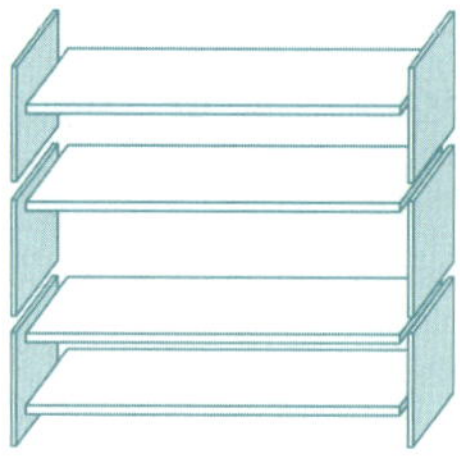

어떤 목수가 긴 널판 26장, 짧은 널판 33장, 작은 경첩 200개, 큰 경첩 20개, 나사 510개를 가지고 있다고 하자. 이 목수는 총 몇 개의 선반을 만들 수 있는가? (※ 경첩은 널판들을 서로 연결하는 데에 쓰이는 철로 만든 지지대이다)

3) 개방형 단답형 문제

개방형 단답형은 학생들이 자신의 방식대로 해결할 수 있는 가능성을 제공하는 문항을 의미한다. [예시문제 Ⅲ－9]는 개방형 단답형 문제로서 수준2의 연결에 해당하는 문제이다. 학생들은 문제에 제시된 정보, 즉 직각삼각형, 변의 길이, 각의 크기 등을 연결하여 제시된 직각삼각형에서 구할 수 있는 모든 것을 구해야 한다.

[예시문제 Ⅲ-9]

다음의 직각삼각형에서 구할 수 있는 모든 것을 구하시오.

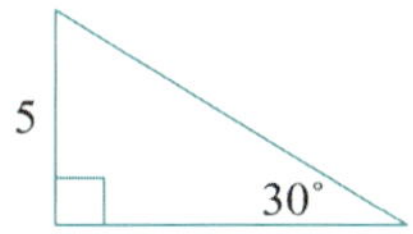

[예시문제 Ⅲ-9]는 학생들이 다양한 응답을 제시할 수 있는 가능성을 제공하는 의미 있는 문제인 반면에, [예시문제 Ⅲ-10]은 학생들의 다양한 사고를 방해하는 진부한 문제라고 할 수 있다.

[예시문제 Ⅲ-10]

다음의 직각삼각형에서 한 변의 길이는 5㎝이고 마주보는 각은 30° 이다. 직각삼각형의 빗변의 길이를 구하시오.

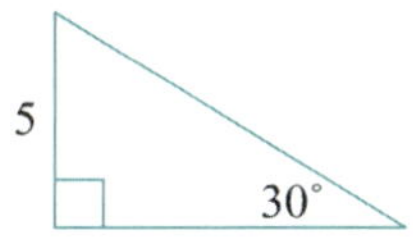

4) 개방형 서술형 문제

개방형 서술형은 추론과 추론에 대한 설명을 요구하는 문항을 의미한다. [예시문제 Ⅲ-11]은 개방형 서술형 문제로서 수준3의 재생에 해당하는 문제이다. 학생들은 제시된 도형을 분석하여 자신의 방식으로 도형을 묘사해야 한다. 개방형 문제에서는 학생들의 다양한 응답 수준을 확인할 수 있다. [예시문제 Ⅲ-11]은 학생들이 가지고 있는 수학적 정교함의 정도에 따라 서로 다른 방식으로 해결될 수 있다. 어떤 학생은 제시된 도형을 묘사하기 위해 수학적 용어와 개념을 사용할 것이며, 다른 학생은 비형식적인 용어를 사용할 것이다.

[예시문제 Ⅲ-11]

민지는 다음에 제시된 두 도형을 정희가 그릴 수 있도록 설명하려고 한다. 민지가 어떻게 설명하면 좋을지 적어 보시오. (단, 정희는 다음의 두 도형을 볼 수 없다.)

(1) 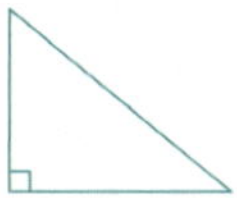

(2) 

5) 슈퍼 문항형 문제

슈퍼 문항형은 하나의 맥락이나 문제 상황에서 점점 더 복잡해지고 수준이 높아지는 여러 개의 단답형 문제들이나 개방형 서술형 문제들로 구성되는 문항을 의미한다. [예시문제 Ⅲ－12]는 넓이/둘레 상황과 관련된 4개의 하위 문제로 구성되어 있다. (1)번 문제는 폐쇄형 단답형, (2)번 문제는 개방형 단답형, (3)번과 (4)번 문제는 개방형 서술형이다. 역량 수준과 관련하여, (1)번은 수준1의 재생, (2)번은 수준2의 연결, (3)번과 (4)번은 수준3의 반성에 해당한다.

<표 Ⅲ－5>에서 알 수 있는 바와 같이, (4)번 문제는 학생들이 자신만의 특별한 수준에서 다양한 응답을 제시할 수 있는 기회를 제공한다.[16)] 이와 같이 다양한 수준에서의 응답을 가능하게 하는 문제는, 학생들의 수학적 사고 수준을 확인하여 '뒤돌아 보기 look backward'와 이후의 더 나은 지도를 위한 '앞을 내다보기 look forward' 위한 차별화된 정보를 제공한다. 또한 높은 수준의 질문이 학생들의 동기를 잃게 함으로써 역효과를 낳게 되는 상황을 피하는 데도 도움을 준다.

[예시문제 Ⅲ－12] 넓이/둘레 문제

(1) 다음 직사각형의 둘레는 36㎝이다. 이 직사각형의 넓이는 얼마인가?

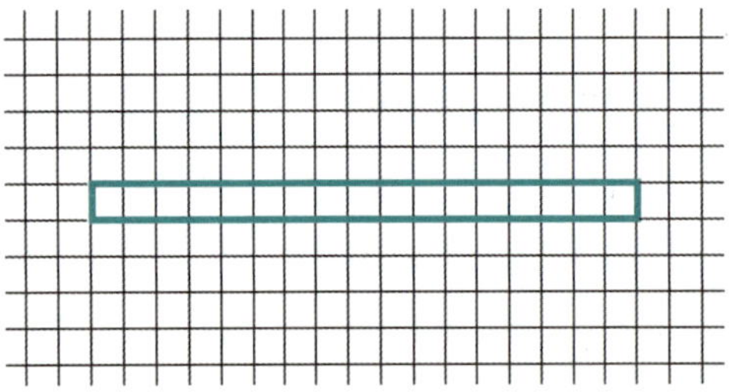

(2) 다음 도형의 둘레와 넓이는 각각 얼마인가?

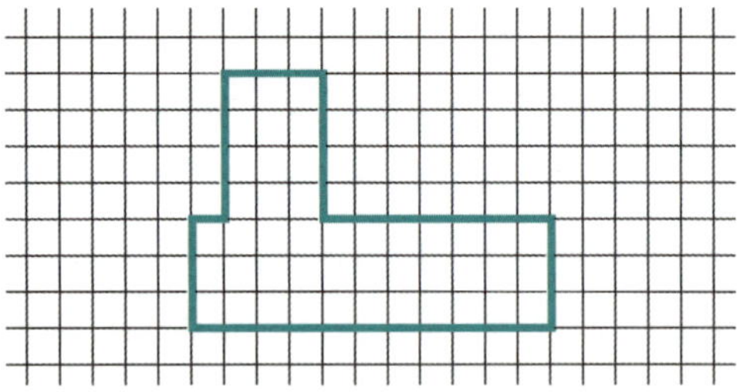

(3) 둘레가 36㎝이고 넓이가 75㎠ 보다 큰 직사각형을 그리시오.

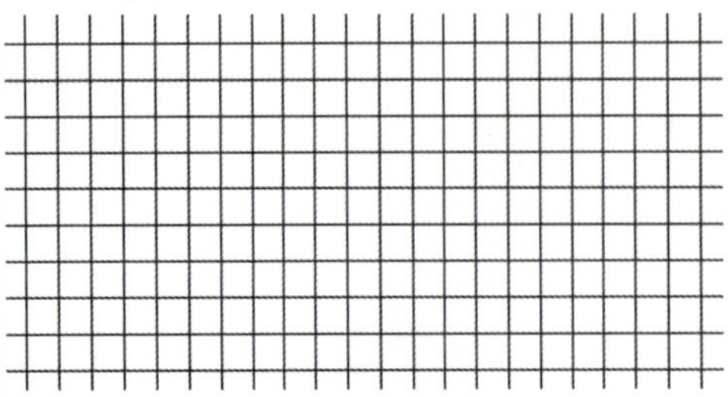

(4) 다음의 모양은 어떤 학생의 신발 하나를 그린 것이다.

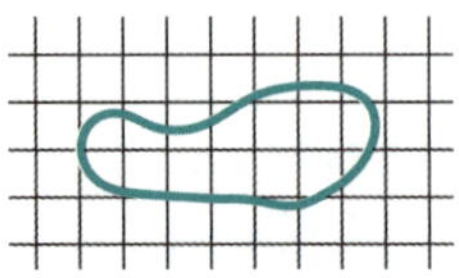

우리 학급에 있는 대부분의 학생들은 단위 정사각형의 개수를 세어 이 모양의 넓이를 어림하였다.

그런데 민수는 실을 이용하여 다른 방법으로 신발의 넓이를 어림하였다. 민수는 신발의 둘레와 길이가 같도록 실을 자른 다음, 그 실을 이용하여 직사각형을 만들고 그 직사각형의 넓이를 구하여 신발의 넓이를 어림하였다.
민수의 방법이 정확한지를 결정하고 그 이유를 설명하시오.

〈표 Ⅲ－5〉 **넓이/둘레 문제의 (4)에 대한 다양한 수준의 응답**

영준: 아니다. 그 직사각형은 2㎠를 더 갖기 때문이다.
준서: 민수는 실을 이용하여 발을 측정한 다음, 그 실을 가지고 단위 정사각형들 둘러 싼 다음, 그 안에 단위 정사각형이 몇 개 있는가를 세었다.
민정: 그렇다. 왜냐하면 그 실이 신발의 둘레와 길이가 같으면 옳기 때문이다.
승준: 정확하지 않다. 왜냐하면 민수가 만약 그 실로 길고 가는 직사각형을 만들었다면, 그 실로 정사각형을 만들었을 때보다 넓이가 작게 나올 수 있기 때문이다.
희수: 아니다. 왜냐하면 실로 둘레의 길이가 같은 도형들을 만들더라도 그 도형들이 넓이가 같지는 않을 것이기 때문이다. 왜냐하면 같은 둘레가 항상 같은 넓이를 의미하는 것은 아니기 때문이다.

다음의 [예시문제 Ⅲ－13]은 [예시문제 Ⅲ－12]와 대조적인 슈퍼 문항형 문제이다. [예시문제 Ⅲ－13]은 간단한 일차원적인 문제들로 구성되어 있다. 이러한 문제들에서는 학생들이 고차원적인 응답을 제시하는 것이 가능하지 않다. 학생들은 다양한 수준의 응답을 제시할 수 없으며 더 이상 앞으로 나아가지 못한다. 이러한 문제는 '모 아니면 도all-or-nothing' 형태의 문제로서 학생들의 답은 맞거나 틀리거나로 확인될 수 있을 뿐이며, 이후의 지도를 위한 발판을 제공하지 못한다.

[예시문제 Ⅲ－13] 기계 문제

다음의 그림은 수를 바꾸는 기계를 나타낸 것이다. 어떤 수가 이 기계에 들어가면 그 수의 3배를 하고 거기에 2를 더한 수가 기계에서 나온다. 만약 4가 기계에 들어가면 14가 나온다.

(1) 기계에서 14가 나왔다면 처음에 기계에 넣은 수는 얼마인가?

(2) 기계에 5를 넣으면 기계에서 어떤 수가 나올까?
(3) 기계에서 41을 얻으려면 기계에 어떤 수를 넣어야 할까?
(4) x가 기계에서 나오는 수이고 y가 기계에 들어가는 수라고 할 때, x와 y의 관계를 나타내는 식을 쓰시오.

6) 복수 문항형 문제

복수 문항형은 슈퍼 문항형과 거의 유사하지만 복잡성이나 수준이 조금은 자유롭게 구성된 문항을 의미한다. [예시문제 Ⅲ－14]는 하위 문항들이 다양한 개방형으로 구성되어 있는 복수 문항형이다. (1)번 문제는 개방형 단답형, (2)번 문제는 개방형 서술형, (3)번 문제는 개방형 단답형 문제이다. 역량 수준과 관련하여, (1)번 문제는 수준1의 재생, (2)번 문항은 수준3의 반성, (3)번 문항은 수준2의 연결에 해당한다.

(1)번은 제시된 정보로부터 간단한 계산에 의해 해결할 수 있는 문제이다. (2)번 문제를 해결하기 위해서는 그래프를 읽고 해석하여 여성의 성장률이 평균적으로 12세 이후에 낮아지는 특정한 현상에 대해 설명할 수 있어야 한다. (3)번 문항을 해결하기 위해서는 여성의 그래프가 남성의 그래프보다 위쪽에 있는 부분의 나이를 읽어내야 한다.

[예시문제 Ⅲ－14]

다음은 1998년 우리나라 남녀 청소년들의 평균 키를 나타낸 그래프이다.

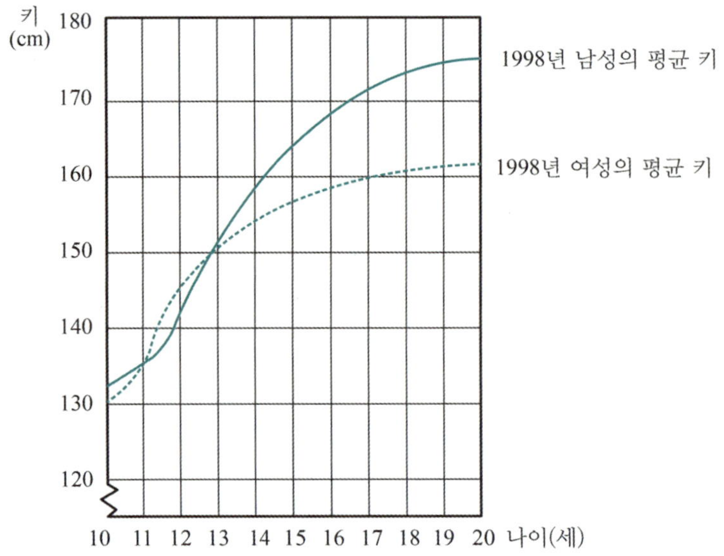

(1) 1980년 이후로 20세 여성의 평균 신장은 2.3cm 커져서 170.6cm가 되었다. 1980년에 20세 여성의 평균 신장은 몇 cm였는가?
(2) 여성의 성장률이 평균적으로 12세 이후에 낮아지는 현상을 그래프에서 어떻게 알 수 있는지 설명하시오.
(3) 이 그래프에 따르면, 같은 나이에서 여성이 남성보다 평균 신장이 더 큰 시기는 몇 세부터 몇 세까지인가?

5 학생의 응답 해석과 피드백

가. 학생의 응답 해석

현실적 수학교육에서의 평가는 전통적인 지필 평가와는 다른 방식으로 학생들의 응답을 해석하고 분석할 필요가 있다. 현실적 수학교육 평가에서는 지도를 위해 직접적이고 즉각적으로 활용될 수 있는 정보를 수집하는 것이 중요하며, 따라서 학생들의 응답에 대한 등급 매기기는 주요 관심 사항이 아니다.

학생들의 풀이로부터 응답의 맞고 틀림 이상을, 즉 학생들의 표현, 전략, 실수 등을 파악하는 것이 훨씬 중요하다. 학생들이 동일한 답을 제시했다고 하더라도 학생들이 사용한 전략에 따라 학생들의 서로 다른 이해 수준을 확인할 수 있다. 교사는 평가 이후의 교수·학습을 위한 발판을 얻기 위해서 학생들의 응답의 옳고 그름을 단순히 확인하는 데서 그치지 않고 학생들의 사고 과정을 분석해야 한다. 이것은 학생들의 응답을 등급 매기기에만 한정함으로써 모든 정보가 폐기되는 전통적인 평가와 대비하여 극적인 변화를 요구한다.

특히 개방형 과제에서 학생들의 응답의 정확성만을 단순히 구분하는 것은 쓸모없는 것이다. 개방형 문제에 대한 학생들의 응답을 정확성이라는 편협한 기준으로 평가해서는 안 된다. 학생들의 응답에 대해서 '정확성'보다 '합리성'이라는 기준으로 파악하는 것이 더욱 바람직하다. 학생들의 응답의 풍부함에도 불구하고, 그리고 학생들의 응답에서 확인할 수 있는 다양한 수학적 사고 측면에도 불구하고, 단순히 답의 옳고 틀림만을 구분하는 것은 부당한 것이다.

나. 채점 기준

학생들의 응답으로부터 얻을 수 있는 풍부한 정보를 관리하기 위해서는, 학생들의 추론을 해석하고 이후의 지도와 관련된 결정의 토대를 제공할 수 있는 채점 기준이 필요하다. 채점 기준은 학생들의 응답을 교정하려고 할 때 어떤 지점이 결정적으로 중요한가를 학생들에게 알려주는 기능을 한다. 개방형 문제에 대한 응답을 교정하기 위한 채점 기준은 일반적 채점 기준에서부터 과제-특정적 채점 기준까지 매우 다양하다.

1) 일반적 채점 기준

일반적 채점 기준으로는 분석적 채점 기준과 총체적 채점 기준이 있다. 분석적 채점 기준은 문제해결 과정의 각각의 측면, 즉 문제의 이해, 해결 계획 세우기, 답 구하기 등에 대해 분리된 점수를 주는 방식이다. 총체적 채점 기준은 해결 과정의 각각의 요소보다는 전체로서의 하나의 풀이에 주목한다. 분석적 채점 기준과 총체적 채점 기준을 예시하면 다음과 같다.

〈표 Ⅲ-6〉 **일반적 채점 기준: 분석적 채점 기준과 총체적 채점 기준**

[분석적 채점 기준]

- **문제의 이해**
  - 0점: 문제를 완전히 잘못 이해하거나 전혀 이해하지 못함
  - 1점: 문제의 일부분을 잘못 이해하거나 잘못 해석함
  - 2점: 문제를 완전하게 이해함
- **해결 계획 수립**
  - 0점: 전혀 시도하지 않았거나 완전히 부적절한 해결 계획을 세움
  - 1점: 부분적으로 옳은 계획을 세움
  - 2점: 정답에 이를 수 있는 계획을 세움
- **답 구하기**
  - 0점: 오답을 쓰거나 답을 쓰지 않음
  - 1점: 해의 일부만을 제시하거나 계산이나 기록상의 실수가 있음
  - 2점: 정답을 옳게 제시함

[총체적 채점 기준]

- **0점**
  - 문제해결을 전혀 시도하지 않음
  - 문제에 제시된 정보를 잘못 적어 놓거나, 문제에 제시된 정보를 사용하기 위한 시도를 전혀 하지 않음
  - 틀린 답을 제시하거나 풀이를 전혀 제시하지 않음
- **1점**
  - 문제에 제시된 정보를 옳게 적어 놓았지만 그 다음에 어떤 시도도 하지 않음
  - 옳은 전략의 흔적이 제시되어 있지만 문제에는 적용되지 않음
  - 문제의 하위 목표에 도달하기 위해 노력한 흔적이 보임
- **2점**
  - 부적절한 방법과 풀이 과정 일부가 나타나 있지만, 정답에 도달하지 못함
  - 옳은 전략이 나타나 있지만, 답을 얻기에 충분한 풀이가 제시되어 있지 않음
  - 정답이 제시되어 있기는 하지만, 풀이 과정이 나타나 있지 않음
- **3점**
  - 정답에 도달하였다는 세부적 증거가 충분하지만, 중요한 실수나 잘못된 해석으로 답을 구하지 못함
  - 옳은 전략을 따랐지만, 중간에 계산상의 실수를 하여 정답을 구하지 못함
- **4점**
  - 결과에서 약간의 실수가 있음
  - 문제를 거의 해결하였으나 약간의 실수로 타당하지 않은 답을 제시함
- **5점**
  - 문제해결에 성공함
  - 적절한 방법으로 문제를 바르게 해결하여 정답을 제시함

이와 같은 일반적 채점 기준은 광범위한 문제에 활용될 수 있으며, 학생들의 문제해결에 대한 일반적인 기술을 제시한다는 장점을 갖는다. 그러나 일반적 채점 기준은 문제의 내용 자체에 대해서는 거의 언급하지 못하며, 따라서 이후의 지도를 위한 충분한 발판을 제공하지 못한다는 한계를 갖는다.

2) 과제－특정적 채점 기준

과제－특정적 채점 기준에서는 문제의 내용 자체와 밀접하게 연관되는 응답 범주가 학생들의 실제 응답과 함께 제시됨으로써 이후의 지도를 위한 발판을 제공하는 데에 도움

을 준다. 대수적 일반화와 관련된 [예시문제 Ⅲ-15]에 대한 과제-특정적 채점 기준이 <표 Ⅲ-7>에 나타나 있다. [예시문제 Ⅲ-15]는 학생들의 산술적 추론과 대수적 일반화를 확인할 수 있는 문제이다.

> **[예시문제 Ⅲ-15]**
>
> 어떤 새들은 다음 그림과 같이 V-형태를 띠며 날아간다. 몇 마리씩 날아가는지 알아보시오.
>
> 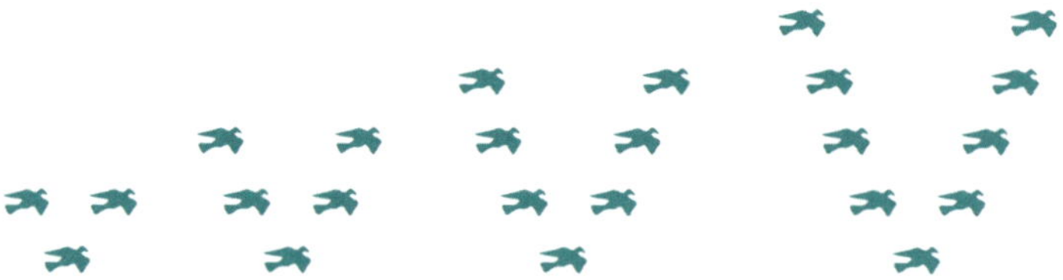
>
> 1번째 2번째 3번째 4번째
>
> (1) 20번째 단계보다 더 큰 단계를 하나 그리고 설명하시오.
> (2) 더 큰 단계에서 새의 수를 찾아내는 방법을 설명하시오.
> (3) 이 규칙성에서 새의 수를 찾아내는 식을 쓰시오.

<표 Ⅲ-7>의 채점 기준에는 학생들의 서로 다른 해결 수준이 응답 예와 함께 제시되어 있다. 이러한 채점 기준은 래드포드가[17] 제안한 일반화의 4단계와 학생들의 응답을 고려하여 설정한 것이다.[18]

〈표 Ⅲ-7〉 **과제-특정적 채점 기준: [예시문제 Ⅲ-15]의 채점 기준**

- **1점**
  - 산술적으로만 추론함. 규칙을 알아내지만, 차례대로 모든 단계를 반복적으로 계산하여 특정 단계에서의 값을 구함
    (예1) 7단계 새의 수는 3+2+2+2+2+2+2+=1, 15 마리임
    (예2) 2개씩 느니 21번째 단계에는 43개다

- **2점**
  - 반복하여 계산하지 않아도 연속되는 단계의 규칙을 일반화할 수 있음. 구체적인 상황(단계)에서 값을 구할 수 있지만 일반화된 표현을 제시하지 못함
    (예1) 날개모양을 보니 1단계는 1+2, 2단계는 2+3, 3단계는 3+4, 20단계는 20+21=41마리임
    (예2)

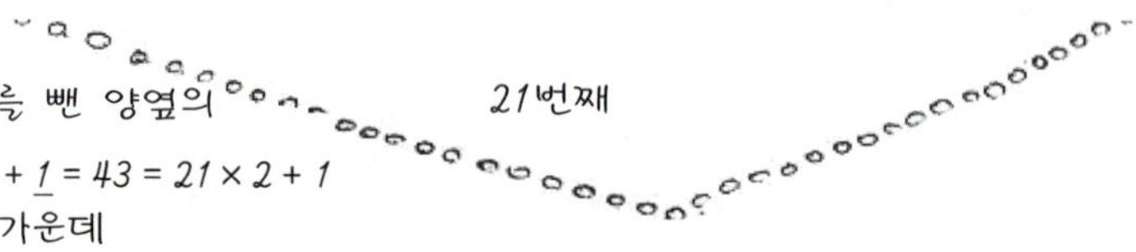

가운데를 뺀 양옆의

$21 + 21 + 1 = 43 = 21 \times 2 + 1$

가운데

- **3점**
  - 일반화를 표현할 때, 상황에 의존하여 일반적인 대상을 '다음 그림'이나 '윗줄'과 같은 방식으로 언어적으로 명시할 수 있음
    (예1) 양쪽에 각각 단계 수만큼 새가 있으므로 단계의 두 배를 하고 가운데 한 마리를 더하면 됨
    (예2) 가운데 1마리를 제외하면 왼쪽 오른쪽 각각 □번째 □에 들어가는 수와 같다

- **4점**
  - 문자와 숫자로 이루어진 상징을 통해 일반화를 표현하고 기호를 통해 공식으로 구체화함
    (예1) $2x+1$, 단계+단계 +1, □×2+1
    (예2) $x \times 2+1$

과제-특정적 채점 기준은 문제에 특정한 해결 전략, 표현 형식, 추론 전략, 풀이에서의 실수, 수학적 논쟁, 설명의 질 등과 같은 다양한 측면을 포함한다. 또한 학생들의 응답의 형식이나 표현의 측면에서 즉, 말이나 그림이나 기호 형식의 응답에 따라 채점 범주를 설정한다. 학생들에게 제시된 문제와 밀접하게 관련된 이러한 채점 방법에서는, 문제 내용의 분석과 문제에 대한 학생들의 풀이의 분석을 통해 채점 범주를 설정한다.

과제-특정적 채점 기준의 예를 하나 더 제시하면, 다음의 <표 Ⅲ-8>과 같다. <표 Ⅲ-8>은 [예시문제 Ⅲ-14]의 (2)에 대한 채점 기준을 제시하고 있는데, 만점(4점), 부분점수(2점), 영점(0점) 각각에 대한 학생들의 응답을 세분화하여 제시하고 있다. [예시문제 Ⅲ-14]의 (2)와 같은 개방형 서술형 문제에 대해서는, 과제-특정적 채점 기준과 함께 가능하면 부분점수를 부여할 수 있도록 채점 기준을 설정하는 것이 바람직하다. 이것은 학생들의 수학적 사고를 최대한 존중한다는 현실적 수학교육의 철학을 구현하기 위한 것이다.

만점에 해당하는 학생들의 응답은 설명 방식에 따라 세 가지(코드 20, 21, 22)로 구분되어 있다. 코드 20에 해당하는 응답은 12세 이후 곡선의 기울기가 둔화되는 것을 수학적 용어가 아닌 일상용어로 설명한 경우이며, 코드 21에 해당하는 응답은 12세 이후 곡선의 기울기가 둔화되는 것을 '기울기', '경사도', '변화율' 등의 수학적 용어로 설명한 경우이며, 코드 22에 해당하는 학생들은 실제로 성장을 비교하여 설명한 경우이다.

이와 같이 학생들의 응답을 세분화하는 것은 학생들의 사고 특성을 세분화해서 교수·학습 개선을 위한 구체적인 정보를 얻기 위해서이다. 예를 들어, 어떤 학생이 만점을 받았

다고 할 때, 이 학생의 응답이 어떤 코드에 속하는가를 확인함으로써 이 학생이 강점을 보이는 수학적 내용을 확인할 수 있다. 한편, 영점에 해당하는 학생들은 특정한 오개념을 가지고 있거나, 관련된 수학적 개념에 대한 이해 상태가 매우 미흡하다고 할 수 있다. 오개념에 해당하는 학생들의 응답을 세분화함으로써 학생들이 갖는 오개념의 서로 다른 근원과 특징을 파악할 수 있으며, 교사는 이를 토대로 이후의 지도를 위한 중요한 정보를 얻을 수 있다.

〈표 Ⅲ-8〉 **과제-특정적 채점기준: [예시문제 Ⅲ-14]-(2)의 채점 기준**

코드	[예시문제 Ⅲ-14]-(2)의 채점 기준
	정답 (만점: 4점)
20	12세 이후 곡선의 기울기가 둔화되는 것을 수학적 용어가 아닌 일상용어로 설명한 경우 예 1: 더 이상 위로 뻗어가지 않음. 예 2: 커브 증가 수준이 떨어짐. 예 3: 12세 이후 평평해짐. 예 4: 여학생의 곡선은 평평해지지만, 남학생의 곡선은 더 높이 올라간다. 예 5: 여학생 그래프는 위쪽보다 오른쪽으로의 증가가 더 크지만, 남학생 그래프는 오른쪽보다 위쪽으로의 증가가 더 크다.
21	12세 이후 곡선의 기울기가 둔화되는 것을 '기울기', '경사도', '변화율' 등의 수학적 용어로 설명한 경우 예 1: 기울기가 작아지고 있음을 볼 수 있다. 예 2: 12세 이후 그래프의 변화율이 줄어들고 있다. 예 3: 12세 전과 후의 x축에 대한 곡선의 각도를 계산하였다.
22	실제로 성장을 비교한 경우 예 1: 10세에서 12세에는 15cm가 자랐으나, 12세에서 20세까지는 겨우 17cm가 자랐다. 예 2: 10세에서 12세의 평균 성장률은 일 년에 7.5cm이나, 12세부터 20세까지의 평균 성장률은 일 년에 약 2cm임. ※주의: 비교가 함축적이어도 만점을 부여함.
	부분 정답 (부분 점수: 2점)
10	여학생의 그래프가 남학생의 그래프 보다 아래에 있다는 것은 명시하였으나, 여학생의 그래프의 기울기에 대해서는 언급하지 않았거나 12세 전후 여학생의 성장률을 비교하지 않은 경우 예 1: 여학생 그래프가 남학생 그래프 아래로 떨어진다. ※ 주의: 여학생 그래프의 기울기가 완만해진다는 사실과 여학생 그래프가 남학생 그래프 아래로 떨어진다는 사실을 모두 언급한 경우라면 만점을 부여해야 한다.

오답 (영점: 0점)	
00	기타 오답. 문항에서 반드시 "그래프를 사용하여 설명하시오"라고 제시했기 때문에 학생들의 응답에 그래프의 특성에 대한 언급이 없는 경우는 영점을 부여해야 한다. 예 1: 여학생이 빨리 성숙한다. 예 2: 여학생의 사춘기가 남학생보다 빨리 온다. 즉 급성장 시기가 빨리 온다. 예 3: 여학생은 12세 이후 별로 자라지 않는다. (여학생은 12살 이후에 성장이 덜 된다는 말을 포함하고 있지만 그래프에 대한 언급이 없으므로 영점을 부여해야 한다.)
01	기타 오답
99	응답을 하지 않은 경우

이상에서 살펴본 채점 기준을 활용하여 채점을 할 때 다음의 사항들을 고려할 필요가 있다. 첫째, 채점 기준에 대한 서로 다른 해석을 피해야 한다. 일반적 채점 기준은 채점 기준에 대한 서로 다른 해석을 이끌어 낼 가능성이 있다. 과제-특정적 채점 기준 또한 모든 교사들이 항상 동일하게 해석하는 것은 아니다. 이러한 문제를 해결하기 위해서는 채점 기준 각각에 대해 적절한 학생들의 응답을 예시할 필요가 있다. 또한 교사들이 각각 채점 기준을 구체적으로 적용하여 채점을 실시한 다음 함께 모여서 채점 기준을 조정하는 과정, 한 학생의 응답을 2명 이상의 교사들이 이중으로 확인하는 과정 등이 필요하다.

둘째, 채점을 할 때는 시험 개발자의 관점이 아니라 학생들의 관점에서 생각해야 한다. 좋은 문제와 좋은 채점 기준이 그 자체로 더 나은 지필 평가를 보장하는 것은 아니다. 불일치는 평가 그 자체 내에서 발생할 가능성이 크다. 전통적인 관점에서는 학생들이 시험 개발자의 입장을 취하고 시험 개발자가 염두에 두었던 정답을 제시하기 위해 노력해야 한다는 관점을 취했다. 그러나 현실적 수학교육에서는 정반대의 입장을 취한다. 다시 말해서, 학생들이 시험 개발자나 교사의 관점을 취해야 하는 것이 아니라, 시험 문제를 개발하고 시험을 관리하는 사람이 가능한 한 학생의 관점을 취하기 위해 노력해야 한다는 것이다. 학생들과 나란히 사고하는 것은 수학 교수·학습에서도 수학 평가에서도 중요한 사항이다. 학생들의 부정확한 답이 항상 틀린 것은 아니다. 부정확한 답은 부정확한 질문의 결과일 수도 있으며, 너무 좁은 채점 기준의 결과일 수도 있다.

평가 문제의 개발자는 학생들이 문제를 개발자와 다르게 해석할 수 있으며 따라서 개발자가 기대했던 것과 다른 답에 도달할 수 있음을 인식해야 한다. 학생들은 문제를 해결하기 위해 학교에서 배웠던 표준적인 방법과는 다른 자신의 고유한 방법을 발견하고 사용할 수 있다. 채점 기준은 학교에서 지도하는 표준적인 방법과 학생들의 고유한 방법 모두에 공정하도록 충분히 폭넓게 설정되어야 한다.

채점 시스템을 설계하는 과정에 학생들을 참여시키는 것도 좋은 방법이다. 이러한 방법을 통해 분명하고 합리적인 채점 기준을 갖는 것은, 학생들이 평가에 대한 소유권을 갖도록 하는 것과 더불어 학생들이 평가 과정을 통해 더 높은 수준의 풀이로 상승하도록 기여할 수 있다.

다. 피드백

교사는 평가를 실시한 후에 학생들에게 적절한 피드백을 제공할 필요가 있다. 피드백과 시험 점수를 같은 것으로 보는 연구자도 있지만, 시험 점수는 수치화된 정보인 반면 피드백은 학생의 수행에 대해 직접 활용할 수 있는 통찰력을 제공하며 학생들의 현재의 수행과 기대되는 수행 사이의 실제적인 차이에 기초한 정보를 제공하는 것이다. 따라서 학생들에게 수준 높은 피드백을 제공해야 하며, 수학 학습에 대한 성장의 자취를 보여주는 점수를 동시에 제공할 필요가 있다. 개방형 문제에서는 시간이 걸리는 단점이 있기는 하지만 심도 깊은 피드백을 제공할 수 있다. 선택형이나 폐쇄형 단답형에서는 학생의 응답이 옳은지 틀린지에 대한 피드백을 제공해 줄 수 있을 뿐이다.

교사는 서로 다른 수준의 해결 방법과 전략들을 학생들과 같이 살펴보고 토론함으로써 적절한 피드백을 제공할 필요가 있다. 낮은 수준의 학생들에게는 높은 수준의 학생들이 어떤 수학적 응답을 나타내는가를 살펴볼 기회를 제공할 수 있다. 또한 평가를 통해 확인된 오개념을 적극적으로 활용하여 학생들 사이의 토론을 활성화할 수 있으며, 오개념을 가진 학생들에게 적절한 수학적 활동과 보충 학습 내용을 제시함으로써 오개념을 수정해 나갈 수 있도록 피드백을 제공할 필요가 있다.

한편, 교사는 학생들에게 적절한 의견을 제시함으로써 더 나은 해결 방법과 전략을 찾도록 격려할 수 있다. 이러한 피드백 활동을 통해 높은 수준에 있는 학생들에게는 보통의 문제해결 방법이 얼마나 정련될 수 있는지 그리고 여러 문제해결 방법 중에서 어떤 것이 더 나은지를 판단할 기회를 제공할 수 있다.

학생들은 다양한 수학적 지식과 정교화의 수준에서 평가 문제들에 대한 답을 제시할 것이다. 각각의 학생들의 응답은 그것이 나타내는 수학의 관점에서 고려되어야 하며, 학생들의 응답을 문항 개발자가 기대한 응답을 포함하고 있는지 그렇지 않은지에 따라 판단해서는 안 된다. 어떤 평가 문제에 대한 응답은 옳은지 또는 옳지 않은지로 판단될 수도 있지만, 대부분의 응답은 교사의 유연한 판단을 필요로 한다. 교사가 학생의 응답에 대해 교수·학습 활동에서 추구한 목적과 관련하여 부분 점수를 부여하는 것은, 학생의 점수가 백점 만점에서 몇 점인가를 단순히 제시하는 것보다 훨씬 더 도움이 되는 피드백을 제공한다. 교사는 모든 학생들에게 교사가 기대하는 바를 공개적으로 의사소통하고, 그러한 기대와 관련하여 각각의 학생들의 수학적 수행과 발전을 보고할 필요가 있다.

6 단원 평가 예시

앞에서 살펴본 수학 평가 관점은 현실적 수학교육에서의 이론과 강조점들을 반영하여 제작한 MiC[Mathematics in Context] 교과서의 단원 평가에 적용되어 있다. MiC 교과서는 초등학교 5학년부터 중학교 3학년까지 사용할 수 있는 교과서로서 총 40개의 단원들로 구성되어 있다.

이 절에서는 MiC 교과서 중에서 초등학교 5, 6학년을 위한 '여러 방향에서 보기[Side Seeing]' 단원과 중학교 2, 3학년을 위한 '결정하기[Decision Making]' 단원을 중심으로 현실적 수학교육의 평가틀이 적용되어 있는 단원 평가의 실제를 살펴보기로 한다.[19)]

가. 여러 방향에서 보기

1) 단원 개관

'여러 방향에서 보기[Side Seeing]' 단원은 삼차원 물체의 이차원 표현을 중점적으로 다룬다. 이 단원의 목표는 도형에 대한 탐구와 더불어 학생들이 세상에서 더욱 풍요롭게 생활하고 활동하기 위해 알고 탐구해야 할 공간을 이해하는 것이다. 이 단원에서 다루는 주요 수학 내용은 다음과 같다.

- 3차원 물체와 2차원 표현을 연결하기
- 물체의 옆, 앞, 위에서 본 모습을 확인하기
- 반사, 대칭, 회전 등을 비형식적으로 활용하기
- 옆에서 본 모습과 앞에서 본 모습으로부터 건축물 만들기

- 물체의 옆, 앞, 위에서 본 모습을 그리기
- 간단한 평면도와 층수 표현 알기

'여러 방향에서 보기' 단원은 [그림 Ⅲ-7]에서와 같이 크게 네 개의 소단원으로 이루어진다. 이를 개략적으로 살펴보면, [A. 원형 무대]에서는 원형 무대를 중심으로 많은 물체들을 여러 가지 방향에서 보는 활동을 통해 현실 맥락을 탐구한다. [B. 여러 방향에서 보기]에서는 현실적 맥락에서 카메라가 주된 도구가 되어 여러 물체들의 위, 옆에서 본 모양에 대한 심상을 형성한다. [C. 쌓기나무와 건물]에서는 쌓기나무라는 수학적 도구를 이용한 수학적 맥락에서 위, 앞, 옆에서 본 모양과 층수 표현 등을 탐구하여 보다 추상적이고 형식적인 수학으로 나아갈 수 있게 한다. [D. 쌓기나무로 건물 만들기]에서는 어느 마을의 주택계획이라는 현실적 맥락의 통합적인 상황에서 이전에 배운 내용을 연결하고 새로운 상황과 평면도라는 새로운 내용으로 나아간다. 이러한 내용의 전개를 통해 수학의 눈으로 세상을 보는 안목의 형성을 목적으로 한다.

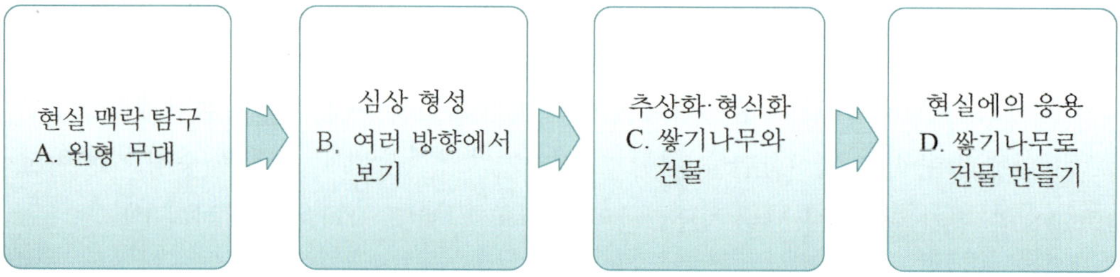

그림 Ⅲ-7 **'여러 방향에서 보기' 단원 수업에서의 수학화 과정**

2) 단원 평가

'여러 방향에서 보기' 단원의 단원 평가는 4개의 맥락에 포함되어 있는 총 13개의 문항으로 구성되어 있다. '집 만들기' 맥락 하에 1개의 문항이, '특정 지점 표시하기' 맥락 하에 4개의 문항이, '측면을 넘어서' 맥락 하에 5개의 문항이, '바라보는 지점' 맥락에 3개의 문항이 제시되어 있다. 다음의 [예시문제 Ⅲ-16]은 '측면을 넘어서' 맥락에서 제시된 5개의 문항이다.

[예시문제 Ⅲ-16] 측면을 넘어서

(1) 왼쪽의 그림은 쌓기나무로 만든 건물을 나타낸 것입니다. 이 건물을 위에서 본 모습을 오른쪽에 그리시오.

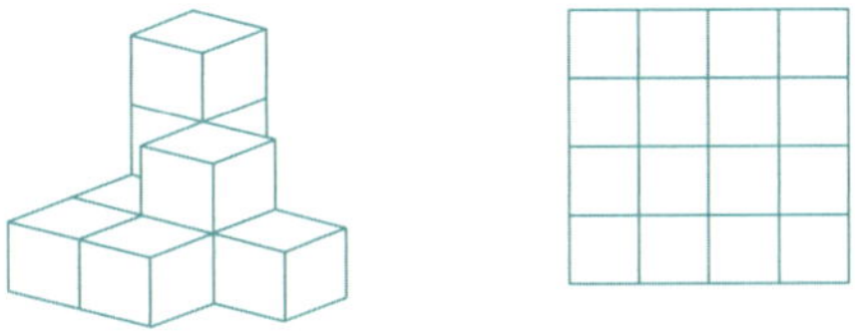

(2) 다음 시계를 위에서 본 모습을 그리시오.

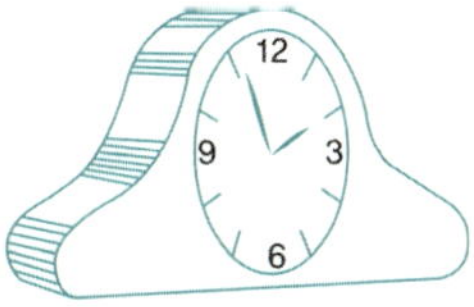

(3)

(a) 위에서 본 모양이 직사각형인 물건을 찾고 그 이름을 쓰시오.

(b) 위에서 본 모양이 삼각형인 물건을 찾고 그 이름을 쓰시오.

(4) 다음은 4개의 건물들과 그 건물들을 위에서 본 모양을 나타낸 것입니다. 건물과 위에서 본 모양을 알맞게 짝지어 보시오.

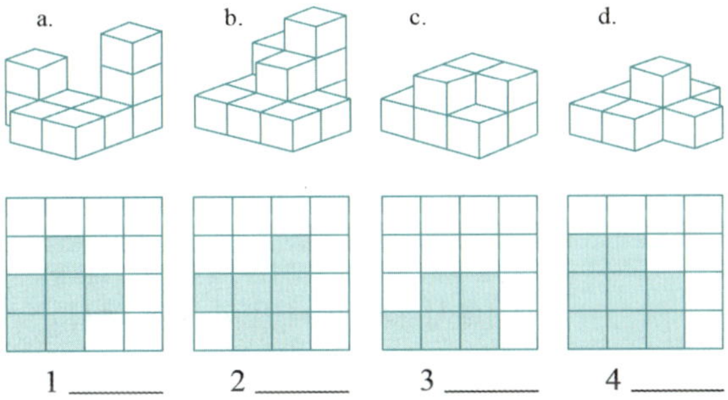

(5) 왼쪽 그림에 표시된 카메라의 위치에서 바라본 모양을 오른쪽의 빈 칸에 적으시오.

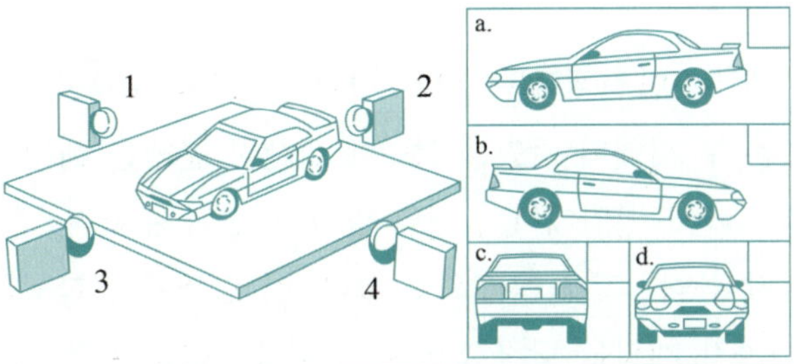

[예시문제 Ⅲ－16]에서 (1), (2)번 문제는 수준1에 해당하는 문제이며, 3차원 대상을 2차원으로 표현할 수 있는 학생들의 능력을 평가한다. (3)번 문제에서 학생들은 2차원 표현에 근거해서 3차원 물체를 머릿속으로 만들 필요가 있다. (3)번 문제는 수준2에 해당하는 문제이며, 학생들이 이 단원에서 발달시킨 공간 감각을 사용하여 문제를 해결할 수 있는 능력을 평가한다. (4), (5)번 문제는 수준2에 해당하는 문제이며, 3차원 물체에 대한 2차원 그림이나 사진을 해석하고 인식하고 의사소통할 수 있는 능력과 동일한 물체를 서로 다른 방향에서 본 모습을 확인할 수 있는 능력을 평가한다. (4)번 문제에서 학생들은 각각의 건물을 위에서 본 모습과 그림을 연결해야 하며, (5)번 문제에서는 카메라의 위치와 주어진 모습을 연결해야 한다.

(1)번 문제와 (2)번 문제의 정답은 [그림 Ⅲ-8]과 같다. (1)번 문제의 정답에서 방향은 다양할 수 있다. (2)번 문제에서는 [그림 Ⅲ-8]에서와 같이 합리적인 그림은 모두 정답이 될 수 있다. (3)번 문제의 정답은 매우 다향하게 제시될 수 있다. (a)의 정답은 책상, 책, 종이 조각, 쓰레기통, 아파트 건물 등이 될 수 있으며, (b)의 정답은 피자 조각, 뾰족한 모양의 건물, 책상용 달력을 옆으로 세워 놓은 것 등이 될 수 있다. (4)번 문제의 정답은 1－a, 2－d, 3－b, 4－c이며, (5)번 문제의 정답은 1－b, 2－c, 3－d, 4－a이다.

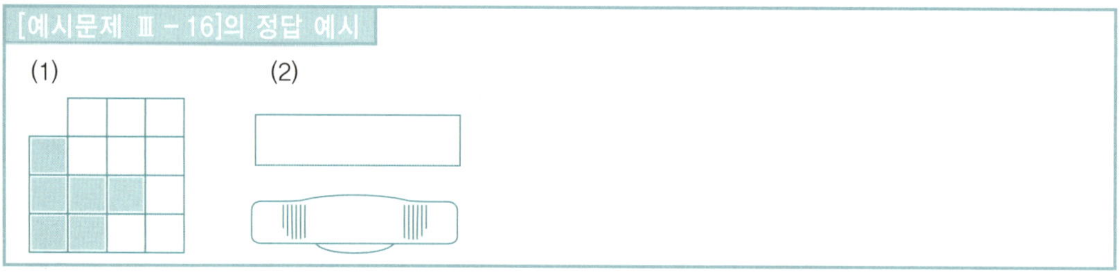

그림 Ⅲ－8 **[예시문제 Ⅲ－16] 의 정답 예시**

나. 결정하기

1) 단원 개관

'결정하기Decision Making' 단원에서는, 어떤 시의 빈 땅에 주택을 건설하려고 할 때 그 땅을 사이에 두고 있는 두 지역의 주민들 사이에 발생한 분쟁을 해결하기 위해, 좌표평면, 순서쌍, 직선의 그래프, 좌표평면에서의 영역 등과 관련된 수학적 내용을 활용하는 동시에 수학적 안목을 발달시키는 것을 목적으로 한다. 이 단원에서 학생들은 빈 땅에 주택을 건설하기 위한 여러 가지 계획을 탐구하기 위해 좌표평면을 사용한다. 학생들은 다양한 조건들을 고려하면서 주택 건설 계획을 세우고, 실행 가능한 주택 건설 계획을 좌표평면에 점으로 나타내고, 실행 가능한 계획과 실행 불가능한 계획을 확인하기 위해 그래프를 사용한다. 이 단원에서 다루는 주요 수학 내용은 다음과 같다.

- 좌표평면에 점을 찍고 조건을 그래프로 나타내기
- 좌표평면에서 특정 영역을 기술하기 위해 <, >, ≤, ≥ 등의 기호를 사용하기
- 실행 가능한 영역을 좌표평면의 그래프를 통해 확인하고, 그래프 위의 어떤 점들이 실행 가능한가를 결정하기
- 점을 찍기 위해 공정한 교환을 활용하고, 조건을 좌표평면에 그래프로 나타내기
- 소선들을 확인하고, 다양한 조건을 나타내는 그래프의 실행 가능한 영역을 확인하기

'결정하기' 단원은 [그림 Ⅲ－8]에서와 같이 크게 네 개의 소단원으로 구성되어 있다. [A. 실행 가능한 계획]에서 학생들은 빈 땅에 주택을 건설하기 위한 여러 가지 주택 건설 계획과 관련된 현실 맥락을 탐구한다. 학생들은 주택 건설 계획을 수학적 용어로 나타내고, 실현가능한 계획을 좌표평면에 그래프로 나타내며 실행 가능한 계획과 실행 불가능한 계획을 확인한다. [B. 교환]에서 학생들은 특정한 면적을 지닌 땅에 건설할 수 있는 단독주택 수(H)와 연립주택 수(T)의 순서쌍 (H, T)를 계획하기 위해 공정한 교환을 활용한다. 학생들은 주택 건설 계획에서 고려해야 하는 여러 가지 조건을 확인하고, 건설 계획을 나타내는 그래프에서 실행 가능한 영역을 확인하면서 부등식의 영역에 대한 심상을 형성한다. [C. 여러 가지 교환]에서 학생들은 땅의 면적, 소요 금액, 열 효율성 등의 조건들을 그래프로 나타내기 위해 공정한 교환을 활용하면서 부등식의 영역에 대한 개념을 좀 더 추상화 · 형식화한다. 학생들은 주택 건설 계획에서 고려해야 하는 조건들을 확인하고, 여러 가지 건설 계획을 나타내는 그래프에서 실행 가능한 영역을 확인한다. [D. 여러 가지 조건]에서 학생들은 여러 가지 조건들을 갖는 주택 건설 계획을 탐구한다. 학생들은 조건들을 확인하고, 여러 가지 건설 계획을 나타내는 그래프에서 실행 가능한 영역을 확인한다.

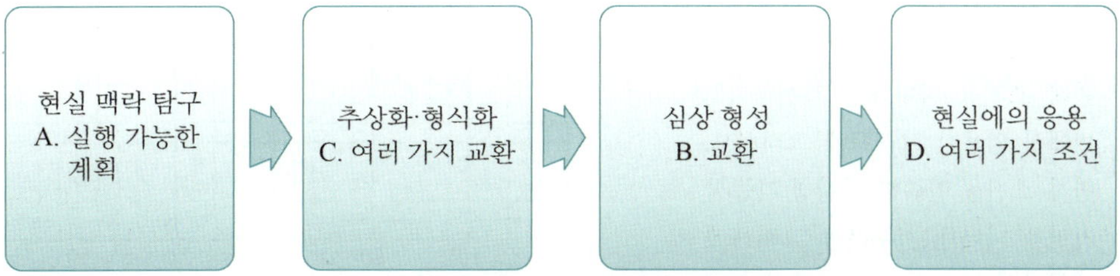

그림 Ⅲ－9 '결정하기' 단원에서의 수학화 과정

2) 단원 평가

'결정하기' 단원의 단원 평가는 3개의 맥락에 포함되어 있는 총 24개의 문항으로 이루어져 있다. '새로운 이웃 지역' 맥락 하에 총 8개의 문항이, '스파르타산으로의 여행' 맥락 하에 총 5개의 문항이, '다트 게임' 맥락에 총 11개의 문항이 제시되어 있다. 다음의 [예시문제 Ⅲ－17]은 '새로운 이웃 지역' 맥락에서 제시된 9개의 단원 평가 문항을 제시하고 있다.

[예시문제 Ⅲ－17] 새로운 이웃 지역

행복시에서는 주택을 건설할 수 있는 새로운 땅을 오른쪽 그림과 같이 확보하였습니다. 행복시는 이 지역에 단독주택과 연립주택을 건설하기로 하였습니다. 단독주택 1채를 건설하는 데는 900㎡의 땅이 필요하고 연립주택 1채를 건설하는 데는 600㎡의 땅이 필요합니다.
행복시의 주택 담당자는 새로운 지역에 적어도 200명의 시민이 거주해야 한다고 계획하였습니다. 그리고 단독주택에는 평균적으로 4명의 사람이 살고 연립주택에는 평균적으로 2명의 사람이 살게 됩니다.

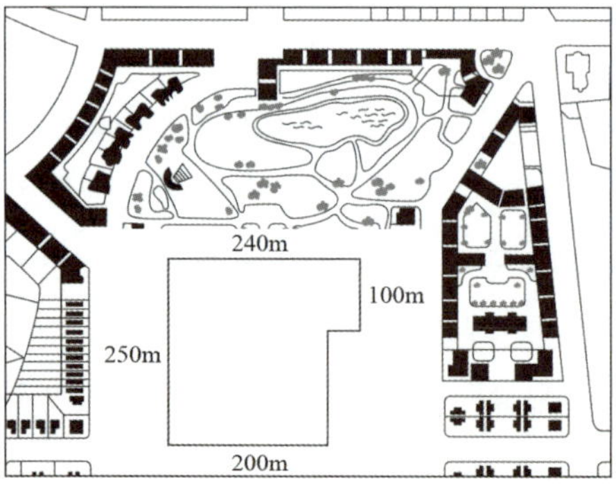

(1) 행복시에서 확보한 새로운 땅의 전체 면적은 얼마인지 계산하시오.

(2) 행복시에서 확보한 새로운 땅 전체에 단독주택과 연립주택을 건설하기 위한 주택 건설 계획을 세운다고 할 때, 건설할 수 있는 단독주택의 수(H)와 연립주택의 수(T)의 순서쌍 (H, T)를 구하고, 다음의 그래프에 점으로 나타내시오.

(3) 주택 건설 계획에서는 주택을 건설할 수 있는 땅의 전체 면적이라는 조건을 고려해야 합니다. 땅의 면적 조건을 나타내는 직선을 (2)번에서 활용한 그래프에 그리시오. 면적 조건을 만족하는 실행 가능한 지역을 나타내는 부분을 그래프에 색칠하시오.

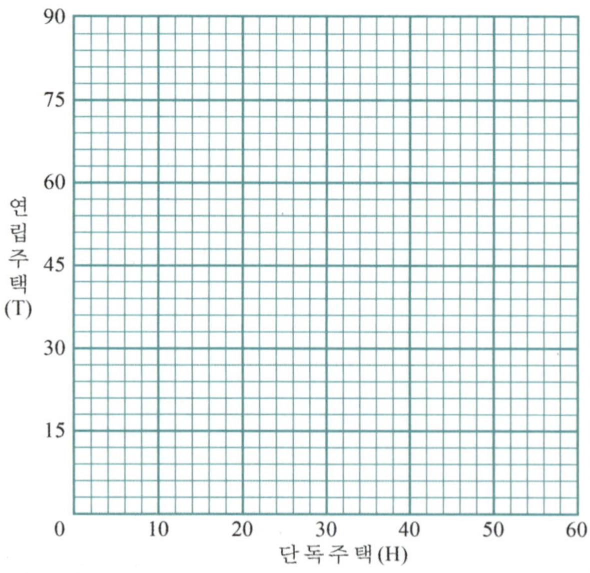

(4) 적어도 200명의 시민이 거주해야 한다는 인구 조건을 만족하는 주택 건설 계획 (H, T)를 구하시오.

(5) (4)번에서 구한 주택 건설 계획 (H, T)를 (3)번에서 그린 그래프에 점으로 나타내시오. 인구 조건을 나타내는 새로운 직선을 그리고 이 조건을 만족하는 실행 가능한 영역을 그래프에 색칠하시오.

(6) 행복시의 주택 건설 규정에는 연립주택의 수가 단독주택 수의 3배를 넘어서는 안 된다는 규정이 있습니다. 세 가지 조건을 모두 만족하는 주택 건설 계획 (H, T)는 무엇인지 구하시오. 세 가지 조건을 모두 만족하는 주택 건설 계획 (H, T)를 (5)번에서 만들었던 그래프에 점을 찍어 나타내시오. 세 가지 조건을 모두 만족하는 실행 가능한 영역을 그래프에 색칠하시오.

현재 '가장 최상의' 계획이 오직 그래프와 수로만 표현되어 있습니다. 그것은 주택 건설 계획이 현실에서 어떻게 나타나게 될 것인가에 대한 이미지를 주기에 아주 좋습니다.

(7) 여러분이 속한 소집단별로 새로운 땅에 건설될 지역의 축척 지도를 그려 보시오. [준비물: 매직 마커, 색연필, 포스터 판]

(8) 여러분이 그린 지도에 주택, 거리 등을 표시하면서 주택 건설 계획을 나타내시오. 여러분의 선호도에 따라 지도를 디자인하시오(창의적으로 하기!!).

오른쪽 그림은 여러분이 무엇을 해야 하는가에 대해 아이디어를 주기 위한 예입니다.

(9) 소집단에서 주택 건설 계획 지도를 완성한 다음에는, 여러분의 소집단이 선택한 것을 정당화하기 위한 설명을 적어 보시오. 학급의 다른 소집단 친구들에게 여러분 소집단의 계획을 잘 설명할 수 있도록 준비하시오. 여러분 소집단의 계획을 다른 친구들에게 확신시키기 위해서 여러분은 이 단원에서 배웠던 모든 수학을 활용할 수 있습니다.

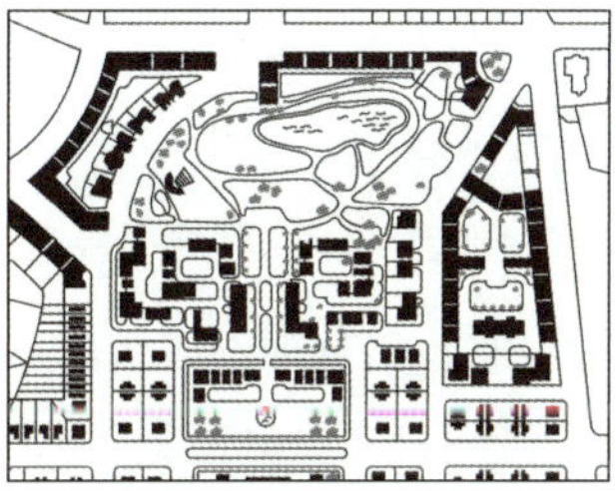

[예시문제 Ⅲ－17]에서 (1)번에서 (6)번까지의 문제는 수준2에 해당하며, 학생들은 공정한 교환과 제한 조건이라는 개념에 대한 자신들의 이해를 활용해야 한다. 또한 순서쌍에 포함된 두 수에 대한 계산을 하고, 순서쌍을 좌표평면에 점을 찍어 나타내고 각각의 조건을 나타내는 직선을 그리고, 실행 가능한 계획을 결정하기 위해 좌표평면의 각각의 영역을 해석할 수 있어야 한다. (7)번에서 (9)번까지의 문제는 수준3에 해당하며, 학생들은 이전의 6개의 문제에서 활용했던 수학 내용을 적용하여 새롭게 건설될 지역의 축척 지도를 소집단별로 만들어야 하며, 소집단별 주택 건설 계획 지도를 완성한 다음에는 그 지도의 타당성을 다른 친구들에게 정당화하기 위한 설명을 제시해야 한다. 이 문제들에서

는 창의성, 의사소통과 같은 보다 복잡한 기능을 필요로 하며, (1)번부터 (6)까지 탐색했던 모든 조건들을 만족하는 가장 최상의 주택 건설 계획을 만들기 위해 학생들이 소집단으로 함께 활동하면서 협력할 것을 필요로 한다.

(1)번 문제에서 학생들은 주택 건설에 이용할 수 있는 새로운 땅의 넓이를 구하기 위해 다양한 전략을 활용할 것이다. 어떤 학생들은 새로운 땅을 두 개의 직사각형으로 분리하여 각각의 넓이를 구한 다음 그 값들을 더해서 전체 넓이를 구할 것이다. 또 다른 학생들은 가로와 세로의 길이가 각각 240m, 250m인 더 큰 직사각형의 넓이를 구한 다음, 가로와 세로의 길이가 각각 40m, 150m인 작은 직사각형의 넓이를 빼서 새로운 땅의 넓이를 구할 것이다. 어떤 학생은 땅의 넓이를 잘못 계산하고 그 계산 결과를 (2)번에서 (6)번까지의 문제에 활용할 수도 있다. 이런 학생의 경우, (1)번 문제에서는 점수를 받지 못하더라도, (2)번에서 (6)번까지의 문제에서 수학적으로 옳은 문제해결 과정을 나타냈다면 (2)번에서 (6)번까지의 문제에서는 만점을 받을 수 있도록 배려할 필요가 있다.

(2)번과 (3)번 문제에서, 어떤 학생이 (1)번 문제에서 땅의 전체 넓이를 계산할 수 없다면, 교사는 그 학생에게 땅의 전체 넓이가 54,000㎡임을 제시해주고, 이 값을 이용해서 (2)번과 (3)번 문제를 해결할 수 있도록 안내하는 것이 좋다. (3)번과 (5)번 문제에서는 그래프의 정확성에 대해서 점수를 부여할 필요가 있다. (6)번 문제에서는 학생들이 제시된 모든 조건을 만족하는 실행 가능한 계획을 결정하기 위한 수학적 추론 과정을 설명하도록 안내할 수 있다.

(7)번 문제에서 학생들은 센티미터 자를 사용하여 축척 지도 그림을 어떻게 만들어 낼 것인가를 이해해야 한다. 주택 건설 계획에 사용된 축척을 나타내기 위해 지도에 핵심적인 부분을 포함하도록 학생들을 안내할 필요가 있다. (8)번 문제에서 학생들은 주택 건설 계획 지도에 거리, 가게 등을 그리기 위해 매직마커나 색연필을 사용할 수 있다. (9)번 문제에서는 학생들이 단원에서 배웠던 모든 수학 내용을 활용하여 소집단별로 완성한 주택 건설 계획 지도의 정당성을 확보하기 위한 설명을 제시하고 학급 동료들과 공유하도록 격려할 필요가 있다.

(7)번에서 (9)번까지의 문제는 학생들이 소집단끼리 할 수 있는 선택적 활동이다. 교사는 (1)번에서 (6)번까지의 문제를 평가에 활용할 수 있고 (7)번에서 (9)번까지의 문제는 장기간에 걸친 프로젝트로 활용할 수 있다. 학생들이 (1)번에서 (6)번까지의 문제를 완전하게 해결한 다음에 (7)번에서 (9)번까지의 문제를 해결할 수 있도록 안내하는 것이 좋다.

[예시문제 Ⅲ - 17]의 정답 예시

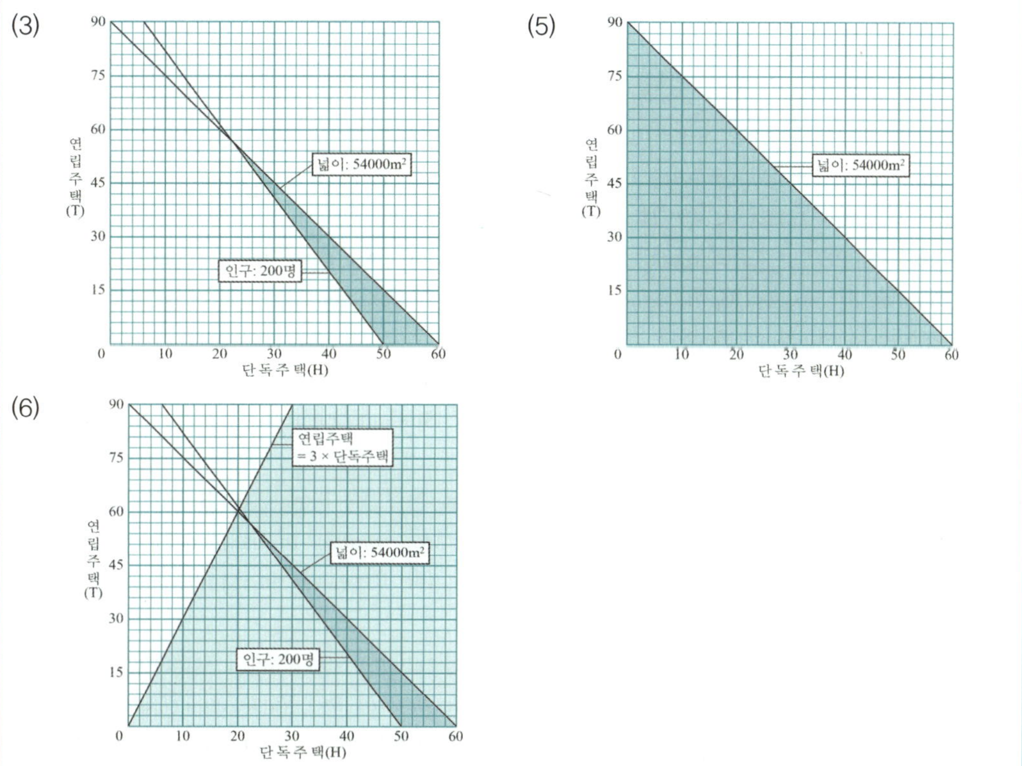

그림 Ⅲ - 10 [예시문제 Ⅲ-17]의 정답 예시

참고 문헌

박 정, 홍미영, 나귀수, 양혜진(2001). **제3차 수학 · 과학 성취도 국제비교 반복 연구**(TIMSS - R) **공개문항 분석 자료집**. 한국교육과정평가원.

이명기, 나귀수(2012). 패턴의 유형에 따른 학생들의 일반화 방법 조사 - 초등학교 6학년 학생들을 중심으로 -. **학교수학,** 14(4), 275~296.

이미경, 곽영순, 민경석, 채선희, 최성연, 최미숙, 나귀수(2004). PISA 2003 **공개문항 분석 자료집**. 한국교육과정평가원.

Jonker, V., Querelle, N., Clarke, B., & Cole, B. R. (1997a). Side Seeing. In T. A. Romberg (Ed.), *Mathematics in Contexts: A Connected Curriculum for Grades 5~8*. Chicago: Encyclopedia Britannica Educational Corporation.

Jonker, V., Querelle, N., Clarke, B., & Cole, B. R. (1997b). Side Seeing. Teacher Guide. In T.

A. Romberg (Ed.), *Mathematics in Contexts: A Connected Curriculum for Grades 5~8*. Chicago: Encyclopedia Britannica Educational Corporation.

Collis, K. F., Romberg, Th. A., & Jurdak, M. E. (1986). A technique for assessing mathematical problem-solving ability. *Journal for Research in Mathematics Education, 17*(3), 206~221

De Lange, J. (1991). Higher order (un)-teaching. *Proceedings of the third UCSMP International Conference on Mathematics Education. Developments in School Mathematics Education Around the World, 3*, 49~71.

De Lange, J. (1995). Assessment: No change without problems. In Romberg, T. A.(ed.), *Reform in School Mathematics and Authentic Assessment*(pp. 87~172). Albany: State University of New York.

De Lange, J. (1999). *Framework for Classroom Assessment in Mathematics*. Utrecht: Freudenthal Institute & National Center for Improving Student Learning and Achievement in Mathematics and Science.

De Lange, J., and Van Reeuwijk, M. (1993). The test. In J. de Lange, G. Burrill, T. Romberg, & M. van Reeuwijk, *Learning and Testing Mathematics in Context-The Case: Data Visualization*. Madison, WI: National Center for Research in Mathematical Sciences Education.

Radford, L. (2006). Algebraic thinking and the generalization of patterns: a semiotic perspective. *Proceedings of the Twenty Eighth Annual Meeting of the North American Chapter of the International Group for the Psychology of Mathematics Education*, 1, 2~21.

Roodhardt, A., Middleton, J. A., Burrill, G., & Simon, A. N. (1997a). Decision Making. In T. A. Romberg (Ed.), *Mathematics in Contexts: A Connected Curriculum for Grades 5－8*. Chicago: Encyclopedia Britannica Educational Corporation.

Roodhardt, A., Middleton, J. A., Burrill, G., & Simon, A. N. (1997b). Decision Making. Teacher Guide. In T. A. Romberg (Ed.), *Mathematics in Contexts: A Connected Curriculum for Grades 5－8*. Chicago: Encyclopedia Britannica Educational Corporation.

Van den Brink, J. (1987). Children as arithmetic book authors. *For the Learning of Mathematics, 7*, 44~48.

Van den Heuvel-Panhuizen, M. (1994). Improvement of didactical assessment by improvement of problems: An attempt with respect to percentage. *Educational Studies in Mathematics, 27*, 341~372.

Van den Heuvel-Panhuizen, M. (1996). *Assessment and Realistic Mathematics and Education*. Culemborg: Technipress.

Van den Heuvel-Panhuizen, M. & Gravemeijer, K. P. E. (1991). Tests are not all bad-An attempt to change the appearance of written tests in mathematics instruction at primary school level. In L. Streefland(ed.), *Realistic Mathematics Education in Primary School* (pp. 139~155). Culemborg: Techinipress.

1) 현실적 수학교육에서의 평가와 관련된 대표적인 연구로는 Van den Heuvel-Panhuizen(1994, 1996), De Lange(1991, 1995, 1999), Van den Heuvel-Panhuizen & Gravemeijer(1991) 등이 있다.

2) Van den Heuvel-Panhuizen(1996: 85~98, 105~109, 118~120, 164~174) & De Lange(1999: 12~19, 22~40)

3) Van den Heuvel-Panhuizen(1996: 164~174)

4) Ⅲ장 2절 참고

5) Van den Heuvel-Panhuizen(1996: 85~87)

6) Van den Heuvel-Panhuizen(1996: 89~90)

7) De Lange(1999. 27~28)

8) [예시문제 Ⅲ－1]과 [예시문제 Ⅲ－2]는 van den Heuvel-Panhuizen(1996: 95, 97)에 제시된 문제를 참고하여 개발한 것이다.

9) De Lange(1999: 12~19)

10) <표 Ⅲ－1>에서 문항 유형에 대한 자세한 설명은 Ⅲ장 4절에 제시되어 있다.

11) De Lange(1999: 16~17)

12) De Lange(1999)

13) 이 장에 제시된 예시문제는 다음의 참고문헌에 제시된 것이다.
   (1) [예시문제 Ⅲ－4], [예시문제 Ⅲ－5]: De Lange(1999)
   (2) [예시문제 Ⅲ－7]: 박정 외(1999)
   (3) [예시문제 Ⅲ－8], [예시문제 Ⅲ－14]: 이미경 외(2004)
   (4) [예시문제 Ⅲ－12]: Van den Heuvel-Panhuizen(1996)
   (5) [예시문제 Ⅲ－13]: Collis, Romberg & Jurda(1986)
   (6) [예시문제 Ⅲ－15]: 이명기 & 나귀수(2012)
   (7) [예시문제 Ⅲ－16] Jonker, Querelle, Clarke, & Cole(1997b)
   (8) [예시문제 Ⅲ－17]: Roodhardt, Middleton, Burrill, & Simon(1997b)

14) De Lange(1999: 37~38)

15) Van den Brink(1987: 45~46)

16) Van den Heuvel-Panhuizen(1996: 113)

17) Radford(2006)

18) 이명기 & 나귀수(2012)

19) Jonker, Querelle, Clarke, & Cole(1997a, 1997b), Roodhardt, Middleton, Burrill, & Simon(1997a, 1997b)

IV
전망과 과제

지금까지 현실적 수학교육의 이론과 실제, 평가에 대해 살펴보았다. 이로부터 현실적 수학교육의 이론이 수학, 수학교육학, 수학의 교수와 학습에 대한 매우 체계적이고 정교한 관점을 구축하면서 발전해왔음을 알 수 있었다. 또한, 현실적 수학교육의 실제가 교수현상학에 의한 단원 설계와 지도, 이에 근거한 국소적인 이론화를 거듭하는 가운데 현실적 수학교육의 이론과 긴밀하게 관련되고 있음을 알아보았다. 현실적 수학교육에서의 평가는 변별에 의한 서열화가 아니라 학습을 촉진하기 위한 전략과 방법으로 활용되고 있다는 점도 살펴보았다. 이하에서는 지금까지의 논의와 더불어 우리나라에서 현실적 수학교육에 대해 어떤 입장을 취해왔는지를 간략하게 관련지으면서 우리나라 수학교육 연구의 시각에서 현실적 수학교육에 관한 연구의 전망과 과제를 제시하고자 한다.

우리나라에서 이루어진 현실적 수학교육 이론에 대한 최초의 논의는 1980년에 발표된 우정호의 논문 「수학교육학적 관점에서의 반-Piaget 이론에 대한 비판」으로 거슬러 올라간다.[1] 제목에서 미루어 짐작할 수 있듯이, 이 논문에서 우정호는 현실적 수학교육 이론을 비판적인 시각에서 분석하여 소개하였다. 그러나 1986년에 발표한 논문 「Van Hieles의 수학학습 수준이론에 대한 소고」에서는 "수학적 사고의 본성에 대한 통찰을 바탕으로 하여 전개된, 말하자면 실용적인 이론으로 현장수학교사의 정직한 확신에 대한 합리적 정당화"로서 큰 의미를 가진다는 점에서 현실적 수학교육 이론을 매우 긍정적으로 평가하였다.[2] 이 논문에서 제시한 시사점은 한국의 수학교사도 수학 내용을 가르치는 데 급급하지 말고 수학적 사고 과정에 주목해야 한다는 것이었다. 이후 많은 연구자들이 수학 내용을 가르치는 것과 더불어 수학적 사고 능력을 함양해야 하는 근거로 현실적 수학교육 이론을 제시하였다. 같은 맥락에서 우리나라의 수학교육 실제에 대한 비판적인 논의가 활발하게 이루어졌다. 예를 들어, 박교식은 다음과 같이 현실적 수학교육의 이론에 비추어 우리나라 수학 교과서의 함수 단원 전개방식을 비판하였다.[3]

> 함수의 조직화 과정은 거의 대부분 생략 또는 무시된 채, 학생들이 조직해 내어야만 하는 본질을 그대로 노출함으로써, 실제적으로는 전통적인 연역적 전개 형식을 벗어나지 못하고 있는 것이다.

정영옥은 「Freudenthal의 수학화 학습-지도론 연구」에서 수학화를 중심으로 현실적 수학교육 이론을 종합적으로 그리고 체계적으로 분석하고 그 결과에 기초하여, 우리나라의 수학교육 실제를 개선하는 데에 핵심적으로 참고할 수 있는 수학 학습-지도 원리, 수업 원리, 학습 평가 원리를 제시하였다.4) 다른 많은 이론들과 마찬가지로 현실적 수학교육 이론은 국외의 논의를 우리의 관점에서 해석하고 재해석하는 방식으로 이해되어왔다. 다른 국외 이론들과의 유사점과 차이점을 분석하는 것은 현실적 수학교육 이론을 해석하거나 재해석하는 한 가지 방법이었다. 예를 들어, 듀이Dewey의 관점을 핵심적으로 설명하기 위해 사용하는 '경험'이라는 개념과 현실적 수학교육 이론의 핵심적인 개념이라고 할 수 있는 '현실'이 어떤 점에서 유사하고 어떤 점에서 다른가에 대해 살펴본 사례가 있다.5) 현실적 수학교육 이론의 핵심적인 개념에 대한 다양한 해석 또는 다른 이론에서의 개념과의 비교는 비단 우리나라에서만 이루어지고 있는 것이 아니며, 프로이덴탈 연구소의 주요 연구자들 역시 다양한 저술에서 시도하는 바이다.6) 이 책에서 논의한 현실적 수학교육 이론도 완성되고 고정된 관점으로서가 아니라 한 가지 해석으로서 받아들여지기를 바란다. 그러므로 향후 우리나라의 상황에서 현실적 수학교육 이론에 대한 다각도의 논의가 여전히 이루어져야 하며, 우리나라의 실제에 적용한 사례를 분석하여 현실적 수학교육 이론의 발전에 기여하는 방안을 모색해야 할 것이다.

지금까지 살펴본 현실적 수학교육의 이론과 실제, 평가에 대한 논의를 바탕으로 현실적 수학교육 연구의 미래를 다음과 같이 전망해볼 수 있다.

첫째, 우리나라를 비롯한 많은 나라에서 수학교육을 통하여 기르고자 하는 역량으로 실세계를 이해하고 해석하며, 실세계의 현상을 수학적으로 모델링하여 해결하는 것을 제시하고 있는 바, 현실적 수학교육 이론과 실제는 이와 같은 큰 흐름을 뒷받침하는 핵심적인 관점으로 더욱 그 위치를 공고히 할 것이다.7) 1장에서 살펴본 바와 같이, 현실적 수학교육의 이론과 실제, 평가에서 말하는 현실은 실세계만을 뜻하는 것이 아니라 더 포괄적인 대상이다. 그럼에도 불구하고, 주된 논의가 학생의 인식과 경험에 의하여 파악되고 해석되는 실세계에 초점을 두고 이루어지므로, 현실적 수학교육 연구의 다양한 성과는 이른바 21세기 역량이라고 불리는 폭넓은 목표를 달성하는 데에 주춧이 될 것으로 예상된다. 이 책에서 이러한 목표를 달성하는 데에 필요한 이론적 관점과 더불어 구현 사례, 평가의 관점과 사례를 제시하였다. 향후 이들 연구 관점과 성과가 어떻게 발전되어 나가는지를 지속적으로 파악하고 논의할 필요가 있다.

둘째, 현실적 수학교육 연구에서 제안하는 이른바, 개발 연구 또는 설계 연구는 수학교육 연구의 한 분야로서 확고한 정체성과 비전을 가지게 되었고, 향후에도 이와 같은 연구 패러다임은 매우 유망하고 중요한 것으로 간주되리라 전망한다.8) 우리나라에서 수학과 교육과정은, 국가수준에서 개발되어 수학 교과서, 지역과 단위학교, 수학 교사에게 그 취지와 내용이 책임이자 지침으로서 전달되는 것으로 해석되는 경향이 있다. 그러나 이와 같은 방식으로는 복잡한 수학교육 실제를 개선하는 데에 한계가 있다. 현실적 수학교육 이론과 실제에서 택한 개발 연구 또는 설계 연구는, 수학과 교육과정을 국가수준의 추상적인 비전이 아니라 국소적인 이론화의 결과로 제안하고 실제에 적용하여 다시 개선하는 순환 구조를 따라 진행된다. 이와 같은 방식에 따르면, 실제와 긴밀하게 관련되는 방식으로 이론을 정립하며 다시 그 이론을 적용하여 실제를 개선할 수 있게 된다. 다시 말하여, 현실적 수학교육 이론과 실제는 개발 연구 또는 설계 연구 패러다임에 따르면서 상호보완적으로 발전하고 있으며, 그렇기 때문에 이론과 실제 사이의 괴리 문제를 해결함에 있어서나 연구-기반 교육과정과 교과서, 수업을 설계함에 있어서 그리고 국소적인 그리고 전반적인 이론을 도출함에 있어서 유리한 입장에 서 있는 것으로 보인다.

이러한 전망을 바탕으로 현실적 수학교육에 대한 연구의 과제를 생각해보면 다음과 같다.

첫째, 우리나라 수학교육의 환경과 문화적 특성에 토대를 두고 이루어졌던 현실적 수학교육 관련 연구를 메타적으로 분석하여 우리나라 고유의 수학교육 이론을 구축하는 데에 반영할 필요가 있다. 인도네시아의 경우, 상당수의 연구자들이 현실적 수학교육의 이론을 인도네시아의 상황에 적용하여 나름대로 국소적인 이론들을 정립하면서 그 결과를 국제 수학교육학 연구공동체에 알리고 있다.[9] 우리나라에서는 1980년대 중반부터 현실적 수학교육 이론과 실제에 대해 관심을 가져왔으며, 상당수의 박사학위 그리고 석사학위를 위한 논문들에서 관련 연구를 수행해왔다. 그 동안 수행해온 연구들에서는 매우 다양한 결과와 시사점을 제시하였으며, 그 중에는 국외의 현실적 수학교육 관련 연구들과는 양적으로 그리고 질적으로 다른 성격의 자료와 결론을 제시한 것들도 포함되어 있다. 이를 메타적으로 분석하여 현실적 수학교육의 이론과 실제에 대한 우리나라 고유의 관점과 사례를 정립하고 국제 수학교육학 연구공동체에 보고하여 피드백을 받고 국제적인 관점의 발달에 기여할 필요가 있다. 무엇보다 현실적 수학교육 관련 연구를 통해 우리가 고유하게 얻어냈던 통찰이 무엇이고, 그것을 어떻게 이론화할 수 있는지, 현실적 수학교육 이론과 실제가 우리나라의 수학교육 연구와 실행에 어떤 영향을 미쳤고 어떤 가능성과 한계를 가지고 있는지에 대한 체계적이고 정교한 논의가 이루어질 필요가 있다.

둘째, 메타적으로 도출한 우리나라 고유의 현실적 수학교육 관점에 기초하여 수학과 교육과정과 교수단원을 개발하고 적용하는 연구가 필요하다. 그 동안 현실적 수학교육 관점에 관심을 가진 많은 연구자들이 다양한 내용영역과 방법을 고려하여 연구를 수행했지만, 거의 모두가 개인적인 수준에서 또는 간접적인 정도로 현실적 수학교육 이론과 실제의 일부를 반영하는 방식을 취해왔다. 그렇기 때문에 현실적 수학교육 관점에 따라 연구되지 않은 내용들이 상당수 있으며, 서로 다른 연구자들이 서로 다른 방식으로 현실적 수학교육 이론을 해석하여 적용함으로써 연구결과와 시사점을 활용하는 데에도 어려움이 있다. 한편으로는 이들 연구를 체계적으로 그리고 종합적으로 아우르는 메타적인 연구가 이루어져야 하며, 다른 한편으로는 그 동안 간과되었던 내용영역에 대해 교수현상학적 분석과 설계를 시도할 필요가 있다. 이렇게 함으로써 우리나라의 교육문화와 환경에 부합되면서 현실적 수학교육 이론을 깊이 있게 반영한 대안적인 수학과 교육과정의 개발 그리고 대안적인 교수 단원의 설계를 추구할 수 있다.

셋째, 현실적 수학교육 이론의 관점을 반영하여 대학입시와 학교수준에서의 평가를 개선할 필요가 있다. 2015 개정 수학과 교육과정 그리고 교육부의 제 2차 수학교육 종합계획에서는 이른바 과정중심 평가를 권장하고 있다.[10] 과정중심 평가를 통하여, 평가의 결과를 선발과 서열화에 활용하는 것에 그치지 않고 학습을 개선하는 데에 활용할 수 있다.[11] 이 책의 3장에서 살펴본 바와 같이, 현실적 수학교육 이론에서는 이미 오래 전부터 과정중심 평가의 관점을 지향해왔다. 과정중심 평가의 취지에 공감하면서도 실행하는 데에 주저하는 이유는, 평가에 민감한 우리나라의 정서상 객관성과 공정성을 만족시키는 세부적인 기준이 마련되어 있지 않은 상태로 선뜻 이 관점을 적용하기 어렵기 때문일 것이다. 이 책에서 살펴본 평가의 관점과 구체적인 평가 사례를 바탕으로 우리나라의 실정에 맞는 과정중심 평가 방안과 사례를 구축하는 연구가 이루어져야 한다. 학교수준에서 과정중심 평가를 지속적으로 실행하고 이론화하려면, 대학입시를 위한 평가 문항도 개선할 필요가 있다. 현재 이루어지고 있는 대학입시에서의 평가 문항은 객관식과 단답형이라는 형식적인 제한 때문에 고차적인 사고력을 평가하는 데에 충분하지 않다는 지적이 있어 왔다.[12] 주관식 서술형에 의하여 과정중심 평가의 기조를 유지하는 방안을 연구할 필요가 있다.

넷째, 현실적 수학교육의 이론과 실제, 현실적 수학교육의 관점에 기초한 수학과 교육과정과 교수 단원 설계에 대한 수학교사의 전문성 개발 기회를 제공해야 한다. 이 책에서 제시한 현실적 수학교육의 이론과 실제, 평가에 대한 논의들을 단기간에 파악하는 것은 거의 불가능하다. 그런데 심층적인 논의를 생략하고 피상적으로만 현실적 수학교육의 관점을 받아들이고 적용한다면, 우리나라의 수학교육을 개선하는 데에 중요한 역할을 할 수 있는 동력 중 하나를 잃게 된다. 앞에서 살펴본 현실적 수학교육 이론과 실제, 평가 관점은 그 동안 비판해온 전통적인 수학교육에 대한 여러 측면을 극복하는 데에 유용한 전문적인 안목, 능력, 태도와 관련되기 때문이다. 수학교사들에게 수학교육 전문성을 개발할 기회 자체가 매우 부족한 것이 수학교육의 질을 담보하지 못하는 중요한 원인이라는 점을 감안할 때,[13] 현실적 수학교육 이론과 실제, 평가 관점에 대한 체계적인 연수 프로그램의 개발과 적용은 매우 시의적절한 과제라고 할 수 있다. 특히, 수학교사들이 현실적 수학교육 이론과 실제, 평가 관점을 수동적으로 학습하는 것에 그치지 않고, 다각도로 적용 후 성찰함으로써 무엇을 배우고 어떤 측면에서 관련 전문성을 향상시키는 지에 대한 연구가 이루어질 필요가 있다.

참고 문헌

강흥규(2003). Dewey의 **경험주의 수학 교육론 연구**. 서울대학교 박사학위 논문.

교육부(2015a). **수학과 교육과정**(교육부 고시 제 2015－74호 [별책 8]).

교육부(2015b). **제2차 수학교육 종합계획.**

남진영(2011). 대학수학능력시험 수리 영역 출제 체제에 관한 고찰. **학교수학**, 13(1), 89~105.

박교식(1992). **함수 개념 지도의 교수현상학적 접근**. 서울대학교 박사학위 논문.

박진형, 이경화(2013). 수학적 모델링 과정에서 수학화의 기호학적 분석. **수학교육학연구**, 23(2), 95~116.

우정호(1980). 수학교육학적 관점에서의 반－Piaget 이론에 대한 비판, **과학교육연구소논문집**, 7, 15~29.

우정호(1986). Van Hiele의 수학 학습수준 이론에 대한 소고, **서울사대논총**, 33, 85~103.

이경화, 김선희, 강현영, 이환철, 고은성, 이동환, 신보미(2016). 과정중심 평가의 실행을 위한 방향 탐색. **수학교육학연구**, 26(4). 819~834.

이환철, 장미숙(2012). 수학교육 관련 교사 연수 현황 분석을 통한 정책 방안 모색. **한국학교수학회논문집**, 15(1), 171~182.

정영옥(1997). Freudenthal의 **수학화 학습－지도론 연구**. 서울대학교 박사학위 논문.

Hadi, S. (2002). *Effective teacher professional development for the implementation of realistic mathematics education in Indonesia*. University of Twente.

OECD(2003). *Definition and selection of competencies: Theoretical and conceptual foundation* (DeSeCo). OECD Press.

Prediger, S., Gravemeijer, K., & Confrey, J. (2015). Design research with a focus on learning processes: an overview on achievements and challenges. *Zentralblatt für Didaktik der Mathematik, 47*(6), 877~891.

Sembiring, R. K., Hadi, S., & Dolk, M. (2008). Reforming mathematics learning in Indonesian classrooms through RME. *Zentralblatt für Didaktik der Mathematik, 40*(6), 927~939.

Van den Heuvel-Panhuizen, M., & Drijvers, P. (2014). Realistic mathematics education. In S. Lerman (Ed.). *Encyclopedia of mathematics education* (pp. 521~525). Netherlands: Springer.

1) 우정호(1980)

2) 우정호(1986), p.91

3) 박교식(1992)

4) 정영옥(1997)

5) 정영옥(1997), 강흥규(2003)

6) Van den Heuvel-Panhuizen & Drijvers(2014)

7) 박진형, 이경화(2013), OECD(2003)

8) Prediger, Gravemeijer, & Confrey(2015).

9) Sembiring, Hadi, & Dolk(2008)과 Hadi(2002)

10) 교육부(2015a)과 교육부(2015b)

11) 이경화, 김선희, 강현영, 이환철, 고은성, 이동환, 신보미(2016)

12) 남진영(2011)

13) 이환철, 장미숙(2012)

부 록

프로이덴탈의 생애와 주요 연구 업적

프로이덴탈의 생애와 주요 연구 업적

한스 프로이덴탈Hans Freudenthal: 1905~1990은 1905년 9월 17일 독일의 베를린 근처의 한 도시 뤼켄발데Lückenwalde에서 유대인 집안인 엘리자베스 에만Elisabeth Ehemann과 요셉 프로이덴탈Joseph Freudenthal의 아들로 태어났다.[1)] 그는 청소년기까지는 뤼켄발데에서 교육을 받았고, 이 도시의 김나지움에서 공부하였다. 그는 어린 나이에도 미분방정식과 적분에 흥미를 갖는 등 수학의 천재였고, 12살에 모든 학교수학을 마스터하였다. 그는 수학 외에 과학과 문학 등에도 관심이 많아서, 13살까지는 괴테Goethe와 쉴러Schiller의 모든 작품을 읽었고, 15세에는 라이에Reye, 피들러Fiedler, 플랑크Planck, 아인슈타인Einstein의 저서들을 연구했다.[2)]

그의 이후의 생애는 크게 두 시기로 구분할 수 있는데, 전반기에는 수학자로서, 후반기에는 수학자로서 뿐만 아니라 수학교육학자로서의 생애를 보냈다.[3)]

전반기는 1923년 베를린 대학에 입학하여 수학을 전공하면서 위상기하와 관련된 논문으로 박사 학위를 받고, 이후 직관주의자인 브라우어Brouwer의 초청으로 네덜란드에서 교수 자격을 얻은 후 독일에서 수학자로서의 생애를 보낸 시기이다. 그러나 얼마 지나지 않아 유태인이라는 이유로 독일의 나치 정권 하에서 도피 생활을 하게 되었다. 이런 도중에 프로이덴탈은 지금까지의 수학이 엘리트들을 위한 것이었다면 지금부터는 모든 사람을 위한 인간적인 수학이어야 한다는 생각을 가지게 되었다. 이런 생각이 그의 생애를 크게 변화시킨 계기가 되었다. 후반기는 네덜란드로 귀화해서 암스테르담 근처의 위트레흐트Utrecht대학에서 수학을 가르치면서 자신의 생각을 수학교육에서 구체화하여 현재 네덜란드의 수학 교육에 지대한 영향을 미치고 있는 현실적 수학교육의 기초를 마련한 시기이다.[4)]

좀 더 구체적으로 보면, 프로이덴탈은 1923년 베를린 대학에 입학해서 역사와 문학을 공부하고, 물리와 철학을 부전공으로, 수학을 전공으로 결정하였다. 그는 베를린과 뤼켄발데의 거리가 상대적으로 가깝기 때문에 처음에는 기차로 통학하였고, 베를린에 방을 구한 후에는 일반 학생들과 마찬가지로 주말에 집에 갔다 오는 생활을 반복하였다. 그가 베를린에서 학업을 시작했을 때, 베를린 지역은 수학 분야에서 우수하고, 아주 포괄적인 교과를 제공하였고, 슈미트Schmidt, 비버바흐Bieberbach, 뢰브너Löwner, 폰 노이만Von Neumann,

호프Hopf, 플랑크, 아인슈타인과 같이 수학이나 물리학 등에서 유명한 교수들과 강사들이 있을 뿐만 아니라 국외의 저명한 학자들의 방문도 잦은 중요한 곳이었다.[5)]

1927년 프로이덴탈에게는 중요한 두 가지 사건이 일어났는데, 하나는 네덜란드의 직관주의자인 브라우어가 베를린을 방문해서 강연한 것을 계기로 두 사람 사이의 만남이 이루어졌다는 것이고, 다른 하나는 파리에서 그 해의 여름 학기를 보내면서 아다마르Hadamard, 쥴리아Julia, 피카르드Picard의 강의를 듣고 자신의 관심 분야를 더 광범위하게 확장하였다는 점이다.[6)] 이 때의 브라우어와의 인연이 후에 프로이덴탈이 네덜란드로 귀화하는 계기가 되었다.

또한 베를린 대학에서 그가 수학적으로 성장하는 데 영향력이 많았던 교수는 위상수학에서 저명한 하인츠 호프Heinz Hopf와 Lie Group으로 유명하고 직관주의자로 알려진 칼 뢰브너Karl Löwner였다. 호프는 슈미트의 자극을 받아, 브라우어의 위상에 관한 연구를 체계적으로 탐구했고, 1927년과 1928년에 프린스턴Princeton에서 지내면서, 위상에 관한 알렉산더Alexander의 가설을 알게 되었다. 호프는 1928년과 1929년에 걸친 겨울학기의 조합위상수학에 관한 수업을 준비하고 있었는데, 프로이덴탈은 호프로부터 그 첫 강의를 위한 수업 원고를 완성해 달라는 명예로운 부탁을 받았고, 이를 계기로 프로이덴탈은 수학 연구의 최전방에 입문하게 되었다.[7)] 프로이덴탈은 그 시대의 주요 주제 중 하나를 연구하기를 원했는데, 그 당시는 위상수학의 첫 열매들이 나타나기 시작할 때였기 때문에, 그의 야망을 실현하기에 아주 좋은 분야였다. 그 결과 프로이덴탈은 호프를 지도교수로, 비버바흐를 심사위원장으로 하여 「Über die Enden topologischer Räume und Gruppen」[8)]이라는 논문으로 1930년 박사학위논문을 제출하였고, 1931년에 박사학위를 받았다.[9)]

프로이덴탈은 베를린 대학 시절을 잊을 수 없는 추억으로 기억하였는데, 수학 연구소의 분위기와 교수와 학생들 간의 진실한 관계는 그의 마음에 이상으로 남게 되었고, 이후에 자신이 네덜란드의 위트레흐트 대학에서 교수로 있을 때 네덜란드의 분위기가 이런 이상에 항상 일치하지는 않았더라도 만족할 만한 것이었다고 말하고 있다.[10)]

프로이덴탈은 1930년 박사학위를 받기 전에 이미 브라우어의 초청으로 암스테르담에서 그의 조교로 근무하였고, 곧이어 암스테르담 대학의 강사로 임명되었으며, 얼마 지나지 않아 교육학자인 네덜란드인 수우스 루터Suus Lutter와 결혼하였다.[11)] 20세기의 지배적인 수리철학의 논제는 형식주의자인 힐버트Hilbert의 관점과 직관주의자인 브라우어의 관점 사이의 논쟁이었다. 독일에서 괴팅엔Göttingen은 형식주의자들이 지배적인 반면, 베를린Berlin은 직관주의자들이 우세했다. 베를린에서 직관주의자의 주요 대표자가 프로이덴탈의 스승이었던 뢰브너였고, 프로이덴탈은 그의 영향을 많이 받았다. 프로이덴탈은 직관주의에 대한 이런 열정적인 관심이 있었기에 브라우어의 초청을 받아들인 것이다. 이런 직관주의의 영향은 프로이덴탈의 수리철학적 사고에 남아 있고, 이는 수학교육학에도 영향을 미쳤다. 1931년 그는 암스테르담 대학에서 「Qualities and Quantities in Mathematics」라는 박사후 논문을 썼다.[12] 또한 그는 암스테르담 대학에서 그 당시의 표준 수학 교육과정과는 별도의 수학 주제로 대수적 체, 군론, 측도론, 복소해석학, 위상수학, 선형 작용소, 고등 관점에서 본 초등 수학 등 다양한 내용들을 제공하였다. 또한 수학적으로는 Homotopy Group Theory, Lie Group, Algebraic Topology, Functional Analysis와 직관주의에 대한 논문들을 발표하였고, 그는 이 논문들로 인해 국제 수학자 협회에서 명성을 얻게 되었다.[13]

독일에서 네덜란드로 오게 된 것이 프로이덴탈에게는 행운이었는데, 독일에서는 1933년 나치 정권이 권력을 장악하게 되면서 유대인들에게 직업을 금지하는 법안을 통과시켰지만, 프로이덴탈은 네덜란드의 암스테르담에 지내면서 가르치고 연구하는 일을 계속할 수 있었다. 그는 1936년에 리스Riesz 공간의 스펙트럼 이론에 대한 논문을 썼고, 1937년 이를 확장한 이론들에 대한 논문을 썼다. 1940년 독일이 네덜란드를 침공했을 때 그는 real semisimple Lie Group이라는 위상기하의 대수적 특성에 대해 연구하고 있었다.[14]

그러나 전쟁 기간 동안 프로이덴탈은 유대인이라는 이유로 대학에서 교수직을 계속할 수 없었고, 학문적인 교류도 가능하지 않았으며, 유일하게 호프와의 서신 교환이 가능한 정도였다. 몇 번의 구속 후에 결국에는 1943년부터 1944년 중반까지 네덜란드의 하벨트Havelte 지역에 있는 포로수용소에 감금되었다가 네덜란드 부인 수우스에 의해 마지막 순간에 탈출할 수 있었고, 그 뒤로는 숨어 지내야 했다.[15]

이렇게 숨어 지내는 동안 그는 문학에 몰두했고, 그의 문학적 재능이 이 어려운 시기를 지탱할 수 있는 중요한 자원이 되었다.[16] 즉, 그는 전쟁 기간 동안 몇 몇 문학 콘테스트에 응모했는데, 1944년 그의 작품 중 한 소설 작품이 1등상을 받았지만, 자신의 신분을 드러낼 수가 없어서, 위험을 감수하고 다른 친구가 가서 만찬과 연설 등 수상자로서의 역할을 대신하는 데 성공했고, 그 상금이 마지막 전쟁 기간을 보낼 수 있는 귀중한 자금이 되었다.

1945년 5월 암스테르담은 캐나다 군대에 의해 자유를 찾았고, 프로이덴탈은 암스테르담 근처의 위트레흐트 대학의 제의를 받아 1946년 이 대학의 순수 수학과 응용 수학 및 수학의 기초 학부의 기하학 학과장으로 직무를 시작하였고, 1975년 은퇴할 때까지 학과장을 역임했다.[17]

위트레흐트 대학에서 프로이덴탈이 기하학 학과장을 맡게 되면서 주로 여러 가지 기하학과 대칭군 사이의 연결에 대한 관심을 가지게 되었는데, 이는 펠릭스 클라인Felix Klein이 1872년 소위 에어랑어Erlanger 프로그램을 형식화한 이후로 수학에서 반복되어 온 주제였고, 위트레흐트에서는 이 주제에 대한 관심이 점점 확대되면서 기하학과 Lie Group의 '위트레흐트 학파'가 생겨났다.[18] 프로이덴탈은 이미 30년대에 Lie Group에 관한 논문을 썼지만, 이 문제에 대해 더욱 집중함으로써, 1954년과 1956년 사이에 semisimple Lie Group의 특성에 대한 일련의 연구들을 발표하였다.[19]

또한 그는 수학사에 대해서도 많은 관심을 가지고 있었는데, 아버스노트Arbuthnot, 코시Cauchy, 하르Haar, 하이네Heine, 헤르미트Hermite, 힐버트Hilbert, 호프Hopf, 허르위츠Hurwiz, 케레캬르또Kerékjártó, 크놉Knopp, 리Lie, 뢰브너Loewner, 프링하임Pringheim, 케틀레Quetelet, 리만Riemann, 쇤플리스Schönflies, 스캇키Schottky, 실로우Sylow, 크리스찬 비너Christian Wiener에 대한 그가 쓴 논문들을 과학 위인전 사전에서 찾아볼 수 있고, 호이겐스Huygens, 라이프니츠Leibniz, 폰 슈타우트von Staudt, 아인슈타인, 브라우어, 와일Weyl 및 판 단찌히van Dantzig에 관한 논문들도 수학사에 관한 귀중한 자료가 되었다. 수학사 중에서도 그의 특별한 관심 분야는 기하학의 역사였고, 프로이덴탈은 1900년 무렵의 기하학의 역사에 대한 몇몇 논문들을 출판하였고, 그 중 1957년 Nieuw Archief voor Wiskunde 저널에 출판한 힐버트의 「Grundlagen der Geometrie」[20]에 대한 에세이 형식의 개관은 기하학의 역사에 대한 연구의 표준적인 참고 문헌이 되었다. 여기서 프로이덴탈은 힐버트의 유일하고 중요한 업적이 그 이전의 수학자들과는 달리 기하학의 기초에 대한 연구가 공리체계들 사이의 논리적 관계에 대한 연구이며, 이런 공리들이 우리가 경험하거나 직관적으로 생각할 수 있는 공간이나 공간의 대상들을 적절히 또는 최적으로 기술할 수 있는지에 관한 문제는 별개의 것으로 생각한 점임을 주장하였다.[21]

수학과 수학사에 대한 연구와 더불어 프로이덴탈은 1948년 이후 수학교육 개혁에도 참여하게 되었다. 그의 수학교육에 대한 관심은 초기에는 대학에서의 교수학과 관련된 것이었지만, 점차 학교수학에도 관심을 가지게 되었다.[22] 프로이덴탈은 나치 정권이 네덜란드를 침략한 전쟁 기간 중, 외부와의 교류가 제한되고 숨어 지내게 된 그 시기에 그의 아이들을 양육하는 과정에서 수학교육에 대한 기초적인 경험을 쌓았다. 이를 바탕으로 자기 자신의 학습 과정에 대한 반성을 통해 도식화, 국소적 조직화, 전체적 조직화, 형식화, 공리화 등의 개념을 발전시켰고, 점진적인 수학화를 수학 학습의 본질로 생각하게 되었고, 인간 활동으로서의 수학이라는 아이디어를 기초로 점진적 수학화와 안내된 재발명을 핵심으로 하는 자신의 수학교육론을 발전시켰다. 이 과정에서 초기의 가설들을 수학교육의 개념화로 발달시키게 된 배경에는 아주 중요한 만남이 있었는데, 그것이 바로 디나 판 힐러 겔도프Dina van Hiele-Geldof와 피에르 판 힐러Pierre van Hiele 등과의 만남이다. 피에르 판 힐러는 프로이덴탈에게서 학위 과정을 밟아서 1957년 박사학위를 받았는데, 이것이 프로이덴탈이 지도한 첫째 박사학위 논문이었다.[23] 이 논문은 기하 학습 과정을 몇 개의 단계로 구분되는 수학화 과정으로 처음 묘사했다는 점에서 중요한 것이었고, 프로이덴탈은 이에 자극을 받아 판 힐러의 수학 학습 수준 이론에 비추어 수 개념의 발달에 대해 분석하기도 하였다.

1962년 프로이덴탈은 1959년 로야몽Royamont에서 수학 수업의 근대화를 위한 OECD 회의에서 형식주의적인 부르바키즘Bourbakism이 수학 수업 개혁의 기초로 받아들여지고, 그 결과 학습 심리학자들과 교육학자들이 부르바키의 기본 구조와 심리학의 발달 단계 사이에 대한 피아제의 유추에 영향을 받은 사실을 보고, 자신이 참석하지 못한 것에 대한 유감을 나타내며, 수학 수업에 대한 실제적인 개혁을 위한 그의 비판적인 논의를 출판하였다. 그 이후로 수학 내용 영역에 대한 이론적인 분석, 학교에서 그 내용을 지도하는 가치나 가능성에 비추어 수학의 기본적인 아이디어를 탐구하고 자신의 수학 수업에 대한 개념화를 명확히 하고 확장하면서, 그 당시 지배적인 심리학적인 패러다임을 강하게 비난했다.[24]

프로이덴탈은 형식주의에 기초한 수학적 구조를 강조하는 수학 수업 개혁자들과는 반대로, 1968년 「Why to teach mathematics so as to be useful?」이라는 강연에서 점진적 수학화를 기초로 하는 수학 수업에 대한 사회적 필요성을 주장하였다.[25] 점진적 수학화라는 그의 수학 수업의 개념은 무엇보다도 풍부하고 현실적인 맥락을 제공하고, 수학의 응용에 기초한 수업을 중시하며, 더욱이 사회적 맥락에서 상호작용의 학습, 즉 이질적인 그룹 내에서 서로 다른 수준의 학생들의 반성적인 의사소통을 함으로써 그 수준을 높일 수 있음을 강조한다.

수학 수업 개혁에 대한 프로이덴탈의 의지와 수학 수업에 대한 그의 생각이 1971년 위트레흐트에서 수학교육개발 연구소 IOWO[26]의 기초가 되었다. 수학교육개발 연구소는 수학교육과정의 현대화를 위한 네덜란드 주정부 위원회의 분과로 설립되었다. 프로이덴탈은 이 연구소의 소장을 맡으면서, 교육과정 단원 개발에 주력하였다.[27] 이후 교육 개혁의 퇴조와 더불어 수학교육개발 연구소가 해체되면서 위트레흐트 대학의 연구 그룹인 수학교육과 교육 컴퓨터 센터의 연구 그룹 OW&OC[28]로 축소되었다.[29] 그러나 그의 수학교육관에 대한 엄밀한 주장은 이 연구 그룹이 1980년대 이후로 계속 발전할 수 있는 기틀을 마련하였다. 이런 과정에서 이 연구 그룹의 중요성으로 인해 다시 연구소로 승급되었고, 수학 수업에 대한 연구, 개발, 자문을 위한 세계적인 연구소가 되었다. 프로이덴탈이 세상을 떠나자 그에 대한 경의의 표시로 이 연구소는 프로이덴탈 연구소 OWIO[30)]로 개칭되었다.[31)]

이런 과정에서 초등학교 학생들을 위한 Wiskobas[32)] 프로젝트, More 프로젝트, 대학 진학을 준비하는 인문계 고등학교 학생들을 위한 Hewet 프로젝트와 Profi 프로젝트, 대학에 진학하지 않는 학생들을 위한 프로젝트, 중학교 학생들을 위한 Wiskunde 12－16 프로젝트 등을 통해 구체적인 프로그램이 개발되었다. Wiskobas 프로젝트는 1968년 바이더펠트[Wijdeveld]와 고프리[Goffrey]가 시작했지만, 수학교육개발 연구소의 의장인 프로이덴탈에 의해 1970년부터 본격적으로 실행되어 1975년까지 초등학교 실험 수학교육과정이 완성되었다.[33)] 이 프로젝트의 기본적인 관점은 수학을 교과내용이 아닌 인간 활동으로 보고, 안내된 재발명과 점진적인 수학화를 강조한 프로이덴탈의 생각이었다. 이 프로젝트를 기반으로 프로이덴탈의 관점을 반영한 초등학교 교과서들이 개발되고 계속 수정 보완되면서, 초등학교에서 사용하는 비율도 계속 증가했다.[34)] 또한 1986년 실시한 국가시험을 계기로 평가 연구인 More 프로젝트가 진행되어 전통적인 교육과정과 비교해서 이런 새로운 교육과정의 실행과 효과에 대한 연구가 진행되었고, 그 연구의 일부로 적절한 평가 방법과 평가 과제를 개발하는 데 노력해 왔다.[35)]

Hewet 프로젝트는 대학진학을 위한 인문계 고등학교 학생들을 위한 교육개혁 운동의 일환이다. 이 프로젝트는 1981년에 시작되어 6년간 지속되었는데, 경제학과 사회과학을 지원하는 문과 학생들을 위한 수학 A, 자연과학과 공학을 지원하는 이과 학생들을 위한 수학 B를 위한 새로운 교육과정을 제안하고자 하였다. 그러나 Hewet 프로젝트는 주로 수학 A에 초점이 맞추어졌고, 이 교육과정의 가장 큰 특징은 실제적인 응용을 가장 최우선으로 생각했고, 현실적인 맥락을 수학화의 근원이자 응용의 근원으로 삼고자 하였다. 또한 이 프로젝트는 처음부터 교육과정의 의도를 잘 반영할 수 있도록, 이런 방향에 맞는 적절한 평가 방법이 동시에 연구되었다.[36)] 뒤를 이어 대학에 진학하지 않는 학생들을 위한 교육과정 개혁의 노력도 이루어졌는데, 이는 1987년에 시작되어 1990년에 새로운 교육과정이 도입되었다. 또한 1993년부터 1997년까지 수학 B를 위한 교육과정 개발과 평가 과제를 개발하기 위한 Profi 프로젝트가 실시되었고, 이 프로젝트의 기본 방향은 모델링, 추상화, 추론을 균형 있게 포함하는 것이었다.[37)]

Wiskunde 12－16 프로젝트는 12세에서 16세까지의 중등학교 학생들의 교육과정 개혁을 위한 것으로 프로이덴탈 연구소와 교육과정개발 재단 SLO[38]의 공동 연구로 1987년에서 1992년까지 진행되었고, 1993년 새로운 교육과정으로 도입되었다.[39] 이 교육과정에 의한 교과서는 미국과 공동 연구로 개발한 이미 국내에서 Mathematics in Context 교과서 시리즈로 잘 알려진 것이다.

수학교육에 대한 많은 연구와 개발을 통해서 프로이덴탈 연구소는 네덜란드와 여러 나라에서 수학교육을 새롭게 하는 추진력을 제공하고 있다.

한편 프로이덴탈은 수학자로서 수학교육학자로서 많은 공헌을 하였는데, 특히 국제수학교육위원회 ICMI[40]의 활동에 대한 그의 영향력은 매우 컸다고 할 수 있다. 그는 이미 1950년대에 국제수학교육위원회의 역할에 대해 과학적 특성을 가진 연구를 증진하고, 깊이 있는 연구를 조장하고, 학교의 교사들을 격려하여 자기 자신들의 경험, 즉 자기 자신의 활동 특성의 개발을 요구하는 것이라고 주장하면서, 위원회의 활동 방식을 비난했다. 그는 국제수학교육위원회에서 1963년에서 1974년까지 집행위원회의 위원, 1967년에서 1970년까지 의장을 역임했다. 이 의장직을 수행하면서 더 중요한 역할을 하게 되는데, 수학 수업과 수학교육학에 대한 연구를 자극하기 위해서 1968년 국제적인 학술지인 「Educational Studies in Mathematics」를 창간하여 1977년까지 편집장을 역임하였으며, 1969년 그의 제안으로 프랑스 리옹(Lyon)에서 처음 국제수학교육학회 ICME[41]를 열어 수학교육에서 가장 최선의 그리고 가장 중요한 문제들을 제시하였는데, 이 학회는 현재까지 세계적으로 수학교육의 주요 활동들을 이어가고 있다.[42] 또한 1969년 프로이덴탈은 피쉬바인Fischbein을 초대하여 수학교육 심리학의 문제들에 대한 토론회를 조직하여 의장직을 맡도록 함으로써 수학교육의 심리학에 초점을 둔 조직을 발달시키는 동기를 부여하였고, 이를 통해 1976년 제3차 국제수학교육학회때 수학교육심리학 국제 그룹 PME[43]가 정식으로 탄생하였고, 1977년 네덜란드의 위트레흐트에서 피쉬바인을 의장으로 하는 제1차 수학교육심리학 국제 그룹 회의가 시작되었다.[44]

프로이덴탈은 1973년부터 1990년 사이 자신의 수학교육 활동에 대한 관심과 이해를 돕고자 중요한 저서들을 출간하였다. 그 중 중요한 몇 가지를 살펴보면 다음과 같다.

그의 수학교육학의 첫 번째 주요 작품은 1973년에 출판된 「Mathematics as an Educational Task」[45]이다. 이 책은 '고등관점에서 본 학교수학'에 대한 그의 생각을 표현한 책이라 볼 수 있다. 그 주요 관점은 수학은 완성품이 아니라 교수 학습과정에서 발생된다는 것이다. 그는 학교수학의 영역들의 기초가 되는 아이디어를 분석하고 수학화 활동과 관련지어 생각하고, 역사적 고찰을 통해서 중심적인 아이디어를 명백히 하고, 개인의 학습과정과 새로운 수업 아이디어를 제시하였다. 1978년 「Weeding and Sowing」[46]에서, 그는 이전까지의 수업론, 교육학, 심리학이나 교육과정 개발 등에 대한 날카로운 비판을 하면서, 수학교육학이 하나의 과학이 되기 위한 조건들을 제시하였다. 1983년 출판된 「Didactical Phenomenology of Mathematical Structure」[47]는 가장 풍부한 수업 아이디어를 제공한 책으로서, 15개의 수학의 주제영역을 다루면서 수학교육개발 연구소에서 현상에 대한 수학화를 고려했던 근거를 제시하고자 하였다. 이 때 교수학적 현상학이란 그 현상과 수학적으로 조직화한 대응물 사이의 관계가 교수학적 측면에서 어떻게 다루어지는가를 탐구하는 것이다. 그의 마지막 작품인 「Revisiting Mathematics Education」[48]은 "중국강연"이라는 소제목을 달고 있다. 이는 1987년 중국에서의 강연여행을 하는 동안 수학교육개발 연구소나 수학교육과 교육 컴퓨터 센터의 연구 그룹의 활동에 대한 전제 없이는 중국인들이 그 의도를 잘 이해할 수 없을 것이라는 생각에서 집필되었고, 1991년에 출판되었다. 그는 이 책에서 자신의 생각들을 수학교육개발 연구소나 수학교육과 교육 컴퓨터 센터의 연구 그룹의 활동들의 예와 더불어 더 명백하고 설득적인 형태로 함축성 있게 요약하였다.

또한 프로이덴탈은 우수한 저널뿐 아니라 De Groene Amsterdammer, NRS Handelsblad와 같은 네덜란드의 유명한 신문에 수십 년 동안 언어, 역사, 정치를 포함하는 주제들에 대해 셀 수 없이 많은 칼럼들을 써 왔다. 더욱이 그가 세상을 떠난 후에 미출판된 많은 작품들, 시, 연극, 소설 등이 그의 집에서 발견되었다.[49] 이러한 프로이덴달의 특성이 최근 강조되고 있는 융합 교육이나 융합형 인재라는 개념에 참 잘 어울리는 사람이라는 생각이 든다.

평생 영감이 풍부한 개혁가로서의 삶을 산 프로이덴탈은 1990년 10월 13일 Utrecht에 있는 자택 근처에 아침 산책을 하던 중 공원 벤치에서 평화로운 죽음을 맞이하였다.

ICMI의 국제 위원회는 수학교육에서 뛰어난 업적을 이룬 수학교육자들을 위한 상을 준비하고 있던 중, 프로이덴탈의 수학과 수학교육학에 대한 그의 중요한 업적을 고려하여 국제수학교육위원회의 초대회장이었던 펠릭스 클라인Felix Klein과 더불어 한스 프로이덴탈을 기리는 상을 제정하여 2003년부터 수학교육에 많은 공헌을 한 사람들에게 상을 수여하고 있다.

참고 문헌

Bos, H. M. B. (1993). 'The bond with reality is cut' −Freudenthal on the foundations of geometry around 1900. *Educational Studies in Mathematics, 25*, 51~58.

De Lange, J. (1993). Between end and beginning. Mathematics education for 12−16 years olds: 1987~2002. *Educational Studies in Mathematics*, *25*(1/2), 137~160.

De Lange, J., & Kindt, M. (1984). The Hewet Project. Report on an Experiment Leading to a New Curriculum for Pre-University Students. *Zentralblatt für Didaktik der Mathematik, 2*, 74~78.

De Lange, J. & Verhage, H. B. (1987). Math A and achievement testin. *Proceedings of the 11 th International Conference for the Psychology of Mathematics Education,* 3, 243~248.

Freudenthal, H. (1968). "Why to teach mathematics so as to be beautiful?". *Educational Studies in Mathematics*, 1, 3~8.

Freudenthal, H. (1973) *Mathematics as an Educational Task.* Dordrecht: Kluwer Academic Publishers.

Freudenthal, H. (1978). *Weeding and Sowing: Preface to a Science of Mathematical Education*. Dordrecht: D. Reidel Publishing Company.

Freudenthal, H. (1983). *Didacticlal Phenomenology of Mathematical Structures.* Dordrecht: D. Reidel Publishing Company.

Freudenthal, H. (1991) *Revisiting Mathematics Education.* Dordrecht: Kluwer Academic Publishers.

Freudenthal Institute for Science and Mathematics Education. (2007). Profi: Wiskunde B voor de profielen in het studiehuis(1993~1997). http://www.fisme.science.uu. nl/nl/profi/project.

Freudenthal Institute for Science and Mathematics Education. (2013). Prof. Dr. Hans Freudenthal(1905~1990). http://www.fisme.science.uu.nl/fisme/en/organization/ Freudenthal.html.

Freudenthal, H., Janssen, G. M., & Sweers, W. J. (1976). Five years of IOWO-On H. Freudenthal's retirement from the directorship of IOWO. *Educational Studies in Mathematics* *7*(3), 189~367.

Howson, A. G. (1984). Seventy-five years of the International Commission on Mathemtical Instruction, *Educational Studies in Mathematics, 15*, 75~93

Keitel, C. (1992). Hans Freudenthal(1905~1990): Mathematik, die uns angeht. *Journal für Mathematik-Didaktik,* 13(1), 3~22.

Nicol, C, & Lerman, S. (2008). A brief history of the International Group for the Psychology of Mathematics Education. http://www.icmihistory.unito.it/pme.php.

O'Conner, J. J., & Robertson, E. F. (2000). Hans Freudental. http://www.history. mcs.st-andrews.ac.uk/Biographies/Freudenthal.html.

Treffers, A. (1991). Realistic mathematics education in the Netherlands 1980~1990. In L. Streefland (Ed.), *Realistic Mathematics Education in Primary School: On the Occasion of Opening of the Freudenthal Institute*(pp. 11~20). Utrecht: CD-β Press.

Treffers, A. & Goffrey, F. (1985). "Rational analysis of realistic mathematics education". *Proceedings of the ninth International Conference for the Psychology of Mathematics Education, 2,* 97~121.

Van den Heuvel-Panhuizen, M.(1996). *Assessment Realistic Mathematics Education.* Utrecht: CD-β Press.

Van Est, N. T. (1993). Hans Freudenthal(17 september 1905~13 October 1990). In L. Streefland(Ed.), The Legacy of Hans Freudenthal(pp. 59~69). Dordrecht: Kluwer Academic Publishers.

1) Van Est(1993)

2) Freudenthal Institute for Science and Mathematics Education(2013)과 Keitel(1992)

3) Keitel(1992)

4) Keitel(1992)

5) Van Est(1993)

6) Van Est(1992)와 O'Conner & Robertson(2000)

7) Keitel(1992)

8) On the End of Topological Spaces and Groups

9) Van Est(1993)와 O'Conner & Robertson(2000)

10) Van Est(1993)

11) Freudenthal Institute for Science and Mathematics Education(2013)과 O'Conner & Robertson (2000)

12) Keitel(1992)

13) Van Est(1993)

14) O'Conner & Robertson(2000)

15) Keitel(1992)과 Van Est(1993)

16) O'Conner & Robertson(2000)과 Keitel(1992)

17) O'Connor & Robertson(2000)

18) Van Est(1993)

19) O'Connor & Robertson(2000)

20) Essay on the Foundations of Geometry

21) Bos(1993)

22) Van Est(1993)와 Keitel(1992)

23) Keitel(1992)

24) Keitel(1992)

25) Freudenthal(1968)

26) Institute for Development of Mathematics Education을 뜻하는 네덜란드어 약자

27) Treffers & Goffrey(1985)

28) Research Group on Mathematics Education and Educational Computer Center의 네덜란드어 약자

29) De Lange & Kindt(1984)

30) Developmental Research for Mathematics and Informatics Education의 네덜란드어 약자

31) Treffers(1991)

32) Mathematics in primary school의 네덜란드어 약자

33) Freudenthal, Janssen & Sweers(1976)

34) Treffers(1991)

35) Van den Heuvel-Panhuizen(1996)

36) De Lange & Kindt(1984)와 De Lange & Verhage(1987)

37) Freudenthal Institute for Science and Mathematics Education(2007)

38) Foundation for Curriculum Development의 네덜란드어 약자

39) De Lange(1993)

40) International Commission on Mathematics Instruction

41) International Congress on Mathematics Education

42) Howson(1984)

43) International Group for the Psychology of Mathematics Education

44) Nicol & Lerman(2008)

45) Freudenthal(1973)

46) Freudenthal(1978)

47) Freudenthal(1983)

48) Freudnethal(1991)

49) Freudenthal Institute for Science and Mathematics Education(2013)

찾아보기

ㄱ

ㄴ

ㄷ

ㄹ

ㅁ

ㅂ

ㅅ

ㅇ

ㅈ

ㅊ

ㅋ

ㅌ

ㅍ

ㅎ

기타

정영옥

· 서울대 사범대학 수학교육과 이학사
· 서울대 대학원 수학교육과 교육학 석사 · 박사
· 서울여중, 성서중 교사
· 진주교육대 수학교육과 교수
(현) 경인교육대 수학교육과 교수

이경화

· 서울대 사범대학 수학교육과 이학사
· 서울대 대학원 수학교육과 교육학 석사 · 박사
· 서울 영동중 교사
· 청주교육대 수학교육과 교수
· 한국교원대 수학교육과 교수
(현) 서울대 사범대학 수학교육과 교수

나귀수

· 서울대 사범대학 수학교육과 이학사
· 서울대 대학원 수학교육과 교육학 석사 · 박사
· 서울 신남중 교사
· 한국교육과정평가원 연구원
(현) 청주교육대 수학교육과 교수

현실적 수학교육의 이론과 실제

초판발행 2018년 5월 15일

지은이 정영옥 · 이경화 · 나귀수
펴낸이 오판근
펴낸곳 (주) 교우
주　소 서울시 동대문구 약령시로 8 교우빌딩 2층 (주)교우
전　화 02-925-2861 / **팩　스** 02-925-2860. **편집부** 02-925-2825
홈페이지&북스토어 www.kyowoo.co.kr / 이메일 kyowoo@kyowoo.co.kr

등　록 1994년 3월 24일 제1994-000013호
ISBN 979-11-251-0244-1 (93410)

Published by Kyowoo Co., Ltd. Printed in Korea

값 23,000원

교우미디어는 (주) 교우의 Imprint 사입니다.
수학정원 · 과학정원은 (주) 교우의 새로운 브랜드명입니다.